"十四五"国家重点图书出版规划项目

新版《列国志》与《国际组织志》联合编辑委员会

主　　任　谢伏瞻
副 主 任　李培林　蔡　昉
秘 书 长　马　援　谢寿光
委　　员（按姓氏音序排列）

陈东晓	陈　甦	陈志敏	陈众议	冯仲平	郝　平	黄　平
贾烈英	姜　锋	李安山	李晨阳	李东燕	李国强	李剑鸣
李绍先	李向阳	李永全	刘北成	刘德斌	刘新成	罗　林
彭　龙	钱乘旦	秦亚青	饶戈平	孙壮志	汪朝光	王　镭
王灵桂	王延中	王　正	吴白乙	邢广程	杨伯江	杨　光
于洪君	袁东振	张倩红	张宇燕	张蕴岭	赵忠秀	郑秉文
郑春荣	周　弘	庄国土	卓新平	邹治波		

列国志
GUIDE TO
THE WORLD
NATIONS
新版

王　凤　闫　伟
编著

AFGHANISTAN

阿富汗

社会科学文献出版社
SOCIAL SCIENCES ACADEMIC PRESS (CHINA)

阿
AFC

伊

托尔巴
Torbat-

泰耶

纳

朗

R

I

R

A

N

6°

扎黑
Zahed

塔吉克斯坦
JATIKSTAN

乌兹别克斯坦
UZBEKISTAN

土库曼斯坦
TURKMENISTAN

巴基斯坦
PAKISTAN

伊朗
IRAN

巴达赫尚省
BADAKHSHAN

昆都士省
KUNDUZ

塔哈尔省
TAKHAR

努里斯坦省
NURESTAN

巴格兰省
BAGHLAN

楠格哈尔省
NANGARHAR

库纳尔省
KUNAR

拉格曼省
LAGHMAN

卡比萨省
KAPISA

帕尔万省
PARVAN

喀布尔省
KABUL

瓦尔达克省
VARDAK

洛加尔省
LOWGAR

帕克蒂亚省
PAKTYA

霍斯特省
KHOWST

朱兹詹省
JOWZJAN

萨尔普勒省
SAR-E POL

巴米扬省
BĀMIĀN

萨曼甘省
SAMANGĀN

加兹尼省
GHAZNI

帕克蒂卡省
PAKTIKA

加布尔省
ZABOL

法里亚布省
FARYĀB

巴德吉斯省
BADGHIS

戴孔迪省
DĀYKUNDI

古尔省
GHOR

乌鲁兹甘省
ORŪZGĀN

坎大哈省
KANDAHAR

赫拉特省
HERĀT

法拉省
FARĀH

赫尔曼德省
HELMAND

尼姆鲁兹省
NĪMRŪZ

潘杰希尔省
Panjshir

喀布尔
KĀBUL

喀布尔
Kābul

伊斯兰堡
ISLAMABAD

拉瓦尔品第
Rawalpindi

马扎里沙里夫
Mazār-e Sharīf

坎大哈
Kandahar

赫拉特
Herat

奎达
Quetta

白沙瓦
Peshāwar

克什米尔
KASHMIR

印巴停火线（印度实际控制线）

阿富汗行政区划图

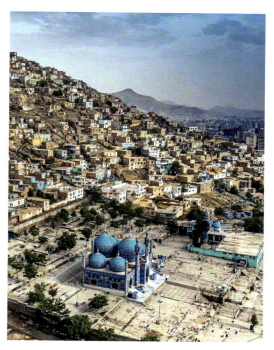

沙希·沙·马尔丹圣墓　　　　　　　　喀布尔卡特·沙希地区的街景

位于喀布尔的沙·多赫·沙穆希拉清真寺（双剑国王清真寺）

巴米扬大佛遗迹

位于加兹尼的巴赫拉姆沙尖塔

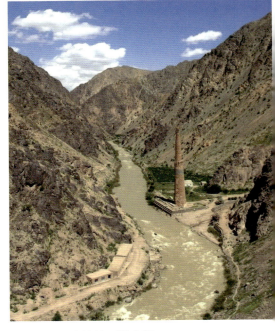

位于哈里河南岸的贾姆尖塔

位于喀布尔的谢瓦基佛塔遗址

位于萨曼甘省的塔赫特·罗斯塔姆的佛教遗址

帕尔万省萨朗河河岸的贝格拉姆古城遗址

查克玛沁湖

位于加兹尼的古代军事要塞

昆都士河岸边的牧民

出版说明

　　《列国志》编撰出版工作自 1999 年正式启动，截至目前，已出版 144 卷，涵盖世界五大洲 163 个国家和国际组织，成为中国出版史上第一套百科全书式的大型国际知识参考书。该套丛书自出版以来，受到社会各界的广泛好评，被誉为"21 世纪的《海国图志》"，中国人了解外部世界的全景式"窗口"。

　　这项凝聚着近千学人、出版人心血与期盼的工程，前后历时十多年，作为此项工作的组织实施者，我们为这皇皇 144 卷《列国志》的出版深感欣慰。与此同时，我们也深刻认识到当今国际形势风云变幻，国家发展日新月异，人们了解世界各国最新动态的需要也更为迫切。鉴于此，为使《列国志》丛书能够不断补充最新资料，更好地服务于社会各界，我们决定启动新版《列国志》编撰出版工作。

　　与已出版的 144 卷《列国志》相比，新版《列国志》无论是形式还是内容都有新的调整。国际组织卷次将单独作为一个系列编撰出版，原来合并出版的国家将独立成书，而之前尚未出版的国家都将增补齐全。新版《列国志》的封面设计、版面设计更加新颖，力求带给读者更好的阅读享受。内容上的调整主要体现在数据的更新、最新情况的增补以及章节设置的变化等方面，目的在于进一步加强该套丛书将基础研究和应用对策研究相结合，将基础研究成果应用于实践的特色。例如，增加了各国有关资源开发、环境治理的内容；特设"社会"一章，介绍各国的国民生活情况、社会管理经验以及存在的社会问题，等等；增设"大事纪年"，方便读者在短时间内熟悉各国的发展线索；增设"索引"，便于读者根据人名、地名、关键词查找所需相关信息。

顺应时代发展的要求，新版《列国志》将以纸质书为基础，全面整合国别国际问题研究资源，构建列国志数据库。这是《列国志》在新时期发展的一个重大突破，由此形成的国别国际问题研究与知识服务平台，必将更好地服务于中央和地方政府部门应对日益繁杂的国际事务的决策需要，促进国别国际问题研究领域的学术交流，拓宽中国民众的国际视野。

新版《列国志》的编撰出版工作得到了各方的支持：国家主管部门高度重视，将其列入"'十二五'国家重点图书出版规划项目"；中国社会科学院将其列为创新工程学术出版资助项目，王伟光院长亲自担任编辑委员会主任，指导相关工作的开展；国内各高校和研究机构鼎力相助，国别国际问题研究领域的知名学者相继加入编辑委员会，提供优质的学术咨询与指导。相信在各方的通力合作之下，新版《列国志》必将更上一层楼，以崭新的面貌呈现给读者，在中国改革开放的新征程中更好地发挥其作为"知识向导"、"资政参考"和"文化桥梁"的作用！

新版《列国志》编辑委员会
2013 年 9 月

前　言

　　自 1840 年前后中国被迫开关、步入世界以来，对外国舆地政情的了解即应时而起。还在第一次鸦片战争期间，受林则徐之托，1842 年魏源编辑刊刻了近代中国首部介绍当时世界主要国家舆地政情的大型志书《海国图志》。林、魏之目的是为长期生活在闭关锁国之中、对外部世界知之甚少的国人"睁眼看世界"，提供一部基本的参考资料，尤其是让当时中国的各级统治者知道"天朝上国"之外的天地，学习西方的科学技术，"师夷之长技以制夷"。这部著作，在当时乃至其后相当长一段时间内，产生过巨大影响，对国人了解外部世界起到了积极的作用。

　　自那时起中国认识世界、融入世界的步伐就再也没有停止过。中华人民共和国成立以后，尤其是 1978 年改革开放以来，中国更以主动的自信自强的积极姿态，加速融入世界的步伐。与之相适应，不同时期先后出版过相当数量的不同层次的有关国际问题、列国政情、异域风俗等方面的著作，数量之多，可谓汗牛充栋。它们对时人了解外部世界起到了积极的作用。

　　当今世界，资本与现代科技正以前所未有的速度与广度在国际间流动和传播，"全球化"浪潮席卷世界各地，极大地影响着世界历史进程，对中国的发展也产生极其深刻的影响。面临不同以往的"大变局"，中国已经并将继续以更开放的姿态、更快的步伐全面步入世界，迎接时代的挑战。不同的是，我们所面临的已不是林则徐、魏源时代要不要"睁眼看世界"、要不要"开放"的问题，而是在新的历史条件下，在新的世界发展大势下，如何更好地步入世界，如何在融入世界的进程中更好地维护民族国家的主权与独立，积极参与国际事务，为维护世界和平，促进世界与人类共同发展做出贡献。这就要求我们对外部世界有比以往更深切、全面的了解，我们只有更全面、更深入地了解世界，才能在更高的层次上融入世界，也才能在融入世界的进程中不迷失方向，保持自我。

与此时代要求相比，已有的种种有关介绍、论述各国史地政情的著述，无论就规模还是内容来看，已远远不能适应我们了解外部世界的要求。人们期盼有更新、更系统、更权威的著作问世。

中国社会科学院作为国家哲学社会科学的最高研究机构和国际问题综合研究中心，有 11 个专门研究国际问题和外国问题的研究所，学科门类齐全，研究力量雄厚，有能力也有责任担当这一重任。早在 20 世纪 90 年代初，中国社会科学院的领导和中国社会科学出版社就提出编撰"简明国际百科全书"的设想。1993 年 3 月 11 日，时任中国社会科学院院长胡绳先生在科研局的一份报告上批示："我想，国际片各所可考虑出一套列国志，体例类似几年前出的《简明中国百科全书》，以一国（美、日、英、法等）或几个国家（北欧各国、印支各国）为一册，请考虑可行否。"

中国社会科学院科研局根据胡绳院长的批示，在调查研究的基础上，于 1994 年 2 月 28 日发出《关于编纂〈简明国际百科全书〉和〈列国志〉立项的通报》。《列国志》和《简明国际百科全书》一起被列为中国社会科学院重点项目。按照当时的计划，首先编写《简明国际百科全书》，待这一项目完成后，再着手编写《列国志》。

1998 年，率先完成《简明国际百科全书》有关卷编写任务的研究所开始了《列国志》的编写工作。随后，其他研究所也陆续启动这一项目。为了保证《列国志》这套大型丛书的高质量，科研局和社会科学文献出版社于 1999 年 1 月 27 日召开国际学科片各研究所及世界历史研究所负责人会议，讨论了这套大型丛书的编写大纲及基本要求。根据会议精神，科研局随后印发了《关于〈列国志〉编写工作有关事项的通知》，陆续为启动项目拨付研究经费。

为了加强对《列国志》项目编撰出版工作的组织协调，根据时任中国社会科学院院长李铁映同志的提议，2002 年 8 月，成立了由分管国际学科片的陈佳贵副院长为主任的《列国志》编辑委员会。编委会成员包括国际片各研究所、科研局、研究生院及社会科学文献出版社等部门的主要领导及有关同志。科研局和社会科学文献出版社组成《列国志》项目工作组，社会科学文献出版社成立了《列国志》工作室。同年，《列国志》项目被批准为中国社会科学院重大课题，新闻出版总署将《列国志》项目列入国家重点图书出版计划。

在《列国志》编辑委员会的领导下，《列国志》各承担单位尤其是各位学者加快了编撰进度。作为一项大型研究项目和大型丛书，编委会对《列国志》提出的基本要求是：资料翔实、准确、最新，文笔流畅，学术性和可读性兼备。《列国志》之所以强调学术性，是因为这套丛书不是一般的"手册""概览"，而是在尽可能吸收前人成果的基础上，体现专家学者们的研究所得和个人见解。正因为如此，《列国志》在强调基本要求的同时，本着文责自负的原则，没有对各卷的具体内容及学术观点强行统一。应当指出，参加这一浩繁工程的，除了中国社会科学院的专业科研人员以外，还有院外的一些在该领域颇有研究的专家学者。

现在凝聚着数百位专家学者心血，共计141卷，涵盖了当今世界151个国家和地区以及数十个主要国际组织的《列国志》丛书，将陆续出版与广大读者见面。我们希望这样一套大型丛书，能为各级干部了解、认识当代世界各国及主要国际组织的情况，了解世界发展趋势，把握时代发展脉络，提供有益的帮助；希望它能成为我国外交外事工作者、国际经贸企业及日渐增多的广大出国公民和旅游者走向世界的忠实"向导"，引领其步入更广阔的世界；希望它在帮助中国人民认识世界的同时，也能够架起世界各国人民认识中国的一座"桥梁"，一座中国走向世界、世界走向中国的"桥梁"。

《列国志》编辑委员会

2003 年 6 月

再版序

　　2021 年是"9·11"事件发生 20 周年，也是阿富汗重建的第 20 载。美国宣布将在 2021 年 9 月 11 日这个具有重要纪念意义的日子完全撤离阿富汗。20 年间，阿富汗在文化、教育、交通与通信等方面取得了积极的进展。随着美国的撤军，加尼政府于 2021 年 8 月垮台，塔利班夺取政权，重建了"阿富汗伊斯兰酋长国"。阿富汗这样一个贫穷和命运多舛的国家再次成为国际社会关注的焦点。阿富汗剧变使这个国家走到了十字路口，也对周边的地缘政治与安全环境产生了重大影响。阿富汗是中国的邻国，两国长期存在睦邻友好关系。我国长期以来积极支持阿富汗重建，主张"阿人主导、阿人所有"。随着阿富汗局势的重大变化，国人和国内学界对于阿富汗的知识需求剧增。这也是新版《列国志·阿富汗》出版的意义所在。

　　本书第一版由中国社会科学院西亚非洲研究所国际关系研究室主任王凤副研究员撰写。2016 年，王凤副研究员授权笔者对《列国志·阿富汗》进行全面修订，索引和大事纪年由西北大学中东研究所博士研究生刘爱娇整理，并得到社会科学文献出版社国别区域分社的张晓莉社长、郭白歌编辑和王亚楠编辑的支持。2020 年，修订工作初步完成。在阿富汗政局发生重大变化的情况下，本书增加了当前阿富汗的相关信息和内容，以期具有一定的时效性。

本书的修订版除了更新最新的数据和内容外，相较于第一版增加了七万余字。主要修订工作如下。

第一，增加了 2001 年阿富汗重建以来的政治、社会、经济、文化教育和对外关系的大量内容，使本书更贴合实际。

第二，对第一版的数据和事实进行核对，补充了一些新数据、新资料，提升了本书的完整性和准确性。

第三，增补了一些国内外最新的研究成果和观点，使本书具有一定的前沿性。

第四，根据新版《列国志》体例要求，对篇章结构进行了一定的调整。

第五，增加了 2021 年塔利班再次执政后，阿富汗的新变化。

本次修订按照新版《列国志》的体例要求，以及阿富汗的具体国情，对篇章结构进行了较大范围的调整。新增了第六章"社会"，将第一版第四章第八节的"国民生活"和第六章第四节的"医药卫生"改为"医疗卫生"纳入其中，并新撰写了"社会保障"，将第一版第六章标题"教育、科学、文艺、卫生"改为"文化"作为新版第七章。此外，对于各级标题的表述进行了全面的修改，力求准确。对各部分内容进行了更新。如在第二章"历史"中，增加了一目介绍"'9·11'与阿富汗重建"，在历史人物中新增了八人。第四章第四节增加了"通信"的相关内容。此外，将一些对于阿富汗 20 世纪的情况介绍进行了适度的压缩与合并以凸出时效性。将第一版第五章的前三节合并为一节，对第一版第四节"阿富汗军队重建"的内容进行了大幅的调整。

　　笔者力图借鉴最新的研究成果和较为权威的文献资料，但其中的疏漏在所难免，其概由笔者负责，也请各位读者和同仁指正。

闫伟

2024 年 8 月 8 日于西安

导　言

2001 年 9 月 11 日，美国纽约和华盛顿等地发生了震惊世界的袭击事件。经调查，美国认为袭击事件与阿富汗塔利班政权庇护的本·拉登及其"基地"组织有密切关系。随后，美国和英国在国际社会协助下对阿富汗进行了军事打击，不久即摧垮了塔利班政权，"基地"组织也遭受重创。自 1979 年苏联入侵阿富汗后，阿富汗由此再次引起世人关注。

阿富汗位于中亚南部，是一个贫穷弱小的封闭式内陆国家，是世界上最不发达的国家之一，近现代史上曾屡次遭受列强的侵略，20 世纪最后 20 年也一直处于战乱当中。不过，美英攻打阿富汗前夕，塔利班已经夺取了全国将近 95% 的领土，统一全国似乎指日可待。但是，为什么在 20 多年时间内，阿富汗两次遭到大国的入侵或打击？塔利班政权与"基地"组织有什么关系，它为什么敢于以卵击石，即便面临战争危险，也拒绝交出本·拉登？美英攻打阿富汗后，阿富汗今后将走向何方？这些问题不得不令人深思和关注，并使人们希望对阿富汗进行深入的了解和探讨。

"9·11"事件发生时，作者正在距离纽约不远的美国普林斯顿大学近东研究所进修，同时也在为撰写这本《阿富汗》做准备。这本书是中国社会科学院重大课题《列国志》丛书国别卷之一。因此，作者隐约感到，阿富汗以及国际局势可能正处于重大的转折时期，同时对于撰写《阿富汗》这本书的必要性和重要性有了更深层的领悟。

呈现在读者面前的这本《阿富汗》，是一本试图全面介绍和论述阿富汗的综合性和系统性读物。全书共分7章，分别涉及阿富汗的国土与人民、历史、政治、经济、社会文化和外交。其中，第一章主要介绍阿富汗的地理、资源和民族（包括语言和宗教信仰）状况。第二章概述了阿富汗历史以及"9·11"事件后阿富汗局势的发展和现状。第三章阐述了阿富汗政治制度，包括立法和司法制度的演变和特点，并且对当前影响阿富汗局势的主要政治军事派别作了分析和说明。由于20世纪最后20多年，阿富汗一直处于战乱当中，资料来源非常匮乏，因此本书第四章主要论述了20世纪80年代以前的经济发展状况，但是对战乱时期的阿富汗经济所遭受的破坏作了介绍，同时阐述了2001年年底以来阿富汗的经济重建情况。由于军事资料异常缺乏，在《阿富汗》初稿中，作者一直将军事内容合并在第三章当中。幸运的是，在终审专家赵国忠老师补充一些珍贵的资料后，军事部分得以独立出来，作为本书的第五章。尽管如此，由于资料依旧有限，第五章和第六章（教育、科学、文艺、卫生）仍显得比较薄弱。第七章除分析阿富汗对外政策的传统和特点外，主要概述了阿富汗与大国和周边国家的关系发展。

在撰写本书过程中，作者遇到了一些问题，也产生了许多想法，特在此予以说明。第一，关于资料来源。总体来讲，作者深感阿富汗资料的匮乏和零乱，特别是军事和社会文化资料非常匮乏，经济资料则相对零乱。这不仅是由于20世纪最后20多年阿富汗战乱所造成的影响，更在于阿富汗是世界上最不发达的国家之一，即便在和平时期它所公布的官方资料也比较有限。此外，作者水平有限，特别是不通晓普什图语、达里语或俄语，这对研究阿富汗问题无疑是一大缺憾。《阿富汗》这本书所依据的资料，主要来源于英文和中文文献，以及作者对于阿富汗局势的跟踪和积累。

第二，关于写作体例。《阿富汗》各章节及其结构主要依据中国社会科学院"列国志"丛书编委会的要求设定。同时，根据阿富汗特点、资料状况以及书稿的结构平衡，本书在一些节或目上作了相应调整，其中第五章各节调整较大。此外，对于各章中相互重复和交叉的内容，一般在其中一章着重论述，在其他各章则扼要说明，或从其他视角予以阐述。

第三，关于注释。为避免繁琐，对于各节或目中主要引用的资料，一般在各节（目）开端统一注明"主要参阅"字样，行文当中不再注释。非主要参阅资料在行文中予以说明。

第四，关于译名。根据《列国志》编委会的要求，本书英文地名主要依据《世界地名录》（上、下）（中国大百科全书出版社，北京/上海，1987年）译出，英文人名译名主要依据新华社出版的人名译名手册译出，同时兼顾译名通用的原则。对于词典中未出现的重要英文名称，主要根据"名从主人"原则译出，并且在第一次出现时，一般标明英文。此外，本书力图做到全书译名和其他名称的统一使用，但是难免出错，不足之处请读者指正。

自2003年以来，作者全力投入这本书的撰写工作，至今已四易其稿。2005年7月，完成初稿，并通过初审；9月完成第二稿，10月通过专家审定，并顺利结项；此后作进一步修改，2006年5月完成第三稿；2006年11月下旬，通过终审专家审定，经再次修改完善后，送交出版社。在写作过程中，作者得到了许多方面的帮助和支持，谨向他们表示由衷的谢意。中国社会科学院西亚非洲所国际关系室主任张晓东研究员、原中联部研究员赵增泉先生，不顾工作繁忙和盛夏酷暑，认真审阅了本书的初稿和第二稿，并提出了宝贵的修改意见，使本书增色不少，也使作者受益匪浅。本书在完成第二稿之际，还有幸得到西北大学中东研究所副所长黄民兴研究员的及时审阅和指导，同时得到了一位外交部师长的指点，这里特向他们表示真挚的谢意。在写作过程中，本书还得到了《列国志》丛书编委会温伯友和杨光编委的悉心指点和帮助。赵国忠编委对本书作了最后审阅，并补充了一些珍贵的资料。他认真细致、严谨求实的工作作风，以及深厚扎实的学术功底，给作者留下了深刻的印象，在此特向赵老师表示由衷的谢意。另外，在本书写作过程中，中国社会科学院西亚非洲研究所的许多同事也给予了热心指点和帮助，特别是一些同事撰写并出版的其他国别的同类书籍，使作者在处理写作和注释格式以及其他方面有所借鉴，特向他们表示诚挚的谢意。

　　希望这本倾注作者心血的《阿富汗》能够得到读者认同，同时对于书中的一些纰漏，也恳请各位读者和同行斧正。

王　凤

2006 年 5 月 17 日于宅中

2006 年 11 月 26 日改于宅中

2007 年 3 月 1 日再改于宅中

CONTENTS

目 录

CONTENTS
目 录

CONTENTS

目 录

CONTENTS
目 录

CONTENTS

目 录

CONTENTS
目 录

CONTENTS
目录

CONTENTS
目 录

CONTENTS
目 录

CONTENTS
目 录

第一章
国土与人口

阿富汗地处亚洲的"十字路口"，既是南亚、中亚国家，也是中东国家。阿富汗是一个内陆国，境内多山，地势既高又险要。河流多属内陆河，气候属典型的大陆性气候。矿产资源比较丰富，尚未得到足够的勘探和开发。阿富汗是一个多民族多部落的国家，主要讲普什图语和达里语，绝大多数居民信仰伊斯兰教。

第一节 自然地理

一 地理位置

阿富汗是位于亚洲中西部的内陆国家。它沟通东西方，连接中亚与西亚和南亚，在历史上被称为南亚大陆的"锁钥"，战略地位非常重要。它地处北纬29°35′至38°40′、东经60°31′至75°，与我国青藏高原的纬度相当。国土总面积为64.75万平方公里①，国界线总长为5987公里。东部和南部与巴基斯坦为邻，边界线长2670公里，即著名的"杜兰线"②。西部与伊朗相连，边界线长921公里。北部主要以阿姆河为界，自西向东分别

---

① 对于阿富汗领土面积有着不同的统计，这里选取的是中国外交部网站的统计数据，美国CIA 的"世界概况"认为阿富汗领土面积为65.223万平方公里。《阿富汗国家概况》，中国外交部网站，2024 年 8 月，https：//www.fmprc.gov.cn/web/gjhdq_ 676201/gj_ 676203/yz_676205/1206_676207/1206x0_676209/。

② "杜兰线"为1892年英属印度与阿富汗划定的边界线。巴基斯坦独立后，阿富汗不承认"杜兰线"为国界，两国存在领土争端。

与土库曼斯坦、乌兹别克斯坦和塔吉克斯坦接壤，与三国的边界线分别长达 804 公里、144 公里和 1357 公里。东北部有一个狭长的瓦罕走廊同我国接壤，两国边界线大约长 91 公里。另外，瓦罕走廊南部一角与巴控克什米尔北部地区连接，长约 120 公里。阿富汗东西最宽处约为 1238.9 公里，南北最长处约为 563 公里。它是封闭的内陆国家，没有出海口。距离它最近的外部出海口是巴基斯坦的卡拉奇。

二　行政区划

阿富汗行政区划历史上几经变迁。1964 年之前，全国分为省、区、次区级三级行政单位。省有大省和小省之分。大省称为"维拉亚特"（Wilayat），省督称为"纳伊布·伊·胡库迈特"（Naib-i-Hukumat）。喀布尔省督例外，称为"瓦里"（Wali）。另外，楠格哈尔省（Nangarhar）、坎大哈省（Kandahar）和赫拉特省（Herat）三省省督的民事行政级别较高，相当于内阁部长。小省称为"胡库迈特·伊·阿拉"（Hukumat-i-A'la），省督称为"哈吉姆·伊·阿拉"（Hakim-i-A'la）。另外，阿巴边界处设有一个次省级行政单位，称为"胡库姆兰尼"（Hukumrani），或者"胡库迈特·伊·卡兰"（Hukumat-i-Kalan），行政长官称为"胡库姆兰"（Hukumran），或者"哈吉姆·伊·卡兰"（Hakim-i-Kalan），他对喀布尔省省督负责。省下设区级行政单位，称为"胡库迈特"（Hukumat），行政长官称为"哈吉姆·伊·马哈利"（Hakim-i-Mahalli）。区以下再设次区级行政单位，称为"阿拉卡达里"（'Alaqadari），行政长官称为"阿拉卡达尔"（'Alaqadar）。

当时行政区划分布的一个基本特点是：东部和北部省份比较密集，各省面积较小；西部和南部省份比较稀疏，各省面积较大。全国共有 14 个省，分别是喀布尔（Kabul）、楠格哈尔、帕克蒂亚（Paktia）、卡塔干（Qataghan）、马扎里沙里夫（Mazar-i-Sharif，也译为马扎尔谢里夫）、坎大哈、赫拉特、巴达赫尚（Badakhshan）、希比尔甘（Shibarghan）、迈马纳（Maimana）、帕尔万（Parwan，也译为帕尔旺）、加兹尼（Ghazni）、格里什克（Girshk）和法拉（Farah）。其中，前 7 个省是大省，后 7 个为小省。

1964 年 3 月后，行政区划进一步细化，尤其是东部、北部和中部划分的省份更多，面积更小。行政单位也发生了相应变化。全国设省、次省和区级三级行政单位。省称为"维拉亚特"，省督称为"瓦里"。次省称为"沃鲁斯·瓦里"（Wolus Wali），行政长官称为"沃鲁斯·瓦勒"（Wolus Wal）。区级称呼沿用 1964 年以前的次区级称呼，称为"阿拉卡达里"，行政长官称为"阿拉卡达尔"。当时，全国共有 28 个省，分别是巴达赫尚、巴格兰（Baghlan）、巴德吉斯（Badghis）、巴尔赫（Balkh）、巴米扬（Bamiyan）、法拉、法里亚布（Faryab）、加兹尼、古尔（Ghor）、赫拉特、赫尔曼德（Helmand）、朱兹詹（Jowzjan）、喀布尔、卡皮萨（Kapisa）、库纳尔（Kunar）、昆都士（Kunduz）、拉格曼（Laghman）、卢格尔（Logar，也译为洛加尔）、尼姆鲁兹（Nimruz）、楠格哈尔、帕克蒂亚、帕尔万、坎大哈、萨曼甘（Samangan）、塔哈尔（Takhar）、乌鲁兹甘（Oruzgan）、瓦尔达克（Wardak）和查布尔（Zabol，也译为扎布尔）。

此后，行政区划有所微调。截至 20 世纪 90 年代末，全国分为 32 个省。与此前相比，陆续增加了 4 个省份，分别是萨尔普勒（Sar-e Pol）、努里斯坦（Nuristan）、帕克蒂卡（Paktika）和霍斯特（Khost）。

2001 年年底，全国又增加两个新省，分别是潘杰希尔（Panjsher）和戴昆迪（Daikondi，也译为戴孔迪）。截至 2023 年 11 月，全国共有 34 个省。分别是：喀布尔、巴达赫尚、塔哈尔、昆都士、巴尔赫、朱兹詹、法里亚布、巴德吉斯、赫拉特、古尔、萨尔普勒、萨曼甘、巴格兰、巴米扬、帕尔万、瓦尔达克、卡皮萨、拉格曼、努里斯坦、库纳尔、楠格哈尔、卢格尔、加兹尼、乌鲁兹甘、法拉、尼姆鲁兹、赫尔曼德、坎大哈、查布尔、帕克蒂亚、帕克蒂卡、霍斯特、潘杰希尔和戴昆迪。省下设县、区、乡、村。

三 地形特点

阿富汗地势较高，平均海拔为 900~1200 米。地势自东北向西南倾斜，渐次降低。高大雄伟的兴都库什山脉，从东北部"世界屋脊"帕米尔高原向西南斜贯阿富汗全境，将阿富汗截为南北两个部分，构成阿富汗南北交通的屏障，有"阿富汗的脊梁"之称，其东北部海拔可达 7000 米以上，西南部降至 1000 米左右；东西绵延 960 公里，南北平均宽度约为 240 公里。它奇峰突起，沟壑纵横，地势十分险要，阿富汗大多数河流都发源于此。

阿富汗山地和高原占全国面积的 4/5，平原地带主要分布在北部的阿姆河南岸和西南部，西南部还有沙漠，地表崎岖不平。

在地理上，阿富汗可分为六大区域，分别是东部和中部的广大山区、北部平原、赫拉特–法拉低地、西部多石沙漠地区、赫尔曼德河谷–锡斯坦盆地和西南部沙漠地区。

（一）东部和中部的广大山区

这个区域主要由兴都库什山脉及其衍生山脉和平行山脉构成。这里山地崎岖不平，山峰高耸入云，山谷深不见底，许多高山难以逾越。它可以分为 6 个小区域，分别是瓦罕走廊–帕米尔山结、巴达赫尚山区、东部山地、中部高山区域、北部山地和南部山地。

1. 东北部的瓦罕走廊–帕米尔山结

瓦罕走廊是一个狭长地带，东西长约 300 公里，南北最窄处仅 15 公里，横亘于塔吉克斯坦与巴基斯坦以及巴控克什米尔之间，东端一角与我国新疆维吾尔自治区相连。整个帕米尔山结包含 100 多个海拔在 6100 ~ 7620 米的山峰。这个区域拥有兴都库什山脉最高峰蒂里奇米尔峰（Tirajmir），海拔达 7690 米。① 这里荒凉险峻，气候异常寒冷。海拔 5000 米以上的山地终年积雪，人迹罕至。冰川时隐时现，冰川湖闪耀着蓝莹莹、碧绿绿的光芒。据估计，这里 82.9% 的地区海拔在 3000 米以上，17.1% 的地区在 1800 ~ 3000 米。这里还有许多重要的山口。一些山口在海拔 3500 ~ 4500 米，多数山口至山谷谷底的距离有 500 ~ 1000 米，可以季节性地通往克什米尔。

2. 巴达赫尚山区

西出瓦罕走廊–帕米尔山结就是巴达赫尚山区，这里也是一片高寒山地。其中，27.5% 的山地海拔在 3000 米以上，36.2% 在 1800 ~ 3000 米，

---

① 马金祥等编《阿富汗/巴基斯坦地图》，中国地图出版社，2002。

32% 在 600 ~ 1800 米。其余少数山地，海拔大约在 300 ~ 600 米，毗邻北部平原。这里高山陡峭险峻，岩石覆盖其上。高山被溪流和冰川湖冲刷和切割，形成许多 V 字形山谷。春夏雪水融化时，不断有小溪流入，山谷景色格外优美。夏天，游牧民经常在这里的高山湖泊一带放牧。冬天，他们则返回北部平原地区或东部拉格曼一带。

3. 东部山地

位于巴达赫尚山区南侧，地震频繁，一年发生 50 次震级不同的地震。这里有著名的苏莱曼山，总长 600 公里，平均海拔 3200 米，是阿富汗和巴基斯坦的分界线。由于受到冬季西向季风和夏季西南季风的影响，苏莱曼山与阿富汗其他山区相比降雨较多，森林覆盖率更高。这座山有许多山口，例如开伯尔山口和博兰山口，是阿富汗通向巴基斯坦的重要道路。

另外，由于造山运动，东部山地许多山脉出现大断层，在高山之间形成了一些山谷和盆地。许多山谷非常狭窄，一些山间盆地却比较宽阔，适宜农耕，是阿富汗的农业生产区。著名的山谷有喀布尔山谷、科希斯坦 - 潘杰希尔（Kohistan-Panjsher）山谷、戈尔班德（Ghorband）山谷和努里斯坦山谷。

喀布尔山谷盆地海拔在 1500 ~ 3600 米。它四面环山，西北部坐落着帕格曼山，东南部是白山（Safed Koh），西部是巴巴山（Koh-i-Baba）。喀布尔河从山谷盆地中间穿过，流向东面的贾拉拉巴德。

科希斯坦 - 潘杰希尔山谷由达曼山（Koh Daman）山谷盆地、恰里卡尔（Charikar）山谷盆地和潘杰希尔山谷 3 个谷地组成。前两者谷底比较宽阔。潘杰希尔山谷传统上是游牧民放牧的一条南北通道。夏天，游牧民由此前往巴达赫尚；冬天，他们返回拉格曼和贾拉拉巴德一带。20 世纪六七十年代，潘杰希尔山谷还是阿富汗森林较多的地区。

戈尔班德山谷是自恰里卡尔山谷西去希巴尔山口（Shibar Kotal）的一条东西通道。它谷底盆地比较肥沃，地势比潘杰希尔山谷稍高。

努里斯坦山谷荒凉而狭窄，以前只有羊肠小道才能到达，后陆续修建了一些公路。它自东向西由 5 个南北方向的山谷组成。

4. 中部高山区域

这里主要包括哈扎拉贾特（Hazarajat）的中部和西部。它自希巴尔山口穿越巴巴山向西延伸。这里有一系列重要山口，历史上许多外来入侵者就是由此穿越兴都库什山的。其中，萨朗（Salang）山口和希巴尔山口最重要。萨朗山口是兴都库什山脉的心脏，其南端海拔约为3363米。20世纪30年代，阿富汗政府在萨朗山口修建了一条道路。60年代在苏联援助下，阿富汗又在此修建了著名的萨朗隧道。希巴尔山口西侧是巴巴山和一个崎岖贫瘠的台地，这里是阿富汗一些重要水系的发源地，其中包括喀布尔河水系、赫尔曼德河－阿尔甘达卜河（Helmand-Arghandab）水系和哈里河（Hari Rud）水系。另外，中部高山区域许多高峰海拔在4270～5180米，最高峰在巴巴山的沙阿富拉迪（Shah Foladi）。

5. 北部山地

北部山地由兴都库什山脉高原地带及其北部山脚区域组成。这里地势较低，海拔约在1220～1830米，土壤多砂石，贫瘠而荒凉。不过，一些由洪水冲积的低地平原可以耕种。迈马纳南侧的山脉为东西走向，绵延200公里，海拔为3000多米。山脉北侧陡降，与北部平原相连；南侧是与之平行的穆尔加布河（Murghab River）谷地；东部是帕罗帕米苏斯山（Paropamisus）和菲罗兹山（Firoz Koh）等。菲罗兹山东侧是昆都士山谷、安达拉卜（Andarab）山谷和苏尔赫河（Surkh Ab）山谷。希巴尔山口在苏尔赫河山谷的东侧，巴米扬在其西侧。

6. 南部山地

南部山地主要由喀布尔河水系和赫尔曼德河水系冲积而成，包括一些平原和半沙漠地带。坎大哈、加兹尼和帕克蒂亚等重要省份分布于此。

（二）北部平原

它位于兴都库什山脉北部山地与阿富汗北部边界之间，与兴都库什山北部山地相比，其海拔陡降至370米左右。这个长条形的区域是黄土平原，是阿富汗的一个主要农业区。平原上有一片可移动的沙丘地带。在这

个沙丘地带和阿姆河之间，是由阿姆河泛滥冲积而成的漫滩平原，宽度从
3.2公里到16公里不等。在乌兹别克斯坦的铁尔梅兹（Termez）西侧的
阿姆河上，有一些小岛。在塔什库尔干（Tashkurghan）北侧与安德胡伊
西南侧之间，还有一片盐碱泥滩。

（三）赫拉特－法拉低地

它是阿富汗西部的一个较大区域，是伊朗高原呼罗珊（Khurasan）地
区的自然延伸。哈里河和哈什河（Khash River）分别流经其北部和南部，
兴都库什山脉中部山区坐落在其东部。这里有山脉、丘陵和相对宽阔平坦
的山谷。有水源的地方一般适宜精耕细作。赫拉特坐落在哈里河北侧，附
近是多岩石、石灰石和砂石的丘陵地带。

（四）西部多石沙漠地区

它位于赫拉特－法拉低地南侧，主要由马尔谷沙漠（Dasht-i-Margo）
和卡什沙漠（Dasht-i-Kash）组成。其中，达什特马戈沙漠号称"死亡沙
漠"。这里炎热干旱，荒凉贫瘠，海拔在305~915米。不过，边缘有一些
浅浅的池塘，系赫尔曼德河洪水泛滥所致。

（五）赫尔曼德河谷－锡斯坦盆地区域

它位于阿富汗西南部，在西部多石沙漠地区的东南侧，海拔大约在
520米。锡斯坦盆地大多数地区在阿富汗的西邻——伊朗境内。锡斯坦盆
地的东部边际线深入到达什特马戈沙漠的边缘。在阿富汗境内，该盆地构
成赫尔曼德河流域的一个重要部分。赫尔曼德河流域土地肥沃，适宜
农耕。

（六）西南部沙漠地区

它位于赫尔曼德河的东侧和南侧，主要有雷吉斯坦沙漠（Registan）。
"雷吉斯坦"就是"沙石之地"的意思。这里有流动的沙丘，高度在15~
30米，地表经常结成硬壳。沙漠中部有一些固定沙丘。下雨时，沙丘之
间的洼地就形成沼泽地，干燥后地表结成一层干壳，但底下仍是烂泥，潜
伏着很大的危险。雷吉斯坦沙漠西侧和北侧是赫尔曼德河水系，东部是杰
曼（Chaman）—坎大哈公路，南部与巴基斯坦的贾盖丘陵（Chagai Hills）
相连。

四 河流与湖泊①

(一) 河流

阿富汗主要有四大水系,分别是阿姆河 (Amu Darya) 水系、哈里河水系、喀布尔 (Kabul River) 河水系和赫尔曼德河—阿尔甘达卜河水系。其中,只有喀布尔河水系有河流在境外注入大海,其余均为内陆河水系。阿富汗主要河流大多发源于横贯阿富汗中部的兴都库什山和帕米尔高原,水源主要来自积雪、河流并向阿富汗四周呈辐射状延展,流入其他国家。在四大水系中,不断流的有阿姆河、喀布尔河、赫尔曼德河、阿尔甘达卜河、潘杰希尔河、卢格尔河、哈里河和库纳尔河。常年有水的支流有拉格曼河、苏尔赫河、昆都士河 (Kunduz River)、科克恰河 (Kokcha River) 和班德阿米尔河 (Rud-i-Band-i-Amir)。班德阿米尔河的下游称为巴尔赫河 (Balkh Ab)。

1. 东北部阿姆河水系

阿姆河古称乌浒河 (Oxus River),它是阿姆河水系的主要河流。它发源于帕米尔高原,在阿富汗境内长度有 1100 公里,是阿富汗与北方邻国的界河。它向北流向土库曼斯坦,最后注入咸海,全长 2400 公里。阿姆河在不同地段有不同的名称。在源头时,它被称为瓦罕河 (Ab-i-Wakhan);继帕米尔河 (Ab-i-Pamir) 汇入后,被称为喷赤河 (Ab-i-Panja);科克恰河流入后,阿富汗人称为阿姆河。

科克恰河和昆都士河是阿姆河最重要的支流。科克恰河长 320 公里,起源于兴都库什山中部山区北麓,在阿富汗所有河流中水流最湍急,难以用于灌溉。昆都士河长 480 公里,在阿富汗境内也有不同的名称。它较为平缓,灌溉着阿富汗北部几个省份。另外,还有一些河流在北部平原一带流向阿姆河,只是由于流量不大,加上北部平原地势平缓,它们在未注入

---

① 参见 P. Bajpai and S. Ram eds., *Encyclopaedia of Afghanistan*, Vol. 1, New Delhi: Anmol Publications, 2002, pp. 35 – 46; Hamidullah Amin, *A Geography of Afghanistan*, Omaha: The Center for Afghanistan Studies, University of Nebraska at Omaha, 1976。

阿姆河之前就已干涸。不过这些河经过的地方形成了一些肥沃的冲积地带。这些河流有塔什库尔干河（长190公里）、巴尔赫河（长480公里，源头处称为班德阿米尔河）、萨尔普勒河（长320公里）和凯萨尔河（Ab-i-Qaisar，长320公里）。

阿富汗境内阿姆河流域总面积超过9万平方公里，其中瓦罕和巴达赫尚地区流域面积为3.08万平方公里，科克恰河流域面积为21.9万平方公里，昆都士河流域为3.73万平方公里。

2. 西部哈里河水系

哈里河水系起源于兴都库什山脉中部山区的巴巴山，向西流经阿富汗，而后折向北，构成阿富汗与伊朗边境（这一段大约长161公里），最后流入土库曼斯坦，被称为捷詹河（Tedzhen River）。哈里河全长850公里，阿富汗境内有500公里，灌溉着阿富汗西部赫拉特附近的平原，流域总面积为3.93万平方公里。卡奥河（Kao Rud）是哈里河唯一重要的支流。

穆尔加布河是哈里河水系另外一条主要河流。它发源于兴都库什山脉北麓的菲罗兹山，先向北流，后折向西，但未汇入哈里河。它总长800公里，在阿富汗境内长度达450公里，另外还有30公里长构成阿富汗与土库曼斯坦的边界，其余河段在土库曼斯坦境内，流域总面积为5.75万平方公里。在阿富汗境内，除上游外，穆尔加布河一些河段多用于灌溉。在阿富汗境内，穆尔加布河的主要支流有卡拉瓦尔哈纳河（Karawal Khana River）。土库曼斯坦境内，有支流库尚河（Kushan River）和胡斯克河（Khusk River）。

3. 东部喀布尔河水系

喀布尔河水系是印度河水系的一个组成部分。喀布尔河发源于阿富汗中部山地，自西向东相继穿过喀布尔山谷和贾拉拉巴德低地后，越出阿富汗，折向北，再向东进入巴基斯坦的白沙瓦山谷，最后流入印度河。喀布尔河是阿富汗唯一与大洋相通的河流，总长500公里，中上游约有360公里在阿富汗境内。喀布尔河在到达喀布尔市之前为上游，这一段水量不大，夏季7~9月几乎是干涸的。喀布尔河水系（包括主要支流）流域总面积为 7.539 万平方公里。

喀布尔河主要支流有库纳尔河、两条拉格曼河［分别称为阿利尚河
（Alishang River）和阿林加尔河（Alingar River）］、苏尔赫河（有别于阿
姆河流域的巴尔赫河）、卢格尔河和潘杰希尔河。其中，库纳尔河是喀布
尔最大的支流，它在贾拉拉巴德东面注入喀布尔河。潘杰希尔河长 320 公
里，卢格尔河长 200 公里。

4. 南部赫尔曼德河－阿尔甘达卜河水系

赫尔曼德河流域约占阿富汗全国土地面积的 40%。赫尔曼德河全长
1300 公里，是阿富汗最大、最长的河流，灌溉着阿富汗西南部重要区域。
它发源于兴都库什山南部山地，自东北至西南方向相继穿越兴都库什山
脉、阿富汗西南地区后至伊朗边境，然后急转向北，注入赫尔曼德湖
（Hamun-i-Hilmand）和萨比里湖（Hamun-i-Saberi），赫尔曼德湖大部分区
域在伊朗境内。赫尔曼德河每年流量变化不定，正常年份约为每秒 60 立
方米，非正常年份可以增至每秒 1500～2000 立方米，因此它时而干涸时
而泛滥。一年内 2～4 月，它的流量最大，6～9 月流量最小。赫尔曼德河
没有入海口，它一路蒸发，沿途形成许多盐沼地。它的主要支流有卡吉河
（Kaj Rud）、提林河（Tirin River）、穆萨河（Rud-i-Musa）等。

阿尔甘达卜河是赫尔曼德河－阿尔甘达卜河水系的另外一条大河，同
时也是赫尔曼德河的一条重要支流。它全长 560 公里，发源于兴都库什山
中部山地的哈扎拉贾特东侧，流经坎大哈北部（阿尔甘达卜河与坎大哈
之间有灌溉渠相连），最后在卡拉布斯特（Kala Bist）注入赫尔曼德河。
阿尔甘达卜河的主要支流有库什克纳克河（Kushk-i-Nakhhud River）、加
尔马卜河（Garm Ab）和洛拉河（Lora River）等。

在阿尔甘达卜河流域，河流分布比较复杂。其中，阿尔加斯坦河
（Arghastan River）分布在阿尔甘达卜河的东侧，并且与后者平行。它长
280 公里，在坎大哈东南注入洛拉河。洛拉河再向前流，在本杰吉瓦伊
（Panjwai）西侧注入阿尔甘达卜河。

洛拉河总长大约为 320 公里，它发源于巴基斯坦境内。进入阿富汗
后，被称为卡达奈河（Kadanai River）；自阿富汗的巴勒达克（Baldak）

起，改称洛拉河，此后与阿尔加斯坦河汇合。

塔尔纳克河（Tarnak River）位于阿尔甘达卜河和阿尔加斯坦河之间，全长 320 公里，汇入洛拉河。

此外，阿尔甘达卜河流域还有加兹尼河（Ghazni River），它全长 240 公里，灌溉着加兹尼地区，主要支流是吉尔加河（Jilga River）。

在赫尔曼德河–阿尔甘达卜河水系的西北侧，还有几条重要河流，其中一条河是法拉河（Farah River）。法拉河发源于兴都库什山脉北部山地的帕罗帕米苏斯山，流经沙漠地区后，注入萨比里湖，其主要支流有古尔河（Rud-i-Ghor）和马尔穆恩河（Malmun River）。另一条河是法鲁特河（Farut River）。法鲁特河位于法拉河的西北侧，它发源于赫拉特东南部山区，流经信丹德，最后注入萨比里湖，主要支流有加兹河（Rud-i-Gaz）和库什克河（Khushk Rud）。此外，哈什河位于法拉河的东南侧。它发源于兴都库什山脉哈扎拉贾特的西侧，长约 480 公里，是季节性河流。干旱季节，它在迪拉拉姆（Dilaram）附近变成一系列孤立的水塘。

（二）湖泊

阿富汗湖泊众多，但大湖稀少，其中许多是高山小湖泊。高山小湖泊多因冰川作用而形成，但由于阿富汗干旱问题日益严重，近年来湖泊的面积呈缩小的趋势。瓦罕走廊–帕米尔山结一带是高山小湖泊的一个主要分布区。这里有扎尔库勒湖（Zarkul Lake），或称萨尔库勒湖（Sar-i-Kul Lake），它是瓦罕河和阿姆河的一个源头。扎尔库勒湖南北两岸分别长 10 公里和 6 公里，最宽处有 4 公里。它三面山坡环绕，南侧是高山。夏季，山坡上草场丰茂，适宜为放牧。但是，一年中大部分时间，湖水都处于结冰状态。查克玛沁湖（Chaqmaqtin Lake）是这个地区的另一个重要湖泊，它也是瓦罕河的一个源头。自东至西，它全长 17 公里，最宽处 2.5 公里。

巴达赫尚山区也有许多高山小湖泊。其中，谢瓦湖（Sheva Lake）位于巴达赫尚西部靠近阿姆河附近。它是甜水湖，湖水清澈，非常冰冷，一年中有三个季节都冰冻着。其海拔为 3050 米，有 11 公里长、8 公里宽，有三条小溪注入其中。它有一个出口，湖水因此可以流向达尔马罗赫（Darmarokh）山谷。

此外，高山小湖泊还分布在库纳尔河上游和阿林加尔河、潘杰希尔河、科克恰河等河流以及其他小溪的两侧。另外，萨朗山口、巴米扬河流与巴巴山之间的兴都库什山脉高山山地，也分布着多如牛毛的高山小湖泊。其中，位于巴巴山洼地、距巴米扬西 75 公里处，有异常美丽的小湖泊——班德阿米尔湖。湖畔四周山坡环绕，峭壁林立，湖水清澈透明，呈现浅蓝、绿色等不同色泽，是一处迷人的旅游胜地。

　　除高山小湖泊外，赫尔曼德河流域也分布着许多湖泊。其中，沿阿伊边境两侧分布着三个湖，分别是赫尔曼德湖、萨比里湖和普扎克湖（Hamun-i-Puzak）。它们都是浅水湖。由于气候条件不同，注入各个湖泊的河流水量不同，这些湖每年、每千年的面积大小也有所变化。萨比里湖是这个大湖床洼地的最深处，法拉河和哈鲁特河注入其中。普扎克湖也比较深，里面储有永久性深水。

　　赫尔曼德河流域还有一处封闭的洼地——格蒂泽瑞（Godizereh）洼地，它有一个风蚀而成的干涸大湖床。洼地约 100 公里长，10～20 公里宽，呈弓形，凹面朝向西北，它是赫尔曼德河流域的最低点。洼地底部海拔为 450 米，比其北面沙漠表面低 150～200 米。

　　在赫尔曼德河流域东北部、加兹尼西侧，另有一个封闭的大盆地——纳瓦尔盆地（Dasht-i-Nawar）。盆地大约有 40 公里长，15 公里宽，里面分布着断断续续的小湖泊。湖泊海拔大约为 3115 米，面积为 60 平方公里，一年中大部分时间是干涸的。但是，湖泊四周平坦，是一个理想的草地。

　　加兹尼西南侧，也坐落着一个小湖泊——伊斯塔德赫湖（Ab-i-Istadeh）。它没有出口，是一个咸水湖。

　　此外，在哈里河流域的西南角、阿伊边境两侧，也纵向分布着两个盐湖床。北面是纳马迪湖床（Dagh-i-Namadi），南面是纳马克扎尔湖床（Dagh-i-Namaksar）。前者面积约为 440 平方公里，后者约为 800 平方公里。

　　阿富汗的水资源相对丰富，80% 的水源来自兴都库什山的冰雪融水，这也成为阿富汗河流和湖泊的主要水源。如今，阿富汗全年有 750 亿立方米的水资源，其中地表水资源 550 亿立方米，地下水 200 亿立方米。灌溉为阿富汗主要的水资源消耗，200 亿立方米。阿富汗只有 25% 的水资源得到利用，其他流向了邻国。阿富汗水资源主要集中在四大河谷地区，由于常年战乱，水利设施遭到破坏且大多年久失修。阿富汗水资源尽管比较丰富，但在一些地区尤其是西部仍然存在缺水的现象，许多村庄也因此荒芜。

五　气候

阿富汗位于亚热带气候带，属于典型的大陆性气候。年温差和日温差相当大。夏季炎热干燥，冬季异常寒冷。另外，各地区气候差别也较大。

地理位置是影响阿富汗气候的一个因素。阿富汗位于中亚南部，因此大多数地区夏季干燥、冬季寒冷。一些地区虽然距离印度洋和阿拉伯海不远（不超过 500 公里），但是由于俾路支斯坦南部和北部山区的阻挡，很难从印度洋和阿拉伯海吸收到水分。夏季季风经过长途跋涉，穿越南亚次大陆，到达苏莱曼山等东部山脉和兴都库什山脉一部分地区时，大多数水分已消耗殆尽，因此阿富汗腹地很少降雨。另外，由于位于赤道以北，阿富汗产生季节变化，日照时间也随季节而改变。最热的月份一般是 7 月，最冷的月份一般是 1 月。

不过，海拔和地形是影响气候最重要的因素，降水量一般随海拔的升高而增加。海拔 2400 米以上的高山地区，比如努里斯坦部分地区、巴达赫尚大部分地区和阿富汗中部，冬季较长，有 6~7 个月。海拔 1300~2400 米的地带属于温带气候，比如喀布尔、加兹尼、巴达赫尚地区低地、库纳尔低地、阿富汗中部低地等地区，一年有四季的明显变化，年降水量在 300~400 毫米，降水是雪或雨。海拔 900~1300 米的山区，比如坎大哈、古尔一些地区、赫拉特中部山腰和低地，夏天气候比较温暖，年降水量在 200 毫米以下。海拔 900 米以下的地区，比如北部大多数地区、西南部、东南部、喀布尔河（低地除外）地区，年降水量在 100 毫米以下。

几种气团对阿富汗气候的影响也比较大。比如，从当年 11 月到次年 5 月，阿富汗几乎所有地区都受大西洋气团的影响。大西洋气团在与阿富汗许多山地的平行移动下，给阿富汗几乎所有地区都带来了降雪或降雨。另外，西伯利亚寒流也对阿富汗气候有较大影响。不过，由于阿富汗中部高山的存在，其影响在阿富汗南部地区被极大地削弱了。起源于冰岛附近的一股气团，也经常在冬春两季影响阿富汗的气候。它自西部和西北部进入阿富汗，带来大量降雪。源自海湾和阿拉伯海的暖风，也对阿富汗南部和西南部的气候带来一定影响。尤其在夏季，南部和西南部气压较低，北部平原气压较高，导致刮来一种强风，影响阿富汗西部。它自每年6月22日开始，自北向南，一直吹到当年的10月22日，号称"120日风"，常常造成强烈的沙尘暴。此外，在阿富汗北部平原和南部沙漠低地，沙尘暴均比较常见。

阿富汗年平均气温随海拔的升高而降低，纬度只是次要因素，季节的长短变化也符合这个规律。就年温差而言，在夏季，贾拉拉巴德的气温可高达49℃；西南部平原气温约在35℃；兴都库什山中部河谷地区最热月份平均气温约在24℃，高时达32℃，山区气温大约比河谷低8℃。秋季，海拔1800米以上的地区开始遭受严寒袭击；兴都库什山北坡开始降雪，南坡还比较暖和，温度大约为13℃。冬季，河谷地区最冷时气温可以下降到-8℃；山区气温可以降到-20℃～-30℃，而喀布尔最低气温曾达到-31℃；北部平原平均气温为4℃，最冷时降至-3℃。

就日温差而言，夏季变化最突出。白昼常达40℃，夜晚冷得结冰。尤其是赫拉特—法拉低地一带以及西部和南部的沙漠地区，夏季中午的气温高达45℃，甚至更高，晚上冷得可以结冰。

阿富汗降水量较少，年均降水量少于210毫米。降水集中在冬、春两季，即从当年11月到次年5月。3～4月是全年降水量最多的月份，可以达到全年的50%～60%，夏季和秋季则十分干燥。这极大地影响了河水流量的多少和季节变化。另外，如上所述，海拔在3000～3500米的高山地区，是降水最集中的区域。春季，高山积雪开始融化，河水随之上涨，因此许多河流在春季流量最大，夏、秋、冬三季流量较小。除东部和东南部边境区域外，阿富汗许多地区夏季雨水稀少，非常干旱。北部平原降水量比南部平原降水量要多。冬季，西部、西北部和北部比东部、东南部降水量要多。北部、西部和南部的降水量随海拔的升高而增加，其中北部山麓比南部山麓降水量要丰富，湿季也较长，因此森林一般集中在中部高山的北麓以及阿富汗北部地区。不过也有例外。比如，受夏季季风影响，帕克蒂亚和库纳尔两省的森林主要集中在东部和南部山腰。

1960年以来，阿富汗的平均气温上升了0.6℃，秋季比以往更加炎热。根据西方国家学者的一些预测，到2090年，阿富汗的平均气温将上升2℃～6.2℃。与气温上升相对应，阿富汗的降水量也发生了显著变化。近十年，春季的降水量减少了6.6%。但是，北部地区可能降水量增加，愈加湿润，而南部地区则进一步干旱，极端气候出现的频次可能增加。

第二节　自然资源

一　地质构造[①]

关于阿富汗的地质研究没有详尽结论，但是据地质学家分析，在古生代时期，阿富汗基本上还是一片汪洋大海。兴都库什山脉山脊的隆起始于三叠纪末期。渐新世时期，出现新的造山运动，兴都库什山脉主要陆块随之隆起。第三纪中新世与上新世早期，陆块继续抬升。直到更新世时期，还有断断续续的造山运动。

兴都库什山脉及其衍生山脉是古生代岩石或更古老的岩石地带，板岩、页岩和石英岩构成核心，中生代地层和第三纪地层覆盖其上，花岗岩地层也侵入其中。在兴都库什山脉及其衍生山脉北侧，从巴德吉斯到塔哈尔，分布着从白垩纪时期到古新纪时期的石灰石和砂石地带，其上还覆盖着厚厚的黄土层。另外，在巴格兰—马扎里沙里夫—迈马纳—巴拉穆尔加布（Bala Murghab）弧形地带，还分布着第四纪的砂砾和黄土，新生代时期的砾岩、砂石和黏土覆盖其上。在兴都库什山及其衍生山脉的南侧，还

① Hamidullah Amin, *A Geography of Afghanistan*, Omaha: The Center for Afghanistan Studies, University of Nebraska at Omaha, 1976.

有一个辽阔的白垩纪和古新纪地层带，它向南延伸到法拉—坎大哈一线。这个地带的东部，自东北至西南方向分别排列着欣凯（Shinkai）断层、杰曼（Chaman）断层和花岗岩侵入层，西部尽头是 6 万平方公里大小的火山沉积层。法拉—坎大哈一线向南是新生代和第四纪时期的沉积物，泥沙、沙石、砾岩、黄土混合其中。赫尔曼德河自西南方向穿越这个区域，法拉河则穿越该区域的西北部。

阿富汗的地震活动非常频繁，尤其是东部和东北部地区地震频发，这是由于它位于横跨亚洲的阿尔派恩地震带（Alpine Belt）上。这个地震带从位于大西洋的亚速尔群岛，穿越地中海北部欧洲部分区域、伊朗、阿富汗，然后沿喜马拉雅山系延伸到缅甸，最后直达印度尼西亚半岛。阿富汗有一个显著的震源，位于北纬 36.5°、东经 70.5°，兴都库什山脉下大约 230 公里深处。2001 年以来，阿富汗发生 5 级以上地震 11 次、6 级以上地震 5 次、7 级以上地震 2 次。2015 年 10 月 26 日，阿富汗发生了 7.5 级的地震，导致 200 余人丧生。

二　矿物①

阿富汗矿产资源比较丰富，自古就采掘和使用宝石、玉石、金、银、铜。但是迄今为止，矿产资源尚未得到完整而系统的勘探和开发。近代以来，英国、法国、德国、苏联、美国都曾对阿富汗的矿产和地质环境进行调查。1977 年，阿富汗政府公布了《阿富汗矿产资源》（*Mineral Resourses of Afghanistan*）报告，全面介绍了阿富汗的矿产资源。其中，阿富汗的矿物有 1400 余种，有 58 处固体可燃性物质矿床、898 处金属矿物矿床、114 处稀有金属矿床、4 处放射性物质和稀土矿床、105 处贵金属矿床、118 处非金属矿物矿床、14 处盐类矿床、21 处宝石矿床、23 处电子光学类矿物矿床和 69 处工业用矿物矿床。其中，煤、铁、铜、盐、天然气、

① Hamidullah Amin, *A Geography of Afghanistan*, Omaha：The Center for Afghanistan Studies, University of Nebraska at Omaha, 1976；Rosanne Klass ed. , *Afghanistan：The Great Game Revisited*, New York：Freedom House, 1990.

铬铁矿以及各种宝石最为重要。据美国地质调查局的估计，阿富汗矿产的价值为 9080 亿美元。阿富汗政府认为其价值为 3 万亿美元。

（一）天然气

天然气是阿富汗非常重要的矿产资源。1963 年，阿富汗首次发现天然气，地点在希比尔甘附近的赫瓦加古吉拉克（Khwaja Gugirak）。苏联入侵阿富汗后，开始加大对阿富汗天然气勘探和开采的力度。但 20 世纪 80 年代后，由于战乱，阿富汗天然气生产逐渐停止。2001 年之后，随着重建的开启，天然气的勘探与生产加速。根据 2019 年美国能源信息署（EIA）统计，阿富汗天然气探明储量 496 亿立方米，气田主要集中在阿姆河南岸与中亚国家交界处。阿富汗天然气年产量为 750 亿立方米，此外，还可能存在 4400 亿立方米的天然气仍未探明。

（二）石油

阿富汗石油勘探活动非常有限，最早始于 1925 年，一直持续到 20 世纪 70 年代。阿富汗北部东自塔哈尔省西至伊朗边境，是石油分布的主要区域，其中萨尔普勒—希比尔甘一带是石油聚集区。安戈特（Angot）、阿克达尔亚（Aq Darya）、卡什卡里（Qashqari）、巴扎尔卡米（Bazar Kami）和比兰德古尔（Biland Ghor）几个地方均发现了石油。据估计，安戈特矿床总储量为 720 万吨，卡什卡里储量为 1200 万吨。1977 年，阿富汗北部油田探明储量为 1000 万 ~ 1500 万吨。另外，阿富汗东南部、西部和西南部也可能分布着油田。阿富汗的石油探明储量为 19.08 亿桶，产油区主要集中在阿富汗北部地区的阿富汗—塔吉克盆地和阿姆河盆地。但是每年开采量仅为 8000 桶左右，仍然要向土库曼斯坦、伊朗和乌兹别克斯坦等进口大量石油。2021 年，塔利班执政后，石油开采基本处于停滞状态。

（三）煤

阿富汗煤矿床数量庞大，但是截至 20 世纪 70 年代仅有少部分得到开发。高品质煤的探明储量大约为 1 亿吨，还可能有 4 亿吨其他类型的储量。阿富汗兴都库什山北麓，东自巴达赫尚西至赫拉特的辽阔地区，有 9 处大型煤矿床、36 处矿象。其中，达拉苏夫（Dara-i-suf）、卡尔卡尔

（Karkar）、萨布扎克（Sabzak）和阿什普什塔（Ashpushta）是相当重要的煤矿床，探明储量为 7300 万吨，年产量约为 187 万吨。

（四）盐

阿富汗盐类储量丰富，有 3 处非常重要的岩盐矿床、8 处湖盐矿床。在岩盐矿床中，纳马卡布（Namakab）矿床最为著名。这处矿床直径有 915 米，厚度达 12.2 米，储量估计为 1.3 亿吨。在湖盐矿床中，安德胡伊、塔什库尔干、赫拉特、赫尔曼德和查克罕苏尔（Chakhansur）矿床比较重要。20 世纪 70 年代，这几处矿床均能生产盐，其中赫拉特的产量最高。

（五）宝石

阿富汗宝石蜚声世界，例如天青石、重晶石、绿玉、云母、滑石等。一些宝石的储量较为可观。宝石的矿藏主要位于阿富汗东北部。

天青石最为知名，自古就是重要的贸易商品。无论从品质、颜色还是柔韧度看，阿富汗天青石均属世界一流。20 世纪 70 年代，阿富汗东北部已有 27 处矿床被勘探。其中最重要的是巴达赫尚省萨尔桑（Sar-i-sang）矿床，那时已进行了开发。据估计，阿富汗天青石矿藏主要集中在昆都士和巴格兰省，矿藏总量可能有 100 万吨，随着勘探的深入，储量可能更大。

20 世纪 70 年代，楠格哈尔省有 2 处滑石生产矿，即马马哈伊勒（Mama Khail）和阿钦（Achin）。据估计，阿钦矿一级滑石的储量可达 70 万吨。

阿富汗有丰富的重晶石矿床。赫拉特省桑加兰（Sangalan）矿床比较重要。此处有 30 个重晶石矿象，每个矿象厚 0.5～3 米、长 30～300 米，重晶石含量为 85%～95%，总储量估计为 140 万吨。另外，古班德地区（Ghoband）有法兰加勒（Faranjal）重晶石矿床，其储量估计超过 20 万吨，重晶石含量在 66%～96%，主要供石油和天然气开发使用。

（六）大理石

阿富汗许多地区都分布着大理石。无论品质还是颜色，阿富汗大理石均可以与意大利和北美的大理石媲美。阿富汗与巴基斯坦接壤的楠格哈尔省以出产玛瑙红大理石而闻名，在该地区十分受欢迎。

（七）铁矿

阿富汗有 5 处铁矿床，64 处铁矿象，总储量可能达 22 亿吨。已知位于阿富汗中部山区的哈吉加克处（Hajigak）的矿床最为重要。初步勘探表明，此处有 14 个铁矿床、16 个铁矿象，均属高等级铁矿，铁含量达 67%，其总储量大约为 20.7 亿吨，探明储量超过 1.1 亿吨。另外，坎大哈地区的卡克里兹附近也有 1 个铁矿，总储量超过 800 万吨。喀布尔以西帕格曼地区以及帕尔万省内，也有 2 处可观的铁矿床。另外，巴达赫尚地区也有几处铁矿床，总储量估计有 347 万吨，其中赛格南（Sheghnan）附近、靠近塔吉克斯坦边境的铁矿床较大，储量估计有 300 万吨。

（八）铜矿

在阿富汗，铜的使用可以回溯到青铜器时代。铜广泛地用于硬币、矛、器皿的制作。截至 20 世纪 70 年代，阿富汗已勘探过 10 个省，共发现 12 处铜矿床。探测表明，东部至帕尔万省，南至坎大哈省，西至法拉省，是铜矿分布的主要区域。其中，卡加奇（Kajaki）—莫库尔（Mokur）—坎大哈一线，是铜矿及铅、锌、银、金等伴生矿物最重要的分布地带。

卢格尔省的艾娜克（Ainak）矿床是阿富汗最重要的铜矿床。早在 4000 多年前，它就已被开采。据估计，这个矿床已发现的铜储量有 1150 万吨，而且就规模、储量和铜含量而言，它是世界上较大的铜矿床之一。此外，扎布尔省的昆达兰铜矿（Kundalan）也非常重要。昆达兰铜矿的储量估计为 500 万 ~ 800 万吨，铜含量为 1.5% ~ 4.3%，伴生金的储量估计有 1570 千克。另外，在拉格曼省的铜矿中，铜、铅、锌的含量分别为 0.1% ~ 3%、1% 和 0.3% ~ 1%。

（九）金矿

阿富汗黄金储量有限，但是自古从巴达赫尚到坎大哈的广大区域就有金矿开采。阿富汗的金矿主要集中在巴达赫尚省西南部至塔哈尔省，以及加兹尼省西南部至查布尔省两条矿带，预估有储量 2600 公斤黄金的金矿。20 世纪 70 年代中期，阿富汗共勘探过 6 处黄金矿床。其中，巴达赫尚省亚夫塔勒（Yaftal）处的矿床最重要。此处共有 4 处含金的石英矿，共

350 米长、0.07 ~ 12.8 米厚，每吨矿石含金量为 1 ~ 85 克。另外，莫库尔矿床也比较重要。它有 200 米长、50 米厚，每吨矿石含金量为 5 ~ 15 克。此外，位于卡拉特（Kalat）的扎尔卡珊（Zarkashan）矿床也比较重要，此处的石英、沙砾中含有黄金，每吨石英黄金含量为 0.5 ~ 11 克，有时甚至达 29 克，每立方米沙砾黄金含量为 394 毫克。另外，科克恰河支流有 7 处沙金河床，每立方米沙砾中平均含金量为 50 ~ 100 毫克，沙金总储量估计为 965 千克。

（十）铅锌矿

有限的勘探工作表明，阿富汗有 7 处铅锌矿，其中 3 处最重要。阿尔甘达卜地区的贝比加哈尔（Bebi Gawhar）矿床中，锌铅储量估计为 2100 吨和 5500 吨。此外，古尔省的纳勒班丹（Nalbandan）矿床，厚度达 3 ~ 9 米、长约 850 米、深 20 ~ 30 米，铅、锌含量估计分别为 0.87% 和 5.77%，铅锌储量分别为 1 万 ~ 1.2 万吨和 10 万 ~ 13 万吨。另外，戈尔班德地区的法兰加勒矿床也含有铅锌矿，铅锌储量均估计为 1.5 万吨。

（十一）铍

阿富汗有数处铍矿床，尤其是在巴达赫尚地区。巴达赫尚地区可以说是世界上铍矿床的重要分布地区，主要分布在德赫巴扎尔（Deh Bazar）、查乌奇（Chawki）、萨尔卡尼（Sarkani）、努里斯坦、萨拉努尔（Sara-i-Noor）、萨拉佩奇（Sara-i-Pech）等地。其中，萨拉佩奇矿床最重要。它有数处铍矿象，总长为 0.5 ~ 2.5 公里、厚度达 2 ~ 14 米，1 处矿象中铍的储量就估计有 1.5 万吨。

（十二）铬和硼

楠格哈尔省的希萨拉克（Hisarak）地区以及卢格尔省的穆罕默德阿加（Mohammad Agha）和库兰加尔（Kulangar）地区均分布有大铬矿。其中，在穆罕默德阿加地区的铬矿床中，铬的含量在 57%。

初步勘测表明，距坎大哈南 130 公里处有 1 处硼矿床，总储量估计有 220 万吨。

（十三）石棉

20 世纪 70 年代，阿富汗有 2 处石棉矿。一处在沙德勒（Shahdel），另一处在巴格拉姆（Bagram）。沙德勒矿有 1000 米长、500 米宽，石棉储量初步估计达 65 万吨。巴格拉姆矿有 2 ~ 3 公里长、200 米宽，似乎更具经济潜力。

（十四）锡和钨

阿富汗有 12 处锡钨矿，经过探测，其中托尔马林（Tormaleen）、切纳尔（Chenar）和沙勒斯坦（Shahrestan）的锡钨矿较重要。沙勒斯坦矿和托尔马林矿中，锡含量估计分别达 1%、0.1% ~ 0.56%。此外，努里斯坦地区也发现 1 处锡矿，长为 200 ~ 2000 米、深度达 1 ~ 4 米。

（十五）汞

阿富汗法拉河地区发现有汞矿，此处工业用汞的含量为 0.1% ~ 0.7%。

2001 年以来，阿富汗的矿产勘探和开采有所发展。2019 年，阿富汗商品出口总额为 22.4 亿美元，45%（约 10 亿美元）为贵金属、宝石和珠宝。2019 年，阿富汗 90% 以上的矿产主要出口阿联酋（45%）、巴基斯坦（24%）、印度（22%）。2021 年 8 月，塔利班再度执政后，集中进行矿产开发，解决经济困境。2023 年 8 月，塔利班政府宣布与中国、伊朗、土耳其和英国的公司签署了超过 65 亿美元的采矿合同，涉及阿富汗的四个省，即塔哈尔、古尔、赫拉特和卢格尔，主要以黄金、铜、铁、铅、锌的开采和加工为主。

三　植物[①]

阿富汗境内分布着不同性质的土壤，适宜不同物种的生长。高山谷地以沙黏土为主，适合栽种谷类和豆类植物。东部地区是黑土地带，有利于柑橘类、稻谷和棉花的生长。中部山区南侧的土壤碱性较强，过量的盐必须经灌溉、过滤才能种植作物。北侧是多沙的沃土区。

阿富汗的植物分布，主要由地势高度和降水量来决定。阿富汗的森林覆盖率只有 4.78%，主要分布在东部和南部高山。东部努里斯坦和帕克蒂亚的森林分布最为集中，因为这里的气候受东南季风的影响，雨量

---

① Louis Dupree, *Afghanistan*, Princeton：Princeton University Press, 1980.

充沛。

在努里斯坦潮湿的峡谷内，茂密地生长着一些亚热带乔木和灌木，例如橡树、野橄榄树、石榴树、阿月浑子（别名开心果）树、榆树、野樱桃树、忍冬树等。有些山谷还发现有栗子树和野胡桃树等。努里斯坦在海拔 900～2200 米的地带，是橡树林生长区。邻近村庄和街道的橡树所剩无几，但海拔较高的地带橡树林仍比较茂密。橡树林带之上是针叶林带，分布在海拔 2000～3800 米的区域，喜马拉雅杉是其中最贵重的树木。喜马拉雅杉木质较硬，有芳香，经久耐用，可以用来修建房屋、制作家具。红松林分布于整个努里斯坦，但主要集中在海拔 2500～3400 米的地带，可以用于制作木炭。努里斯坦的北坡是光秃秃的高山和冰川。

帕克蒂亚地区的森林主要分布在高山的南坡和山谷内，主要是针叶林，生长在高达海拔 3000 米的地带。落叶林只占 1/5。一些地方还生长着茂密的野橄榄树。喜马拉雅杉也是这个地区最贵重的树木。

阿富汗北部山区西自哈里河、东至科克恰河的斜坡上，还分布着 2 处森林带。在海拔 600～1400 米处是阿月浑子林带，在海拔 1400～2400 米处为红松林带。最好的阿月浑子林带分布在巴德吉斯省西部、海拔为 870 米的地带。阿月浑子是阿富汗重要的出口物产。

在阿富汗南部和西南部干旱和沙漠地区，植被稀疏，只有在初春雨季来临时才生长一些草类。在阿富汗北部、中部和南部的草原地带，经常可以看到艾蒿类和紫云英类植物。阿富汗中部山区光秃秃的，几乎没有植被分布。

四　动物[①]

阿富汗是动物出没的乐园。雪鸡、捻角山羊、野兔、野山羊、雪豹、棕熊是阿富汗中部高山的动物群落。努里斯坦和哈扎拉贾特山区也有雪豹。在帕米尔高原雪域，西伯利亚虎和马可·波罗羊也偶露踪迹。努里斯坦和帕罗帕米苏斯山区有猞猁和熊。北部平原有许多草原动物群落，比如

---

① Louis Dupree, *Afghanistan*, Princeton：Princeton University Press, 1980.

鬣狗、豺和狐狸等。此外，鸹、花金鼠也遍布其间。南部和西南部沙漠展现着伊朗高原和里海动物群落的痕迹，例如瞪羚、火烈鸟、野猪等。东部和南部边境有一些印度动物群落，如猫鼬、豹子、猕猴等。努里斯坦邻近巴基斯坦的森林地带，还可看到猎豹。另外，在草原、沙漠和半沙漠地区还有各种蛇，例如眼镜蛇、甲颜面蛇等。其中，有两类眼镜蛇，一类是小型但能置人于死地的孟加拉眼镜蛇，另一类是各种各样的蝰蛇。另外，陆龟、青蛙、蟾蜍以及旱獭、黄鼠、田鼠、砂土鼠、兔子等啮齿类动物也很多。沙漠边缘以及干燥的山脚，还有十余种蜥蜴。

阿富汗鱼类繁多。在兴都库什山脉北侧大多数河流里，可见各种德国棕色鲑鱼的影子。1966 年 6 月以后，一些专家还在喀布尔附近的萨朗河和潘杰希尔河里，投放了数十万尾虹鳟鱼苗。在兴都库什山脉南北两侧的河流里，还有许多颜色各异的白鱼类。北侧河流的白鱼腹部呈黄色，南侧白鱼的腹部呈白色。另外，在阿姆河暖水水域内以及兴都库什山脉北侧河流里，有许多鲇鱼。螃蟹、青蛙、蟾蜍以及各种小鱼遍布阿富汗河流和溪流内。

阿富汗有 400 种鸟类。鹧鸪是阿富汗分布最广的猎鸟，它红嘴，红腿，有小鸡大小。小鹧鸪甚至更小的鹧鸪也可看到。林木稀疏的地区有黑色的鹧鸪，南部和东部的一些山谷里有野山鸡，东部高山雪线下生活着雪鸡。阿富汗大约有 80 种野鸽，主要分布在人类居住的平原和山麓区域，有时也分布在沙漠边缘。鸽子在阿富汗被视为神鸟，受到敬畏，不能捕杀。肉食鸟类数量很多，种类不少。鹰、隼、枭遍布各处，尤其是在平原和灌木丛区。秃鹫在高空盘旋觅食，许多老鹰在山脚和高山翱翔。在平原和半沙漠中，较小的鸟类是云雀和鹨。人类居住区附近，有许多乌鸦。食物充足的地方，有许许多多的小型鸟类，例如麻雀、燕子、夜莺、伯劳等。鹊类也遍布各处。此外，还有沙松鸡、沙漠鸡、鹅、鸭、鹳、鹈鹕、苍鹭等。

鸟类中有 60% 常年栖息在阿富汗，其余为候鸟。冬季，一群群的鹌鹑从北方迁徙而来，在阿富汗草原地带以及湿润的山谷里过冬。从西伯利亚、帕米尔、巴达赫尚迁徙而来的候鸟，在飞越阿富汗时有两条迁徙线路。一条穿越中部山口，另一条沿西部山麓飞行。它们在到达目的地之前，常要在锡斯坦地区歇息。春季，它们沿同样的线路返回。野鸭、鹅、沙雉鸟、鹈鹕、苍鹭、鹳、天鹅等鸟类汇集在锡斯坦，其中白头的布拉灰鸭筑巢于此。优雅的蓑羽鹤迁徙时仅在此歇息。

阿富汗昆虫也丰富多样，属于古北区动物群（Palearctic fauna），① 与南亚次大陆的东方动物群（Oriental fauna）有所不同。在阿富汗，主要的昆虫——甲虫（鞘翅目）远远超过所有其他种类的昆虫。此外，阿富汗的昆虫还包括直翅目（蝗虫）、半翅目、异翅目（蚜虫、鳞状昆虫、蝉）、双翅目（苍蝇、蚊子）、鳞翅目（蝴蝶和飞蛾）、膜翅目（蜜蜂、黄蜂和蚂蚁）、虹吸虫（跳蚤）和等翅目（白蚁）等。

经过 40 余年的战争，以及过度的耕种和放牧，阿富汗的生态环境急剧恶化。大量森林被砍伐，用于出售木材、种植开心果，以及作为燃料。如今，森林覆盖率只有 3% 左右，水土流失严重。此外，由于非法捕猎，阿富汗的亚洲豹已基本绝迹，而雪豹、狼、狐狸、山猫、波斯豹、豹猫等野生动物的生存也受到严重威胁。而环境污染和气候的变化同样也深刻影响阿富汗的重建之路。

第三节　居民与宗教

一　人口②

阿富汗从未进行过精确的人口普查。20 世纪 60 年代末，人口大约为1470 万。据 1976 年人口抽样调查，当年人口大约有 1660 万。但是据阿富汗官方统计，1979 年人口估计有 1550 万。20 世纪 60 ~ 70 年代，人口增长率为 2% ~ 2.5%。绵延 20 多年的战乱，使阿富汗人口更加不确定。据国际货币基金组织估计，1982 年年中和 1991 年年中，人口分别为 1679

---

① 主要指欧洲、亚洲北部和非洲北部的动物群。

② EIU, *Country Profile：Pakistan/Afghanistan*，1992/93，1993/94，1997/98；EIU, *Country Profile：Afghanistan*，2003，2004；http：//www.odci.gov//cia/publications/factbook/geos/af.html.

万和 1643 万。1999/2000 年度，在联合国帮助下，塔利班政权进行了一次人口调查。据此，当时人口总数估计已达 2300 万。另外，据美国中央情报局估计，2001 年 7 月，阿富汗总人口达 2681 万，人口增长率为 3.48%。但是据世界银行估计，2001/2002 年度，人口总数约为 2720 万。2020 年，阿富汗人口约为 3220 万人，人口增长率约为 2.38%。

从人口结构上看，在 20 世纪 60 年代末，阿富汗农牧业人口占总人口的 84%～90%。其中农业人口约有 1037 万，游牧民有 200 万～300 万；城镇人口只占总人口的 10%～12%，大约有 150 万。由于 20 世纪 50～70 年代的经济发展以及随后战乱的影响，大批乡村人口涌入城市。截至 90 年代，约有 80% 的人口生活在乡村。城市人口主要集中在喀布尔、坎大哈、赫拉特、马扎里沙里夫等几个大城市。1999/2000 年度，喀布尔人口从 20 世纪 60 年代末的 53 万增加到大约 178 万。近年来，阿富汗的城市化进程加速。2020 年，阿富汗的城市化率已达到 26%，首都喀布尔达到 422 万人。

阿富汗人平均寿命较低。1960～2001 年，人均寿命从 34 岁提高到 46.24 岁。2001 年，人口出生率高达 4.1%，死亡率为 1.77%，男女比例为 1.06∶1。婴儿死亡率较高。1991 年婴儿死亡率为 11.7%，2002 年降至 8.5%，2020 年为 4.3%。随着阿富汗的重建，阿富汗人的健康水平和生活质量有所提高。2020 年，阿富汗人的平均寿命提高到 52.8 岁，出生率为 3.67%，死亡率为 1.27%。男女比例为 1∶1.05。

2020 年，阿富汗人口总体上呈年轻化的态势，年龄的中位数为 19.5 岁。0～14 岁的人口占人口总数的 40.62%，15～24 岁占 21.26%，25～54 岁占 31.44%，55～64 岁占 4.01%，65 岁及以上占 2.68%。另外，阿富汗人口识字率很低。20 世纪 90 年代为 24%，其中女性只有 9%；2001 年平均识字率为 31.5%，其中男性 47.2%；1999 年女性识字率为 15%。2020 年，15 岁以上的阿富汗人识字率约为 43%，其中男性 55.5%，女性 29.8%。

尽管 2001 年以来，阿富汗的医疗与教育水平有所提高，但阿富汗仍是世界上最不发达的国家之一。2024 年，阿富汗在"人类发展指数"排名中位列第 182 位。

阿富汗还面临着严峻的难民问题。20 世纪 70 年代末阿富汗问题产生后，阿富汗难民一度成为世界上规模最大的难民群体。当时，仅流亡国外的阿富汗难民就达 500 万之多。据估计，1992 年难民总数达 600 余万，约占当时阿富汗人口总数的 1/3。其中，在巴基斯坦约有 320 万，伊朗约有 300 万。同时还有 300 多万人，在国内颠沛流离。1992 年拉巴尼政府接管喀布尔后，难民开始陆续返回。但是，随后由于内战，不断产生新的难民潮。2000 年、2001 年的严重旱灾，也导致难民返回速度趋缓。据联合国 2001 年 10 月 1 日公布的数据，当时巴基斯坦仍有阿富汗难民 200 多万，潜在流入量达 100 万；伊朗有 150 万，潜在流入量达 40 万；土库曼斯坦、乌兹别克斯坦、塔吉克斯坦三国共有 2.5 万，潜在流入量可达 10 万；另外，澳大利亚、新西兰、法国、美国等西方国家也有少数阿富汗难民。

2001 年年底塔利班政权垮台后，由于伊朗、巴基斯坦等国采取了较为严格的遣返措施，数万名难民开始重新返回阿富汗。据估计，在 2002 年和 2003 年两年里，已有 250 万难民返回阿富汗，同时大约有 60 万在国内颠沛流离的民众返回家乡。2020 年，阿富汗注册的难民达到 260 万。此外还有大量没有注册的难民，200 余万阿富汗人在国内流离失所。如今，巴基斯坦收容 150 万注册的阿富汗难民和 100 万左右未经注册的难民。伊朗也有近 100 万注册难民，以及 150 万~200 万未经注册的难民。阿富汗难民规模处于世界第二位，仅次于叙利亚难民。

二　民族①

阿富汗是多民族国家。但在历史上，阿富汗政府主要以宗教信仰划分民族，对于阿富汗到底有多少民族存在不同的认识。2004 年阿富汗宪法

---

① 见 Louis Dupree, *Afghanistan*, Princeton：Princeton University Press，1980；赵国忠主编《简明西亚北非百科全书》（中东卷），中国社会科学出版社，2000；马晋强编著《阿富汗今昔》，云南大学出版社，1993；中国大百科全书出版社编辑部编《中国大百科全书》（民族卷），中国大百科全书出版社，1986。

中，首次指出阿富汗人由普什图、塔吉克、哈扎拉、乌兹别克、土库曼等民族构成。据调查，阿富汗的民族近 30 个，但不同民族的具体规模在阿富汗较为敏感，阿富汗政府也未进行统计。阿富汗的民族大多为跨界民族。据我国外交部的数据，普什图族（在巴基斯坦被称为"帕坦族"或"巴克同族"）是阿富汗的主体民族，约占总人口的 40%。第二大民族是塔吉克族，约占 25%。第三大民族是乌兹别克族，第四大民族是哈扎拉族。其他民族还有查哈尔艾马克族、土库曼族、吉尔吉斯族、布拉灰族、俾路支族、努里斯坦族、帕沙伊族、阿拉伯族、阿夫沙尔族、古加尔族、基齐巴什族、霍希斯塔尼族、锡克族、犹太人等。根据联合国的数据，2023 年阿富汗总人口约为 4113 万。根据中国外交部网站 2024 年 8 月更新的数据，阿富汗总人口约 3570 万。

（一）普什图族（Pushtus）

普什图人最早在阿富汗和巴基斯坦交界的苏莱曼山脉附近生活，15 世纪之后部分普什图人北迁至阿富汗。普什图人属于跨界民族，主要分布于巴基斯坦西北部和阿富汗东部、南部和西部地区。19 世纪末，阿富汗政府也向北部地区强制迁徙了部分普什图人。20 世纪 70 年代，普什图族人数约有 650 万。普什图族属欧罗巴人种印度帕米尔类型，一般身材高大而匀称，皮肤淡褐，头略长，长鼻或鹰钩鼻，眼睛呈棕色、淡褐色或蓝色，头发多呈棕色、黑色，或直或曲。他们主要使用普什图语，在阿富汗西部少数普什图人也讲达里语，这两种语言均属印欧语系伊朗语族。普什图人信奉伊斯兰教，绝大多数属逊尼派哈乃斐教法学派，极少数人属什叶派。东南部苏莱曼山区，是普什图族的早期发祥地。2023 年，阿富汗普什图人约为 1640 万。

历史上，普什图族是阿富汗占统治地位的民族。从 1747 年阿富汗建国到 1978 年人民民主党上台，除 1929 年塔吉克人叛乱之外，其他的国家领导人皆出自普什图族。政府中的高级官员、地主、资本家和大商人也都出自该族。

普什图人至今仍然存在部落组织，具有四个主要的部落联盟和完备的部落谱系。其中，阿富汗以杜兰尼和吉尔扎伊部落联盟为主。杜兰尼

（"珍珠"之意）人原名"阿布达里"，是"圣者"的意思。200多年来，杜兰尼人一直是全国的统治部族，主要分布在从坎大哈到法拉和赫拉特的广大地区。杜兰尼人分为两支：吉拉克和潘贾帕奥。属于吉拉克一支的有巴拉克扎伊、波波尔扎伊、阿尔克扎伊和阿察克扎伊，主要居住在坎大哈地区、阿尔甘达卜河谷和赫尔曼德河流域。属于潘贾帕奥一支的有奴尔扎伊、伊斯哈克扎伊、阿里扎伊、胡里安尼和马库，主要居住在西部和西南部。

吉尔扎伊人分布在坎大哈和加兹尼等地区，政治地位仅次于杜兰尼人。他们人也分为两支：图朗（西吉尔扎伊人）和布朗（东吉尔扎伊人）。图朗又包括霍塔基、多希、安达尔，主要居住在加兹尼、坎大哈、阿尔甘达卜河谷和哈扎拉贾特以北地区。布朗分为苏莱曼希尔、阿里希尔等，主要居住在从喀布尔至贾拉拉巴德的地区。

在普什图族中，较重要的部落还有优素福扎伊、辛瓦里、穆罕默德、萨菲、瓦齐里、瓦尔达克等，主要集中在东部、东南部和东北部等山区。这些地区交通不便，经济文化很不发达。普什图部落大都处于自治状态，政府难以直接控制。

普什图族长期以来保持着部落的社会结构。部落、部落分支和家族的名称多以"扎伊"（–zai）和"赫尔"（–hel）结尾。"……扎伊"是"……的子孙"，"……赫尔"是"……氏族"，体现了血缘关系在部落社会中的重要性。普什图族主要从事农牧业。

1893年，英属印度和阿富汗划定了边界，将半数左右的普什图人划到英属印度。巴基斯坦独立之后，这些普什图人又归属于巴基斯坦。2020年，巴基斯坦的普什图人达到2288万左右。

（二）塔吉克族（Tajiks）

塔吉克族属欧罗巴人种印度帕米尔类型，一般身材修长，皮肤色淡，头形较宽，鹰钩鼻，眼睛呈棕色、蓝色或灰色，头发或直或曲，多黑色，也有红色和金色。他们使用类似伊朗东部的波斯语（即达里语），或者塔吉克语，两者均属印欧语系伊朗语族。他们信仰伊斯兰教，大多数属逊尼派哈乃斐教法学派，少部分属什叶派的十二伊玛目派或伊斯玛仪派，同时还保留有伊斯兰教以前的一些古代宗教信仰，比如图腾崇拜、拜火仪式等。尤其是在山区塔吉克人中间，祆教仍有较大影响。2020年，塔吉克人约占阿富汗总人口的25%，约1000万。

"塔吉克"一词来源于古波斯语，一般认为是"阿拉伯人"之意。塔吉克族是阿富汗的一个古老民族，主要分布于阿富汗北部和西部各省农村，但是在喀布尔、巴格兰、恰里卡尔和赫拉特等城市居民中，他们也占相当大的比重。塔吉克族自古从事农业、畜牧业、手工业和工商业。塔吉克人的文化水平较高，历史上长期担任阿富汗政府的文官。另外，在巴达赫尚东北部和南部群山中，还存在山区塔吉克人，其民族结构比较复杂，分支较多。

（三）乌兹别克族（Uzbeks）

乌兹别克族是进入中亚的突厥人与其他种族混合的结果，属欧罗巴人种印度帕米尔类型，使用乌兹别克语。乌兹别克语有多种方言，属乌拉尔阿尔泰语系突厥语族。15世纪之后，阿富汗的乌兹别克族逐渐形成。乌兹别克人信仰伊斯兰教，属逊尼派哈乃斐教法学派，不过保留有萨满教等传统信仰。

乌兹别克族主要居住在阿富汗北部与乌兹别克斯坦接壤的昆都士、萨曼甘、巴尔赫、朱兹詹和法里亚布省。这里位于南北部平原地带，地势比较平坦，水利设施较好。昆都士河谷还是阿富汗的产稻区。在巴达赫尚和加兹尼等个别地区，还存在较小的乌兹别克人群体。除农业外，乌兹别克族还从事畜牧业，主要是养羊，另外兼营擀毡、织毯等手工业。2020年，阿富汗的乌兹别克人约有384万。

（四）哈扎拉族（Hazaras）

一般认为，哈扎拉人为13~15世纪移入当地的蒙古军队的后裔。"哈扎拉"在波斯语中是"千人"的意思，来自蒙古的"千人队"。哈扎拉人属欧罗巴人种和蒙古人种的混合类型，高颧骨，宽头颅，操哈扎拉语。这是一种含突厥语汇和蒙古语汇的达里语方言，属印欧语系伊朗语族。哈扎拉族信仰伊斯兰教，大多数属什叶派十二伊玛目派，少数属伊斯兰教逊尼派。

哈扎拉族主要分布在阿富汗中部山区，称之为哈扎拉贾特。在阿富汗中部的古尔、巴米扬、乌鲁兹甘省中，哈扎拉人占绝对多数。部分人居住在哈扎拉贾特周边各省。大多数人从事农业和畜牧业，但是由于哈扎拉贾特一带地势高峻、气候寒冷、耕地缺乏、技术落后，许多人外出做雇工，或进城（比如喀布尔）做杂役、搬运工、仆人等。哈扎拉人在阿富汗的地位较低。2011 年，阿富汗哈扎拉人有 270 万左右。此外，哈扎拉人也分布于巴基斯坦和伊朗等国。

哈扎拉族也存在部落结构，较大的部落有：哈扎拉贾特南部地区的乌鲁兹加尼，中部和西部的贾古里，北部的代昆迪，东北部的代万吉、亚克阿乌兰格、谢赫阿里，东部的贝苏德等。

（五）查哈尔艾马克族（Chahar Aimak）

艾马克人是突厥人或蒙古人与其他种族融合的后裔，属蒙古人种，有较多的地中海型特征，讲一种混杂突厥语的达里语方言，属印欧语系伊朗语族。2020 年，哈扎拉人约占总人口的 3%，有 100 万人左右。

"查哈尔"在达里语中是"四"的意思，"艾马克"在突厥语中是"部落"的意思。他们自己不用"查哈尔"一词，而是用部落名称称呼自己。查哈尔艾马克族主要包括四个部落集团，即菲罗兹库赫人（Firuzkuhi）、泰曼尼人（Taimani）、贾姆希德人（Jamshidi）和泰穆尔人（Taimuri），主要分布在阿富汗中部和西部地区。

此外，在巴德吉斯省西部，哈扎拉族的达希津纳特人也被视为查哈尔艾马克族。菲罗兹库赫人主要分布在古尔和巴德吉斯两省，为游牧民、畜牧民和农民，信仰伊斯兰教，属逊尼派哈乃斐教法学派。泰曼尼人居住在古尔省中部和南部地区，为半游牧、畜牧民和农民，信仰伊斯兰教，属逊尼派哈乃斐教法学派。贾姆希德人分布在赫拉特北部，为半游牧民、畜牧民和农民，信仰伊斯兰教，属什叶派的阿里伊拉希教派。泰穆尔人大部分分布在赫拉特省西部和法拉省西北部，全部为游牧民和畜牧民，信仰伊斯兰教，属什叶派十二伊玛目教派。哈扎拉达希津纳特人是蒙古人种后裔，受突厥人影响较深，也使用达里语方言，信仰伊斯兰教，属逊尼派哈乃斐教法学派。

（六） 土库曼族（Turkman）和吉尔吉斯族（Kirghiz）

土库曼族是由中亚南迁的突厥人的后裔，属欧罗巴人种和蒙古人种的混合类型。他们讲土库曼语的方言，这种语言属乌拉尔阿尔泰突厥语族。土库曼族信仰伊斯兰教，属逊尼派哈乃斐教法学派，但仍残留古代信仰，其中萨满教成分较多，有信巫术习尚。

土库曼族集中在阿富汗西北部与土库曼斯坦接壤的地区，主要分布于昆都士、朱兹詹、法里亚布、巴德吉斯、尼姆鲁兹和赫拉特等省。土库曼族中尚存部落界限。其中，赫拉特、巴德吉斯省的土库曼族属吉卡部落，法里亚布省的土库曼族属萨洛尔和萨里克部落，朱兹詹省的属艾尔萨里部落，其他地区的属阿里艾里部落。土库曼族多为畜牧、游牧和半游牧民，部分为定居农民。土库曼族养殖的卡拉库尔羊在世界市场上享有盛誉。另外，他们擀毡、织毯的技术高超。土库曼毛毯在世界市场上享有盛誉。如今，阿富汗的土库曼人大约有 110 万。

阿富汗境内还有数万吉尔吉斯族人。他们属蒙古人种西伯利亚类型，讲吉尔吉斯当地方言，这种语言属乌拉尔阿尔泰语系突厥语族。吉尔吉斯族信仰伊斯兰教，属逊尼派哈乃斐教法学派，尚存古代信仰、万物有灵的古代残余。他们主要聚居于巴达赫尚省东北部人迹罕至的山区，以游牧业为主。

（七） 布拉灰族（Brahuis）

布拉灰族属欧罗巴人种维多伊德型，带有许多地中海类型。他们讲布拉灰语，这种语言属达罗毗荼语系南印度达罗毗荼语族，主要使用现代波斯字母拼写，不过大部分人同时讲普什图语和俾路支语。他们信仰伊斯兰教，属逊尼派哈乃斐教法学派，但仍保留有原始信仰残余，少数布拉灰人信仰基督教。如今，阿富汗的布拉灰人大约有 32 万。

布拉灰族为跨界民族，居住在阿富汗西南部，包括尼姆鲁兹省、赫尔曼德省和坎大哈省的部分地区，这些地区也被称为列基斯坦（Registan），意为"沙地"。布拉灰主体分布于巴基斯坦和伊朗。他们常把自己看成是俾路支人的分支集团，至今保留部落组织。主要部落有扎赫里门加尔、雷萨尼、萨尔帕拉等。多数人受雇于俾路支人或普什图人，以农牧业为生。

（八）俾路支族（Baluchis）

俾路支人是南亚、西亚地区的跨界民族，主要分布于巴基斯坦、伊朗、阿富汗、阿曼和阿联酋等国。20世纪70年代，俾路支族人大约有10万，如今有20万左右。他们属欧罗巴人种地中海类型（一说为印度帕米尔类型），头颅较短。他们讲俾路支语，这种语言无文字，属印欧语系伊朗语族。俾路支族信仰伊斯兰教，属逊尼派哈乃斐教法学派。

一部分俾路支族人居住在西北部，一部分人在夏季从锡斯坦迁移到赫拉特，冬季再返回锡斯坦。他们有许多分支，成分混杂。最大的部落集团是拉克沙尼，半定居，半游牧，兼营商队贸易。另一支部落集团居住在西南部锡斯坦地区，称为赛义亚德，精通打猎和捕鱼。还有一支精通牧牛，称为高达。

（九）努里斯坦族（Nuristanis）

努里斯坦族人现今有30万左右。努里斯坦族属欧罗巴人种印度帕米尔型，身体修长、黑发、肤色较深，但有大约1/3的人肤白、金发、碧眼。他们讲努里斯坦语，也叫卡菲尔语。这种语言属印欧语系，介于印度语族和伊朗语族之间，接近达尔德语族。努里斯坦族信仰伊斯兰教，属逊尼派哈乃斐教法学派。但是伊斯兰教对他们影响较弱，特别在一些偏僻的山区，一些人仍保持着对古代宗教，比如善神和恶神的信仰。

努里斯坦族人原被称作"卡菲尔"，即"无信仰之民族"，其民族起源存在争议，有希腊后裔和早期雅利安人的后裔等不同说法。19世纪末被迫皈依伊斯兰教后，他们被称为"努里人"，即"光之人民"。努里斯坦族人主要分布于努里斯坦地区，包括拉格曼省和库纳尔省北部、巴达赫尚省南部地区。他们居住在深山峡谷之间，与外界交往较少。努里斯坦族至今仍存在部落结构，较大的部落有卡蒂、韦格里、阿什洪、波拉松等。他们是一个半游牧、半定居的民族。通常男子从事游牧，女子从事农耕。

紧邻努里斯坦人居住区的南部边缘，还有一些被称为霍希斯塔尼（Hohistani）的少数民族。他们信仰伊斯兰教，属逊尼派哈乃斐教法学派，讲一种属于达尔德语族的语言。

（十） 帕沙伊族（Pachaie）

帕沙伊族人也被称为拉格曼族人，如今约有50万，其语言与努里斯坦人的语言相近，属印欧语系印度语族，接近达尔德语族。帕沙伊族信仰伊斯兰教，属逊尼派，主要分布于卡皮萨省、拉格曼省和库纳尔省南部。

（十一） 其他少数民族

阿富汗阿拉伯人信仰伊斯兰教，属逊尼派哈乃斐教法学派，主要讲普什图语或达里语，也有许多人讲阿拉伯语或阿拉伯化的波斯语，自称是阿拉伯人的后裔。

印度斯坦族和锡克族一样，讲达里语或普什图语，母语是印度斯坦语，或旁遮普语，或西旁遮普语。20世纪70年代，印度斯坦族约有2万人。他们信仰印度教，主要居住于城市，从事贸易、商业和信贷。信仰锡克教，散居全国大小城镇，从事贸易、商业和信贷，人数较少。20世纪70年代，阿富汗还有数千犹太人。他们信仰犹太教，讲普什图语或达里语，很少讲希伯来语。他们主要居住在喀布尔、坎大哈、赫拉特等大城市，从事商业、贸易和信贷。阿富汗还有许多其他少数民族，比如阿夫沙尔族、古加尔族、基齐巴什族等。随着阿富汗形势的变化，各少数民族的人数也处在变化之中，但由于长期战乱，这些少数民族的人数估计只会下降。

三 语言

阿富汗的语言和方言有40~50种，分别属于印欧语系（Indo-European）、乌拉尔阿尔泰语系（Ural-Altaic）、达罗毗荼语系（Dravidian）和闪含语系（Semito-Hamitic）四大语系和七大语族。其中，操印欧语系的人数最多，约占人口总数的80%，广泛分布于全国各地。在这些语言中，大都与伊朗语族或印度语族相关。

（一） 普什图语[①]

阿富汗的主要语言普什图语和达里语都来自印欧语系伊朗语族。普什

[①] 张敏：《阿富汗文化和社会》，昆仑出版社，2007，第10~11页。

图语属于伊朗语系东伊朗语支，使用变体的阿拉伯字母拼写，并具有印度语和古伊朗语的一些特征。现代普什图语有 40 个字母，50 个基本音素。在南亚地区也被称为"帕坦语"或"帕克同语"，也有学者将之称为"阿富汗语"。①

　　普什图语是一种古老的语言，但其书写体定型较晚。直到 16～18 世纪，普什图语才得到广泛使用并基本定型。阿富汗建国之后，一直试图加强普什图语的地位。希尔·阿里国王就曾推行语言的普什图化政策。1919 年独立后，成立了阿富汗语言和文学研究院，开始系统地对普什图语进行历史研究和语法整理。1929 年，穆沙希班王朝建立后，推广普什图语的标准化，并在中小学和行政机构进行普及。1964 年的阿富汗新宪法将普什图语和达里语定为国语。但是，1978 年人民民主党政变上台后，将普什图语、达里语以及其他 4 种用阿拉伯字母书写的语言都作为国家公务的正式语，削弱普什图语的地位。2004 年，阿富汗新宪法颁布后，规定普什图语和达里语是官方语言。此外，2004 年宪法还规定，突厥语、俾路支语、帕沙伊语、努里斯坦语和帕米尔语等在各自所属的民族区域内广泛使用的语言，是阿富汗第三类官方语言。时至今日，普什图语仍主要为普什图人的语言，并未真正成为通用语言。

　　18 世纪时，普什图语有近 50 种方言和土语。按照语音和语法特点，它们可以划分为两大方言系统。一个是以白沙瓦为中心的东北部普什图语方言系统，或称东部方言系统，主要有白沙瓦—姆门德方言、阿富里基方言、尤素夫扎伊方言和吉尔扎伊方言。另一个是以坎大哈为中心的西南部方言系统，或称西部方言系统，主要包括坎大哈方言、卡卡尔方言、瓦吉尔方言和塔吉克方言等。这两大方言系统在语音、词汇结构、词法和句法方面有些差别。比如，西南部方言系统中读成"zh"和"sh"的两个音素，在东北部方言系统中读成"g"和"kh"。另外，东北部方言系统吸收了较多的印地语词，西南部方言系统吸收了较多的波斯语和塔吉克语词。现代普什图语就是在这两大方言系统的基础上发展形成的。后来，由

---

　　① 在西方，"阿富汗"最初与"普什图"为同义词。

于历史和政治因素，现代标准的普什图语更多地吸收了西南部方言系统的语言要素。

（二）达里语

达里语起源于 8～9 世纪阿富汗的西北部地区，是阿富汗波斯语或波斯语的古称，属于印欧语系伊朗语族，有 32 个字母。达里语和现代波斯语都是由古波斯语（法尔斯语）发展而来的。达里语更多地保留了古波斯语的语言因素，与现代波斯语差异较大。其语法结构不是接近现代波斯语，而是更接近现代塔吉克语。9～16 世纪，阿富汗的古典文学作品就是用达里语书写。18 世纪中期阿富汗建国后，达里语成为官方语言和通用语言，被称作"阿富汗的波斯语"。截至 19 世纪末，达里语一直在阿富汗的政治、经济和文化教育领域中占主要地位。阿富汗国内各地区之间以及阿富汗与国际上其他国家和地区的文化交流也主要使用达里语。

阿富汗、伊朗和中亚地区都有居民讲达里语，方言也比较多。阿富汗塔吉克人讲达里语，哈扎拉人、艾马克人、乌兹别克人、土库曼人等民族既拥有自己的民族语言，也往往精通达里语。达里语也存在不同的方言，但大多数达里方言可以互通。这些方言大体上又可以分为两个区域性达里语：一个是阿富汗西部和南部以及伊朗呼罗珊地区居民讲的达里语，另一个是阿富汗北部和东部以及中亚地区居民讲的达里语。在阿富汗，最具代表性的是喀布尔及其周围地区居民讲的达里语，可以称之为"喀布尔的达里语"。现代阿富汗的达里语就是在"喀布尔的达里语"的基础上形成的。

达里语的文字书写也用阿拉伯字母，书写时自右向左。

（三）其他语言

1. 印欧语系其他语族语言

与普什图语和达里语相同，俾路支语也属于印欧语系中的伊朗语族。如上所述，除俾路支族外，布拉灰族也讲俾路支语，但作为第二语言使用。

许多努里斯族人讲的"卡菲尔"语也属印欧语系，介于印度语族和伊朗语族之间，接近达尔德语族。这种语言比较特殊，方言差异较大，各部落之间语言不同。

帕沙伊族所使用的语言属印欧语系印度语族，接近达尔德语族。它有一些方言，基本上可以分为东帕沙伊语和西帕沙伊语。

阿富汗东北部一些地区，一些人群讲达尔德语族的语言。

在阿富汗东部城市中，印度斯坦族和锡克教徒所使用的母语，属印欧语系中印度/伊朗语族的印地语（Indic）分支。

一些阿富汗人还讲英语、法语、德语等属于印欧语系的西方语言。

2. 乌拉尔阿尔泰语系

阿富汗乌兹别克族、土库曼族和吉尔吉斯族所讲的突厥语，属乌拉尔阿尔泰语系突厥语族。各个群体所说的方言不同，但可以沟通。土库曼族讲的是南方突厥语，乌兹别克族讲的是中部突厥语，吉尔吉斯族讲的是东北部突厥语。在乌兹别克族所讲的突厥语中，有许多波斯语词。在阿富汗盛行的这些突厥语，采用阿拉伯字母书写，这与中亚国家不同。

3. 达罗毗荼语系

达罗毗荼语系起源于古代印度中部。阿富汗最南部，一些布拉灰族人所讲的语言属这种语系。不过，布拉灰族人都懂俾路支语或者达里语，或者兼而有之。

4. 闪含语系

阿富汗一些少数民族在特殊情况下讲属于闪含语系的语言。比如，一些犹太人虽然讲达里语，但是用希伯来语作为仪式性语言。北部平原一带和其他地区，还有一些讲阿拉伯语的人，但是一些阿拉伯人只说达里语。

四　宗教[①]

公元 7 世纪前，阿富汗盛行佛教和袄教。7 世纪中期，随着阿拉伯人征服阿富汗，伊斯兰教开始传播。11 世纪，伊斯兰教盛行于阿富汗大部

---

① 本部分内容参考 Louis Dupree, *Afghanistan*, Princeton：Princeton University Press，1980；中国伊斯兰百科全书编委会编《中国伊斯兰百科全书》，四川辞书出版社，1994。

分地区。19 世纪末 20 世纪初，伊斯兰教在努里斯坦最后确立。迄今为止，伊斯兰教在阿富汗的政治、经济、文化和社会生活等各个方面都发挥着重大作用。

目前，伊斯兰教是阿富汗最重要的宗教。在全国人口中，99.7% 以上的居民都信仰伊斯兰教。其中，84.7% ~89.7% 为逊尼派，属哈乃斐教法学派。普什图族人、大多数塔吉克族人、乌兹别克族人、土库曼族人、吉尔吉斯族人、查哈尔艾马克族人、俾路支族人、布拉灰族人、努里斯坦族人、霍希斯塔尼族人、阿富汗阿拉伯族人等，都属于逊尼派的哈乃斐教法学派。什叶派占 10% ~15% ，包括大部分哈扎拉族人、少数塔吉克族人、极少数普什图族人、祆教徒、少数查哈尔艾马克族人、东北部瓦罕和巴达赫尚地区部分居民、阿伊边境的部分居民等，则是什叶派的主要信徒。大部分什叶派信徒属十二伊玛目派，少数属伊斯玛仪派。其余的人分别信仰锡克教、印度教和犹太教等。阿富汗许多居民在信仰伊斯兰教的同时，还保留了原始宗教信仰的残余。

（一）　伊斯兰教

伊斯兰教是阿富汗上层建筑不可分割的重要部分。1979 年苏联入侵阿富汗前，阿富汗在政府部门中设宗教学者委员会，监督和管理各项宗教事务。当时的宪法规定，伊斯兰教是阿富汗的国教，逊尼派的哈乃斐教法学派是立法的基础，实行伊斯兰教法。喀布尔设有最高伊斯兰法院，各地设有伊斯兰法庭。各级法庭的法官（卡迪）由教法学者担任，卡迪在地方上也有很大权力。从小学到大学，宗教课程是重要课程之一。清真寺多附有小学，与宗教学校一起对青少年进行宗教教育。全国还设有专门的宗教学校。阿富汗北部地区有许多苏非派的遗存，与中亚和伊朗交往密切；南亚地区则与南亚的宗教社会存在互动关系。

阿富汗居民伊斯兰教观念很强，他们虔诚地履行伊斯兰教的基本功课——五功。其一是念，即立誓信教。阿富汗穆斯林多数是文盲，只会讲本民族的语言。但由于立誓信教的因素，他们会说两句阿拉伯语，一句是"作证言"，一句是"安拉至大"。他们诚信"万物非主，只有安拉；穆罕默德是安拉的使者"。其二是拜，即礼拜。他们平日认真地做五次礼拜，分别是在"晨""晌""晡""昏""宵"时，以赢得"来世的幸福"。每周五，他们还要在清真寺举行主麻拜。阿富汗的清真寺遍布乡村和城镇。每个乡村约有一个清真寺，大村落设有两三个清真寺，大城市有中心清真寺。其三是斋。在一年一度的斋月（伊斯兰教历9月）里，宗教气氛更浓，几乎人人封斋。其四是课，即完纳天课。像任何一个伊斯兰国家一样，阿富汗穆斯林也完纳天课，一般是施舍财产价值的 2.5％。其五是朝觐。为履行朝觐的天命，每年有数千人去沙特阿拉伯的麦加朝觐。朝觐者归来后，都得到一个"哈只"的头衔，受到人们的特别尊重。

苏非主义对阿富汗的影响巨大。阿富汗盛行圣徒崇拜。按照伊斯兰教，穆罕默德不是神，只是神的使者。但是在阿富汗，不仅穆罕默德本人，就连穆罕默德的一些信徒也被神化，圣徒墓地因此星罗棋布。据说，整个阿富汗有 8000 多个圣徒墓地，仅喀布尔北部的佩米纳尔山谷中就有 40 多处。"在阿富汗，几乎每一块扔出去的石头都可以击中一处圣冢。"[1] 许多圣徒墓还定有专门拜谒的日期，并有人主持拜谒活动。阿富汗的穆斯林相信，圣徒能与真主相通，能给人降福消灾。朝拜者蜂拥而至各处圣徒墓地，恳请圣徒的祈福。据说，贾拉拉巴德的一处圣徒墓地，可以治疗疯病；佩米纳尔山谷的圣徒墓地，可以祝福多子多孙。圣徒墓地一般有神职人员看管，供人朝拜求愿，并出售一种称为"塔威兹"的护身符。在位于马扎里沙里夫的哈兹拉特阿里墓地的房院里，每年的诺鲁孜节都要举行"立杆"仪式。

阿富汗还有一种流浪僧人，叫"马格兰"。他们被认为是被真主的手摸过的人，一般在乡间流浪。有的袒胸露臂，有的穿着形状奇特的衣服。有的口里不停地念叨着声称是真主的话或当地某一圣徒的话，有的背诵《古兰经》。沿途村民为他们提供食物。

伊斯兰教阶制度比较松散，有高中低之分。高层如乌里玛，他们是各省和各大城市的宗教领导人。中层如伊玛目、海推布（Khatib），他们是

---

① Louis Dupree, *Afghanistan*, Princeton：Princeton University Press, 1980, p.104.

大清真寺的主持人和星期五主麻日典礼时念"呼图白"的宣教师。伊玛目一般由政府任命，任命前须与地方宗教领袖磋商，而且原则上政府不能将其免职。海推布意为"宣讲教义者"。除宣教外，海推布还代表伊玛目接受归信者。低层有穆安津（Muezzin，or Mu'adhdhin）、卡里（Qurra'）、哈迪姆（Khadim）、穆达里斯（Mudaris）等。穆安津是清真寺每天按时呼唤穆斯林做礼拜的人。每位穆斯林都可以呼唤其他穆斯林做礼拜。政府供养的穆安津主要在城市和大城镇，辅助伊玛目工作。卡里是诵经师，指专门诵读《古兰经》并精通其诵读法则的人员。哈迪姆是清真寺的管理员和看门人，一般由政府供养，常能从信徒和游客身上得到好处。穆达里斯在清真寺和宗教学校教授宗教课程，由政府或穆斯林供养。另外，还有宗教学者毛拉。

阿富汗伊斯兰教还有一些荣誉头衔。例如，谢赫·伊斯兰（Sheikh-ul-Islam，即伊斯兰教长老）或毛拉纳（Maulana），用于称呼堪为他人楷模的伊斯兰教领袖、教法学家或苏菲神秘主义者。得到这个称号的人，死后就成为人们拜谒的圣徒。哈兹拉特（Hazrat）指受人尊敬的宗教领袖，通常是宗教学者。哈兹拉特还用来指那些自称是奥斯曼（第三任哈里发）后裔的人。赛义德（Sayyid）是最常用的宗教字眼，指先知穆罕默德之女法蒂玛与阿里所生的后裔，逊尼派和什叶派均采用它。霍贾（Khoja）在阿富汗北部指那些自称是艾布·伯克尔（第一任哈里发）后裔的人。

（二）其他宗教

阿富汗历史上受佛教和印度教的影响很大，东南地区的佛教活动曾盛极一时。不过，伊斯兰教传入后，多数人皈依了伊斯兰教。

20世纪70年代阿富汗的印度教徒和锡克教徒有70万。长期的战乱使他们大量迁往国外，1992年降至10万，2021年仅剩下数百人。

锡克教徒的特征被概括为"五K"。"凯什"（Kesh），即浓密而不修剪的长发。"坎格哈"（Kangha），即一把束发梳子。"卡查巴"（Kachaba），即一种特别的短裤。"科尔潘"（Kirpan），即一柄双刃短剑或长剑。"卡克拉"（Khakra），即戴在包头布下面的钢圈。科尔潘和卡克拉原为锡克教徒的两种防身武器，现在演变成了两件装饰品，即脖子上的小银剑和手腕上的钢手镯。锡克教徒和印度教徒都有自己的宗教仪式和宗教场所。

以色列建国前阿富汗有几千名犹太人。以色列建国后，他们曾到以色列，后又返回阿富汗。由于阿富汗长期战乱，一些人可能又迁往了别的国家。

阿富汗的农牧民和大多数城镇居民的伊斯兰教信仰中也掺杂了一些本土的信仰，特别信仰善神和恶神。善神和恶神各有主神和群神之分。

第四节　民俗与节日

一　民俗[①]

（一）家长制大家庭

家长制大家庭是阿富汗社会组织的基本单位。一个家长制大家庭，通常由同一个父亲所生的几代人及其个体家庭组成，有时还包括被收养者。家长拥有支配全体家庭成员的绝对权力。妇女地位低下，不仅受家长支配，还要受丈夫约束。

一个大家庭一般包括四代人。一是祖辈，包括祖父、祖母。二是父辈，包括父亲、母亲，伯父、叔父以及他们的妻子。三是儿辈，包括同胞和叔伯兄弟姐妹以及兄弟们的妻子。四是孙辈。如果招婿的话，还包括姑母甚至姨母的小家庭以及表兄弟姐妹的小家庭。一个大家庭，少的10人左右，多的几十人。有的一个村子就是一个大家庭，甚至一个小村落也是一个大家庭。财产按父系继承。女儿出嫁，随丈夫而去，不能分财产。被领养的男子与家中的一个女子结婚，他就变成了"儿子"。领养的"儿子"与有正统血缘关系的儿子，在家庭财产继承上享有同等的权利。较高的辈分和年龄不仅是掌握大家庭经济权利的基础，也是参与乡村和家政

---

① 本部分内容参考 Louis Dupree, *Afghanistan*, Princeton：Princeton University Press, 1980, p. 104；马晋强编著《阿富汗今昔》。

议事的前提条件。

大家庭以上是家族。家族因血缘相近，驻地也相近，相互之间有较多联系，也彼此承担一些社会经济职能。自家族以上，政治经济利益联系越来越薄弱，相互关系越来越疏远。不过在一些偏僻的地区，家族、亲族和氏族之间仍有较多联系。部落之间联系更少，除非发生了触及全部落成员利益的大事。20世纪80年代以前，在阿富汗的游牧民中，不少人已经遗忘了自己所属的氏族和部落，常常以居住地的地名、山谷或河谷名称作为族名。不过在游牧民中，家族和亲族的作用比在农村居民中大一些。

20世纪，部落、氏族和亲族等社会组织已经处在逐渐分化瓦解的过程中。越靠近城市的地区，分化瓦解越快，部落、氏族、亲族之间的关系越松弛。第二次世界大战后，大家庭也出现了分化的趋势。特别是在20世纪60、70年代，小家庭在农村和游牧民中也有了显著发展。

小家庭，一般是只有两代人（父母和子女）组成的独立的社会经济单位，也有包括祖父母在内的三代人组成的小家庭。

（二）出生

在阿富汗农牧民生活中，最值得庆祝的日子就是生日。第一个孩子出生时，无论在乡村、城镇还是牧区，家庭通常要庆祝整整一天。如果是男孩，庆祝相当隆重，一般要鸣枪、击鼓、向穷人施舍食物，因为这意味着家庭财产有了继承人，同时也给这个家庭增添了荣耀。如果是女孩，家里则会驱逐恶魔。出生后第三天，给孩子正式起名。此前，家里会给孩子取一个临时名字，防止镇尼喊着孩子的名字把孩子偷走。起名时，毛拉会耳语四次"安拉伟大"，将其杰出的祖先告诉孩子，并勉励其成为优秀的穆斯林。毛拉可以给孩子起名，但经常是其伯父决定，尤其是男孩。都市里，常常是父母起名，或者由家里共同决定。出生后第七天，都市家庭通常要庆祝一下。此时，亲戚朋友常常携带礼物来探望，在妇女的住所里有许多庆祝活动，如唱歌、跳舞等。

（三）割礼

一般男孩七岁时进行割礼，标志着他开始成为男子。此时，男孩子要会自己穿衣，允许包缠头巾。割礼仪式很隆重，经常是流动的理发师给男孩施行割礼，随后摆宴席，有时举行一些体育活动。父亲常会给取胜者颁奖，有时是钱，有时是一条贵重的缠头巾，或者兼而有之。

（四）女性隔离

大多数地区不为女孩进入青春期举行仪式。有些地区，例如努里斯坦部分地区，要让行经的女子住在小屋与人群隔离，认为此时她是不洁的。在帕克蒂亚、古尔某些地区，女孩进入青春期时，女性亲戚中会传递一种红糖以示庆祝。女孩要帮助照看弟弟妹妹，并帮助照看牲畜。女孩9岁或10岁时，就跟着母亲磨面、提水、煮饭、缝洗衣服、拍粪饼等，学做贤妻良母。男孩将近13岁时，开始帮助父亲做农活，如果是牧民要开始学会骑马、射箭和放牧。他们再也不能自由地与女伴玩耍。儿童时代已经结束，成人时代就这样开始了。阿富汗农牧民的孩子没有青少年时期，没有向成人时代的过渡。在较为保守的农村，女性成年后将实行隔离制度，在公开场合穿着罩袍（布卡），佩戴面纱，不能与陌生男性接触。

（五）婚俗

原则上，只要经济条件允许，阿富汗穆斯林可以娶四个妻子。但是由于"彩礼"昂贵，普通人很难养活两个以上的妻子，实际上实行的是一夫一妻制。许多中年男子因承担不起彩礼而选择晚一些结婚。什叶派穆斯林中还存在类似于伊朗的临时婚姻。在阿富汗，传统上最理想的婚姻组合是侄子、侄女通婚。除都市外，大多数婚姻仍努力维持血缘关系和部族团结。随着都市化的发展以及小家庭逐渐成为社会、经济和政治的基本单位，个人选择伴侣日益成为新趋势。男女成婚的年龄通常分别是18～20岁、15～17岁。

阿富汗各地结婚程序基本类似。

第一步，当男孩或女孩的父母认为子女应当成家时，会找一个亲属作为中间人，协商婚姻事宜，通常会耗时数月。现代有知识的阿富汗家庭会直接进行协商，孩子也趋向于自己选择伴侣。但是，父母的权威仍旧非常强大。只要开始协商婚姻事宜，一般不会半途而废，不论未来的新郎或新娘是否提出异议。

第二步，初步谈妥后，男女双方两个家庭选一个日子向对方要回话。

男方家庭中，一些年长的妇女去女方家里索要糖和茶。她们会接受一盘糖和一条绣花头巾表示接受女方。一周之内，男方会返还盘子，不过盘子里盛满钱，这时双方宣布订婚。

第三步，"吃甜食"仪式，算正式订婚，通常在男方返还盘子数月或几天后举行。传统上，只有妇女参加女方家里的这种仪式。届时，男方家里的妇女，会携带四季服装、一些首饰、三件银质个人卫生用具（包括镊子、耳勺和牙签）前去。较为富裕的家庭，还会给女方带一条带有鱼形坠的银项链，表示多子多孙。订婚的主要仪式，是用一把饰有"不死鸟"（太阳鸟，表示好运气）的糖锤把糖塔敲碎在女方头顶，碎块越多，婚姻越长久和幸福。女方家庭还会将糖塔底收藏，做成饮料和甜麦面布丁，在其后的婚礼上食用。都市中的许多家庭省去了这种仪式，或将其与婚礼一并举行。不过，衣物和首饰要在婚礼前送给女方。

第四步是婚礼。支付部分彩礼后，就可以举行婚礼了，通常持续举行三天。新郎父亲或男性亲戚支付各种费用，有时新娘家也支付一部分费用。一般是新郎家准备衣服和装饰品，新娘家准备家具作为陪嫁。有时家具全部由新郎家准备，准备好后先抬到新娘家，到举行婚礼后再抬回来。

第一天，新郎男女亲属到新娘家里聊天和交往，由新娘家设宴招待。新娘家人要到村外迎接新郎家人，同时邀请全村人做客，大家唱歌跳舞以示庆祝。

第二天，新郎着盛装骑着装饰一新的马，伴随着歌舞，带领亲戚到新娘家去接新娘。此时，新娘梳妆打扮等待迎亲。在新娘家，新郎给新娘穿上母亲做的一双新鞋，然后引新娘出门，钻过马缰（表示吉祥），再扶上马，然后迎亲车马簇拥着新郎和新娘回新郎家。临行前，新娘父亲还赠送一块头巾给新郎。新郎在迎亲路上用这块头巾逐个披过两家的亲属和迎亲队伍中所有的人。头巾披过的每个人都要赠给新郎几枚硬币，新郎把收到的钱全部交给新娘母亲，作为对她养育女儿的回报。有的地方，第二天只是新郎到新娘家拜访，并不迎亲，而把迎亲仪式放在第三天举行。

迎亲的这一天是婚礼的高潮。新郎家举办宴席，男女宾分席而坐。从大清早就开始唱歌跳舞，并举行类似第一天的竞技活动。迎亲队伍一般是在下午回到新郎家中。此时，新娘盛装骑马走在新郎前面，这可能是新娘走在新郎前面的唯一机会。结婚后，一般丈夫骑马，妻子走路，或两人同时走路，但妻子要跟在丈夫之后。

第三天，举行正式婚礼。正式的结婚典礼实际上是在迎亲当天晚上举行的。典礼包括两个内容。一是，当晚签署婚约。婚约要写明彩礼的数额，包括有多少是妻子在任何时候都能索取的份额，有多少是丈夫死后才能得到的份额。如果男方与女方离婚，女方可以索要这两部分彩礼。签字仪式由毛拉主持，毛拉口诵《古兰经》，客人们则往新郎、新娘身上扔糖杏仁和核桃。二是，婚约签署后，进行结婚典礼。先由男方的一个近亲把新郎领到一个预先搭好的高台上，等待新娘的到来。新娘在女性亲属簇拥下，伴着传统的婚礼歌曲，朝新郎走去，典礼开始。

结婚典礼有五道仪式。仪式之一，是揭去新娘的面纱。由新娘的女性亲属挑去新娘的面纱，新郎和新娘一起诵读经文。然后，由近亲把用几层上等布包裹的《古兰经》放在新娘和新郎的头上，并在这对新人面前放一面镜子，这是大多数新娘和新郎的第一次见面。毛拉问新郎是否愿意娶新娘，并养活她，使她幸福。新郎回答："是的。"新娘要犹豫几次才表示同意。仪式之二，是涂指甲油。指甲油由爱神木的叶子制成红色，先由一位男性亲属用放在精心装饰的盘子上的指甲油，将新郎的小拇指指甲染红，并用一块绣花布系住；然后由新郎重复这个过程，在新娘小拇指指甲上涂上指甲油。仪式之三，是新郎品尝甜麦布丁和其他食品，并用勺子喂新娘。客人们纷纷往新娘和新郎身上掷糖杏仁。仪式之四，是新娘的近亲用七层面纱重新盖在新娘头上。其中，第七层的四个角上系着四种物件，分别是藏红花、水晶糖、丁香和硬币，预祝婚姻幸福、家族兴旺、个人纯洁、全家安全。新娘的4位男性亲属手拿第七层面纱，解开并去掉四个物件，然后盖住新娘的面部。仪式之五，是新娘父亲将第七层面纱与一块绿色缠头巾系在一起，并绕在女儿的手腕上。此举象征着他把女儿交给了新郎，并向新郎确保女儿的纯洁，提醒女儿为了家庭要永葆自己的荣誉。新郎新娘共进新房，仪式结束。但是，聚会仍然继续，直到深夜甚至天明。

理论上讲，男性离婚相当容易。只要男方当众重复三次"我与你离婚"，婚姻就可以解除。传统上，男方每说一次，还要扔掉一块石头。离婚后，女方返回娘家，须等三个月才能再婚。男方可以立即再婚。三个月的等待期有实际意义，如果离婚时女方已经怀孕，此时可以表现出来。孩子将属于前夫，即使前夫不是孩子的生身父亲。都市的知识女性对伴侣以及离婚有更多的发言权，但如果要离婚，必须获取其男性亲属的支持。丈夫的不育、残暴、经常性的通奸行为，是都市女性获取娘家支持的充分理由。对男方而言，妻子的不育或未生儿子、坏脾气、没有嫁妆，是离婚的主要理由。尽管如此，家庭和公众的压力使阿富汗的离婚率很低。

（六）死亡和葬礼

阿富汗穆斯林相信人死后有阴间生活，或者升天堂，或者下地狱。人死后举行宗教仪式的目的，是超度人的灵魂。

男性临近死亡时，哀悼仪式就开始了。一些人默读《古兰经》，大多数妇女哭泣、痛苦地尖叫、撕扯头发和衣服。邻居送来食物和钱，表示同情。

死亡后，死者男性亲属首先清洗遗体，并撒上玫瑰露。毛拉一边指导，一边祈祷，盛赞死者生前是优秀的穆斯林。女性葬礼略有不同，常常是女性亲属清洗遗体。

接着是祈祷。埋葬前，死者遗体用簇新的白布紧裹，头和脚都盖着，脚的大拇指系在一起。由6位近亲和朋友把死者抬入清真寺，置于"金匣"上。也可以把死者停放家中，由死者亲戚和朋友到清真寺里，请毛拉祈祷。

下葬必须在日落前进行。如果死在夜晚，必须尽快于日出前埋葬。下葬时，遗体悬垂而下，移入墓穴。有些地区墓穴呈 L 形。垂直下挖一坑，约两米深，再平挖一墓穴，高度为 60~70 厘米，让遗体在墓穴中有坐起来的空间。遗体朝向各地不同。通常脚朝麦加方向，以便在最后审判日来临时，遗体能坐起来面对圣城。有时，脚朝南，头朝北，面向麦加。有时，遗体南北置放并向右侧卧，面朝麦加。遗体上盖席，由配偶和儿女撒一些泥土，然后掩埋。遗体掩埋后，再堆上岩石块。有木材的地方，会在墓地周围围上栏杆，配偶和儿女将小陶瓷灯或石灯放在墓地。有钱人家铺砖，立墓石。

葬后第 14 天，亲戚朋友返回墓地上坟。上坟时，点亮石灯或带来新灯，而后返回家里聚餐。葬后第 40 天，举行类似仪式。葬后一年，亲戚朋友会在一个星期四晚上，聚在死者家里，分享烩肉饭。富裕的家庭还会请毛拉为死者的灵魂祈祷。

在遗产分配上，男性和女性子女对土地和金钱的继承比例是 2∶1。女儿得到的大多是家用物品，长子有时得到全部农田。为防止土地细化，幼子经常得到现金，而不是田地。或者兄弟几个共同拥有田地，共同劳作并分享收益。兄长们要在证书中为未出阁的妹妹写明嫁妆的份额，寡妇嫁妆的余额也要归其儿女，因为嫁妆是她与丈夫的共同财产。

二 传统饮食①

（一）馕

阿富汗是中亚国家，以及中国、伊朗、巴基斯坦和印度等周边国家饮食文化的荟萃地。馕是阿富汗最重要的食物。许多地区还用馕泛指食物。各地因自然资源不同，馕的原料也不一样。小麦、大麦、玉米、小米，甚至风干的桑葚、豌豆，只要能磨成面或捣成粉，都可以做成不发酵或轻微发酵的馕。各地区馕的形状也不相同。最普通的馕，介于椭圆形和长方形之间，有点类似环形跑道；北部地区的馕类似椭圆。制作馕的锅也很特别。一般是圆弧形，陶制，很厚，一口大一口小。做馕时，锅被埋入地里，大口冲上，锅底放着木炭，然后把拍成扁平的生面团拍在锅壁上烘烤。一些游牧民还用一种轻便的圆弧形的铁锅，用正面或反面烘烤馕。

除馕外，面食中还有面条和包子。吃面条时，一是加菜汤，二是加酸奶油，能加肉和酱更好。包子馅用肉、韭菜、葱或者奶酪。

（二）烩肉饭（手抓饭）

阿富汗有各式各样的烩肉饭。烩肉饭也泛指食物，是用肉和蔬菜一起烹制的米饭，类似我国新疆的手抓饭。阿富汗有几个地区产米，如贾拉拉

---

① 本部分内容参考 Louis Dupree, *Afghanistan*, Princeton：Princeton University Press，1980，p. 104。

巴德、拉格曼和昆都士。烹制烩肉饭的油，一般是羊油或纯净的油脂，植物油越来越受欢迎。所有烩肉饭中，都有煮好的肉埋在当中，再配几道蔬菜佐餐。蔬菜有菠菜、土豆、豌豆、茄子、胡萝卜、萝卜和南瓜等，有时也用各种泡菜佐餐。贾拉拉巴德和喀布尔吃一种干辣椒酱。贾拉拉巴德还经常在烩肉饭里挤上一些酸橙汁调味。有时，还可用酸乳酪或与米饭混合的酸乳佐餐。吃饭时，经常用右手，手指将饭团成一团，大拇指把饭团放进嘴里。左手用来饭后清洗。

另有一种黏米团很受欢迎，尤其是为病人食用或作为点心。一般在中间挖一个小孔，填入肉类混合而成。有时，还将牛奶与小麦粉拌匀，煮10 ~ 12 小时，然后送给病人吃。

（三）羊肉、乳制品等

阿富汗居民的主要肉食是羊肉。游牧民和半游牧民主要饲养羊，有充足的羊肉来源。羊肉用来做烩肉饭，也可以炖和蒸，还可以煮汤泡馕吃，类似我国西北地区的"羊肉泡馍"。较为普遍和高级的吃法是烤羊肉。烤羊肉的方法很多。比如，把瘦羊肉丁和肥羊肉片交替用钎子串起来，放到木炭上烘烤，烤熟后拿着钎子吃，叫烤羊肉串。吃羊肉串时，要蘸葡萄籽末、辣椒粉和胡椒粉，并配凉拌的洋葱和番茄丁。也可以烤肉丸，烤羊排，烤羊大腿。

冬季，阿富汗人常喝热汤，多数汤用羊肉汁做成。北部的乌兹别克人经常喝一种浓浓的、与番茄一起煮的牛血汤。阿富汗北部和南部一些城市居民，吃乳酪和肉时，还喝一种面条蔬菜汤。这是一种用洋葱煮成的汤，常浇在馕上吃。

各种乳制品是农牧民的重要食物。粗略消毒的乳酪、未消毒的乳酪、较硬的乳酪和酸奶是主要奶制品。把干乳酪煮化，再把馕撕成块浸入其中，是冬季一道美味佳肴。有时也经常把乳酪化入水中，然后浇在其他许多菜肴上搭配着吃。

许多地区居民都吃鸡和鸡蛋，其他家禽还有鸭、火鸡等。阿富汗人喜欢吃温热的煮鸡蛋或生鸡蛋。吃鸡蛋时，要敲开鸡蛋的小端，放入盐和胡椒，然后一口吞下，有时把鸡蛋与番茄或洋葱一起炒着吃。越来越多的人喜欢吃鱼。阿富汗人爱捕食鸭子、鹌鹑等。

（四）糖和茶

糖是阿富汗居民必不可少的食品。糖一是做甜食，二是做糖茶。阿富汗居民喜食甜食。甜食种类很多，比如有一种浸在糖浆里的油炸面卷，还有一种用葡萄干和豆子制成的甜食，另外还有糖块、布丁和其他麦面糕点等。农牧民主要吃粗制糖，类似砂糖。

茶是阿富汗人喜欢的传统饮料。兴都库什山以北流行红茶，以南饮绿茶。不过，茶馆中都供应这两种茶。阿富汗人还经常把绿茶和小豆蔻一起煮着喝。另有一种掺杂着煮好的凝状物的茶，具有独特的咸香味，是一种名茶，经常在早餐喝。也有人喜欢把糖放入茶中喝，但几乎没有把奶加入茶中喝的习惯。主人待客时用糖茶，一般要放半杯糖茶，表示对客人的欢迎。客人通常要饮三杯茶。第一杯解渴，第二杯表示友谊，第三杯表示赞誉和感谢。

（五）水果、坚果等

各种水果（新鲜水果或干果）和坚果是阿富汗饮食的主要组成部分。水果有各种各样的瓜、葡萄、苹果、杏、李子、桑葚、樱桃等，坚果有胡桃、杏仁、阿月浑子、松子等。阿富汗人常把干果和坚果掺在一起做成小吃，例如用干桑葚与胡桃做成的糕点以及用葡萄干、坚果与干桑葚做成的糕点等。烤玉米也受欢迎。

阿富汗人待客热情慷慨。客人大口大口地吃，表示对主人的感激之情。饭后打几个饱嗝，是礼貌的象征，常能令主人满意。吃饭时，一般围着饭菜席地而坐。农牧民一天两顿饭，即早饭和晚饭，中间吃一些坚果、水果、馕等零食。晚饭有时有米饭，偶尔有些肉食，但茶与热腾腾的馕每顿必有。早饭经常是剩饭。

三 传统服饰[①]

阿富汗各民族有自己独特的服饰文化，不过服装和穿着打扮有类似之处。

---

① 本部分内容参考 Louis Dupree, *Afghanistan*, Princeton：Princeton University Press，1980。

（一）发型和头饰

阿富汗北部和中部地区的乌兹别克族、土库曼族、吉尔吉斯族、塔吉克族、哈扎拉族和查哈尔艾马克族男子，都喜欢留短发，每月剃一次头。一般相互剃发，有时由理发师剃。东南部地区的男子，尤其是普什图族，喜好长发，留整齐的方形鬓角。跳民族舞蹈时，黝黑的长发伴随舞蹈的奔放节奏而飞旋。在努里斯坦的偏远地区，男子仍在脑后留一绺头发。大胡子很流行，因为它是男子汉的象征。城市里男子喜欢留短髭，有时还加一撮山羊胡子。

妇女很少剪发。但哀悼时，有些妇女要剃去全部头发，体毛用细绳绞掉。妇女经常梳各种辫子，有时一两根，有时很多根，有时直直地留着，有时盘在头上。普图什族未婚女子，用发带将头发束成两根，垂在后背。其他民族未婚女子，留三根以上的发辫，并用绣花巾装饰，垂在后背。已婚后，妇女要梳许多辫子盘在脑后。西方发式在都市的中上层女性中比较流行。

阿富汗各民族的头饰千差万别。各民族有其独特的缠头巾以及系缠头巾的方式。白色是缠头巾当中最好的颜色，但许多牧民喜欢黑色。缠头巾越长越时尚，一个男子的缠头巾经常长过其身高。用缠头巾包头时，除普什图族，所有民族都将缠头巾的末端掖进去，但普什图族人把一端悬于肩膀上。缠头巾有许多功能，比如防止风吹头部，用末端遮盖面部抵御沙尘暴和暴风雪，用来托送小物件，甚至用于体育比赛。有时，还将零食系于缠头巾末端，或把物件从低处吊到高处。

阿富汗各民族的帽子风格各异。西部伊朗语族的一些村民以及北方一些突厥语族人，戴无任何装饰的毡帽。其他民族的帽子，尤其是乌兹别克族和塔吉克族的帽子都精心装饰。坎大哈地区有一种圆形帽子，并绣着金银线和圆形金属片。东部的一些普什图族人戴尖尖的缠头巾式帽子，南部的一些人戴高高的圆形草帽。许多农民干农活时，戴缠头巾式帽子，一些人只喜欢戴缠头巾而不戴帽子。男孩子割礼后，才戴缠头巾式帽子。

妇女普遍戴头巾。头巾也有许多功能，比如保持头发洁净，生人路过时用牙咬住头巾一角半遮面部，遮胸给婴儿喂奶，系物件和运送东西。盛大典礼和节日时，妇女常在头巾下戴一顶缠头巾式帽子。土库曼族妇女的帽子最独特，高高的，点缀着银色饰品，节日里戴的帽子甚至高达半米左右。夏季，她们戴棉布头巾，冬季戴松软的有耳帽。努里斯坦地区妇女有时在帽子上点缀玛瑙贝。

（二）衬衫、裤子和外套

阿富汗游牧民中，多数男性穿宽松、长及膝盖的棉布衬衫，扣子在肩膀上，长衬衫飘在宽松的裤子外面，干活时卷进腰部系着的草绳。坎大哈地区，男女均穿白色的绣花衬衫。多数男性在衬衫外面穿无袖坎肩，坎肩一般是当地制作的，绣着花。男子的裤子十分宽大，一条裤子用布可达6～7米。最宽处在裤腰，平面展开，宽度有4～4.5米，从腰以下逐渐紧缩，至踝骨处包腿。裤子宽松下垂，布料重叠，形成许多褶皱。不过，北部乌兹别克族、土库曼族、吉尔吉斯族和塔吉克族人所穿的裤子比较贴身，适合骑马。努里斯坦族的男子穿厚重的V字形领羊毛衬衫和折叠裙式短裤，短裤达膝盖之下，上面系着草绳。

村里的女性，经常穿白色或彩色的棉布衬衫、宽松裤子或长及脚踝的裙子。富裕、闲适的女性穿褶子式的裤子。北方女性穿明亮的彩色扎染丝绸或俄罗斯搽光印花棉布。在普什图族牧民中，未婚女性穿宽松的黑色长衬衫和宽松长裤。已婚女性穿长及脚踝的宽松长裤或飘动的蓝色裤子，戴长及腿部的头巾。富裕的牧民，其妻子和女儿多穿大红色或绿色、绣着金线的天鹅绒服装。牧区妇女常把各个年代和各种币值的硬币缝进或织进服装。许多家庭把余款系在妇女的衣服上。努里斯坦妇女穿厚重的宽罩衫和长裙，很少穿窄裤。妇女出门，特别是到外村或集镇去，要穿一种类似大口袋的长袍——"查德里"，把人从头到脚罩在里面，只在眼睛处留一个用薄纱或透花刺绣遮挡的长方孔。

冬季，阿富汗人穿的厚外套有以下几种：一种是羊皮袄，里面絮着羊毛；一种是无袖的羊皮坎肩；一种是短袖的、用生羊毛制成的外套。此外，他们还穿各式各样的大氅。

（三）鞋子

阿富汗各民族、各地区的鞋子也丰富多彩。兴都库什山南部平原和山麓，农牧民经常穿露脚趾和后跟的皮质或草质凉鞋。都市居民穿廉价的彩色凉鞋。北方人，尤其是平原和山麓地区讲突厥语的民族，穿各式各样的靴子。走路和干活时，他们穿船形的皮鞋，一般用草绳或皮带勒着。有的靴子高达小腿，有的甚至高及膝盖。一种靴子的鞋底和后跟较硬，另一种较软。都市和乡村一些地区，橡胶套靴取代了皮质软套靴。出门时，软套靴套于软靴外，进家脱下。还有一些人，光脚穿橡胶套靴。山区民族，尤其是哈扎拉族和查哈尔艾马克族，冬季穿长及膝盖的厚羊毛袜。哈扎拉族也编织同样材料的手套。高山民族经常穿衬有皮毛的靴子。塔吉克族在泥地里穿高腰木屐，木屐上刻有传统花纹。努里斯坦族穿独特的羊毛护腿，用羊毛绳系着。他们经常赤脚，下雪时穿护腿。冬季穿羊皮夹克，用银色的匕首带系在腰间。

（四）饰物

阿富汗几乎人人喜欢装饰，妇女从头到脚都要装饰，头前后有饰物，饰物上挂金属饰片。脖子上有项圈，袖子上有臂章式的饰物，腕上有手镯，手上有戒指，前胸后背衣服上缀有各种形状的金属片，脚上有踝环。饰物一般用金、银、铜、彩色玻璃和宝石等制成，首饰中常见的图案是飞鱼、太阳鸟、生命树等。飞鱼象征富裕，太阳鸟象征长寿。饰物越多，越贵重，越受人尊重。

妇女化妆用七色颜料。棕红色染手脚，靛蓝染眼皮，红粉、白粉搽脸，紫黑色涂眼圈，额上涂金色小圆点，香油、龙涎香油涂搽身体。妇女还有文身的习俗。

男人也戴金耳环等饰品。农牧民男子戴的戒指多刻有自己的名字，当印章用。男子随身带指甲刀、耳勺、牙签等卫生用小物件。农牧民经常摘一些鲜花插在缠头巾或坎肩的翻领上。

阿富汗人的马镫精心装饰，马鞍也多姿多彩，各种车辆，如卡车等也装饰得富有生气。

四　传统住宅环境①

（一）村庄的房屋

阿富汗农民一般居住在"凯里"或"盖尔叶"（村庄）里。村庄布局为环形或直线形，以环形居多。环形是若干村庄环绕一个镇，若干小镇和村庄又环绕一个城市。直线形是若干村庄沿一条河流伸展，依河道排列成线。村庄是自给自足的经济单位，城镇则供给人们不能生产的一些生活用品。

房屋建筑因地区和材料的不同呈多样性。地势较高而干旱的地区，最普通的房屋是长方形或正方形，由土坯垒制，外抹一层由泥草和成的墙泥。房顶是平的，一般先用横梁搭成，上铺一层垫子，再用泥土和细枝交替夯固。冬季下雪时，必须把房顶上的积雪铲掉，每年秋季必须重新抹一遍，否则会漏。喀布尔和其他城市则流行斜面镀锡钢板房顶。

从兴都库什山脉南北两侧的平原地带向上到山谷地带，石块逐渐取代土坯或泥制的材料。山麓的房屋普遍打石基，顺山谷而上，石头用量渐增，直至房屋四壁全部用山石和鹅卵石垒制，缝隙用泥膏涂匀。房屋一般为两层式楼房，冬天，牲畜在楼下。帕克蒂亚山区普什图族所盖的两层楼房的屋顶，是用石板铺就的平屋顶。房屋依山而上，节节升高。下一家的屋顶就是上一家的小院。人们相互来往，上下靠楼梯。

在东部努里斯坦和帕克蒂亚的森林地区，房屋一般是木制的，由当地的木匠建造。木房也依山而上，错落有致。同样，下一家的屋顶就是上一家的活动场地。努里斯坦地区有些房屋建在高山斜坡之上。

在北方北部平原和西部阿、伊（朗）边境地区，房顶呈略带方形的穹隆状，房顶中央开天窗，用以泄烟、透气和透光。一户看上去像一个蜂房，一村看上去像一盘蜂窝。这种圆屋顶住房可能是古代圆锥形住房的一种变形。西南部地区房子的地面通常呈长方形，房顶呈烟道状穹隆形，窗户只有框架，或没有窗户。鸽楼式房屋是西部另一种特殊的建筑样式，用

---

① 本部分内容参考 Louis Dupree，*Afghanistan*，Princeton：Princeton University Press，1980。

来搜集鸟粪作为肥料。

喀布尔、帕尔万和坎大哈周围的葡萄产区，房屋通常由土坯垒成，房顶上有圆形的小孔以利空气流通。成串的葡萄挂在木柱上晾晒，直至变成葡萄干。

住宅周围一般有围墙，通常用泥土或土坯垒成，以保证安全和隐私。一家通常有 3~4 个房间，富裕的家庭还铺地毯。许多村庄有客房，有时清真寺也用作客房。

（二） 牧民的帐篷和临时小屋

阿富汗游牧民和半游牧民的住房主要是帐篷和临时小屋。按材料和样式，它们可以分为以下四种。

1. 黑山羊毛毡帐篷

这种帐篷没有框架，中间撑几根木棍，靠拉索固定。黑色帐篷在沙漠和半沙漠地区有显著功效，其两侧可以开启，四边能卷起来，有利于通风凉爽，帐篷内的温度一般比外面低。这种帐篷有四种不同的类型：南部与西部的普什图族杜兰尼人居住的类型，东部和北部的普什图族吉尔扎伊人居住的类型，俾路支斯坦族所居住的桶状穹隆形的帐篷和查哈尔艾马克族的长方形帐篷。

2. 圆顶形帐篷

其典型构造是一个花格式棍棒架构。即用带子把排成一圈的棍棒扎好，上半部弯曲或斜搭，汇聚顶端成拱顶，用带子扎好。有的用一个挖空的木制圆盘固定棍棒的顶端，框架外面覆盖一层麦秸垫子，再箍几圈编织好的带子。毛毡从顶上盖下来，直到半腰。毡子外面精心装饰，里面绘制图案。入口有两扇木门，雕刻着各种花样。北部和中部半定居半游牧的民族，如乌兹别克族、土库曼族、哈扎拉族、塔吉克族等住这种类型的帐篷。一些定居的乌兹别克族、土库曼族、哈扎拉族和塔吉克族人居住的帐篷，常设在住所围墙的里面，用作夏季小屋。

3. 简易小屋

它用席子或垫子围成，主要分布在兴都库什山南部，屋顶经常是半坡。俾路支族和布拉灰族所盖的小屋更精致一些。

4. 其他小棚屋

这种小棚屋主要用棍棒和树枝搭成，盖苇席或破旧毛毡，多建在公共打谷场、扬谷场和粮仓旁边，供守护人居住。

（三）城镇房屋

阿富汗城镇一般位于交叉路口或河流旁边。城镇居民住房与农民住房一样，主要是用土坯建造的平顶房。集镇或小城市里都有一条市场街，街道建筑和城镇办公场所的建筑较好，建筑材料主要用砖、沙灰和水泥。大城市建有钢筋混凝土的高楼大厦。

五 节 日

（一）宗教节日①

阿富汗许多节日与宗教节日有关。

1. 斋月（Ramadan）和开斋节（Id al-Fitr）

斋月即"莱麦丹月""赖买丹月"，或称"拉穆赞月"（Ramzan），指伊斯兰教历9月。当月，穆斯林均须按教规履行封斋功课，斋戒期限为29天。斋戒期满29天的当晚，要等看新月。若看到，翌日即为开斋节，否则继续封斋一日。伊斯兰教法规定，凡成年男女（男11岁，女9岁）穆斯林，在斋月必须封斋。即每日于黎明前至日落时，严禁饮食、吸烟、滴剂，戒房事或任何嬉狎非礼行为，还禁止放血、拔罐或输液。斋戒者于黎明前进用封斋饭，日落后进用开斋饭，宵礼后礼20拜"泰拉维哈拜"，有条件者要到清真寺静坐。但是，婴儿、旅行者、战场的战士、病人、孕妇等可不封斋。除孩子外，其余未封斋者要在一年中其他时间补斋或施舍。在阿富汗大多数城镇和村庄，毛拉的召唤预示斋戒的开始和结束。在喀布尔，设在谢尔达尔瓦扎（Sher Darwaza）山脚的大炮于日出前1小时鸣炮，人们就开始起床、吃饭。第二次鸣炮时，人们开始斋戒。大炮第三次鸣响时，斋戒结束。每天斋戒结束时，

---

① Louis Dupree, *Afghanistan*, Princeton：Princeton University Press, 1980；马晋强编著《阿富汗今昔》；中国伊斯兰百科全书编委会编《中国伊斯兰百科全书》。

多数阿富汗人首先吃一些高能量的食物，如海枣、葡萄干，然后吃烩肉饭，饮大杯大杯的茶。斋月结束后，要庆祝 3 天，即开斋节。开斋节一般在伊斯兰教历的 10 月 1 日。人们，尤其是孩子们要穿新衣，探亲访友，馈赠节日食品，歌舞欢庆。

2. 伊迪·伊·阿德哈尔节（Id al-Adha）

它也称伊迪·伊·杜哈，即宰牲节，又称"古尔邦节"，指奉献祭祀品的庆典，发生在麦加朝觐时期，是朝觐功课的主要仪式之一。20 世纪 80 年代以前，阿富汗每年有上千人到麦加朝觐。朝觐者在伊斯兰教历 12 月 10 日进行宰牲，其余各地穆斯林在伊斯兰教历的 12 月 10～12 日。宰牲节期间，要宰一只绵羊，以纪念先知易卜拉欣奉安拉指令宰一只绵羊代替了爱子伊斯玛仪。宰牲肉分为三份，一份归羊主，一份馈赠亲友，一份施舍给穷人。节日通常持续 3 天，朋友相互探访，互赠礼品。

3. 罗兹茂鲁德日（Rose Maulud）

它也称茂利德·奈比日（Mawlid al-Nabiy），即圣纪，是纪念先知穆罕默德诞辰和忌辰的重要节日。穆罕默德出生于公元 570 年，即阿拉伯太阳历"象年"的 3 月 12 日。穆罕默德去世时间是在公元 632 年 6 月 8 日，即伊斯兰教历 11 年 3 月 12 日。穆斯林将两个纪念日合并，称为圣纪。阿富汗庆祝这个节日时非常隆重，一般在清真寺诵经祈祷，吟诵"赞圣词"，讲述先知事迹等。

4. 阿舒拉日（或译为"阿术拉日"，Āshūā）

阿富汗穆斯林除过斋月外，还要过一个斋日，即"阿舒拉日"，指伊斯兰教历 1 月 10 日。公元 622 年，先知穆罕默德由麦加前往麦地那后，为团结和争取当地犹太人，仿效犹太人的教习，定该日为斋戒日，以示重视。公元 623 年伊斯兰教历 9 月被定为斋月后，该日改作自愿斋戒日。因此，阿富汗逊尼派穆斯林纪念这个日子。另外，阿舒拉日也是阿富汗什叶派的斋戒日，是什叶派纪念先知穆罕默德外孙、阿里次子侯赛因在卡尔巴拉殉难的哀悼日。当天，什叶派穆斯林要举行隆重的纪念活动，有的在清真寺祈祷，朗诵悼念侯赛因的诗；有的专门到卡尔巴拉侯赛因墓谒陵。

（二）诺鲁孜节（Nawruz）

除宗教节日外，阿富汗还有其他许多独特的节日。

诺鲁孜节是阿富汗最重要的节日之一，也是伊朗乃至中亚地区的重要节日，是充满喜悦和希望的新年庆典。节日从每年的 3 月 21 日左右开始，持续 3 天。有趣的是，阿富汗新年的第一天始于日落，而不是子夜。新年开始时，阿祖扎克（Ajuzak）——一位扮相丑陋的老妇将四处漫游。她蹒跚而行，如果跌倒在左边，当年将干旱少雨；跌倒在右边，将是丰年。一些阿富汗人认为，婴儿必须藏起来，不能被阿祖扎克看到，否则会生病。另外，新年期间，每个人都穿上盛装，佩戴首饰，到户外庆祝春天的来临。每年这个时候，都有许多人去朝拜位于戈尔德盆地的阿里亚巴德圣地，这里因阿里的手印而闻名。同时，还举行骑术竞赛、短篇故事演说、乐器演奏等活动。阿富汗妇女在家中还要准备各种丰盛的食品。诺鲁孜节中正式的庆祝活动是"破土春耕"。一般在年初，由城市的最高长官或知名人士率先破土耕种，以纪念和赞颂教导人类土地耕种技术的祖先。

新年期间，位于马扎里沙里夫的哈兹拉特阿里（Hazrat'Ali）的圣墓还要举行特殊的"立杆"日活动。当天，阿里圣墓的大院将竖起阿里的旗杆，虔诚的教徒争先恐后地向上攀登。谁第一个触摸到顶端，就将先获得崇高的品质。旗杆一般立 40 天，会有数千名朝觐者前来朝拜。许多病人和残疾者触摸旗杆，希望病情能奇迹般痊愈。

新年 40 天后，即哈兹拉特阿里的"立杆"活动结束后，马扎里沙里夫还有另一个节日。在一种独特的红色郁金香盛开并凋谢后，人们开始探亲访友，互祝生活幸福，长命百岁，多子多孙。这个节日可能与阿富汗古老的多子多孙风俗有关。2022 年 4 月 7 日，塔利班宣布取消"诺鲁孜节"的庆祝活动，该节日也不再是法定节日。

（三）独立日

独立日也称"杰辛节"，在每年的 8 月 19 日，是阿富汗最重要的庆典之一。1919 年 8 月 19 日，阿富汗摆脱英国殖民者的统治而独立。每年这个时候，阿富汗都要举行盛大的庆典，其中包括举行阅兵仪式等。

第二章

历　史

　　阿富汗是东西方文明交往的十字路口，联结着古代东亚、西亚、南亚与中亚诸文明，在历史上欧亚大陆的民族不断迁徙至此。这不仅造就了阿富汗文明的多样性和辉煌的历史成就，而且使阿富汗历史具有断裂性的特征。1747 年，阿富汗作为独立的国家第一次出现。在此后两个半世纪的发展中，阿富汗经历了三个王朝的统治。随着 1978 年人民民主党发动政变，以及 1979 年苏联的入侵，阿富汗陷入了全面的动荡。2001 年阿富汗战争结束后，阿富汗开启了重建进程。2021 年，塔利班再度夺取阿富汗政权。虽然与 20 世纪 90 年代相比，塔利班相对温和和务实，但在国内外仍然面临着严峻的挑战。

第一节　上古简史

一　原始文明[①]

　　阿富汗存在丰富的史前文化，同时也是重要的人类早期文化的发祥地。现有考古资料显示，阿富汗在 20 万年前已出现了人类活动的痕迹。

---

① 见 F. R. Allchin and Norman Hammond eds. , *The Archaelogy of Afghanistan: From Earliest Times to the Timurid Period*, London/New York/San Francisco: Academic Press, 1978, pp. 40 – 167; Louis Dupree, *Afghanistan*, Princeton: Princeton University Press, 1980, pp. 260 – 264;〔法〕A. H. 丹尼主编《中亚文明史》（第 1 卷），芮传明译，中译出版社，2017。

（一）旧石器时代（大约 20 万年前到 1 万年前）

阿富汗旧石器时代文化遗存大致可以分为早期、中期和晚期三个阶段，年代在 20 万年前到 1 万年前前后。旧石器时代早期的文化遗迹集中在阿富汗南部的加兹尼省，达什特纳瓦尔湖盆附近的遗址出土了一些用石英岩制成的粗石器工具。根据初步推测，这些遗存属于旧石器时代早期，距今 20 万～10 万年。

旧石器时代中期文化遗存发现较多，主要有达拉库尔遗址（Darra-i-Kur），加尔莫尔德赫古斯凡德遗址（Ghar-i-Mordeh Gusfand），哈扎尔苏姆山谷遗址（Hazar Sum Valley），卡拉卡马尔 2 号遗址和卡拉卡马尔 4 号遗址 A 段、B 段（Kara Kamar II，IV）。其中，位于东北部巴达赫尚省的达拉库尔最具代表性，出土了约 80 件约 3 万年前的石器，以及一块不完整的原始人的右侧颞骨（太阳穴附近）碎片。这是迄今为止在阿富汗发现的唯一的旧石器时代的人类骸骨。有专家认为，该骸骨的年代为 5.2 万～3 万年前，属于尼安德特人向现代人的过渡阶段。当时，人们狩猎的动物已经与旧石器时代晚期一致，主要有野山羊（绵羊）和野牛。

旧石器时代晚期文化遗存集中于兴都库什山北麓，如卡拉卡马尔 1 号和 3 号遗址，阿克库普鲁克 2 号遗址和阿克库普鲁克 4 号遗址 A 段、B 段（Ag Kupruk II，IVA and IVB），达拉卡伦遗址（Dara-i-Kalon），科克加尔遗址（Kok Jar）和塔什库尔干遗址等。其中，前两者最具代表性。卡拉卡马尔 3 号遗址是阿富汗最重要的考古发现之一，它位于萨曼甘省北部，年代距今为 3.2 万～2.5 万年，片状石器是该遗址一大特色。阿克库普鲁克遗址地处巴尔赫省阿克库普鲁克镇北部，沿巴尔赫河分别分布着 1 号遗址、2 号遗址和 3 号遗址。其中，2 号和 3 号遗址还可以分别分为 A 段和 B 段前后两个阶段。阿克库普鲁克 2 号遗址在 1.6 万多年前，丰富的燧石器工具遗存是该遗址的一大特色，这里共出土了大约 2 万件燧石器工具。另外，高超的片器、刃器和细石器的加工技术，是该遗址的又一大特色。这里还发现一些动物残骨和骨器，表明山羊和绵羊可能是当时兴都库什山北部人群所食肉类的主要来源。另外，在阿克库普鲁克 2 号 A 段文化遗存中，发现了一件在椭圆形石灰石上雕刻着人脸的轮廓。它也许是亚洲最古老的雕刻，同时也是世界上最古老的雕刻之一。

（二） 新石器时代 （约 1 万年前到公元前 2000 年前后）

阿富汗新石器时代文化遗存大致分为三个阶段：无陶器制品时代、有陶器制品时代和"山羊崇拜"时代。在约 1 万年前到公元前 2000 年前后。

阿克库普鲁克 1 号遗址是无陶器制品时代的代表，年代在约 1 万年前至 8000 年前。新石器时代的重要标志是出现了人类驯养的动物和培育的植物。在阿克库普鲁克 1 号遗址 A 段中，就发现了驯养的绵羊和山羊。该遗存还表明，阿富汗兴都库什山北麓可能是最早的动植物的驯化和栽培中心之一，后来传播到安纳托利亚和爱琴海地区。[①] 但是，当时仍然以狩猎为主。

阿克库普鲁克 1 号遗址和 2 号遗址地层上的变化，表明了陶器的产生。陶器的出现，是人类物质文化进步的重要标志。这两处陶器的种类主要有两类。一类是粗制软陶，大多为宽边平底陶；另一类陶器烧制较好，为"之"字形、山形、三角形和指印的黑、红色陶器。

达拉库尔遗址是"山羊崇拜"时代文化遗存的重要代表，其年代在公元前 2190 年至公元前 1880 年。最引人注目的是，这里出土了由驯化的山羊骨连接的骨架，其中两具骨架无头，一具与两（或三）个小孩的骨骼碎片相连接。这种埋葬方式可能具有某种仪式意义，与中亚地区自古至今一直存在的"山羊崇拜"习俗有关。另外，该遗址中还发现了可能是游牧人群居住的帐篷或地下小棚的痕迹。另外，三枚含低锡的青铜器碎片的出土也不同凡响。

在新石器时代，阿富汗北部已出现了畜牧经济的雏形，但是定居农业仍然十分鲜见，人们大都生活在岩洞之中。而阿富汗南部地区尤其是今坎大哈省的农业经济发展较早，在一些遗址中发现了土坯，用此建造的房屋，以及彩陶和丰育女神等赤陶像等。[②]

---

① 〔法〕A. H. 丹尼主编《中亚文明史》（第 1 卷），芮传明译，中译出版社，2017，第 103 页。
② 〔法〕A. H. 丹尼主编《中亚文明史》（第 1 卷），第 104、169 页。

（三）青铜器时代（公元前 6000 年至公元前 2000 年前后）

阿富汗新石器时代与青铜器时代在时间上具有一定的重合。青铜器及其他金属工具的出现，标志着生产力水平已发展到一定高度。兴都库什山南北两侧均发现了与之相联系的遗址。从时间上看，属于公元前 6000 年到公元前 2000 年前后，与新时期时代有所重合。北部遗址主要有加尔马尔遗址（Ghar-i-Mar）、达拉库尔遗址、塔什库尔干某些遗址和达什里地区系列遗址。南部遗址集中在坎大哈省附近，主要有蒙迪加克遗址（Mundigak）、德赫莫拉希昆达遗址（Deh Morasi Ghundai）、赛义德卡拉遗址（Said Qala）和锡斯坦地区的三处遗址。

加尔马尔遗址位于阿富汗北部地区，时间在公元前 6000 年中期前后。在发现的金属器碎片中，有三件是有压花装饰的金属片。金属碎片中铜含量很高，同时含有 7% 的锡和少许的铁和镍，属于青铜器冶炼早期的风格。该遗址发现的陶器主要有两种类型：一类是类似于有陶器制品的新石器时代的软陶，另一类是烧制较好的灰色硬陶。器身用陶轮制成，陶轮工具的使用表明了技术的进步和专业化生产的发展。

蒙迪加克遗址系列（1~7 期）位于坎大哈西北 55 公里处，年代从公元前 4000 年至公元前 1500 年。其中，蒙迪加克 1~3 期遗址与其 4 期和 5 期遗址的变化表明，在这个时期，蒙迪加克从一个农耕小聚落缓慢地发展成为设有粮仓的真正意义上的城镇，反映了这一地区的发展。

在蒙迪加克 1~3 期遗址中，发现了建筑小型房间用的黏土、土坯或烧制的砖，较深的地基。另外，铜制或青铜制的各种日常用品和工具广泛地使用了封闭式浇铸技术。

蒙迪加克 4 期和 5 期遗址代表了农耕部落文化的繁荣时期，发展出了较大的城市中心。蒙迪加克 4 期遗址发现了庞大雄伟的"宫殿"式建筑和半圆柱围墙。同期发现的"庙宇"式雄伟建筑，可能具有某种宗教职能。蒙迪加克 5 期遗址发现了另一座雄伟建筑遗址——"大纪念碑"。大纪念碑的墙基外围，发现了"人牲"遗迹。在蒙迪加克 4 期遗址中，还有一块白色的石灰石男性头像，类似于同期印度河文明发现的人类雕像。另外，蒙迪加克 4 期和 5 期还出土了许多面部丑陋而胸部健美的女性雕像，它们可能代表某种饮食之神。

作为青铜时代的主要标志，金属器在蒙迪加克 1 期已出现，主要为青铜的打孔器、小刀等。第 4 期出现了别针、图面圆盘、纽扣，以及斧子等青铜器。此外，在这些遗址还发现了绵羊、山羊、牛、马和狗等家畜存在的证据，以及储存的小麦等谷物。蒙迪加克一定程度上成为阿富汗南部文明的中心，并且与印度、伊朗、小亚细亚等具有贸易联系。

公元前 2000 年中期以后，蒙迪加克文化（6～7 期遗址）因被可能来自北方操印欧语系的游牧和半游牧民族占领而衰落下去。

赛义德卡拉遗址位于蒙迪加克遗址东南约 97 公里处，年代约为公元前 3000 年末期，相当于蒙迪加克 3～4 期遗址阶段的文化。德赫莫拉希昆达遗址位于赛义德卡拉泰佩遗址西南约 16 公里处，时间上接近蒙迪加克 4 期遗址文化，代表半定居的小村落文化。

在锡斯坦遗址中，绝大多数代表的是大约公元前 3000 年的农耕小村落文化。不过，沙赫里索赫塔遗址（Shahri-i Sokhta）与众不同，代表的是城市型的"赫尔曼德河文明"。引人注目的是，该遗址除出土了许多易腐烂的物品如木材、纺织品外，还出土了大量不易腐烂的物品，如石膏、天青石、绿松石等，以及一些制作玉石的工具。这表明沙赫里索赫塔可能是天青石制作并转运西亚的中心。

公元前 2000 年中期前后，北部文化发展起来。达什里 1～10 号遗址是重要代表，它位于兴都库什山北部阿克恰市（Akcha）附近，年代属于公元前 2000 年中期或上半期，是农牧文化代表。其中，达什里 1 号遗址发现了由砖坯砌成的矩形堡垒，堡垒的四个角和围墙中部矗立着塔楼，紧贴堡垒分布着一些可能有防御兼居住功能的小房间，这是中西亚地区最早的堡垒式建筑之一。达什里 3 号遗址也出现了类似的堡垒式建筑，在具有防御兼居住功能的房屋场所中部有一座圆形建筑，该建筑可能具有某种宗教功能。在该遗址出土的金属物品中，有各种日常用品以及手镯、戒指等装饰品，还有一些用不同材料做成的印章和宝珠。

（四）游牧民族的铁器时代（公元前后）

现有考古资料证实，反映游牧民族铁器时代的早期文化遗存主要存在于阿克库普鲁克 1 号、2 号和 4 号遗址以及沙姆希尔加尔遗址（Shamshir Ghar）中，大致属于公元后初期。在其出土的文物中，有精美的青铜镜、铁质的三棱形投射簇尖和各种金属装饰品、绘有花纹的陶器以及赤陶女性、绵羊、骑士等各种雕像。晚期文化遗存主要发现于阿克库普鲁克 1 号和 4 号遗址以及沙姆希尔加尔遗址。其中，阿克库普鲁克 4 号遗址发现了十具人体遗骸和丰富的陪葬品。陪葬品中除青铜器和宝石饰品外，还有铁质的匕首、马具等。阿克库普鲁克 1 号还出土了较多的铁制尖状器。

青铜器和铁器时代的文化遗存表明，社会财产已经开始分化，一个充满了军事冲突的时代已经到来。不过，在铁器时代的文化遗存出现之前，阿富汗已经进入有史文明阶段。

二 阿富汗的文明时代和东西方文明的交融

（一）阿富汗文明的开端（约公元前 6 世纪）

尽管阿富汗早已出现了游牧和农耕文化，并且在北部和南部诞生了文化的中心。但是，阿富汗仍然处于史前的状态，历史缺乏文字的记载。公元前 6 世纪之后，随着波斯人的崛起，阿富汗逐渐被纳入波斯帝国的统治之下，阿富汗也进入了文明时代，阿富汗的历史第一次有文字可寻。波斯阿契美尼德王朝时期开始编辑成书的古经《阿维斯塔》，是较早提到阿富汗一些地名的史籍。《阿维斯塔》是祆教经典，在公元前 6 世纪前后，该书最古老的"赞歌"（迦提）部分已经成书，全书最后成书于波斯萨珊王朝时期。

（二）阿契美尼德王朝的统治（公元前 550 或 558 年至前 330 年）

阿契美尼德王朝的统治（公元前 550 或前 558 年至前 330 年），是阿富汗第一次被外族所统治。当时，该王朝的东部总督领地囊括了部分阿富汗的领土：①阿里亚（Aria），即现代赫拉特，当时是波斯东部重镇；②巴克特里亚（Bactria），即阿姆河南部阿富汗北部平原地带；③德兰吉安纳（Drangiana），即现代锡斯坦地区；④阿拉霍西亚（Arachosia），即赫尔曼德河上游，现代法拉和坎大哈地区；⑤萨特吉底亚（Sattagydia），即阿富汗中部山区，包括今喀布尔、巴米扬和潘杰希尔河谷地区。① 阿契美尼德王朝向这些领地派遣总督，辖区居民必须向王朝缴纳贡税。②

考古资料也证实，阿契美尼德王朝曾统治阿富汗。20 世纪 30～60 年代，喀布尔、贾拉拉巴德、坎大哈附近陆续出土了 4 块碑刻（残片）。其中，有 3 块碑刻用阿拉米语篆刻，1 块用希腊/阿拉米语双语篆刻，它们都可以追溯到公元前 3 世纪中期。这表明，阿契美尼德王朝崩溃 100 年后，阿富汗一些地区还在使用阿契美尼德王朝的官方语言——阿拉米语。③ 这个时期阿富汗受到琐罗亚斯德教的影响，并以此为媒介，开启了波斯化的进程。

（三）希腊人与孔雀王朝的统治（公元前 330 年至前 135 年）

1. 亚历山大的征服（公元前 330 年至前 323 年）

公元前 330 年，阿契美尼德王朝被亚历山大领导的希腊马其顿王朝所灭。同年，亚历山大挥师东征，相继占领阿富汗的阿里亚、德兰吉安纳、阿拉霍西亚、帕罗帕米萨达埃（Paropamisadae）（今喀布尔—恰里卡尔一带）、德拉普萨卡（今昆都士）、巴克特里亚以及阿姆河北部地区。此后，希腊人挥师南下，穿越兴都库什山，经喀布尔直达古印度的旁遮普地区，将阿富汗纳入希腊人的帝国之中，阿富汗也由此开启了希腊化的进程。亚历山大东征对阿富汗乃至中亚和西亚其他地区的历史产生了重大影响。希腊人在阿富汗建立了众多的希腊化城市。比如，在现在的锡斯坦、坎大哈、喀布尔等附近就建有亚历山大城。坎大哈附近曾出土了两块刻有希腊文的石碑。大量的希腊人、马其顿人等也接踵而至，他们在东方定居，与当地人通婚，这些都促进了东西方文化的交融。公元前 323 年，亚历山大

① 除以上所列地区外，阿契美尼德王朝的领地还包括马尔吉安那（Margiana），即近代的梅尔夫（Merv），梅尔夫地处阿姆河北岸，近代一度被阿富汗控制。1844 年俄国占据了梅尔夫。苏联解体后，梅尔夫成为土库曼斯坦的领土。

② F. R. Allchin and Norman Hammond eds., *The Archaelogy of Afghanistan：From Earliest Times to the Timurid Period*, London/New York/San Francisco：Academic Press, 1978, p. 187；Louis Dupree, *Afghanistan*, Princeton：Princeton University Press, 1980, p. 275.

③ Nancy Hatch Dupree, *An Historical Guide to Afghanistan*, Kabul：Afghan Air Authority, Afghan Tourist Organization, 1971, p. 20.

大帝去世。

2. 塞琉古王国（约公元前 305 年至前 250 年）与孔雀王朝（约公元前 250 年至公元前 2 世纪）的分治

亚历山大大帝去世后，马其顿帝国一分为三。公元前 312 年，塞琉古获得了帝国的东部领地，包括大部分西亚及部分中亚地区，建立了"塞琉古王国"，中国史书称之为"条支"。公元前 305 年，塞琉古王朝征服阿富汗的巴科特里亚。它热衷于推行希腊化政策，采用希腊马其顿历法纪年，即以塞琉古王朝建立的公元前 312 年为纪元元年，该纪元直到 15 世纪才被废用。塞琉古王朝的统治者也效法亚历山大大帝，建立移民城镇。在这个时期，巴克特里亚成为东西方经济文化交流的一个重要城市。塞琉古王朝对阿富汗一些地区的统治一直延续到公元前 250 年。

亚历山大大帝去世后，阿富汗东部（包括喀布尔）、东南部（包括坎大哈）和印度河流域被印度孔雀王朝所占据。塞琉古王朝曾试图收复这些地区，但后来不得不正式割让给孔雀王朝。孔雀王朝对这些地区的统治一直延续到公元前 2 世纪，其间在阿育王统治时期（公元前 273 年至前 232 年）达到鼎盛。坎大哈附近曾出土了三处阿育王时期矗立的石柱敕铭，其中一处敕铭是于 1958 年在切海吉纳（Chehel Zina）发现的，这块石柱敕铭有 13 行半用希腊文书写，8 行用阿拉米文书写，其余用流行于西亚多数地区的混合语写成。它是迄今发现的最东部的希腊文碑刻，是佛教西传的第一件证据。①

3. 希腊巴克特里亚王国（约公元前 250 年至约前 135 年）

约在公元前 250 年，塞琉古王朝的巴克特里亚总督狄奥多德宣布独立，其后继者最终将兴都库什山以南的喀布尔以及古印度旁遮普地区纳入统治，史称希腊巴克特里亚王国。该王国也被誉为"千城之国"，中国汉代称之为"大夏"，其首府巴克特拉被中国古书称为"蓝氏城"。公元前 135 年前后，巴克特里亚王国被北方游牧民族所征服。不过，希腊人在兴都库什山南北的统治可能一直延续到公元前 1 世纪。最后一位国王是荷马

---

① 彭树智、黄杨文：《中东国家通史——阿富汗卷》，商务印书馆，2000，第 49 页。

科斯（Hermacus）（大约公元前 75 年至前 55 年在位），其势力范围仅限喀布尔河谷一带。公元前 48 年，他与入侵的北方游牧民族签约，和平地中止了希腊人在阿富汗的统治。[1]

不过，希腊巴克特里亚王国至今还是未解之谜。1963 年，位于科克恰河与乌浒河汇合处的阿伊哈努姆（Ai Khanoum）发现了一座希腊古城遗址，其年代为公元前 4 世纪末到前 2 世纪末，可能就是巴克特里亚王国都城所在地。该遗址的发现是阿富汗考古学上的一个重大成就，因为这座古城的城市规划和建筑风格类似于西亚其他地区的希腊化城市，可能代表了最东面的一座希腊古城。同时，它出土的一些艺术品具有与东西方文化包括当地文化融合的风格。另外，1946 年，在昆都士西北部出土了一批丰富的希腊巴克特里亚王国的银币，考古学家称之为"昆都士宝藏"，后被收藏在喀布尔博物馆。

（四） 北方游牧民族的入侵及统治（约公元前 135 年至公元 6 世纪后期）

1. 塞种人的入侵（公元前 135 年至公元后）

公元前 135 年前后，中亚北方的游牧民族——塞种人的一支征服巴克特里亚王国，建立了塞种巴克特里亚王国，即塞种"大夏"政权。公元前 130 年，该政权被大月氏所灭，被迫南迁，在德兰吉安纳建立了塞迦斯坦（锡斯坦），该政权一度从赫尔曼德河流域扩张至海湾地区。安息王米斯拉德茨二世（Mithradites II）（公元前 124 年至前 88 年）在位时，征服萨迦斯坦，塞种贵族成为安息王国的总督。后来，甘哈拉（包括白沙瓦、贾拉拉巴德）、阿拉霍西亚等地的塞种人总督相继脱离安息王国而独立。公元前后，兴都库什山以南大多数地区相继被塞种人和安息势力所控制。还有一支塞种人，大约在公元前 2 世纪中期，建立了一个横跨阿富汗和印度的塞种国家。

2. 贵霜王国的统治（公元前 130 年至公元 3 世纪中期前后）

公元前 130 年前后，大月氏人征服塞种巴克特里亚王国，建立大月氏

---

[1] Nancy Hatch Dupree, *An Historical Guide to Afghanistan*, Kabul: Afghan Air Authority, Afghan Tourist Organization, 1971, p. 25.

王国。巴克特拉虽不是该国都城，但却是该王国的政治经济中心。该王国在其东部区域设置 5 个翕侯进行统治，其中包括统治瓦罕西部喷赤河左岸的贵霜翕侯。

公元 1 世纪中期，贵霜翕侯丘就却征服了其他 4 个翕侯，建立贵霜王国。丘就却被称为卡德菲兹一世。贵霜王国经卡德菲兹二世、迦腻色迦时期统治不断向外扩张，国势日益强盛。该王国最鼎盛时，其疆域北起花剌子模，南达印度文迪亚山，西起咸海，东至葱岭，成为一个横跨中亚和古印度西北部的大国。3 世纪中期前后，贵霜王国渐衰，分裂为若干小国。此后不久，萨珊波斯（224～651 年）兴起，侵占了从中亚到印度旁遮普的广大区域。但由贵霜王国分裂的诸多小国只是名义上认可萨珊波斯的宗主地位，实际上仍处于半独立状态，这一局面一直延续到 5 世纪嚈哒人的到来。

贵霜王国时期正是"丝绸之路"繁盛之时。该王朝作为"丝绸之路"的必经之地，不仅是东西方贸易的中介，而且融会了古希腊、印度、伊朗、北方游牧文化和当地的不同文化，具有多样化的风格，其中犍陀罗文化是集大成者。犍陀罗位于今阿富汗东部和巴基斯坦西北部。犍陀罗文化用希腊的雕刻艺术和造像艺术展现佛教信仰、佛陀形象和佛教故事等，这也成为佛教造像艺术的肇始。贵霜时期的宗教也具有多样性，但由于统治者的支持，佛教在阿富汗达到鼎盛，成为一些地区主导的宗教，并从阿富汗、中亚传播到中国以及东南亚等地。至今，阿富汗各地还遗留众多贵霜以及稍后时期修建的佛教遗址。其中，最为知名的就是巴米扬大佛。

3. 嚈哒人的占领（5 世纪初至 6 世纪后期）

大约 5 世纪初，北方游牧民族嚈哒人（白匈奴）向西迁移，占领中亚和阿富汗，建立嚈哒汗国，定都拔底延城（Badghis，现阿富汗西北部巴德吉斯附近）。此后，嚈哒与西部的萨珊波斯进行了频繁的战争。5 世纪中叶，嚈哒汗国东侵印度，占领印度西北部达半个多世纪。公元 567 年，嚈哒汗国在突厥人和萨珊波斯的联合夹攻下覆灭。

嚈哒灭亡后，突厥人和萨珊王朝以阿姆河为界瓜分其领土。突厥人占领阿姆河以北，萨珊波斯则兼并阿姆河以南的土地。7 世纪初期，阿富汗绝大多数领土都处于萨珊王朝统治之下，但后者仅是维持着间接统治。其中，兴都库什山以北地区多由臣服于萨珊波斯的嚈哒统治，南部和西部仍由臣服于萨珊王朝的贵霜人统治。

嚈哒人、突厥人等的到来和统治，对阿富汗最大的影响是佛教文化开始走向衰落，这主要是嚈哒人信奉祆教、反对佛教所致。

第二节 中古简史[①]

一 阿拉伯人的征服和统治

公元 651 年，阿拉伯人征服萨珊波斯后，逐步将阿富汗也纳入统治之中。倭马亚王朝（661～750 年）共有 9 个省区，阿富汗属于分属巴士拉省的锡吉斯坦（锡斯坦）和呼罗珊。喀布尔、坎大哈等地区归属呼罗珊的地方长官。后来，倭马亚王朝各地改组为 5 个总督区，阿富汗大致属于伊拉克总督区。阿拔斯王朝（750～1258 年）统治的第一个世纪，有 24 个以上省区[②]，阿富汗现在一些地区主要被归并在锡斯坦、呼罗珊等省区。

阿拉伯—伊斯兰文化的传播是中古阿富汗历史的重大变化。阿拉伯统治者在阿富汗推广阿拉伯语，当地一些居民也把阿拉伯语当作第二语言，对阿富汗的语言影响甚大，其主要语言普什图语和达里语都受到阿拉伯语的影响，使用阿拉伯字母拼写。此时，伊斯兰教在阿富汗逐渐传播。首先是在巴尔赫、赫拉特、锡斯坦等平原或绿洲地带传播，后来向喀布尔以及东部山区等地传播。但阿富汗的伊斯兰化是一个漫长的过程，直到 19 世纪末 20 世纪初，努里斯坦人皈依伊斯兰教才宣告完成。自此，伊斯兰教取代祆教、佛教等多元的宗教文化，成为阿富汗的主导文化，并深刻影响

---

① 参见彭树智主编《阿富汗史》，陕西旅游出版社，1993。
② 参见〔美〕希提《阿拉伯通史》（上册），马坚译，商务印书馆，1955，第 255、386 页。

到阿富汗的政治、社会、文化等方面。阿富汗的穆斯林大都属于比较宽容和灵活的哈乃斐教法学派，以便适应阿富汗本土的文化。伊斯兰教哈瓦利吉派，当时也在锡斯坦广泛流行。

二　波斯和突厥地方王朝的统治

阿拔斯王朝时期，阿拉伯帝国达到全盛。此时，阿富汗被阿拔斯王朝统治，随着公元10世纪之后阿拔斯王朝的衰落，帝国东部的波斯和突厥统治者开始拥兵自立，建立了一系列地方的王朝，它们大都囊括了现今的阿富汗。此时，阿富汗的文化也逐渐受到波斯和突厥文化的影响。

（一）塔希尔王朝（820～872年）

塔希尔王朝（Tahirid Dynasty）是阿拔斯王朝东部出现的第一个独立王朝，其创始人是波斯籍的呼罗珊人塔希尔·伊本·侯赛因（Tahir ibn Husayn），都城设在内沙布尔（Nishapur）。塔希尔王朝最盛时疆域包括阿富汗现在的赫拉特、锡斯坦、巴尔赫、喀布尔以及印度西北部。872年，塔希尔王朝灭亡。塔希尔王朝名义上仍然承认哈里发的宗主地位。

（二）萨法尔王朝（867～903年）

萨法尔王朝（Saffarid Dynasty）奠基者是雅库布·伊本·莱伊斯·萨法尔（Ya'qub ibn al-Layth al-Saffar）。统治区域主要在喀布尔、布斯特、古尔、坎大哈一带，都城是尼穆路兹（Nimroz）。公元903年，被萨曼王朝所灭，后者继承了萨法尔王朝的大部分土地。萨法尔王朝尊奉阿拔斯王朝的宗主地位，并以哈里发的名义祈祷。

（三）萨曼王朝（874～999年）

萨曼王朝（Samanid Dynasty）奠基者是波斯籍贵族奈斯尔（奈绥尔）·伊本·艾哈迈德（874～892年在位），其弟易斯马仪（892～907年在位）正式建立该王朝，该王朝因其曾祖萨曼而得名。萨曼王朝鼎盛时，版图北达咸海，南至伊朗东南，东抵阿姆河、锡尔河上游，西迄里海，包括整个阿富汗和河中地区，是当时中亚最强大的国家，不过表面上仍效忠阿拔斯王朝。999年，在突厥部落和加兹尼王朝的夹攻下，萨曼王朝灭亡。萨曼王朝的经济文化都很发达，首府布哈拉和主要城市撒马尔罕是当时著名的文化艺术中心。萨曼王朝时期，波斯文化开始在吸收阿拉伯—伊斯兰文化的基础上复兴，波斯民族认同也开始再次显现。

（四）加兹尼王朝（962～1186 年）

加兹尼王朝又称哥疾宁王朝（Ghaznavid Dynasty）、雅明王朝（Yaminin Dynasty），建立者是马木路克阿尔普特金（Sabuktigin，又译阿勒卜特勤）。他曾是萨曼王朝的禁卫军。加兹尼王朝在马茂德统治时期（998～1037 年）达到鼎盛。马茂德远征印度达 19 次之多，并占领了旁遮普、木尔坦和信德的一部分。当时，加兹尼王朝的版图西起伊朗西北部，北至花剌子模①，南至锡斯坦，东至印度旁遮普。此外，马茂德还支持文化艺术的发展，都城加兹尼成为当时著名的文化艺术中心。1186 年，古里王朝摧毁了加兹尼王朝的统治。

（五）古里王朝（1152～1206 年）

"古里"来源于古里山地，大致位于哈里河上游，居赫拉特与喀布尔之间。关于古里王朝（Ghorids Dynasty）的起源存在不同说法，如普什图起源说和塔吉克起源说等。古里王朝开国君主是伊宰勒丁·侯赛因（Ala al-Din Husayn）。1150 年，阿富汗古里人占领加兹尼，并将之夷为平地。古里王朝还吞并了包括锡斯坦在内的整个呼罗珊，又对印度北部进行多次征服。古里王朝的行政中心在菲鲁兹库赫，另一个中心是巴米扬。赫拉特、加兹尼、喀布尔、布斯特等是主要城市和贸易中心。1206 年，古里王朝最后一名统治者遇刺身亡，同时，其原统治的德里地区宣布独立，并建立了德里苏丹国（1206～1526 年）。

三 蒙古人的入侵和统治

1206 年大蒙古国建立，成吉思汗随后开始向外扩张。1219 年，蒙古人侵入花剌子模。1220 年，夺取中亚，随后进入阿富汗。1221 年，占领赫拉特，接着攻占和抢掠巴尔赫等一系列城市和地区。蒙古人的征服使阿

---

① 参见《阿拉伯通史》（上册），第 255、386 页。花剌子模，在现代土库曼斯坦的基发附近，《元史》称西域国。

富汗大多数城市被毁，文化也遭到破坏。蒙古统治者还实行移民政策，把突厥人、蒙古人等迁移至被破坏的城市中，对阿富汗的民族构成产生一定影响。一些学者认为，现居住在阿富汗中部及赫拉特等地的哈扎拉人，就是被迁来的蒙古驻军。

13 世纪中期，蒙古帝国分裂为四大汗国。其中，成吉思汗的孙子旭烈兀统治的伊尔汗国（又称"伊利汗国"，1258 ~ 1353 年），包括今天的阿富汗、伊朗、外高加索、伊拉克和小亚细亚等地。起初，伊尔汗国以马腊格为国都，后定都大不里士。伊尔汗国的统治阶层包括蒙古贵族、地方贵族以及当地穆斯林上层。在伊尔汗国统治时期，阿富汗的社会经济有所恢复。特别是，合赞汗（1295 ~ 1304 年在位）实行的一系列改革，包括放弃萨满教、改宗伊斯兰教等，进一步促进了阿富汗一些地区伊斯兰化的发展。

伊尔汗国统治时期，阿富汗的一些地区保持着自治状态。13 世纪中期，阿富汗兴起了库尔特王朝（Kart Dynasty，1245 ~ 1389 年）。该王国由塔吉克人沙姆苏金·库尔特（1245 ~ 1278 年在位）建立，以赫拉特为首都，领土包括了阿富汗兴都库什山以北、西部地区，以及伊朗东北部和部分河中地区。库尔特王朝尊奉伊斯兰教马立克教法学派，使丝路名城赫拉特得以复兴，成为中亚的文化中心之一。尽管该王朝与伊尔汗国纷争不断，但总体上仍处于伊尔汗国的控制之下。1353 年，伊尔汗国分裂后，库尔特王朝取得独立。但是好景不长，库尔特王国于 1389 年被帖木儿王朝所灭。

四 突厥帖木儿王朝的统治

1370 年，自称成吉思汗后裔的突厥人跛子帖木儿（1336 ~ 1405 年）入侵阿富汗，并于 1382 年攻占赫拉特。1383 年，帖木儿发动对呼罗珊和锡斯坦的战争；1389 年，灭库尔特王国。经过将近 30 年的征战，到 14 世纪末，帖木儿建立了囊括伊朗、伊拉克、叙利亚、阿富汗、小亚细亚、外高加索、花剌子模、伏尔加河流域、西伯利亚以及北印度等地的帖木儿帝国。

1404 年，帖木儿暴毙，其子沙哈鲁（Shah Rukh，1377 – 1447）继承了呼罗珊地区的统治权，以赫拉特为首府，《明史》称为哈烈国。沙哈鲁致力于恢复国家经济，还同中国明朝建立了友好关系。赫拉特不但是文化和政治中心，而且是国内外贸易中心，特别是在东西方贸易方面占重要地位。沙哈鲁及其后代统治时期，支持文化与艺术的发展，发展经济与贸易，阿富汗出现了以赫拉特为中心的"帖木儿文艺复兴"。这也是阿富汗古代文明的最后高峰。

15 世纪末，阿富汗周边崛起了三大伊斯兰帝国。1507 年，乌兹别克人攻入呼罗珊地区，帖木儿王朝也因此覆灭。

五 三大帝国角逐下的阿富汗

15 世纪末，随着新航路的开辟，欧亚大陆的历史发生了重大变化，"丝绸之路"开始逐渐衰落。欧亚大陆的民族迁徙也趋于停止，兴起了波斯萨法维王朝、莫卧儿帝国和乌兹别克汗国。阿富汗在历史剧变中逐渐衰落，成为三大帝国的缓冲国和争夺的对象。

（一）三大帝国的争夺与角逐

1504 年，帖木儿六世孙查希尔·乌德·丁（号称巴布尔，意为"虎"）攻占喀布尔。此后，他以喀布尔为基地远征印度，经过 5 次远征，最终于 1526 年攻占德里，灭德里苏丹国，建立了印度莫卧儿帝国（1526 ~ 1858 年）。1530 年，巴布尔去世后，葬于喀布尔城外。

从 16 世纪上半叶到 18 世纪，阿富汗处于印度莫卧儿王朝、波斯萨法维王朝和乌兹别克汗国的争夺当中。从喀布尔到坎大哈一线是上述三者争夺的中心线。其中，莫卧儿王朝以阿富汗南部地区为主，主要占据坎大哈、加兹尼、喀布尔、楠格哈尔等地区。1598 年以前，萨法维王朝一直控制着包括赫拉特在内的阿富汗西部大部分地区，乌兹别克人的势力集中在阿富汗北部。萨法维王朝和莫卧儿王朝曾在坎大哈展开激烈争夺，坎大哈因此数度易手。另外，乌兹别克人与莫卧儿王朝在巴达赫尚、巴尔赫等北部地区有过激烈争夺。1648 年，由于遭乌兹别克人多次侵扰，莫卧儿王朝最后不得不放弃这些地区。萨法维王朝与乌兹别克人在赫拉特也有过激烈争夺。在萨法维王朝阿巴斯一世（1587～1629年）统治时期，波斯击败乌兹别克人，赫拉特从此一直被萨法维王朝占据，直至18世纪初期阿富汗人反抗萨法维王朝统治为止。

在三大帝国角逐的200年内，阿富汗陷于混乱与倒退当中。从内部看，阿富汗当时生活着为数众多的部落，并且相互争斗。从外部看，自15世纪末海上新航路开辟后，丝绸之路开始走向衰落，而位于丝绸之路要冲的阿富汗等地因此在国际贸易中的重要性日益下降。

（二）阿富汗的独立运动

18世纪初，当外族统治势力走向衰落之际，阿富汗人不断进行反抗外族统治的斗争。这些斗争加速了外族统治势力的衰落，并使一些局部独立的阿富汗政权得以陆续建立。

1. 罗沙尼特运动（1560～1638年）

巴亚齐德·安萨尔（1525～1638年）是罗沙尼特运动（Roshani Movement）的思想家和领导人，安萨尔自称"皮尔·伊·罗沙"（Pir Rosha，意为"人世长老"），其信徒因此被称为罗沙尼特。这次运动大致始于16世纪60年代，是一场阿富汗普什图部落下层反对部落贵族和穆斯林上层的社会政治运动，并具有明显的反抗莫卧儿王朝统治的性质。在大约半个世纪中，罗沙尼特运动席卷了阿富汗东部、中部和东南部地区，打击和削弱了莫卧儿帝国，并在地域基础上加强了阿富汗部落的联合和团结。

2. 哈塔克部落起义（1672～1683年）

阿富汗普什图哈塔克部落位于印度河与白沙瓦之间，首领是胡什哈尔汗·哈塔克（Khushal Khattak，1613－1691）。起义前，哈塔克部落臣服于印度莫卧儿王朝。由于该部落的一些权力陆续被收回，胡什哈尔汗·哈塔克多次被监禁，1672年，胡什哈尔汗鼓动其他部落与哈塔克部落共同举事。不久，起义就蔓延到从白沙瓦到坎大哈的辽阔地区。1683年，起义被莫卧儿帝国镇压。胡什哈尔汗既是英勇的战士，又是杰出的诗人，被尊称为"普什图文学之父"。哈塔克的诗歌反映了当时的普什图人已具有民族意识，在当今的阿富汗社会仍然具有重要的影响。

3. 阿富汗霍塔克王朝（1709～1715 年）

18 世纪初，莫卧儿王朝开始走向衰落。至此，阿富汗东部和北部的大多数部落逐渐获得独立。与此同时，西部地区也爆发了阿富汗部落反抗萨法维王朝的起义，坎大哈起义就是其中一个重大事件。

当时，霍塔克部落等诸多阿富汗部落聚居于坎大哈及其周边。霍塔克部落首领为米尔·瓦伊斯（Mir Wais），他既是普什图族扎伊部落联盟的首领，也是坎大哈的统治者。由于萨法维王朝征收重税，迫害当地逊尼派穆斯林，同时驻坎大哈的总督古尔金汗还推行恐怖政策，1709 年，米尔·瓦依斯杀死古尔金汗及其随从，并宣布独立。萨法维王朝多次征讨，都以失败告终。米尔·瓦依斯汗自称"瓦齐"（Vakil）（总督或摄政者），他管理坎大哈期间（1709～1715 年），史称"霍塔克王朝"（Hotak Dynasty）。

1722 年，米尔·瓦依斯汗的继任者米尔·马穆德远征伊朗。他在古纳尔巴德战役中，一度消灭萨法维王朝，并占领了克尔曼、法尔斯、伊拉克等地区，短暂统治波斯。1729 年，其继任者阿什拉夫被死灰复燃的萨法维王朝和突厥人联合绞杀。1730 年，阿富汗人被逐出伊朗。

4. 赫拉特政权（1716 年至 18 世纪二三十年代）

受到坎大哈的影响，赫拉特的普什图人也揭竿而起，反抗萨法维王朝的统治。1716 年，普什图族阿布达里部落联盟的领导人阿卜杜拉·萨查多伊在赫拉特领导起义，最终夺取阿富汗西部重镇赫拉特，并逐渐攻占巴德吉斯、古里等地区，从而建立了独立的赫拉特国家。不过，赫拉特政权与坎大哈的霍塔克王朝没有合作，反而相互征讨，致使双方在法腊斯发生冲突，阿卜杜拉因此遭到杀害。

在阿富汗各部落纷争中，突厥人纳第尔沙（Nader Shah，1688－1747）先后于 1730 年和 1731 年两次攻占赫拉特。1736 年，他废黜萨法维王朝末代国王，登上波斯王位。纳第尔沙原是呼罗珊北部突厥阿夫沙尔部落的酋长，因此他建立的这个王朝称为阿夫沙尔王朝（1736～1796 年）。1738 年，纳第尔沙攻占坎大哈，随后北上攻占加兹尼、喀布尔和白沙瓦，阿富汗乃至印度北部处于波斯统治之下。纳第尔沙统治时期，开始从阿布达里部落联盟中招募禁卫军，为阿富汗的建国铺平了道路。1747年纳第尔沙遇刺身亡。

第三节　近现代简史[①]

一　杜兰尼王朝与阿富汗国家的诞生

（一）杜兰尼王朝的建立

阿赫马德沙（Ahmad Shah，1747～1772年在位）原属坎大哈地区普什图族阿布达里部落联盟波波尔扎伊部落萨多扎伊家族，其父穆罕默德·查曼汗是该家族的酋长。1738年坎大哈被纳第尔沙攻陷之时，阿赫马德沙被捕，后投效阿夫沙尔王朝军队。由于屡建战功，他被提升为阿富汗军团指挥官。1747年6月，纳第尔沙遇刺身亡，阿夫沙尔王朝陷于混乱。阿赫马德沙趁机率领阿富汗军团由波斯转战回坎大哈。10月，阿富汗各部落酋长在坎大哈召开会议，推举阿富汗国王。阿赫马德沙参加了这次会议，最后被推举为阿富汗第一位国王，标志着阿富汗国家的形成。当时，阿赫马德沙年仅25岁。此后，宰相一直由同属阿布达里部落联盟但势力强大的巴拉克扎伊部落穆罕默德扎伊家族的酋长贾马尔汗担任。阿赫马德沙称自己为"杜尔—依兰—杜兰"（杜兰尼族的珍珠），他所创建的王朝，史称杜兰尼王朝，也称萨多扎伊王朝。阿布达里人从此被称为"杜兰尼人"。此后，阿富汗的三个王朝皆出自杜兰尼部落联盟。

（二）统一阿富汗

阿富汗王国建立初期，定都坎大哈，统治范围仅限坎大哈地区，其他地区仍处于波斯人、莫卧儿王朝以及突厥人的统治之下。阿赫马德沙即位不久即开始一系列征服战争。他先后攻下加兹尼、喀布尔和白沙瓦。1748年，阿赫马德沙开始数度对莫卧儿王朝作战。其中，通过前4次远征，逼迫莫卧儿王朝签订了和约，将印度河以西所有土地并入阿富汗版图，并征

[①]　参见彭树智主编《阿富汗史》。

服印度一些地区。1749 年，阿赫马德沙收复赫拉特。此后两年，阿赫马德沙相继攻入波斯境内，确立了对包括赫拉特、现伊朗境内的马什哈德、内沙布尔等在内的呼罗珊地区的宗主权，并将这个地区作为阿富汗的西部屏障。与此同时，阿赫马德沙还征服了迈马纳、巴尔赫、巴达赫尚等北部地区，把北部疆界推进到阿姆河。截至 1751 年，阿赫马德沙已建成一个地域大致相当于今日阿富汗的国家，奠定了现代阿富汗国家的基础。18 世纪中后期，阿富汗王国值全盛时期，疆域“从中亚一直延伸到北印度、克什米尔和阿拉伯海”，成为一个伊斯兰大国。[①] 1772 年，阿赫马德沙因患恶疾去世。

阿赫马德沙的军事征战也具有掠夺性质，特别是对印度的数次入侵。1748 ~ 1769 年，阿赫马德沙曾 9 次入侵印度西北部旁遮普。前 4 次对印作战，既有收复失地的性质，也具有掠夺性质。1759 年，阿赫马德沙第 5 次入侵印度，并于 1761 年在帕尼帕特大败占领拉合尔的马拉塔人，客观上为英国殖民者夺取印度创造了条件。阿赫马德沙第 6 ~ 9 次入侵印度，是为了驱逐控制旁遮普地区的锡克人，但是均以失败告终。此后一直到英国殖民者入侵前，锡克人是旁遮普的主人，阿赫马德沙仅控制白沙瓦。

（三）杜兰尼王朝的崩溃

阿赫马德沙死后，杜兰尼王朝开始走下坡路。其子帖木儿（Timur Shah，1772 ~ 1793 年在位）继位后，为了摆脱部落的牵制，将首都迁至喀布尔。此时，一些地区开始相继脱离阿富汗。帖木儿死后，杜兰尼王朝就陷入以其诸王子争夺王位为中心的内乱和分裂当中。经过残酷而血腥的较量，1793 年查曼沙（1793 ~ 1799 年在位）登上王位。他曾 4 次入侵印度，此时印度大部分地区已被英国殖民者占领，并进入英印政府统治时期。1799 年，在英国扶植下，查曼沙的哥哥马穆德沙（1799 ~ 1803 年在位）击败查曼沙为王。1803 年，马穆德沙的弟弟舒佳沙（1803 ~ 1809 年在位）推翻马穆德沙夺取王位。1809 年，马穆德沙（1809 ~ 1819 年在位）再次占领喀布尔，舒佳沙逃亡。此时，巴拉克扎伊部落崛起，在政

---

① 见马晋强编著《阿富汗今昔》，第 71 页。

府中担任要职。1819 年，巴拉克扎伊部落迫使马穆德沙逃到赫拉特，他的第二次统治结束了。这时，杜兰尼王朝已成强弩之末，以巴拉克扎伊部落穆罕默德扎伊家族的法特什汗和他的 20 个兄弟在各地任总督，实际上统治全国，国家版图也大为缩小。后来，法特什汗由于飞扬跋扈，被王储卡木兰用酷刑处死。马穆德沙最终于 1829 年暴卒。1842 年，卡木兰被宰相所杀，杜兰尼王朝由此崩溃。

二　阿富汗的内乱和外患

（一）巴拉克扎伊王朝的建立

杜兰尼王朝崩溃前后，巴拉克扎伊兄弟各踞一方，阿富汗四分五裂。1826 年，巴拉克扎伊兄弟当中最小的弟弟道斯特·穆罕默德（Dost Mohammad）击败其他对手，成为喀布尔、加兹尼和贾拉拉巴德三座城市的统治者。1837 年，他在喀布尔加冕，称"埃米尔·乌米·穆米宁"（Amir-ul-Mominin，信士们的领袖），或称"大埃米尔"，巴拉克扎伊王朝（Barakzai Dynasty，1837~1930 年）由此建立。但此时，阿富汗仍然处于分裂之中，北部地区和白沙瓦等省处于道斯特·穆罕默德的兄弟的统治之下，西部的赫拉特则仍然被杜兰尼王室控制。他们大都并不认可道斯特·穆罕默德的统治。该王朝也称穆罕默德扎伊王朝，其统治延续至 1929 年。

（二）英俄"大博弈"与第一次抗英战争（1838 年 10 月至 1842 年 10 月）

阿富汗和波斯等国是近代欧洲列强争夺印度的战略要道。18 世纪末19 世纪初，英法两国在阿富汗和波斯进行过几番较量。19 世纪 20 年代，沙俄开始南下中亚进行扩张，并且与英国争夺阿富汗和伊朗，英俄围绕阿富汗和伊朗进行了长达一个世纪的"大博弈"。阿富汗是印度的门户，因此也成为英俄争夺的焦点。

面对这种形势，早在 1809 年，英国就诱使舒佳沙缔结一项条约，禁止法国和其他欧洲人进入阿富汗。舒佳沙被推翻后，英国人则使其流亡印度，予以庇护。19 世纪 30 年代，为遏制沙俄南下攻势，英国一方面与占领白沙瓦、克什米尔一带的锡克人建立同盟，另一方面希望在阿富汗扶植一个友好政府作为印度安全的第二道屏障。1837 年，英国因此派使节到阿富汗，要求道斯特·穆罕默德与英国结成反对沙俄和波斯的同盟。由于英国并未满足道斯特·穆罕默德收回白沙瓦的要求，道斯特·穆罕默德不仅未与英国结盟，反而积极与俄国接触，接待俄国的大使。1838 年，英国决定以武力帮助舒佳沙复辟，取代道斯特·穆罕默德，扶植亲英政权。

1838 年年末，英国派兵入侵阿富汗，第一次英阿战争爆发。1839 年春，英军进入阿富汗；4 月 25 日，占领坎大哈；8 月，进入喀布尔，道斯特·穆罕默德逃往国外，舒佳沙被扶上王位。但是，阿富汗人的反抗活动一直没有停息。1841 年 9 月，英国占领者停止向部落发放补助金，引发新的反英起义。其中，喀布尔是这次起义的中心，领导人是阿卜杜尔·汗·阿卡柴。不久，这次起义就演化为全国性的大规模起义。阿卜杜尔·汗·阿卡柴牺牲后，道斯特·穆罕默德之子阿克巴汗成为新的领导人。1841 年 12 月，英方被迫与阿克巴汗签订全部撤离阿富汗的条约，并于1842 年 1 月 6 日开始撤军。在撤退途中，由于阿富汗人的阻击和骚扰，加上阿富汗严酷的自然条件，英军几乎全军覆没。同年 4 月，舒佳沙被杀，但是由于阿富汗内讧，1842 年 9 月，英军重新占领喀布尔。不过，在实施野蛮报复之后，英军于 10 月 12 日撤退。这次侵略战争，使 3 万名英国人丧失生命，花费 2000 多万英镑，却以惨败告终，英国没有达到在阿富汗建立保护国的目的。1842 年 10 月，道斯特·穆罕默德重登王位。

（三）第二次抗英战争（1878～1881 年）

道斯特·穆罕默德复位后，短暂统一了阿富汗。1863 年，道斯特·穆罕默德去世后，再次引发了王位继承的纷争。其子希尔·阿里汗（1863～1866 年、1868～1879 年在位）、阿弗扎尔汗（1866～1867 年在位）、阿兹姆汗（1867～1868 年在位）先后继位，阿富汗内乱不已。1869年，希尔·阿里汗重登王位，开始尝试加强中央集权，进行军事改革，开启了阿富汗的现代化进程。

19 世纪后半期，英俄的"大博弈"进入白热化。俄国逐步吞并中亚，兵锋直指阿富汗，威胁英属印度的安全。俄土战争（1877～1878 年）爆发后，沙俄积极备战，试图占领印度，给英国以致命打击。俄国的南下扩张对阿富汗造成了严重威胁。希尔·阿里汗试图联英抗俄，但在 1874 年之前英国不愿与俄国直接对抗，希尔·阿里汗遂倒向俄国。1878 年 6 月，俄国使团在军队护送下，强行进入阿富汗，并于同年 8 月与希尔·阿里汗订立了攻防同盟条约。

为遏制俄国南下，1873 年，英国与沙俄签订英俄协定，划定了阿富汗的北部边界。俄国当时表示，阿富汗处于其势力范围以外。1874 年，英国保守党上台后，奉行"前进政策"，主张在欧亚击退沙俄攻势。俄土战争爆发后，英国决定遏制俄国的扩张，以维护其世界霸权。在此背景下，英国要求阿富汗在接受俄国使团的同时，接受英国使团，但是遭到希尔·阿里汗的拒绝，英国遂决定用战争方式粉碎阿富汗这个所谓"沙俄的工具"。

1878 年 11 月 20 日，英军兵分三路入侵阿富汗。1879 年 2 月，希尔·阿里汗逃亡，不久死于途中，其子雅各布汗随即继位。5 月 26 日，雅各布汗被迫与英国签订《冈达马克条约》，英国向阿富汗提供保护，使其免受外来威胁；阿富汗不得同其他强国直接交往；英国支付阿国王及其继承人年金。这标志着阿富汗的外交处于英国的控制之下。同年 7 月，英国使节进驻喀布尔，并控制阿富汗的内政外交。10 月，由于喀布尔军队哗变，英国使节被杀，英军再次进入喀布尔，雅各布汗宣布退位。

但是，阿富汗人的激烈反抗，使英国无法在喀布尔以外地区进行统治。同时，在阿富汗驻军也造成巨额的军费开支。1880 年 4 月，英国自由党内阁决定实行新政策。7 月 22 日，英国正式承认阿布杜尔·拉赫曼（Abdur Rahman）① 为喀布尔的埃米尔。阿布杜尔·拉赫曼与英国签订了"义务备忘录"，英国承诺援助阿富汗击退外来侵略，并向国王提供补助金。作为交换条件，除英国外阿富汗不能同其他国家建立外交关系。这标志着，阿布杜尔·拉赫曼基本承诺遵守《冈达马克条约》。

阿富汗人的反抗，沉重打击了英国在坎大哈地区的统治。1880 年 7

---

① 希尔·阿里汗的兄长阿弗扎尔汗之子。

月，阿尤布汗率领圣战者在坎大哈附近的梅旺达获得这次战争中的最大一次胜利。在这次战役中，一个名叫马拉莱的阿富汗女子摘掉面纱，号召大家英勇杀敌，起到了极大的鼓舞作用。1881 年 4 月，英国决定把坎大哈移交给阿布杜尔·拉赫曼。一周后，英军全部撤出阿富汗。通过第二次英阿战争，英国虽然撤出军队，但仍然控制了阿富汗的外交。

三 阿布杜尔·拉赫曼与阿富汗民族国家的缔造

（一）阿富汗的统一与国家构建

阿布杜尔·拉赫曼是现代阿富汗的缔造者，他最重要的成就是重新统一阿富汗。拉赫曼上台后，建立正规军，打击地方割据势力。1881 年，清除赫拉特统治者阿尤布汗；1888 年，击溃突厥斯坦总督伊撒克汗；1887 年，彻底击溃南部反叛的吉尔扎伊部落联盟；19 世纪 90 年代，基本征服中部哈扎拉诸部落；1895 年，平定东北部的卡菲里斯坦，卡菲尔人被迫皈依伊斯兰教，其故乡此后被称为努里斯坦（"光明之地"）。自 1896 年起，阿布杜尔·拉赫曼的权威得到全国承认，阿富汗实现了真正的统一。

阿布杜尔·拉赫曼的第二大历史功绩，是通过一系列内部改革，在一定程度上解决了政治动乱问题，并为阿富汗融入现代社会提供了一定条件。首先，拉赫曼所采取"内部殖民"的政策，将部分吉尔扎伊人强制迁往北部突厥人聚居区，加强了吉尔扎伊人的忠诚，以及对北部地区的统治。同时，拉赫曼重新划分省和地区的边界，打破部落割据；向地方直接派驻官员，取代之前部落首领担任地方官职的传统。借此，拉赫曼加强了对于部落地区的控制。其次，在行政方面，拉赫曼创建国务委员会以及内阁的各部门，以扩大和巩固中央权力。拉赫曼在行政改革方面采取的另一项重大举措，是逐渐训练长子哈比布拉（Habibullah）承担起管理政府各部门的工作，其他所有王子都留在首都，另任命忠实的亲信前往地方当省督，以杜绝之前因王位继承而发生的兄弟阋墙。不论中央政府官员，还是地方省督以及其他官员，均由国王任意挑选，并效忠于国王，是国王的臣仆。再次，拉赫曼实行严酷刑法，并实行伊斯兰教法，法律事务由他亲自掌管。拉赫曼整合具有自治性的宗教阶层,将之纳入国家的控制;同时统一宗教学校和教科书,使宗教人士服务于国王的权威。拉赫曼还在全国建立了庞大而严密的间谍网。最后,拉赫曼进行军事改革。他用征兵制取代传统的募兵制,建立了一支数万人的、配备现代新式武器的中央正规军。1901 年 10 月 1 日,拉赫曼去世,其长子哈比布拉汗即位,阿富汗实现了和平的权力交接。

除上述两大功绩外,拉赫曼所采取的其他改革措施,比如引进西方先进技术和设施,建立一批现代军工企业以及相关的民用工厂,统一度量衡,积极扶植民族商业发展,创建阿富汗第一批医院,等等,也为阿富汗进入现代社会奠定了一些基础。

(二) 英俄博弈与阿富汗边界的划分

1. 阿富汗北部边界的划分

拉赫曼统治时期,阿富汗外交仍旧受制于英国。当时,由于阿富汗北部面临沙俄的进一步扩张,英国决定通过确定阿富汗与沙俄之间的边界,来划分英俄在中亚地区的势力范围。19 世纪 80 年代初,英俄开始就此问题进行谈判。在谈判当中,1883 年 8 月底,英国鼓动阿富汗出兵占领了喷赤河东岸的什格南和罗善两地。1884 年 2 月,俄国则占领距赫拉特 200 英里(1 英里约为 1.609 公里)的梅尔夫。3 月,俄国进一步对驻扎在平狄绿洲的阿富汗军队发动进攻,并宣布平狄绿洲为自己领土,此即"平狄危机"。1885 年,由于英国立场有所软化,英俄遂达成妥协,宣布平狄绿洲中立化。同年 9 月,英俄签署阿俄边界的《初步议定书》。议定书规定,"平狄绿洲归沙俄,同时沙俄放弃对祖勒菲尔卡的要求。阿富汗的国境线从祖勒菲尔卡山口开始,延伸到马鲁恰克,然后延伸到阿姆河边"[①]。同年 11 月,英俄完成了这一段边界线的勘界工作。

1887 年 7 月和 8 月,英俄签署关于自哈里河到阿姆河阿俄边界的《最后议定书》。1888 年 1 月,实地划界工作最后完成。阿富汗这些北部边界的划分,阻止了沙俄对阿富汗和印度的渗透和扩张。

---

① 见彭树智主编《阿富汗史》,第 190 页。

2. 阿富汗东北部边界的划分

阿富汗上述北部边界线划分后，沙俄开始在帕米尔一带进行渗透。为阻止沙俄自帕米尔地区威胁英印，英国决定把阿富汗当作一个缓冲地区，把俄印（英）领土隔离开。

1893 年起，英俄两国开始就以帕米尔地区为核心的阿富汗东北部边界划分问题进行谈判。1895 年 3 月，英俄在未与清政府和阿富汗商议的情况下，签订了《关于帕米尔地区势力范围的协议》。该协议规定，英俄两国在帕米尔的势力范围分界线是：从维多利亚湖最东端起，沿纬度稍偏南山脉的诸峰巅，一直到本得尔斯基和窝尔塔·贝尔诸山口。[①] 执行该协议的条件是，阿富汗从所占领的喷赤河右岸全部领土撤退，放弃对罗善和什格南两地的领土要求，但是得到乌浒河以南的达尔瓦兹部分地区。罗善和什格南两地转交布哈拉君主。此外，阿富汗还被迫接受狭长的瓦罕走廊地带。

3. 《杜兰协定》与阿印（英）边界的划分

19 世纪 80 年代以来，印（英）一直试图控制阿富汗东南部边界，其中包括普什图族部落散居地区。1893 年 9 月，阿富汗接受了以印（英）外交秘书杜兰为首的使团。11 月 12 日，阿富汗被迫同意英俄划定的关于阿富汗东部边界以及英国划定的阿富汗南部边界，此即"杜兰线"。据此，这条线以东的所有部族均属英国"势力范围"，数百万普什图族人因此被划入英印一侧，与他们的同族兄弟分开。阿富汗则保留阿斯马尔以及阿斯马尔以上远至章纳克的河谷地区，并得到了瓦齐尔的比尔马尔部分。但是，阿富汗放弃对瓦齐尔其余地区、达瓦尔和恰盖的主权要求。

《杜兰协定》影响深远。就英国而言，有助于英国遏制沙俄向印度推进。但是就阿富汗而言，《杜兰协定》人为地将普什图族分割在边界两侧，从而埋下了长期民族冲突的隐患。

---

① 〔英〕珀西·塞克斯：《阿富汗史》第 2 卷（上册），张家麟译，商务印书馆，1972，第 970 页。

四　阿富汗的改革与独立

1. 哈比布拉汗的统治（1901～1919 年）

1901 年，阿布杜尔·拉赫曼去世，其子哈比布拉汗即位。他基本延续了拉赫曼的工商业政策，阿富汗现代工商业得以继续发展。阿富汗民族商业资产阶级随之诞生和发展，同时要求国家独立、学习西方现代科学技术的阿富汗民族主义思想也得到蓬勃发展。

其中，青年阿富汗派是最重要的政治派别，大都来自新的官僚阶层和接受现代教育的知识精英等，他们要求摆脱英国的控制实现独立，推进现代化改革和宪政改革。马赫茂德·塔尔齐（Mahmud Tarzi）是青年阿富汗派的代表人物，也是阿富汗民族主义思想的奠基人，哈比布拉汗第三子阿曼努拉汗则是该派政治领袖。与此相对应，老年阿富汗派也反对英国的控制，要求实现国家独立，但是反对现代化的政治、经济和社会改革。哈比布拉汗的弟弟纳斯鲁拉、长子伊纳雅图拉汗是该派政治后台。另外，阿富汗当时还存在以穆沙希班家族五兄弟为核心的中间派别。

哈比布拉汗统治时期，阿富汗外交仍然受制于英国。1904 年 4 月，一个由英国人 A. H. 麦克马洪上校率领的英国委员会，划定了阿富汗与伊朗两国在锡斯坦的界线。1904 年 9 月，阿伊双方均接受了这条边界。另外，1905 年 3 月 21 日，英国迫使哈比布拉汗签订新的英阿协定，再次确定阿富汗为英国的势力范围。1907 年，英俄签订条约，正式划分双方在亚洲地区的势力范围。该条约也再次重申，阿富汗以及波斯的东部和南部是英国的势力范围。

第一次世界大战爆发后，哈比布拉汗宣布中立，既不与德土结盟反对英国，也不支持反英的印度民族主义者和边境的普什图族反对英属印度。该立场具有亲英色彩，它得到了穆沙希班家族的支持，但是遭到了青年阿富汗派和老年阿富汗派的反对。

2. 阿富汗独立与现代化改革（1919～1929 年）

1919 年 2 月 21 日，哈比布拉汗遇刺身亡。2 月 28 日，在青年阿富汗派和军队的支持下，阿曼努拉汗（Amanullah Khan）在喀布尔登基。阿卜杜尔·昆杜斯汗为首相，塔尔齐为外交大臣，纳第尔汗（Nadir Khan）为国防大臣，青年阿富汗派政权很快在全国建立起来。新政权宣布要争取国家独立，实行现代化改革，使阿富汗立于世界文明国家之林。英印当局拒绝承认阿曼努拉汗政权。1919 年 5 月 3 日，英印军队向驻守开伯尔山口的阿富汗边防军开枪。随后，阿曼努拉汗宣布"圣战"。5 月 7 日，阿富汗颁布动员令，第三次抗英战争由此爆发。

在这次战争中，英阿双方军事行动主要限于阿富汗东北部边境、东部边境和南部边境地区。除东北战线出师不利外，阿富汗在东部战线和南部战线都取得一定战果，尤其是纳第尔汗率领的军队在 5 月 26 日取得了塔尔之战的胜利。6 月 3 日，阿曼努拉汗宣布同意停火，各条战线战事随之结束。

7 月 25 日，阿里·阿赫默德汗率领阿富汗和谈代表团抵达印度拉瓦尔品第，与以英印政府外长哈姆尔顿·格朗特为首的英方代表团开始和谈。8 月 8 日英阿双方正式签订和约，史称《拉瓦尔品第和约》。条约规定英阿维持原有边界——"杜兰线"，英国获得对开伯尔山口西段边界线的裁定权；暂时中止阿富汗军火经印度进口的过境权，并暂停向阿富汗提供补助金；6 个月后，双方将谈判双边关系正常化问题。据此，阿富汗摆脱了英国的控制，在内政和外交上"正式地自由和独立"了。1921 年英阿签订的《喀布尔条约》正式承认了阿富汗的内政和外交独立。双方同意在各自领土上设立公使馆、领事馆和贸易机构，阿富汗可以直接到英国设立公使馆，两国关系因此实现正常化。

从 1919 年上台到 1929 年逊位，阿曼努拉汗效仿凯末尔改革，致力于推进阿富汗的现代化进程。在行政领域，阿曼努拉汗政府废除了由国王、国王兄弟和诸王子分享王室权力的旧制度，取而代之以国王领导下的大臣内阁制，并宣布实行立法、司法和行政三权分立的国家政体。在法制方面，阿曼努拉汗政府于 1923 年颁布了阿富汗历史上第一部宪法，规定建立国务和地方（省、市）两级议事会以及独立的司法制度。1928 年，进一步宣布实行君主立宪，建立两院制议会。另外，根据 1923 年宪法，阿曼努拉汗政府还颁布了民法、刑法和商法以及总法典，并设立世俗法院以取代宗教法院。

在军事改革方面，阿曼努拉汗政府立志建立一支现代化的正规军。为此，它宣布实行新的兵役法，兴建大型兵工厂，设立军事学校，聘请外国军事教官，并在苏联和德国帮助下建立了阿富汗第一支空军。阿曼努拉汗政府的其他文化改革措施还包括，出版报纸杂志，兴建影剧院、图书馆和博物馆，采用公历，应用阿拉伯数字，推广普什图语，进行考古发掘，等等。阿曼努拉汗政府的社会习俗改革非常激进。比如，废除许多封建特权和等级，废除奴隶制，禁止买卖婚姻和多妻制，保证妇女的婚姻自主权和平等的财产继承权，强迫在京官员穿戴西式服饰，妇女不戴面纱，改动休息日，等等。

在经济改革方面，阿曼努拉汗政府宣布进行土地改革，以促进土地私有制的形成。它还减免税收，采用现代预算制和新的货币单位，以促进民族工业和商业的发展。此外，为发展经济和扩大对外贸易，它投资兴建公路，铺设电话线，建造电站，兴建中小型工厂，与外国签订协议对阿富汗矿藏进行勘探，等等。阿曼努拉汗政府的教育改革也非常重要，1920 年，它开始用世俗教育制度取代宗教教育制度。另外，在阿曼努拉汗政府的积极推动下，在这个时期，阿富汗初步形成了包括初等教育、普通中学和外语教育、留学教育、师范和职业教育、女子教育以及特殊教育在内的现代教育体系。

阿曼努拉汗政府的改革遭到许多方面的反对和阻挠。其中，主要的反对力量来自传统的宗教和部落势力，王室成员中也有不少反对力量，政府的正规军最后也倒戈并加入到反对阵营之中。这场改革最终造成社会动乱，并归于失败。失败的重要原因在于：改革步伐太快，近乎全盘西化，大大超出许多阶层尤其是宗教势力、部族势力和群众的承受能力。尽管如此，这场改革极大地冲击了阿富汗的封建主义和其他前资本主义的生产关系，并且把资本主义的生产关系、政治理念和文化思想注入其中，阿富汗的现代化改革进程已不可逆转。

3. 巴恰·沙考的短暂统治（1929 年 1 月 13 日至 10 月 10 日）

在各种反对浪潮中，有一股势力对阿曼努拉汗政府进行了最致命的打

击，那就是由巴恰·沙考（Bacha-ye Saqao）率领的阿富汗北部塔吉克人
势力。巴恰·沙考意为"挑水夫之子"，他原名哈比布拉（Habibullah
Kalakani），为塔吉克人。1928 年 12 月 13 日，巴恰·沙考率领其队伍袭
击喀布尔，并于翌年 1 月 13 日攻占喀布尔。巴恰·沙考自封为"埃米尔
哈比布拉汗·加齐"，建立了政权。这也是从 1747 年阿富汗建国到 1978
年人民民主党政变期间，少数民族第一次夺取政权。但是，该政权在国内
外没有得到支持和承认。

巴恰·沙考统治期间，在阿富汗宗教和部落势力支持下，阿曼努拉汗
政府前国防大臣纳第尔汗及其胞弟组织了一支武装，并对巴恰·沙考政权
发动进攻。1929 年 10 月 10 日，该武装攻克喀布尔，巴恰·沙考政权随
之垮台。同年 11 月 3 日，巴恰·沙考及其部下被处死。

五　穆沙希班王朝的建立

1929 年 10 月 17 日，在喀布尔近郊召开的部落会议上，纳第尔汗被推
选为阿富汗新国王，即穆罕默德·纳第尔沙。1930 年 9 月，阿富汗召开大
国民会议，正式宣布纳第尔沙为国王。阿富汗历史上最后一个王朝——穆
沙希班王朝（Mushahiban Dynasty）宣告成立，不过该王朝与巴拉克扎伊
王朝一样，同属巴拉克扎伊部落穆罕默德扎伊家族，只是来自不同的
分支。

在初步巩固政权之后，1932 年 11 月 27 日，纳第尔沙颁布施政大纲，
渐进地推行现代化改革，其主要内容包括：恢复和坚持宗教在政治和社会
生活中的重要地位，进一步发展军事力量，恢复和保持阿曼努拉汗统治时
期同外国建立的外交关系，促进工商业、对外贸易以及文化教育的发展。

此外，为巩固政权并继续推行现代化改革，1931 年纳第尔沙颁布新
宪法，即"1931 年宪法"。这部宪法在向宗教势力让步的同时，也将阿曼
努拉汗时期的一些改革成果以宪法形式保留了下来。宪法首先规定，阿富
汗的信仰是神圣的伊斯兰教，伊斯兰教逊尼派是阿富汗的官方宗教，国王
必须是哈乃斐教法学派穆斯林。这部宪法赋予穆罕默德·纳第尔沙及其家
族的统治地位及其世袭王位的合法性。再次，这部宪法保障君主统治的绝

对地位，但是保留了阿曼努拉汗时期形式上的君主立宪制和内阁制。宪法规定设立两院制议会，即国民议会（或下院）和贵族院（或上院），但它们基本上是咨询机构。宪法还规定，地方政府从属于国王和内阁，全国分5个大省和4个小省，省长由中央任命。另外，宪法在形式上还规定了公民应该享有的若干权利和自由。

六 "王叔时代"

纳第尔沙的统治遭到阿富汗激进势力、亲阿曼努拉汗势力以及一些贵族的反对。1933年11月8日，纳第尔沙遇刺身亡，其子穆罕默德·查希尔沙（Mohammad Zahir Shah，1933～1973年在位）继位，成为阿富汗历史上最后一位君主。从那时起一直到1973年，查希尔沙在位40年。不过，从1933年至1953年，实权先后由查希尔沙两位任首相的叔父掌握。

从1933年至1946年，由其叔父穆罕默德·哈西姆（Mohammad Hashim Khan）首相施政。20世纪30年代初，阿富汗仍是落后的农牧业国家，军工厂及其相关的民用工厂是仅存的现代工业。哈西姆任首相期间，大力发展公路、邮政、电力等基础设施以及现代教育，并且对私人资本主义经济采取积极鼓励政策，后者因此在这个时期获得巨大发展。在私人进出口贸易方面，阿卜杜勒·阿齐兹·伦敦尼在经营紫羔羊皮和棉花进出口方面取得重大成就。他创建了阿富汗的紫羔羊皮进出口业务，并把它打入伦敦国际市场。到第二次世界大战之前，这种业务为阿富汗换取了大多数的硬通货。[①] 他还把棉花进出口贸易从中亚诸国扩大到苏联的广阔市场，从而赚取了可观的利润。

这个时期私人资本主义金融和工业体系也得到迅速发展。1934年，查布里创立了阿富汗第一家银行——"国民银行"，标志着源自私人资本的现代金融机构在阿富汗建立。国民银行不仅从事一般的存贷款业务，而且在1939年国家银行建立之前，代行中央银行的若干职能，成为政府金

---

① 〔美〕路易斯·杜普雷：《阿富汗现代史纲要》，黄民兴译，西北大学中东研究所，2002，第46页。

融垄断体系的一部分。许多王室成员都在其中拥有巨额股份，从而促进了国民银行与中央政府的合作。国民银行还促进和垄断了以紫羔羊皮、羊毛、棉花出口为中心的对外贸易，建立并极大地促进了北方普勒胡姆里、昆都士和喀布尔地区所有现代轻工业的发展。1939 年，国家银行建立后，国民银行总裁查布里出任国家银行行长兼国民经济大臣。

1946 年 5 月，穆罕默德·哈西姆被迫辞去首相职务，查希尔沙的王叔马茂德（Shah Mahmud Khan）接任首相。在这一时期，阿富汗兴起了"自由主义议会运动"。1949 年年初，阿富汗举行了历史上第一次自由的议会选举，数十名激进人士被选进第七届议会。1951 年 4 月，政府允许发行私人报刊，结果出现 3 家有影响力的报刊以及与之相关的 3 个政党，它们分别是："祖国党"、"觉醒青年党"和"人民党"。这些政党要求迅速发展经济，大力推进资产阶级民主改革。但是，由于该运动的激进化发展与统治阶层要求渐进式发展的政策相悖，最后被政府镇压。

第四节　当代简史①

一　达乌德第一次执政

马茂德政府的许多失误，致使阿富汗经济与政治环境恶化。1953 年，达乌德（Mohammad Daoud）取代马茂德担任首相之职。达乌德为查希尔沙国王的堂兄，为纳第尔沙国王之兄阿齐兹的长子。这一时期，正值美苏冷战，达乌德借此获得了大量苏联和美国的援助，并以此为基础推进现代化进程。

达乌德政府排除了以国民银行为核心的私人资本主义经济在国民经济中的主导地位，加强国家对经济发展的干预，利用苏联和美国的援助，先后执行了第一个五年计划（1957/58～1961/62 年度）和第二个五年计划（1962/63～1966/67 年度），重点对包括交通运输、能源和水利设施在内

---

① 参见彭树智主编《阿富汗史》。

的基础设施以及工矿业进行大规模投资。这些举措，促使阿富汗经济，尤其是基础设施、工矿业和外贸呈现前所未有的大发展。

随着社会经济的发展，知识分子、中产阶层和劳工阶级开始兴起。达乌德政府采取措施，吸收他们进入政府和军官队伍，并改善其工资和福利待遇。达乌德政府还积极发展农村的经济、文化、卫生和教育事业，同时对游牧民采取了诸如限牧、鼓励务农或转入城镇发展的措施，从而扩大了中央对地方的影响和控制。另外，达乌德政府削弱了部落上层和宗教势力的显赫地位，解放妇女，尤其是废弃面纱运动取得了重大进展。

阿富汗也面临不少问题，尤其是20世纪60年代初阿富汗与巴基斯坦关系第二次交恶后，巴基斯坦封闭两国边界，导致阿富汗经济严重恶化。1963年3月，达乌德被迫辞职，查希尔沙开始亲政。

二　查希尔沙的"十年宪政"时期

1963年3月查希尔沙国王亲政后，着力推动政治改革。1964年9月，查希尔沙主持召开制宪大国民会议，审议并通过了1964年宪法。1964年宪法在确保王权至上的同时，理论上第一次真正体现了君主立宪制的原则和精神。它赋予议会立法权、公民参政权，使王权至少在理论上受到了一些限制。宪法比以前突出强调三权分立和制衡等现代政治思想原则，促进了政教分离、司法和宗教分离等世俗主义原则和精神的发展。宪法还要求制定有关报刊、政党、选举、省市议事会法等方面的法规，为民众参政创造了条件。为防止达乌德东山再起，宪法还限制王室成员参政。1964年宪法实际上是20世纪五六十年代阿富汗社会经济文化发展的一个政治成果，反过来也进一步促进了阿富汗资产阶级民主运动的发展。阿富汗还颁布了政党法、省市议事会法等法规，但是查希尔沙一直没有签署，并未生效。

1964年宪法颁布开启了"十年宪政"时期，也标志着阿富汗政治纷争的到来。阿富汗的主要政治派别有：受到苏联影响的人民民主党，代表自由主义势力的进步民主党，代表伊斯兰宗教激进主义的"穆斯林青年会"，以部落、宗教、少数民族领袖为代表的保守势力派和激进民族主义派别，等等。其中，人民民主党（1976 年分裂为人民派和旗帜派）、自由主义派和保守势力分别以知识分子（学生）、行政官员和议会作为阵地，并分别受到苏联、西方国家和中东伊斯兰潮的深刻影响。这些政治派别不仅政治立场迥异，而且存在意识形态的对抗。阿富汗出现了大规模的学生运动和反政府游行示威，各派之间冲突不已，内阁因此更迭频繁，政府软弱无力。1970 ~ 1971 年，阿富汗发生历史上罕见的旱灾，国内经济和政治危机日益加深。

查希尔沙亲政时期，制定了具有平衡色彩的经济政策。在保持国家对经济的干预的同时，积极促进私人资本的发展。阿富汗开始执行第三个五年计划（1967/68 ~ 1971/72 年度），投资重点转向工矿业和农业等生产部门，基础设施建设退居次要地位。阿富汗还制订了第四个五年计划（1972/73 ~ 1976/77 年度）（草案），但是由于 1973 年的政变未能执行。这个时期，阿富汗基础设施得到进一步完善，天然气开采以及现代轻工业出现比较迅速的发展。但是，阿富汗经济仍存在严重问题，比如农业增长缓慢、粮食不能自给、私人资本不活跃、政府管理水平低下、严重依赖外援、国内积累能力很差等等。截至 20 世纪 70 年代，阿富汗仍是世界上最不发达国家之一。

阿富汗社会和文化也发生了显著的变化。人口增长和流动性加快，现代教育包括中小学教育和高等教育规模不断扩大，广播、报刊、电信事业迅速发展，农村中两极分化与经济发展的不平衡性进一步增强，传统的家族和部族关系不断遭到削弱。不过，由于失业、待遇低下等问题，知识阶层、社会下层以及少数民族等对政府的不满情绪日益增加，并构成这个时期民主运动的社会基础。

三　阿富汗共和国时期

1973 年，在阿富汗陷入政治和经济危机之时，前首相达乌德乘查希尔沙赴欧洲就医期间联合人民民主党的旗帜派发动政变，推翻了穆沙希班王朝统治，并于次日建立了阿富汗共和国（1973 年 7 月至 1978 年 4 月）。阿富汗共和国成立初期，达乌德身兼总统、负责行政工作的中央委员会主席以及内阁要职，人民民主党旗帜派则占据中央委员会和内阁其他职位。阿富汗共和国在一定程度上是穆沙希班王朝的延续。

达乌德虽然被称为"红色亲王"，但本质而言是一位民族主义者，更多的是利用人民民主党夺取权力，对境外力量尤其是苏联对阿富汗的渗透感到十分不安。他上台后，先是联合人民民主党镇压穆斯林青年会等伊斯兰主义势力，随后取缔和镇压人民民主党，清洗政府和军队中的人民民主党成员，进而摆脱苏联的控制，将政权掌握在以他为首的由前王室成员和达官显贵组成的联盟手中。

从表面上看，阿富汗共和国建立后，君主制被共和制所取代，但本质上仍是威权政治，延续了达乌德任首相期间的政策。阿富汗废除 1964 年宪法，解散议会，取缔所有非政府报刊。政府行政工作由中央委员会负责，达乌德是国家元首（总统）兼任中央委员会主席，不过中央委员会主要成员由旗帜派人员组成，后来大都遭到清洗。实际上，从 1973 年 7 月到 1977 年，阿富汗一直处于军事管制状态。

1977 年，阿富汗颁布了新宪法，赋予总统在国家、行政、立法、司法、军队等方面的最高权力，总统权力在法律上没有受到任何实质限制，达乌德与之前的君主并无二致。1977 年宪法规定"民族革命党"作为唯一合法政党，设立一院制国民议会和大国民会议。大国民会议选举达乌德为首任总统，任期 6 年。此后，达乌德还兼任内阁总理，内阁其他成员也由达乌德亲信组成。

阿富汗国内政治斗争日趋激烈。人民民主党遭到清洗后始终积极在阿富汗军队、情报机构和行政机构渗透，继续寻求苏联的支持。同时，苏联对达乌德疏远苏联而与美国缓和关系的政策十分不满。在苏联授意下，1977 年年中，人民民主党的人民派和旗帜派重新统一，并加紧了政变准备。

阿富汗共和国成立后，达乌德政府进行土地改革，以推动资本主义生产关系的发展，但是成果有限。不过，这个时期，由于生产条件较好，农业生产有所增长，粮食实现了自给。达乌德政府更加重视国营经济的发展，不仅对所有银行实行了国有化，而且扩大和加强了政府对国内外贸易的监督和控制，私人经济则局限在一些中小企业。1977 年，达乌德政府颁布七年发展规划（1976/77 财年 ~ 1982/83 财年），进一步提高了对交通运输的投资比例，特别提出发展炼油业等重工业部门的目标。20 世纪 70 年代中后期，阿富汗经济增长出现一个新高潮。结果，现代工业在工业中的比例达到一半以上，国营大工业几乎占大工业生产的 70%，天然气生产创历史纪录，国际收支状况得到改善，外汇储备突破 1 亿美元。

这个时期，达乌德政府继续推行渐进的社会发展政策，所颁布的刑法和民法推动了司法世俗化的进程。达乌德政府还实施农村发展计划，进行人口普查，改善劳动条件和待遇，提高妇女地位，发展民族文化，这些举措对社会进步和经济发展起到了一定作用。

四　阿富汗民主共和国的建立①

1978 年 4 月 27 日，人民民主党发动军事政变，推翻达乌德的统治，建立"阿富汗民主共和国"，人民民主党革命委员会掌握最高权力。人民民主党领袖努尔·穆罕默德·塔拉基（人民派）、巴布拉克·卡尔迈勒（旗帜派）、哈斐祖拉·阿明（人民派）分别担任革委会主席兼政府总理、副主席兼第一副总理、副总理兼外交部部长。由于政变发生在阿富汗历 2 月 7 日，新政权称之为"二月革命"。

塔拉基担任革委会主席兼政府总理期间，政权具有苏联色彩，国旗也是红色。革命委员会类似苏联的最高苏维埃，设主席团。此外，人民民主党政权创建了由人民民主党控制的各种团体和组织。新政权仿效苏联，推行激进的社会经济改革，包括土地改革、婚俗改革、教育改革、司法改革等等。在对外政策方面，塔拉基政权采取向苏联一面倒的政策，阿苏经济合作进一步加强，双方建立了军事同盟关系。与此同时，塔拉基政权的亲苏政策也使阿富汗与巴基斯坦等一些周边国家的关系恶化。

人民民主党的激进改革触犯了阿富汗的部落、宗教集团的利益，因此引发了社会的强烈反抗。阿富汗爆发了规模浩大的反政府、反苏联控制的

---

①　1987 年更名为"阿富汗共和国"，1992 年垮台。

起义和武装斗争。1979 年年初，阿富汗的 28 个省中有 25 个处于动荡之中。为躲避战乱和暴政，大批阿富汗人开始逃往巴基斯坦、伊朗等邻国，阿富汗难民问题随之产生。人民民主党内部的权力斗争日趋激烈。首先是以塔拉基、阿明为首的人民派逐渐将以卡尔迈勒为首的旗帜派排挤出党政要职。其次，在人民派内部，塔拉基与阿明之间的矛盾也愈演愈烈，阿明的政治地位不断攀升，大有取代塔拉基之势。而苏联则支持塔拉基撤换阿明。

　　1979 年 9 月 14 日，阿明抢先下手发动军事政变，除掉塔拉基，夺取政权，并当选为人民民主党总书记兼革命委员会主席。阿明执政后，试图减少对苏联的依赖，奉行在美苏之间平衡的政策，改善与周边国家的关系；在内政上，试图修正塔拉基激进的改革。阿明宣扬革命是在伊斯兰教的精神指引下进行的，阿明为虔诚的穆斯林；并斥资修缮清真寺，拉拢部落力量等。但是，这些政策并未真正改变人民民主党政权的无神论和苏联傀儡的色彩，各地的抵抗运动此起彼伏，人民民主党政权风雨飘摇。

五　苏联占领下的阿富汗

（一）苏联入侵阿富汗

　　阿明的政策使苏联十分不满，因此决定出兵阿富汗，推翻阿明政权。1979 年 12 月 25 日，苏联出兵阿富汗，27 日攻占喀布尔，阿明被杀。苏联扶植人民民主党旗帜派的卡尔迈勒执政，① 随后苏军几乎占领阿富汗全境，苏军进入了第二阶段，即试图速战速决，扑灭抵抗力量。但阿富汗局势的发展超出了苏联的预期，各地的抵抗运动风起云涌，苏军深陷阿富汗的泥潭无法自拔。1980 年年初起，苏联不断增兵，截至 1985 年已增至 11 万多人。在 1980 年上半年，苏联对阿富汗抵抗力量实行了全面打击。当年 7 月起，苏联又将全面扫荡改为"搜索与歼灭"式的清剿。1982 年年中起，苏联又改为重点围剿。但是直到 1989 年 2 月 15 日撤回最后一批苏军，苏联在阿富汗第二阶段的任务也没有完成。

---

　　① 　人民派主要以社会下层的普什图人为基础，旗帜派则以塔吉克人和其他少数民族为主。

（二）人民民主党政权的统治

卡尔迈勒上台后，仍然延续人民民主党的政策，实行全盘苏联化。苏联顾问充斥阿富汗军政部门，控制所有大政决策和日常工作，阿富汗官员成为摆设。苏联在阿富汗各个战略要地修建和部署了军事基地，对周边国家形成威慑。阿苏经济合作迅速发展，苏联从阿富汗进口了大量矿产资源，而西方国家的援助则几乎全部停止。卡尔迈勒政权仿效苏联的教育体制，改革教育领域。由于连年战乱，阿富汗经济遭到了沉重打击。

1985 年，戈尔巴乔夫担任苏共中央总书记。由于侵阿战争久拖不决，代价高昂，戈尔巴乔夫力主政治解决阿富汗问题，决心从阿富汗泥潭中脱身。1986 年，在苏联的授意下，卡尔迈勒辞去人民民主党总书记和革命委员会主席之职，纳吉布拉（Mohammad Najibullah）取而代之。阿富汗国名更名为"阿富汗共和国"，纳吉布拉出任阿富汗总统。纳吉布拉上台后，面临着严峻的挑战。人民民主党政权在军事上无法消灭抵抗力量，而苏联也试图结束在阿富汗的战争。因此，纳吉布拉政府试图通过民族和解，将反对派纳入政治进程，进而扩大人民民主党的统治基础，削弱抵抗运动的实力。这成为纳吉布拉政府的重要政治选择。

1987 年，纳吉布拉召开了阿富汗传统的"大支尔格会议"，[1] 并被选为阿富汗共和国总统。此后，他着力进行民族和解，建议政府军与抵抗运动停火，实行全国性的大赦；与抵抗运动进行对话和谈判，邀请抵抗运动参与组建联合政府；与抵抗运动分享权力；实行多党制等。1987 年，阿富汗通过了新宪法，规定伊斯兰教为阿富汗国教，并开始用宗教和部落等话语增强统治的合法性。纳吉布拉的民族和解政策取得了一定成效，20%的抵抗运动以民兵的形式加入政权，40%的抵抗运动接受停火。[2] 但是，纳吉布拉政权的民族和解政策存在先天的不足：一是阿富汗的财政严重依赖苏联的援助；二是和解政策是为了进一步强化人民民主党的统治。

---

[1]　支尔格会议是阿富汗部落社会解决问题的传统机制，类似于部落大会。在阿富汗面临重大的问题之时，往往召开全国性的"大支尔格会议"。

[2]　Thomas Barfield, *Afghanistan: A Cultural and Political History*, Princeton: Princeton University Press, 2010, pp. 244 – 245.

（三）阿富汗抵抗运动的崛起

苏联入侵阿富汗以后，在美国、巴基斯坦、沙特等国家支持下，阿富汗兴起了抵抗运动，在抵抗运动中形成的组织即所谓的穆贾希丁，它们大致分为如下几种类型。

第一类是总部设在巴基斯坦白沙瓦的阿富汗伊斯兰逊尼派组织。这类派别受美国等西方国家以及巴基斯坦、沙特阿拉伯等国的支持，实力雄厚，影响较大。其中，属于伊斯兰激进主义组织的有阿富汗伊斯兰党（领袖是古尔布丁·希克马蒂亚尔）、阿富汗伊斯兰促进会（即"伊斯兰组织"，政治领袖是布尔汉努丁·拉巴尼）、阿富汗伊斯兰党（哈里斯派）（领袖是穆罕默德·尤尼斯·哈里斯）和阿富汗伊斯兰联盟（领导人是阿卜杜勒·拉苏尔·萨亚夫）。另外，属于伊斯兰温和势力的有阿富汗伊斯兰民族阵线（领导人是赛义德·艾哈迈德·盖拉尼）、阿富汗伊斯兰民族救国阵线（领袖是西卜加图拉·穆贾迪迪）和阿富汗伊斯兰革命运动（领导人是穆罕默德·纳比·穆赫默迪）。1982 年后，这 7 个组织逐渐联合起来，并于 1985 年 5 月成立"阿富汗圣战者伊斯兰联盟"，简称"七党联盟"。1987 年 10 月，该联盟推举哈里斯为主席，后由希克马蒂亚尔接替。

第二类是总部设在伊朗并受其支持的什叶派组织，共 8 个。它们分别是伊斯兰胜利党、伊斯兰圣战卫士、伊斯兰运动、伊斯兰党、真主党、伊斯兰团结委员会、伊斯兰呼声和伊斯兰力量。1985 年，这 8 个党派结成联盟，称"伊斯兰革命联盟"，简称"八党联盟"。

第三类是为数众多的阿富汗国内抵抗力量。它们大多是以村落、部落或亲属为纽带形成的独立地方武装，一般各自为战，有时为争取外援和军援也与境外抵抗力量建立某种形式的联系。其中，较大的组织有位于阿富汗中部山区哈扎拉族的抵抗力量，以及位于阿富汗北部潘杰希尔谷地以塔吉克人马苏德为领导的游击队。马苏德所领导的游击队隶属于阿富汗伊斯兰促进会，这支游击队在抵抗运动中声名鹊起，马苏德本人因此被誉为"潘杰希尔雄狮"。1986 年后，阿富汗北部游击队建立了以马苏德为领导的总指挥部。

（四）《日内瓦协议》与苏联撤军

苏联入侵阿富汗后，联合国以及国际社会一直在努力通过政治途径解决阿富汗问题。1982 年起，在联合国斡旋下，巴基斯坦和阿富汗人民民主党政权，以及后来的美国和苏联就政治解决阿富汗问题举行了数轮间接会谈。但是，由于苏联和人民民主党政权坚持要求承认阿富汗现行政治体制的合法性，停止对阿富汗抵抗运动的援助，然后再考虑撤军事宜，会谈没有取得任何成果。

戈尔巴乔夫上台后，提出政治解决阿富汗问题，上述四方在联合国秘书长主持下又举行了多轮间接会谈。1988 年 3 月，在联合国秘书长主持下，上述四方在日内瓦举行了具有历史意义的间接会谈。4 月 14 日，四国外长签署了关于政治解决阿富汗问题的《日内瓦协议》。该协议包括 4 项文件和 1 个谅解备忘录，规定苏联将在自 5 月 15 日起的 9 个月内撤出全部军队。苏美支持这种政治解决方案，撤军期间，美苏两方中若有一方继续援助其支持的阿富汗派别，另一方也将采取相同的措施。但是，《日内瓦协议》未就阿富汗政治前途做出安排。《日内瓦协议》签署后，从当年 5 月 15 日到 1989 年 2 月 15 日，苏联据此完成了全部撤军工作。

六　阿富汗内战时期

（一）纳吉布拉政权的垮台（1992 年 4 月 16 日）

苏联撤军后，纳吉布拉政权未像预期的那样迅速垮台，甚至在 1989 年两次取得了东部守城战的胜利。其中一个重要原因，是苏联撤军后，仍继续向纳吉布拉政权提供大量援助。此外，阿富汗抵抗力量的四分五裂也是原因之一。纳吉布拉政权利用战场上的节节胜利，试图继续推行民族和解政策，以便与抵抗力量分享权力并实现和平。1990 年，纳吉布拉将人民民主党易名为"祖国党"，并宣布实行多党制。但是，抵抗力量均拒绝与其分享权力。1991 年，苏联决心彻底摆脱阿富汗这个负担。当年 9 月 13 日，美苏签订协议，宣布自 1992 年 1 月 1 日起停止向阿富汗交战双方提供武器，这标志着美苏结束了在阿富汗长达将近 50 年的争夺。随着苏联的解体，纳吉布拉政权无力支撑。1992 年 4 月 16 日，在抵抗力量四面围困之下，人民民主党政权土崩瓦解，纳吉布拉宣布辞职，并被迫躲入联合国驻喀布尔的办事处避难，人民民主党政权自此瓦解。

人民民主党执政的 10 多年间，阿富汗陷入了血腥的战争，对阿富汗造成了严重的影响，不仅使阿富汗大量平民伤亡，基础设施遭到破坏，更重要的是，社会结构和政治文化发生重大变化，以王室、部落首领和贵族为代表的传统社会精英消亡，传统的社会秩序崩溃。而伴随着宗教抵抗运动的兴起，阿富汗社会也逐渐保守化，出现了地方性的军阀。

（二）《白沙瓦协议》与拉巴尼政府的建立

1992 年 4 月 24 日，在联合国斡旋下，阿富汗抵抗力量各派别在白沙瓦就阿富汗政治重建达成协议，即《白沙瓦协议》。据此，政治过渡分为四个阶段：①成立由 51 人组成的临时委员会，知名宗教人士西卜加图拉·穆贾迪迪担任领导人，接管喀布尔政权；②权力移交至伊斯兰促进会领导人布尔汉努丁·拉巴尼，由他任阿富汗临时总统，组织大选；③成立由抵抗运动代表组成的"伊斯兰委员会"，选举临时政府；④筹备大选，组建民选政府。

但是，各武装派别纷争不断，穆贾迪迪和拉巴尼一同抵制伊斯兰党的希克马蒂亚尔，而前两者之间也存在激烈的博弈。此外，前人民民主党政权时期的将领杜斯塔姆组建阿富汗伊斯兰民族运动，也从政治博弈中牟利。因此，《白沙瓦协议》执行到第二个阶段，即拉巴尼掌权担任临时总统，希克马蒂亚尔担任总理后，两派之间矛盾重重，阿富汗陷入了内战的边缘。事实上，拉巴尼的伊斯兰促进会和希克马蒂亚尔的伊斯兰党本属同源，既是抗苏运动的主要力量，同时也分别代表了阿富汗的两大民族，即塔吉克族和普什图族。

（三）抵抗力量之间的内战（1992～1994 年）

事实上，苏联撤军之后，阿富汗已陷入人民民主党政权与抵抗运动之间的内战。而当人民民主党政权垮台后，阿富汗进入了内战的第二阶段，即曾经的抵抗力量之间的内战。尤其是伊斯兰党与伊斯兰促进会的冲突，而乌兹别克人的伊斯兰民族运动和哈扎拉人的八党联盟也参与其中。

拉巴尼担任临时总统后，尽管希克马蒂亚尔得到了总理之职位，但两者的矛盾并未真正化解。1992 年 7 月，希克马蒂亚尔的伊斯兰党与杜斯塔姆的伊斯兰民族运动在喀布尔发生武装冲突。8 月，伊斯兰党又与伊斯兰促进会爆发了内战。喀布尔战火纷飞，造成万余名平民伤亡，喀布尔的供电和供水等市政设施遭到严重破坏，数十万喀布尔人逃离首都。此时，拉巴尼也担心杜斯塔姆实力过分增长，有意对之削弱。1994 年，杜斯塔姆倒戈一击，联合希克马蒂亚尔向伊斯兰促进会发难，内战超出了喀布尔一隅，扩展到阿富汗的北部地区。

抵抗力量之间内战的爆发，打断了人民民主党政权垮台后阿富汗的政治过渡进程，同时也形成了新一波的难民潮。至此，阿富汗陷入军阀的割据与混战之中。拉巴尼和马苏德领导的中央政府只控制着喀布尔和东北部地区，以塔吉克人为社会基础。希克马蒂亚尔的伊斯兰党则主要以阿富汗东南部的普什图聚居区为基地。杜斯塔姆的伊斯兰民族运动主要在北部乌兹别克人聚居区活动。而八党联盟则是什叶派尤其是哈扎拉人的代言人，在阿富汗中部地区活动。只有西南部的普什图人缺乏政治力量，社会秩序处于紊乱之中。阿富汗的这些军阀大都具有外部的支持者，也是周边国家在阿富汗博弈的代理人。

（四）塔利班异军突起

阿富汗的军阀割据使普什图人地位降到了历史最低点。传统的普什图政治精英在 10 余年的战乱中消亡，以坎大哈为中心的普什图部落地区处于无政府状态，社会秩序混乱，民不聊生。1994 年下半年，一些曾参加抵抗运动的毛拉在坎大哈组建了"塔利班"①，并招募了大量曾在巴基斯坦宗教学校学习和生活的阿富汗难民。塔利班建立后，打出了重建秩序的旗号，迎合了普什图人的权力诉求，因而获得了普什图人的支持。此时，巴基斯坦曾支持的希克马蒂亚尔在内战中处于颓势，因此也开始积极支持塔利班，以增加在阿富汗的影响力。因此，塔利班运动迅速崛起。

---

① 意为"学生"，也称"学生军"。

1995 年年初，塔利班拿下阿富汗南部数省。1996 年 9 月，它攻占西部重镇赫拉特。1996 年 9 月 27 日，它夺取喀布尔；1998 年夺取北方重镇马扎里沙里夫。2000 年，塔利班控制了阿富汗 95% 以上的领土，成为阿富汗最具影响力的政治和武装派别。

塔利班受到南亚迪奥班迪派和瓦哈比主义的影响，奉行保守的宗教意识形态，在阿富汗实行全面的伊斯兰化政策。1997 年 10 月 27 日，塔利班改国名为阿富汗伊斯兰酋长国，对内实行高度的中央集权制，其组织机构严密，最高领导人是毛拉穆罕默德·奥马尔，称"信士们的领袖"，重大问题由其拍板决定。塔利班最高决策机构是大协商会议，核心成员约有 7～10 人，辅助奥马尔研究和决定重大问题，总部设在坎大哈。大协商会议下设两个委员会：一个是设在喀布尔的部长委员会（或喀布尔协商会议），负责处理日常事务，包括国防、内政、外交等部门；另一个是军事协商委员会，负责指挥军事作战。①

在社会领域，它全面推行严格的伊斯兰法，包括妇女必须蒙面、严禁妇女接受教育和工作、男人必须蓄须、禁止电影电视等一切娱乐活动、实行严格的伊斯兰刑法等。塔利班还采取了一些激进的外交政策，致使伊朗外交官遇害、联合国人员遭枪杀、非政府人道主义组织遭驱逐、巴米扬大佛被毁等，这些举措导致塔利班在国内外陷入孤立。至 2001 年 9 月，世界上只有巴基斯坦、沙特阿拉伯和阿联酋三国承认其政权的合法性。

（五）塔利班与反塔联盟之间的较量

塔利班崛起之后，处于内战中的原抵抗力量摒弃前嫌，再次联合起来。1996 年 10 月 10 日，拉巴尼的伊斯兰促进会、杜斯塔姆领导的伊斯兰民族运动和什叶派伊斯兰统一党以及其他几个小派别成立"保卫祖国最高委员会"，从而组成"反塔联盟"，也被称为"北方联盟"。1997 年 6 月，北方联盟成立"拯救阿富汗伊斯兰联合阵线政府"，定都马扎里沙里夫，该联盟承袭了阿富汗驻世界各国的使馆和联合国席位，拉巴尼出任总

---

① 见 Ahmed Rashid, *Taliban：Militant Islam*, *Oil and Fundamentalism in Central Asia*, New Haven/London：Yale University Press, 2000。

统，他们主要以阿富汗北方和中部为根据地与塔利班进行较量。自此，阿富汗形成了塔利班与反塔联盟并立的局面，但后者仅控制东北部分地区，占阿富汗领土不到 10%。大致而言，塔利班以普什图人尤其是部落民为社会基础，而反塔联盟则主要得到少数民族支持。

七　"9·11"与阿富汗重建

（一）"9·11"事件

2001 年美国东部时间 9 月 11 日上午（北京时间 9 月 11 日晚），美国纽约、华盛顿以及其他一些城市相继遭受袭击，这是二战后美国本土遭遇的最严重的袭击事件。世贸中心两幢塔楼因此死亡的人数达 2600 人，五角大楼有 125 人死亡，四架飞机上共有 256 人死亡，死亡总数达 2981 人，超过了 1941 年 12 月日本袭击美国珍珠港时死亡的人数，[①] 此即震惊美国和全世界的"9·11"事件。

美国调查后认定，这次事件共有 19 名"极端分子"参与，幕后策划者是塔利班庇护的"基地"组织。美国政府称这次袭击为"战争行为"，要求塔利班无条件交出本·拉登。在塔利班拒绝后，美国决定对塔利班和"基地"组织进行军事打击。

（二）阿富汗战争

"9·11"事件后不久，美国进行战前准备和部署。除争取国内支持外，在外交上，美国建立了其领导的反塔利班国际联盟，并加强与反塔同盟的联系。其中包括，英国承诺直接参战，北约和欧盟等美国传统盟国表示支持，巴基斯坦、沙特阿拉伯、阿联酋三国被迫与塔利班断绝外交关系，俄罗斯、乌克兰以及中亚国家表示配合，阿富汗北方联盟与美英建立政治和军事合作关系。除此之外，美国还争取到阿富汗其他周边国家、伊斯兰世界、非洲等大多数国家不同程度的支持和配合。美国联合国际社会尤其是西方国家打击涉嫌与"基地"组织有关的金融资

---

① "Final Report of the National Commission on Terrorist Attacks Upon the United States，"http：//www. 9 – 11 commission. gov/.

产。军事上，美国展开了一场自 1991 年海湾战争以来美国最大的一次军事部署。截至 2001 年 9 月底，美军在阿富汗周边已部署大约 18 万人的兵力，包括陆军、海军、空军、海军陆战队、特种作战部队、国民警卫队和预备役人员等。10 月初，英国共有 24 艘战舰和 2.3 万名士兵部署在海湾地区。

阿富汗当地时间 2001 年 10 月 7 日 20 点 57 分，美英正式开始军事打击。从 10 月 7 日到 20 日，是空中打击阶段，美英凭借绝对的军事优势，对阿富汗重要城镇和战略目标进行持续猛烈的轰炸，并基本摧毁塔利班和"基地"组织的防空能力。从 10 月 20 日到 11 月初，是地面进攻阶段。美英在这个阶段的作战方式是：先由美英战机对塔利班控制区进行持续轰炸，随后由美国特种部队支援北方联盟，对轰炸过的地区发动进攻。从 11 月 5 日到 12 月 16 日，是战略进攻阶段。北方联盟开始展开大规模军事行动，向塔利班发动进攻，并相继攻占阿富汗北部诸省和喀布尔。12 月 7 日，分布在坎大哈以及南部数省的塔利班军队全面缴械。12 月 16 日，阿富汗东部托拉博拉地区被攻克，"基地"组织全线溃退。

美英攻打阿富汗是阿富汗历史上一个重大转折点。在外部势力的重击下，原先几乎一统天下的塔利班政权在两个多月时间内迅速崩溃。

（三）阿富汗的重建进程

2001 年 11 月 27 日至 12 月 5 日，有关阿富汗政治前途的国际会议在德国波恩召开。会议由联合国召集，阿富汗四方政治力量共 32 名代表出席了会议：①北方联盟 11 名代表，以乌兹别克人、塔吉克人为主；②以国王查希尔沙为首的罗马集团 11 名代表，以普什图人为主；③以塞浦路斯为基地的 5 名代表，代表阿富汗亲伊朗的力量；④以白沙瓦为基地的 5 名代表，主要代表阿富汗在巴基斯坦的难民。出席会议的还有联合国代表团，联合国安理会 5 个常任理事国，巴基斯坦、伊朗等阿富汗邻国，欧盟以及日本、加拿大、土耳其、印度等国的代表。在国际社会尤其是美国和欧盟的压力下，阿富汗的四派代表签署了《波恩协议》。

该协议规定了阿富汗政治重建的进程：①阿富汗成立临时政府，临时特别委员会和最高法院；②临时政府成立半年内召开大国民会议紧急会议，决定阿富汗过渡政府，两年内举行大选，选举代表性的政府；③希望联合国安理会授权组建国际安全部队，维护阿富汗的安全。

阿富汗重建大致按照《波恩协议》的规划推进。2001 年 12 月 22 日，阿富汗成立了以哈米德·卡尔扎伊为主席的临时政府。卡尔扎伊为普什图人，并得到美国支持。北方联盟在推翻塔利班政权的过程中发挥了重要作用，因此在临时政府中占据了内政、外交和国防等关键职位。

2002 年 6 月 11～19 日，阿富汗临时政府召开大国民会议紧急会议，确定了阿富汗过渡政府的体制和组成。据此，阿富汗组成了以卡尔扎伊为总统的阿富汗过渡政府。在过渡政府中，国防部部长和外交部部长仍分别由北方联盟成员、塔吉克族人法希姆和阿卜杜拉担任，北方联盟成员、乌兹别克人杜斯塔姆继续担任国防部副部长一职。内政部部长由普什图人瓦尔达克担任，从而安抚了以查希尔沙为首的罗马派，以平衡各派的力量。北方联盟的加努尼任教育部部长兼总统国内安全特别顾问。2002 年 6 月 24 日，阿富汗过渡政府集体宣誓就职，实现了与临时政府的顺利交接。

2003 年 12 月 14 日至 2004 年 1 月 4 日，阿富汗过渡政府召开大国民会议，审议并通过 2004 年宪法。根据 2004 年宪法，2004 年 10 月 9 日，阿富汗举行总统选举，卡尔扎伊以 55.4% 的得票率当选阿富汗总统，任期 5 年。同年 12 月 7 日，卡尔扎伊宣誓就职总统。12 月 24 日，他所领导的内阁宣誓就职。2005 年阿富汗进行了议会选举。至此，《波恩协议》履行完毕，阿富汗形式上完成了政治重建。2009 年，卡尔扎伊击败北方联盟的阿卜杜拉获得连任，但选举存在很大的争议。

阿富汗政治体系存在一些问题。一是不同民族之间权力分配龃龉不断。卡尔扎伊是普什图人，与以拉巴尼和阿卜杜拉为代表的少数民族存在尖锐的矛盾。二是阿富汗西方式的民主制度水土不服。普通民众在选举中往往关注的是候选人的部落、教派或者民族出身，这就导致选举政治沦为部落冲突和族际冲突的工具，选举过程中存在舞弊的现象。

与此同时，阿富汗其他领域也开启了重建进程。阿富汗战争期间，地面战争主要为反塔联盟负责。因此，战争结束后，反塔联盟在安全领域占据主导地位。随着重建进程的开启，阿富汗也开始重建军事体系。2002年，阿富汗组建国民军，到 2005 年年初国民军已发展到 2.5 万人，警察增至 6 万多人，有 6 万名非政府武装被遣散。这对维护阿富汗的稳定起了一定的作用。由于阿富汗的安全主要依赖美国主导的国际安全援助部队（ISAF），2003 年，联合国安理会通过了"1510 号决议"，授权国际安全援助部队扩展到阿富汗全境。2012 年，国际安全援助部队达到 13 万人，其中美军有 9 万人。①

阿富汗战争后，塔利班并未消亡，而是转移到巴基斯坦西北边界地区，借助当地的部落社会实现重组。2003 年，伊拉克战争后，美国从阿富汗收缩力量，将重点投向伊拉克。这导致塔利班再次崛起，并且在阿富汗普什图族聚居区开始渗透。此时，塔利班组织在阿富汗寓兵于农，更加分散，也迎合了阿富汗部分普什图人的诉求。因此，塔利班的势力迅速壮大。这不仅极大地抑制了阿富汗中央政府的控制力，而且导致阿富汗安全局势急转直下。

2014 年，阿富汗举行大选，普什图人阿什拉夫·加尼（Mohammad Ashraf Ghani）战胜了北方联盟的阿卜杜拉，成为阿富汗战争之后的第二位民选总统。而在选举过程中，阿富汗爆出舞弊丑闻。阿卜杜拉指责加尼在竞选中操纵选举，甚至威胁要另立政府。最终，在美国的斡旋下，加尼与阿卜杜拉达成分权协议，组建民族团结政府。据此，加尼出任总统，而阿卜杜拉则担任新设立的首席执政官。阿富汗将修订宪法，增设总理一职，由阿卜杜拉或其指定的人选担任。② 这在一定程度上是北方联盟与作为普什图人的代表加尼的分权。

然而，这一分权协议并未真正解决阿富汗不同派系的权力分配问题。其中规定的修宪、设立总理职位也未如期实现。2019 年 9 月 28 日，阿富汗大选引发了更大的争议，直到 2020 年 2 月 18 日才公布最终的投

---

① "International Security Assistance Force：Key Facts and Figures," http：//www. isaf. nato. int/images/stories/File/2012 – 01 – 23％20ISAF％20Placemat – final. pdf.

② 阿富汗 2004 年宪法规定，阿富汗为总统制国家，未设总理一职。

票结果。加尼获得 50.64% 的选票，以微弱优势获得连任，这也是阿卜杜拉连续三次败选。但是，阿卜杜拉拒绝接受大选的结果，声称要在阿富汗北部地区建立平行政府。3 月 9 日，加尼和阿卜杜拉分别举行就职典礼，出现了政治危机。最终，在美国的斡旋和施压下，加尼和阿卜杜拉再次签署分权协议，加尼担任总统，阿卜杜拉则担任民族和解高级委员会主席，有权处理阿富汗和平进程的所有事务，内阁中加尼和阿卜杜拉两派各占半数。加尼吸收阿卜杜拉派系加入内阁。阿富汗重建以来已进行了四次总统大选，但仍未形成制度化的权力过渡模式，也未能化解派系争夺。普什图人与北方联盟激烈博弈，这在未来仍将影响阿富汗的政治发展。

特朗普上台后，美国加紧从阿富汗抽身，为此加大与塔利班的和谈力度。2020 年 2 月 29 日，美国与塔利班在多哈签署和平协议，美国承诺将在 1 年内撤离阿富汗，释放在押的塔利班成员，不干涉阿富汗内政等；塔利班则许诺不再庇护恐怖分子，不再攻击外国军队；阿富汗各方还将谈判，以实现永久和平。2021 年，随着美国撤军，阿富汗国内各派的力量平衡被打破。塔利班运动席卷了阿富汗全境，加尼政府则无力抵抗。2021 年 8 月 15 日，塔利班占领首都喀布尔，加尼仓皇流亡国外，重建了 20 年的阿富汗政权宣告垮台。虽然前副总统萨利赫以及艾哈迈德·马苏德在潘杰希尔地区抵抗塔利班，但收效甚微，基本上被塔利班击溃，其领导人流亡国外。2021 年 8 月 19 日，阿富汗塔利班宣布成立阿富汗伊斯兰酋长国。9 月 7 日，阿富汗塔利班宣布建立临时政府，其任命的内阁成员几乎都是塔利班领导层。塔利班的最高领袖阿洪扎达被推举为最高领导人，哈桑·阿洪德、巴拉达尔分别被任命为临时政府总理和副总理，哈卡尼网络的领导人西拉柱丁·哈卡尼被任命为内政部部长，穆罕默德·雅各布则担任国防部部长，对于其他族群缺乏包容性。塔利班重新执政后，停止庆祝诺鲁孜节；废除了长期沿用的黑红绿三色国旗，代之以白色为底色，上书"清真言"和用普什图语书写的"伊斯兰酋长国"的字样，显示塔利班政权的宗教性和族群性。

与 20 世纪 90 年代相比，阿富汗塔利班再度掌权后政策较为温和与务实，尝试融入国际社会，得到大国的承认，并称将断绝与极端组织的联系，禁止生产毒品，赦免前政府官员和武装人员等。但是，阿富汗塔利班政权面临着严峻的挑战，仍然遭到西方国家的制裁，其95亿美元的外汇被美国冻结，国内经济出现了衰退和严重的通货膨胀。随着外部援助的锐减，阿富汗爆发了严重的人道主义危机。尽管国际社会给予了一定的援助，但杯水车薪。2022年3月，阿富汗95%的人口缺乏充足的食物，72%的人口生活在贫困线以下（每天低于2美元），从2021年1月到11月，阿富汗550万人流离失所，约50%的5岁以下儿童严重营养不良。此外，近半数人口的生计依赖外部人道主义援助。2022年以来，塔利班的政策也趋于保守化，如限制女性的教育，要求女性在公共场合穿着布卡，完全遮住面部和身体等。此外，阿富汗境内的"伊斯兰国"呼罗珊分支和其他反塔利班力量也在加强活动，不断袭击塔利班政权的目标，威胁阿富汗的稳定。

第五节　重要历史和政治人物

一　阿赫马德沙

阿赫马德沙（Ahmad Shah, 1722－1772）是阿富汗近代民族国家的创建者。他在位期间，阿富汗历史上第一次成为一个独立、统一的国家。1722年，阿赫马德沙出生于赫拉特，是普什图人。他的父亲穆罕默德·查曼汗为坎大哈地区阿布达里部落联盟波波尔扎伊部落萨多扎伊家族的酋长。他自幼受过良好教育，而且骁勇善战。1738年，坎大哈被纳第尔沙攻陷之时，阿赫马德沙被捕，后投效了纳第尔沙。由于忠心耿耿，屡建战功，不久他被擢升为纳第尔沙的阿富汗军团的指挥官。

阿富汗军团主要由阿布达里人和吉尔扎伊人组成，拥有6000多名士兵。1747年6月，纳第尔沙遇刺身亡，阿赫马德沙随即从波斯率兵返回坎大哈，并参加了在坎大哈举行的阿富汗大支尔格会议，并被推举为阿富汗第一位国王，阿富汗近代民族国家由此建立。

阿赫马德沙自称"杜尔－依兰－杜兰"（"杜兰尼族的珍珠"），他所创建的王朝史称"杜兰尼王朝"，阿布达里部落联盟也改称为杜兰尼部落联盟。此后，阿赫马德沙进行了一系列的征伐，统一了阿富汗，并使之摆脱波斯和印度莫卧儿帝国等外族的统治。在阿赫马德沙治下，阿富汗的领土不仅包括了当今的阿富汗，还将巴基斯坦西北部的印度河流域，伊朗的东部，以及阿姆河以北地区纳入统治范围。

杜兰尼王朝属于部落国家，部落在国家政治和经济中扮演着重要的角色。当时的阿富汗也是一个军事封建国家，中央政府对地方维持着间接统治，在普什图人部落地区无法征税，国家的军事力量依赖的是部落骑兵和土库曼人的红头军，通过不断对外征服来维持国家的运转。阿赫马德沙戎马倥偬，征战一生。1772 年，他因脸部恶疾去世。阿赫马德沙去世后，杜兰尼王朝逐渐衰落。

二　阿布杜尔·拉赫曼

阿布杜尔·拉赫曼（Abdur Rahman, 1840 – 1901）为巴拉克扎伊王朝（也称"穆罕默德扎伊王朝"）的第七位君主，也是现代阿富汗民族国家的缔造者，被称为"铁血埃米尔"。阿布杜尔·拉赫曼出生于 1840 年（也有 1844 年之说），是普什图人。具体而言，属于杜兰尼部落联盟巴拉克扎伊部落穆罕默德扎伊家族。

19 世纪初，杜兰尼王朝衰落后，阿布杜尔·拉赫曼的父亲、叔父控制了除赫拉特以外阿富汗几乎所有的省份，但他们争权夺利，冲突不已。1826 年，拉赫曼的祖父道斯特·穆罕默德夺取喀布尔，并建立了巴拉克扎伊王朝。道斯特去世后，其三子希尔·阿里继位。拉赫曼的父亲阿夫扎尔举兵叛乱，但招致失败，拉赫曼与其父被迫流亡俄国。

第二次英阿战争爆发后，希尔·阿里被英国击败，不久病亡。拉赫曼回到阿富汗，得到英国的支持，于 1880 年登上了阿富汗的王位。拉赫曼承认之前阿富汗与英国签订的《冈达马克条约》，将阿富汗的外交权让于英国，以换取英国每年为之提供 185 万卢比的补助金。拉赫曼当政期间，着力打破部落、宗教力量的割据，加强政府的中央集权，将阿富汗再次统一起来。正如他在回忆录中所言："在那些使阿富汗陷入混乱的众多窃贼、抢劫者、强盗和杀人犯之间建立秩序，需要打破封建部落体系，建立在一位领袖和一种法律治理下的伟大社会。"①

拉赫曼组建正规军，发展军事工业，利用宗教力量为其统治提供合法性，将宗教人士纳入国家控制等。拉赫曼与英国划定了南部边界，即"杜兰线"，与俄国以阿姆河为界划定了北部边界。在拉赫曼治下，阿富汗由部落割据、地方自治的国家，转变为具有一定中央集权的现代国家。1901 年，拉赫曼去世，其子哈比布拉汗继承王位。

三　阿曼努拉汗

从 1919 年至 1929 年，阿曼努拉汗（Amanullah Khan, 1892－1960）是阿富汗巴拉克扎伊王朝国王，是前国王哈比布拉汗的第三个儿子，拉赫曼国王之孙。1892 年 6 月，阿曼努拉汗出生于帕格曼省，他自幼在宫廷中受到良好的教育和训练，并受到西方文化的熏陶。青年时，阿曼努拉汗曾任阿富汗中央军团司令兼喀布尔总督，深受阿富汗民族主义思想奠基人塔尔齐的民族主义思想和青年阿富汗派的影响。

1914 年，阿曼努拉汗与塔尔齐的女儿成婚。1919 年 2 月 21 日，其父哈比布拉汗遇刺身亡。2 月 28 日，阿曼努拉汗在喀布尔正式即位，宣布要争取国家独立，实行现代化改革。5 月，在第三次英阿战争中，阿曼努拉汗领导阿富汗军民坚持民族战争，直到取得最后胜利。同年 8 月 8 日，英阿双方正式签署《拉瓦尔品第和约》，英国间接承认阿富汗在内政和外交方面"正式的自由和独立"。1921 年 11 月 22 日，阿英签署《喀布尔条约》，英国正式承认阿富汗内政和外交独立。为巩固独立成果，阿曼努拉汗还致力于建立和发展与苏俄（苏联）、欧洲、日本以及周边国家的友好关系。

在内政方面，阿曼努拉汗受到凯末尔革命的影响，一直致力于全方位

① Sultan Mahomed Khan ed., *The Life of Abdur Rahman*, Vol. II, London：John Murray, 1900，pp. 176－177.

现代化改革，以便把阿富汗由封闭落后的封建主义国家改造成为现代的资本主义君主立宪制国家。1927 年 12 月到 1928 年 7 月，阿曼努拉汗出访欧亚 12 国，回国后进一步推行现代化改革。由于改革非常激进，超出了许多阶层尤其是宗教势力、部族势力以及群众承受的能力，遭到了来自许多方面的反对和阻挠，最终造成社会动乱。1929 年 1 月 13 日，巴恰·沙考攻占喀布尔，阿曼努拉汗逊位于其兄伊纳雅图拉，现代化改革也最终失败。同年 5 月，阿曼努拉汗逃往印度，后流亡意大利，开始了 30 多年的流亡生活，巴拉克扎伊王朝就此覆灭。

1941 年，他曾试图求助于德国复辟未果。1960 年，他病逝于瑞士苏黎世，享年 68 岁，归葬于阿富汗贾拉拉巴德。

四　马赫茂德·贝格·塔尔齐

马赫茂德·贝格·塔尔齐（Mahmud Beg Tarzi, 1865 – 1933）是阿富汗现代民族主义思想家和政治家，也是青年阿富汗派的理论家和代表人物。他为阿富汗的民族觉醒、第三次抗英战争和现代阿富汗做出了卓越贡献。1865 年，塔尔齐出生于加兹尼一个贵族家庭，其父古拉姆·穆罕默德是一位部落领袖和著名诗人，"塔尔齐"是其父发表诗歌时使用的笔名，后来其父用这个名字为他命名。1884 年，因与阿布杜尔·拉赫曼国王政见不和，古拉姆·穆罕默德全家被放逐国外，大部分时间寓居大马士革。

青年时期，塔尔齐随父游历了大马士革、开罗、伊斯坦布尔和巴黎等亚非欧城市，学习和掌握了普什图语、波斯语、阿拉伯语、乌尔都语、土耳其语和法语等多种语言，并在诗歌写作方面表现出卓越的才华。受到阿富汗尼思想的影响，19 世纪末，塔尔齐的阿富汗民族主义思想基本形成。哈比布拉汗执政后，1903 年塔尔齐一家返回喀布尔，其父已于 1901 年去世。不久，塔尔齐被任命为王室翻译局局长，负责介绍和引进外国的进步思想和科学技术，成为哈比布拉汗现代化改革的主要顾问。同时，塔尔齐和青年阿富汗派还开始在阿富汗从事民族主义思想启蒙和宣传活动。

1911年，塔尔齐创办《光明新闻》（*Siraj-ul-Akhbar*）。他通过这份刊物，抨击英俄帝国主义，反对伊斯兰教上层的保守势力，唤起阿富汗人的爱国热情和民族自尊心。这份刊物一直办到1919年1月，是塔尔齐和青年阿富汗派宣传阿富汗民族主义思想的舆论阵地。1919年2月，哈比布拉汗遇刺身亡，塔尔齐帮助阿曼努拉汗即位，使青年阿富汗派掌握了政权。随后，塔尔齐帮助阿曼努拉汗进行了一系列现代化改革。与此同时，塔尔齐积极支持阿富汗进行第三次抗英战争，为阿富汗的独立做出了贡献。

阿富汗独立后，在制定和执行阿富汗独立自主的对外政策方面，塔尔齐也做出了突出贡献。他两度担任阿富汗外交大臣，并参加了阿英双方关于《拉瓦尔品第和约》以及《喀布尔条约》的谈判和签署工作。另外，在塔尔齐帮助下，阿富汗还同苏（俄）、伊朗、意大利、法国等国建立了外交和贸易关系。1924年后，塔尔齐反对阿曼努拉汗激进的改革，与阿曼努拉汗的分歧越来越大。1927年，他的辞呈获得批准。

1929年巴恰·沙考叛乱期间，塔尔齐到伊朗避难。同年10月，他到土耳其伊斯坦布尔定居。1933年11月，塔尔齐因肝癌去世，葬于伊斯坦布尔。塔尔齐撰写、主编和翻译过15种书，其中包括《三大洲旅行记》《道德论》《儿童之灯》《日俄战争史》等。他的第一位妻子是阿富汗人，第二位妻子是叙利亚人。长女凯莉嫁给了阿曼努拉汗的长兄伊纳雅图拉，另一个女儿苏菲亚嫁给了阿曼努拉汗。

五 穆罕默德·查希尔沙

穆罕默德·查希尔沙（Mohammad Zahir Shah, 1914–2007）是阿富汗穆罕默德扎伊王朝最后一位国王。1914年10月15日，查希尔沙出生于喀布尔，是前国王穆罕默德·纳第尔沙的长子。查希尔沙是普什图人，属于杜兰尼部落联盟巴拉克扎伊部落。1924年，查希尔沙赴法国巴黎读书，就读于蒙彼利埃学院。1930年，查希尔沙回国，学习伊斯兰教教义，并进入皇家步兵军官学校学习。1932年，查希尔沙任国防部副大臣，代理国防大臣。1933年，他代理教育大臣。1933年11月8日，其父被刺，年仅 19 岁的查希尔沙继承王位。不过，1933～1953 年，国家大权掌握在查希尔沙的两位叔父手中。1953～1963 年，查希尔沙堂兄达乌德首相一直执掌大权。

1963～1973 年，查希尔沙实际执政。其间，查希尔沙制定了具有混合性质的经济政策，除保持国家主导地位外，积极促进私人资本的发展，阿富汗各项基础设施得到进一步完善，现代轻工业也迅速发展。另外，查希尔沙还颁布了 1964 年宪法。这部宪法在确保王权至上的同时，在理论上第一次真正体现了君主立宪制的原则和精神。在外交上，查希尔沙注重传统的中立和平衡政策。他遍访世界各国，努力与各国发展友好关系，积极寻求外援来源的多样化。在与苏联保持密切关系的同时，他加强了与美国、西欧、日本等西方国家的关系。他还与邻国特别是巴基斯坦和伊朗改善了关系，比如搁置了阿富汗与巴基斯坦之间的"普什图尼斯坦问题"，缓和了阿富汗与伊朗之间长达百年之久的赫尔曼德河河水争端问题。

查希尔沙也与中国保持友好关系。1963 年 11 月 22 日，中阿两国在北京签订了边界条约。1964 年 10 月，查希尔沙携王后霍梅拉访华，随后中国开始向阿富汗提供经济援助。查希尔沙担任国王 40 年间，阿富汗虽然存在各种问题和困难，但这个时期无疑是阿富汗政治、经济和社会发展的黄金阶段。

1973 年 7 月 17 日，其堂兄达乌德联合人民民主党旗帜派发动政变，推翻了穆沙希班王朝统治。查希尔沙流亡海外，蛰居意大利罗马。苏联入侵阿富汗期间，查希尔沙曾广泛与美国、苏联、巴基斯坦、印度、联合国接触，寻求政治解决阿富汗问题的途径。

2001 年 "9·11" 事件后，以查希尔沙为代表的流亡势力也不断与美国和西方接触。2001 年年底塔利班政权垮台后，与查希尔沙有关的罗马集团作为阿富汗的四方代表之一，出席了决定阿富汗政治未来的波恩会议，在阿富汗国内也存在支持查希尔沙重新担任国王的呼声。但根据《波恩协议》，查希尔沙在未来政权中不担任任何官方职位。他仅在 2002 年 6 月主持召开了由阿富汗各方参加的大国民会议，选举为期两年的阿富汗过渡政府。

查希尔沙与卡尔扎伊关系密切，后者最后能够当选阿富汗临时政府总统，也与查希尔沙的支持分不开。2002 年 4 月 18 日，查希尔沙结束将近30 年的流亡生涯回到喀布尔，此时他已 88 岁高龄。尽管国内一些势力支持他担任国家领导人，但是查希尔沙表示无意恢复君主制和重新当国王，仅希望为阿富汗和平与稳定发挥作用。在 2002 年 6 月选举阿富汗过渡政府的大国民会议召开之前，查希尔沙退出了国家领导人的角逐，表示全力支持卡尔扎伊。

2007 年 7 月 23 日，查希尔沙在喀布尔病逝，并葬在王室墓地。

六　穆罕默德·达乌德①

穆罕默德·达乌德（Mohammad Daoud, 1909 – 1978）是 20 世纪阿富汗最有影响力的政治家之一，曾于 1953～1963 年担任穆沙希班王朝首相，1973～1978 年担任阿富汗共和国总统。1909 年，达乌德出生于喀布尔，他的家庭属穆沙希班王室家族，伯父是穆沙希班王朝建立者穆罕默德·纳第尔沙，查希尔沙是其堂弟。达乌德之父为穆罕默德·阿齐兹，曾任穆罕默德·纳第尔沙执政时期的驻德国大使，1933 年在柏林遇刺身亡。

1922 年，达乌德赴法国留学。1929 年，他回国并进入皇家步兵军官学校学习，1931 年在陆军任职，1932 年晋升为陆军中将，1933 年担任东方省省长，并兼任该省驻军司令。1935 年，他改任坎大哈和法拉两省省长兼驻军司令。1939～1945 年，他担任喀布尔中央军团司令兼军事学院院长。1946 年，达乌德进入内阁，担任内政大臣。1947 年，他担任驻法国公使，兼任驻比利时和瑞士公使。1948～1950 年，他担任国防大臣和内政大臣。

1953 年 9 月，达乌德发动宫廷政变，出任穆沙希班王朝首相，成为

---

① 参见彭树智《达乌德》，载朱庭光主编《外国历史名人传》（补遗本），中国社会科学出版社/重庆出版社，1985，第 104～112 页；《简明西亚北非百科全书》（中东卷），第164～165 页。

阿富汗内外政策的决策者，开始第一次执政。执政期间，他加强了政府干预经济发展的力度，建立了国家对经济活动进行有力干预的经济体制，并执行了第一个"五年计划"，初步执行了第二个"五年计划"，使阿富汗经济尤其是基础设施和工矿业得到较大发展。达乌德的社会政策也取得了一定成效，比如废弃面纱、创办男女合校、实行男女平等、宣布政教分离等。

在对外政策上，达乌德积极发展与苏联的政治和经济关系，使苏联对阿富汗的援助及其影响不断扩大，达乌德因此被称为"红色亲王"。此外，达乌德还加强与美国、联邦德国、日本等西方大国的关系，从而获得了现代化建设所需要的援助。达乌德还是不结盟运动的创始人之一，他出席了在贝尔格莱德举行的第一次不结盟运动会议，与中国也一直保持着平等而友好的关系。由于他在"普什图尼斯坦问题"上坚持强硬立场，阿富汗和巴基斯坦关系一再交恶，国内经济形势也不断恶化。

1963 年 3 月，达乌德被迫辞去首相职位，结束了第一次执政。此后，达乌德一直蛰伏，伺机东山再起。1973 年 7 月 17 日，在人民民主党旗帜派和青年军官的支持下，达乌德发动政变，推翻了穆沙希班王朝统治，建立了阿富汗共和国，从而开始了第二次执政。达乌德自任国家元首，并兼政府总理、外交部部长、国防部部长、中央委员会主席等要职。1977 年 1 月，他颁布宪法，赋予总统无限权力，并规定"民族革命党"为唯一合法政党。同年 2 月，他被选为阿富汗共和国首任总统，任期 6 年。3 月，他组建新政府，仍兼任总理。

执政中后期，达乌德转变了第一次执政时期过于亲苏的政策，采取了中立、全方位的不结盟政策。他拉开了与苏联的密切关系，在"普什图尼斯坦问题"上的立场也趋于温和。同时，他继续与美国、欧洲等西方国家发展关系，与伊朗等周边国家的关系也得到进一步改善。这个时期，达乌德还继续发展工农业，促使阿富汗经济出现新的增长高潮。另外，达乌德不断推行社会改革，尤其是颁布了一系列世俗法典，在一定程度上取代了伊斯兰教法典。不过，达乌德政权最后遭到宗教势力、前王朝势力尤其是苏联支持的人民民主党的反对。

1978 年 4 月 28 日，人民民主党发动军事政变，达乌德及大部分家人被杀死，其政权被推翻。

七　努尔·穆罕默德·塔拉基

努尔·穆罕默德·塔拉基（Noor Mohammad Taraki, 1917 – 1979）是阿富汗民主共和国革命委员会前主席，阿富汗人民民主党前总书记，作家。[①] 1917 年，塔拉基生于加兹尼省吉尔扎伊部落联盟一个农民家庭，仅上过小学，后自学了全部中学课程。1932 年，他到印度的孟买工作，结识了一个坎大哈商人，受雇于他的普什图贸易公司。在孟买工作期间，塔拉基接触到印度共产党，受到其影响。回国后，1939 年他先后在商业部、工矿部任职。1942 年他进入新闻界，担任当时阿富汗官方的巴赫塔尔通讯社（Bakhtar News Agency）的副主管，撰写了一些反映阿富汗部落社会现实的小说和评论政治的文章，在阿富汗青年和知识界有较大影响。1948 年，他创建"觉悟青年党"，不久该党即被解散。1949 年，他主办《安加》周刊。1952 年，他担任驻美国使馆新闻专员。因反对君主制，同年 11 月他被勒令回国。1953～1963 年，他创办过一些私人翻译社，从事翻译、著书等工作。1952 年后，他还漫游苏联东欧等国，并因出版《本克游记》与苏联建立了密切联系。

1956 年前后，他开始政治活动。1965 年 1 月，他与巴布拉克·卡尔迈勒等人一起创建人民民主党，并担任该党总书记。1966 年 4 月 11 日，他创办党刊《人民》周刊，并任编委会主席。同年 5 月 4 日，该刊物被政府查封。1967 年 6 月，人民民主党分裂。塔拉基一派因出版《人民》周刊而得名为"人民派"，塔拉基成为"人民派"领导人；卡尔迈勒一派则因出版《旗帜》报而得名"旗帜派"。人民派领导阶层多出身于普什图族下层社会，主要集中力量从事秘密活动。

1973 年 7 月 17 日达乌德第二次执政后，人民派开始积极在政府军队中开展工作，以便为夺取政权做准备。该派人数相对较多，有一定

群众基础，活动又比较隐蔽，因此得到苏联较大力度的支持。1977 年宪法颁布后，人民派和旗帜派被正式取缔。1977 年 7 月，在苏联推动下，人民派和旗帜派重新统一，塔拉基再次出任人民民主党中央委员会总书记。

1978 年 4 月 25 日，塔拉基以及其他重要成员先后被达乌德政权逮捕。同年 4 月 27 日，人民民主党发动军事政变取得成功，随后宣布建立阿富汗民主共和国。塔拉基被营救出来后，出任阿富汗民主共和国革命委员会主席兼政府总理。8 月，他兼任国防部部长和武装部队总司令。塔拉基上台后，执行亲苏政策，在短短的几个月内，塔拉基政权与苏联签署了40 多项协定和条约，两国在政治、经济、文化、军事、外交等领域进行全面合作，苏联专家、顾问、军事人员不断进入阿富汗，引起广大阿富汗人的不满。同时，塔拉基政权还推行过激的社会经济改革措施，包括土地改革、婚俗改革、教育改革、司法改革等，从而激化了社会矛盾，反政府武装斗争因此不断扩大。

与此同时，塔拉基与人民派的第二实权人物——哈菲祖拉·阿明之间的斗争也日趋激化。1979 年 3～7 月，塔拉基被迫辞去总理和国防部部长职务，这两个职务转而由阿明兼任。同年 9 月，阿明发动军事政变，将塔拉基秘密处决。塔拉基著有《麻木的旅客》《皮鞋匠》《本克游记》《白人》等中、短篇小说，还写过一些理论作品，比如《新生活》等。

八　巴布拉克·卡尔迈勒[①]

巴布拉克·卡尔迈勒（Babrak Karmal, 1929 – 1996）是阿富汗民主共和国革命委员会前主席、前政府总理、人民民主党前总书记。卡尔迈勒为塔吉克人，1929 年出生于喀布尔的一个大官僚家庭，其父穆罕默德·侯赛因是穆沙希班王朝的一名高级将领。小学毕业后，卡尔迈勒进入德国援建的解放中学学习，受到激进思想和纳粹思想的影响。1948 年，他考入

---

① 参阅彭树智主编《阿富汗史》；车宇《卡尔迈勒政治生涯剖析》，《西亚非洲》1983 年第 1 期。

喀布尔大学政法学院，学习法律和政治，并成为当时学生运动领导人之一。1952 年，由于参加反政府游行示威，卡尔迈勒被投入监狱。1956 年出狱后，他重新返回喀布尔大学政法学院学习，1960 年毕业。1961 年，他先后进入教育部和计划部工作。

1965 年 1 月 1 日，卡尔迈勒与塔拉基等人一起创建了人民民主党，卡尔迈勒出任党中央书记。在 1965 年举行的阿富汗第 12 届议会选举中，卡尔迈勒当选为议员。1965～1973 年，卡尔迈勒担任了两届议员。在担任议员期间，卡尔迈勒等人不仅对当时的内阁进行猛烈攻击，而且煽动青年学生干扰议会正常工作。1965 年 10 月 11 日，即阿历 8 月 3 日，在议会进行秘密投票时，卡尔迈勒等人领导的人民民主党组织千余名学生举行游行示威。该示威活动遭到军队镇压，当场打死 3 人，打伤无数，酿成闻名全国的"八三"事件，并导致内阁倒台。

在人民民主党内，卡尔迈勒与塔拉基之间的权力斗争也日趋尖锐。1967 年 6 月，双方正式分裂，卡尔迈勒一派因于 1968 年创办《旗帜报》而得名"旗帜派"。在苏联的支持和授意下，1973 年 7 月 17 日，旗帜派配合达乌德发动政变，推翻穆沙希班王朝，建立了阿富汗共和国。达乌德上台后即着手清洗旗帜派。1977 年宪法颁布后，该派与人民派一起被达乌德正式取缔。

在苏联的支持下，1977 年 7 月，旗帜派和人民派重新统一，卡尔迈勒仍任人民民主党中央书记。1978 年 4 月 25 日，卡尔迈勒、塔拉基等几位人民民主党重要成员先后被达乌德政权逮捕。4 月 27 日，人民民主党发动军事政变取得成功，随后建立阿富汗民主共和国。卡尔迈勒被营救出后，出任阿富汗民主共和国革命委员会副主席兼第一副总理。不久，以塔拉基、阿明为首的人民派开始排挤卡尔迈勒等人领导的旗帜派。1978 年 6 月，卡尔迈勒等 6 位旗帜派领导人被派出国当大使。同年 8 月 17 日，人民派以"阴谋政变罪"逮捕旗帜派一些重要成员，并因此下令召回卡尔迈勒等人。卡尔迈勒等人拒绝返回阿富汗，后流亡苏联。当年 11 月下旬，卡尔迈勒等人被开除出人民民主党。

1979 年苏联入侵阿富汗并推翻阿明政权后，卡尔迈勒即被苏联送回喀布尔，并支持其组建阿富汗新政府，卡尔迈勒出任人民民主党总书记、革命委员会主席、政府总理兼武装部队总司令。1981 年 6 月，卡尔迈勒辞去总理职务。戈尔巴乔夫提出政治解决阿富汗问题后，1986 年 5 月，苏联扶植纳吉布拉政权取代了卡尔迈勒政权。同年 5 月和 11 月，卡尔迈勒相继辞去人民民主党总书记、革命委员会主席等职务，其政治生涯就此画上了句号。1987 年 5 月，卡尔迈勒流亡苏联。1991 年，他返回喀布尔。1992 年 4 月，他移居马扎里沙里夫。

1996 年 12 月 3 日，巴布拉克·卡尔迈勒在莫斯科病逝。

九　哈米德·卡尔扎伊

哈米德·卡尔扎伊（Hamid Karzai, 1957 – ）曾任阿富汗伊斯兰共和国临时政府主席、过渡政府总统、总统。1957 年 12 月，卡尔扎伊出生在坎大哈，其家族属普什图族当中阿布达里部落联盟的波波尔扎伊部落萨多扎伊家族。阿富汗的杜兰尼王朝就出自该家族。卡尔扎伊的祖父曾是穆沙希班王朝的国家顾问。其父阿巴杜尔·阿哈德·卡尔扎伊在 20 世纪 70 年代初期曾任阿富汗国民议会议长，并且是波波尔扎伊部落的首领，他有 7 个儿子和 1 个女儿，卡尔扎伊排行第四。

卡尔扎伊从小在坎大哈和喀布尔长大，生活比较富足。1973 年达乌德发动军事政变推翻穆沙希班王朝后，卡尔扎伊一家开始流亡生活。1983 年，卡尔扎伊随家人逃至巴基斯坦边境城市奎达，并在此定居多年。此后，卡尔扎伊的父亲成为阿富汗抵抗力量领导人之一，卡尔扎伊跟随父亲做了许多工作。卡尔扎伊赴印度、美国留学，练就了流利的英语。1989 年苏联从阿富汗撤军后，卡尔扎伊返回阿富汗。1992 年纳吉布拉政权被推翻后，卡尔扎伊出任拉巴尼政府外交部副部长。由于对拉巴尼政府逐渐感到失望，卡尔扎伊重新返回奎达。1996 年塔利班夺取喀布尔后，曾邀请卡尔扎伊出任阿富汗驻联合国代表，被卡尔扎伊婉言谢绝。

1999 年，卡尔扎伊开始从事反对塔利班的政治活动。同时，卡尔扎伊继承父业担任部落领袖，还不时奔走世界各地，寻求国际支持和同情。2001 年 10 月 7 日，美英开始攻打阿富汗。次日，卡尔扎伊秘密潜入阿富汗南部开展活动。他很快拉起一支队伍，参与了对塔利班和"基地"组织的军事进攻，并且得到了美军的全面支持。同年 11 月初，卡尔扎伊带领的部队在乌鲁兹甘省与塔利班激烈交火，其下属和一些战士丧命或被俘，他本人也险些被俘，后被营救。随后，卡尔扎伊的队伍开始赢得胜利，并控制了乌鲁兹甘省省会塔林科特。

卡尔扎伊声望迅速上升，到波恩会议召开时，他得到了国内外的一定认可和支持。2001 年年底阿富汗临时政府建立后，卡尔扎伊担任临时政府主席。其间，他平衡了各派势力，巩固了政治地位，阿富汗开始告别混乱局面。同时，他和临时政府其他政要频繁出访西方国家和周边国家，获得了国际社会的广泛支持和经济援助，阿富汗重建得以进行。另外，卡尔扎伊内着西装、外加阿富汗传统长袍的富有魅力的个人形象，也深得国际社会欢迎。在 2002 年 6 月 13 日召开的大国民会议选举中，卡尔扎伊以绝对优势当选阿富汗过渡政府总统。

在 2004 年 10 月 9 日举行的总统选举中，卡尔扎伊又以 55.4% 的得票率当选阿富汗总统。同年 12 月 7 日，卡尔扎伊宣誓就职。2009 年，卡尔扎伊连任阿富汗总统。2014 年，届满去职。2021 年，塔利班上台后，卡尔扎伊仍在阿富汗居留。

十 布尔汉努丁·拉巴尼

布尔汉努丁·拉巴尼（Burhanuddin Rabbani, 1938 – 2011）是阿富汗伊斯兰促进会主席，曾任阿富汗总统和"拯救阿富汗伊斯兰联合政府"总统。1938 年，拉巴尼出生于巴达赫尚省，为塔吉克族。1959 年，他在喀布尔大学神学院伊斯兰法系学习，大学毕业后留校任教。他在埃及著名的爱资哈尔大学深造，并获伊斯兰哲学硕士和博士学位，深受埃及穆斯林兄弟会的影响。回国后，他担任喀布尔大学哲学和宗教学教授。当时，希克马蒂亚尔和马苏德都是喀布尔大学的学生，受到拉巴尼的影响。拉巴尼在喀布尔大学学习时就加入"伊斯兰运动中心"，1972 年当选该中心主席。1974 年，他因反对达乌德的亲苏政策而遭到通缉，后逃至巴基斯坦。1978 年 4 月人民民主党政权建立后，拉巴尼在巴基斯坦的白沙瓦成立了阿富汗伊斯兰促进会，自任主席。

1979 年苏联入侵阿富汗后，他以白沙瓦为基地，开始领导伊斯兰促进会从事抵抗运动。1990 年，拉巴尼出任阿富汗"七党联盟"临时政府外交部部长。1992 年 6 月 28 日，他担任阿富汗临时总统，当年 10 月底正式当选总统。1996 年 9 月塔利班攻占喀布尔后，拉巴尼政府迁往阿富汗北部。同年 10 月，拉巴尼召集成立"保卫祖国最高委员会"，组成反对塔利班的北方联盟。1997 年 6 月，北方联盟成立"拯救阿富汗伊斯兰联合阵线"政府，拉巴尼出任总统。此后一直到 2001 年"9·11"事件前，拉巴尼政府被国际社会公认为阿富汗合法政府的代表。

拉巴尼的权力主要限于伊斯兰促进会内部，他是伊斯兰促进会的政治领导人，而马苏德则是军事领导人。拉巴尼为伊斯兰主义者，主张在阿富汗建立伊斯兰政府。他发表过一些关于伊斯兰哲学、宗教和政治方面的著作和文章，比如《伊斯兰思想意识》《阿富汗问题的解决途径》等。拉巴尼与伊朗关系密切。1983 年，拉巴尼曾派伊斯兰促进会总书记访问中国，并派一些官员赴中国学习等。

2001 年阿富汗战争后，拉巴尼仍然是北方联盟的领导人，但未能在新政府中获得职位。2010 年，阿富汗成立了高级和平委员会（High Peace Council），旨在与塔利班等反政府力量和谈。拉巴尼就任该委员会的负责人。2011 年，拉巴尼在喀布尔的住所中会见两名自称为塔利班的男子时，遭到藏在头巾中的炸弹袭击，最终身亡。

十一 艾哈迈德·沙阿·马苏德

艾哈迈德·沙阿·马苏德（Ahmad Shah Masoud, 1952 - 2001）原是阿富汗伊斯兰促进会和北方联盟的军事领导人和灵魂人物。1952 年，马苏德出生在阿富汗北部塔吉克族的一个名门之家。[①] 其父是查希尔沙军队中的一名上校，有 6 个儿子，马苏德排行第三。马苏德曾在法国人开办的伊斯蒂列尔中学求学，中学毕业后进入喀布尔大学工艺学院学习

---

① 也有 1953 年或 1956 年的说法。

民用工程，其大学学业仅持续几个月，便被 1973 年达乌德政变打乱。1973 年，马苏德参与创建旨在推翻达乌德政权的伊斯兰复兴运动组织，开始从事反政府活动。马苏德在喀布尔大学就读期间，受到拉巴尼的重要影响。

1974 年，马苏德和拉巴尼发动反对达乌德的政变。失败后，他和拉巴尼等伊斯兰主义者逃往巴基斯坦。当时，巴基斯坦军方在白沙瓦附近建立了专门训练营地，招募阿富汗流亡者从事反对阿富汗政府的活动，马苏德、希克马蒂亚尔、拉巴尼等人就在被招募的行列。1975 年 7 月底，马苏德及其他一些接受训练的阿富汗青年到达阿富汗东部地区，暗杀阿富汗政府军军官。马苏德率领 30 名敢死队员潜回潘杰希尔执行这项任务，失败后逃回巴基斯坦。这次失败导致阿富汗流亡者内讧，其中以希克马蒂亚尔为首的一方得到了巴基斯坦军方的积极支持，而以拉巴尼为首的一方与巴基斯坦军方的矛盾日趋尖锐。马苏德则坚决站到拉巴尼一边，成为"伊斯兰促进会"的军事领导人。

1979 年年底，苏联入侵阿富汗后，马苏德投身抵抗苏联的战争，并且从美国和巴基斯坦等国获得源源不断的金钱、武器和物资援助。从此，他开始结合家乡的实际环境，学习和灵活应用关于游击战争的理论，在潘杰希尔谷地与前来围剿的阿富汗政府军和苏军巧妙周旋。他曾 7 次挫败苏军的大规模进攻，并建立了一支独立的军事政治组织——"北方委员会"，控制了阿富汗北部靠近苏联边境的战略要地，因此被誉为"潘杰希尔之狮"。1982 年，其手下已有 3000 人的正规武装，1992 年发展到拥有飞机、坦克、重炮和导弹的 3 万人的精锐部队。1991 年苏联解体后，纳吉布拉政权摇摇欲坠，马苏德拉拢人民民主党的军官杜斯塔姆，率先攻占喀布尔，并接管了总统府，希克马蒂亚尔领导的伊斯兰党则接管了国防部和内政部，纳吉布拉政权随之垮台。

1992 年 4 月，抵抗运动成立新政权后，马苏德借助杜斯塔姆赶走了希克马蒂亚尔，同时把伊斯兰促进会的原抗苏游击队改编成政府军，从而大大增强了伊斯兰促进会的实力，并为拉巴尼当上总统奠定了基础。同年 6 月，拉巴尼当上阿富汗临时总统，马苏德出任国防部部长。10 月，拉巴尼将其总统任期延长，希克马蒂亚尔对拉巴尼政府发起攻势，阿富汗内战由此展开，双方的内战一直持续到塔利班崛起。与此同时，由于拉巴尼和马苏德未能履约让杜斯塔姆担任国防部副部长，杜斯塔姆也开始反目，并与拉巴尼政府多次交火。

1994 年年初，杜斯塔姆与马苏德再次交战失利后回到马扎里沙里夫独霸一方。1994 年塔利班崛起并于 1996 年 9 月拿下喀布尔，拉巴尼政府败走北方，并与其他派别联合，组成了反塔利班北方联盟，马苏德成为北方联盟的军事领导人。1999 年 1 月，北方联盟重新组合，成立了"联合阵线最高军事委员会"，由马苏德统一指挥。2001 年 9 月 9 日，马苏德遭到塔利班的暗杀，最终身亡。

十二　穆罕默德·奥马尔

穆罕默德·奥马尔（Mohammad Omar, 1965 – 2013）是原塔利班最高领导人。1965 年前后，奥马尔出生在阿富汗中部乌鲁兹甘省一个贫穷的农民家庭，[①] 其家庭属于普什图族吉尔扎伊部落联盟的霍塔克斯部落，社会地位低下。奥马尔年少时曾在清真寺接受短期初级启蒙教育，不久即辍学。20 世纪 70 年代，他就担起养家重担。苏联入侵阿富汗后，奥马尔在坎大哈办了一所宗教学校，成为一名乡村毛拉，同时参加对苏作战。奥马尔意志坚强，战斗勇敢，很快成为纳比·穆罕默迪领导的阿富汗伊斯兰革命运动的副总司令。在战斗中，他曾四次受伤，其中一次因炮击而失去右眼。1989 年，他参加了致力于推翻纳吉布拉政权的战斗。1992 年纳吉布拉政权被推翻后，奥马尔回到家乡继续办学，担任了一所宗教学校的校长。

奥马尔回到家乡后，其他志同道合的毛拉对横征暴敛、无法无天的军阀和土匪深恶痛绝，决心拿起武器，实现阿富汗和平。1994 年 7 月，坎大哈当地一起残暴的劫案成为奥马尔起事的导火线。他召集其学生打败劫匪，为老百姓伸张了正义，从而开始赢得民心。1994 年 8 月，奥马尔正式创立塔利班。1996 年 3 月 20 日，塔利班在坎大哈召开大协商会议，奥

---

① 也有说法称奥马尔出生于 1960 年。

马尔被推举为"穆民埃米尔"（即"信士们的领袖"）。4 月 4 日，塔利班举行宗教仪式，正式确立奥马尔在塔利班的最高领袖地位。10 月，奥马尔被推举为阿富汗的伊斯兰宗教领袖，政治地位进一步巩固。奥马尔主张把阿富汗建成一个纯粹的伊斯兰国家，拒绝与各武装派别谈判，主张严格按照伊斯兰教教义治理国家。奥马尔是一名虔诚的穆斯林，生活俭朴，深居简出，外界对他知之甚少。

2001 年，塔利班政权被推翻后，奥马尔与其他一些领导人逃亡。2013 年，奥马尔去世。

十三　穆罕默德·阿什拉夫·加尼

穆罕默德·阿什拉夫·加尼（Mohammad Ashraf Ghani, 1949 – ）曾任阿富汗总统。1949 年，加尼出生于阿富汗东部的卢格尔省，属于普什图族吉尔扎伊部落联盟艾哈迈德扎伊（Ahmadzai）部落，在当地家世显赫。加尼在喀布尔的哈比比亚高中完成了小学和中学教育。1973 年，加尼在贝鲁特的美国大学获得学士学位，分别在 1977 年和 1983 年在哥伦比亚大学获得硕士、博士学位，专攻阿富汗近现代历史。此后，加尼先后在加州大学伯克利分校和约翰·霍普金斯大学任教。1991 年，加尼供职于世界银行，在此工作 11 年，曾负责世界银行关于中国、印度和俄罗斯的一些项目。

2001 年，阿富汗战争后，加尼任联合国阿富汗问题特使卜拉希米的特别顾问，并以此身份回到阿富汗，参与《波恩协议》的设计、谈判与执行工作。阿富汗临时政府成立后，担任卡尔扎伊的首席顾问，正式步入阿富汗政坛。阿富汗过渡政府成立后，加尼担任阿富汗财政部部长。2004 年，阿富汗大选后，加尼与卡尔扎伊发生矛盾，转而担任喀布尔大学的校长。2009 年，加尼曾注册为总统大选的候选人。2014 年，加尼正式参选总统，并赢得选举。2019 年的大选中，加尼再次赢得选举，但两次选举都存在争议，不得不与北方联盟的阿卜杜拉分享权力。加尼任总统期间在内政方面着力加强民族和解，多次表示愿意与塔利班实现和解。

一方面，加尼长期在西方生活和工作，强调现代化的变革，十分赞赏阿曼努拉汗和达乌德等现代化改革者，反对在其姓名之后加上部落的称谓；另一方面，他也具有传统的一面，召开传统的大支尔格会议，加强社会和解。此外，受制于种种因素，加尼政府对阿富汗的经济重建、安全问题缺乏有效的手段，在这些方面仍然严重依赖国际社会。2021 年 8 月，塔利班夺取政权后，加尼流亡国外。

十四　阿卜杜拉·阿卜杜拉

阿卜杜拉·阿卜杜拉（Abdullah Abdullah, 1960 – ）为北方联盟政府的外交部部长、首席执政官，2020 年后担任阿富汗高级和解委员会主席。1960 年，阿卜杜拉出身于喀布尔，有 7 个姐妹和 2 个兄弟。他的父亲古拉姆·玛哈约丁·兹马里拉伊（Ghulam Mahyyoddin Zmaryalay）属于坎大哈的杜兰尼部落联盟努尔扎伊部落，母亲则出自喀布尔近郊的塔吉克人。其父在查希尔时代曾供职于首相办公室，还曾当选长老院（上议院）议员。阿卜杜拉年少时生活在喀布尔，1976 年毕业于纳德里亚高中，本科就读于喀布尔大学医学院，学习眼科。1984 ~ 1985 年，阿卜杜拉毕业后就职于喀布尔努尔研究所，担任眼科医生。

此后，阿卜杜拉曾在白沙瓦担任眼科医生，1985 年赴潘杰希尔的抗苏运动中任军医。在这一过程中，他与马苏德建立了良好的关系，并成为他的顾问，开始在伊斯兰促进会中崭露头角。1992 年，人民民主党政权垮台后，时任阿富汗临时总统拉巴尼任命阿卜杜拉为国防部发言人。塔利班崛起并夺取喀布尔后，拉巴尼担任北方联盟政府的外交部部长。2001年阿富汗战争后，阿卜杜拉在北方联盟政府的影响力进一步提升。2001 ~ 2006 年，阿卜杜拉担任阿富汗的外交部部长。2009 年，阿卜杜拉竞选总统，但以 27.8% 的得票率落败。2014 年，阿卜杜拉卷土重来，与加尼竞争总统之位，但是以 44.68% 的得票率败选。阿卜杜拉最终与加尼签订权力分享协议，阿卜杜拉任首席执政官，组建了民族团结政府。2019 年，总统选举中，阿卜杜拉第三次参选，结果再次失败，引发了政治危机。最终，阿卜杜拉担任了阿富汗高级和解委员会主席。

阿卜杜拉的出身具有跨族裔的特征，他借此争取普什图人和塔吉克人的支持。但是，阿卜杜拉的政治身份更多的是北方联盟，因此普什图人对他并不认可。他在竞选过程中的合作者也多为乌兹别克、哈扎拉等少数民族。由于北方联盟长期与塔利班敌对，特别是一旦与塔利班实现和解，将加强阿富汗普什图人的实力，阿卜杜拉对阿富汗政府与塔利班的全面和解并不十分热衷。塔利班再次夺取政权后，阿卜杜拉留在了阿富汗。

十五　海巴图拉·阿洪扎达

海巴图拉·阿洪扎达（Haibatullah Akhundzada, 1961？–）属于普什图人杜兰尼部落联盟的努尔扎伊（Noorzai）部落，1961年（也有1962年之说）出生在阿富汗西南部坎大哈的本杰瓦伊（Panjwai）地区。他的父亲穆罕默德·阿洪扎达为当地的宗教学者和清真寺的伊玛目，阿洪扎达跟随其父学习宗教知识。苏联入侵阿富汗后，阿洪扎达举家迁往巴基斯坦的奎达，曾在当地难民营的宗教学校中学习。此后，他曾加入伊斯兰党，在阿富汗坎大哈参加反对苏联和人民民主党的武装活动。

阿洪扎达于1994年加入塔利班，并担任高级宗教法官和乌里玛委员会的首脑。2001年塔利班政权被推翻后，阿洪扎达的地位进一步提升，成为宗教法庭的首脑和奥马尔的顾问，也是奎达舒拉的核心成员，负责发布相关的法令（法特瓦）。曼苏尔继任阿富汗塔利班领导人后，阿洪扎达担任副领导人，在巴基斯坦建立了自己的宗教学校，其中的一些学生成为塔利班的骨干。2016年，曼苏尔死后，阿洪扎达担任阿富汗塔利班的领导人。阿洪扎达担任领导人期间，在一定程度上缓和了塔利班各派的矛盾。塔利班再次夺取政权后，阿洪扎达成为阿富汗伊斯兰酋长国的最高领袖。

阿洪扎达类似于奥马尔，深居简出，很少公开露面，有人认为他早已身故。但塔利班上台后，阿洪扎达多次发表指令，要求阿富汗人团结，对政治犯大赦，禁止毒品生产，以及保障妇女地位等。但总体来看，阿洪扎达是阿富汗塔利班运动统一的象征，他的宗教地位在一定程度上有助于塔利班不同派系的联合。

十六　哈桑·阿洪德

哈桑·阿洪德（Hassan Akhund, 1945?－）为普什图族卡卡尔部落成员，出生于坎大哈，曾到巴基斯坦的宗教学校求学。对于其出生日期有多种说法，一般认为介于 1945 年至 1958 年。苏联入侵阿富汗后，哈桑·阿洪德曾与阿富汗伊斯兰党（哈里斯派）合作，在坎大哈反抗苏联和人民民主党政权。他是塔利班运动的创立者之一。他与奥马尔关系紧密，在青年时期便是奥马尔的朋友。20 世纪 90 年代，塔利班夺取政权后，他曾担任塔利班政权的副总理、外交部副部长和省长等，与巴基斯坦、沙特有联系。2001 年塔利班政权垮台之后，哈桑·阿洪德成为塔利班的决策机构即奎达舒拉的实际负责人。2021 年塔利班重新执政后，哈桑·阿洪德担任临时政府总理。他作为塔利班的创立者之一，在塔利班内部具有很高的威望和宗教地位，也被视为温和派和强硬派，以及宗教派和武装派等不同派系的协调者。哈桑·阿洪德是阿富汗塔利班的宗教与政治领袖，在军事领域影响不大。

十七　加尼·巴拉达尔

加尼·巴拉达尔（Abdul Ghani Baradar, 1968?－）属于普什图族杜兰尼部落联盟波波尔扎伊部落，与卡尔扎伊来自同一部落。阿富汗建国者阿赫马德也来自该部落。1968 年（也有 1963 年之说），加尼·巴拉达尔出生在乌鲁兹甘省德拉赫沃德地区（Deh Rahwod），在坎大哈的宗教学校求学。苏联入侵阿富汗后，他在坎大哈的本杰瓦伊地区与苏军交战，担任奥马尔的副手，并娶奥马尔之妹为妻。奥马尔为其取名"巴拉达尔"，意为"兄弟"。苏联撤军后，加尼·巴拉达尔在该地区负责一座清真寺的运行。1994 年，他协助奥马尔等创立了塔利班，并曾担任赫拉特省、尼姆鲁兹省的省长和国防部副部长等职位。

2001 年塔利班政权垮台后，巴拉达尔曾领导塔利班在阿富汗北方抵抗反塔联盟，失败后连同其他塔利班领导人前往巴基斯坦避难，并逐渐在奎达舒拉中发挥重要的作用，一度成为奥马尔的副手。2010 年，巴拉达尔在卡拉奇被巴基斯坦安全部门逮捕和监禁，直到 2018 年获释。他是塔利班的温和派，政治立场相对务实，一直主张与阿富汗政府和美国接触，进行和平谈判。在被逮捕之前，他便与卡尔扎伊政府进行接触和谈判。加尼·巴拉达尔获释之后，被任命为驻多哈政治办事处主任，成为当时塔利班最高领袖的三名副手之一。另外两名为西拉柱丁·哈卡尼和穆罕默德·雅各布。加尼·巴拉达尔负责领导塔利班在多哈与美国和阿富汗政府进行谈判，以及与国际社会接触。2020 年，他代表塔利班与美国签订了美军撤离的《多哈协议》，并访问俄罗斯和伊朗等国。2021 年，塔利班上台后，西拉柱丁·哈卡尼被任命为临时政府第一副总理。

十八　西拉柱丁·哈卡尼

西拉柱丁·哈卡尼（Sirajuddin Haqqani, 1939？-）是阿富汗著名的"圣战"领袖贾拉勒丁·哈卡尼之子。后者于 1939 年（也有 1946 年之说）出生于阿富汗东部帕克蒂亚省的扎德兰地区（Zadran），属于普什图族卡兰里部落联盟扎德兰部落（Zadran tribe）。贾拉勒丁·哈卡尼曾赴巴基斯坦，在当地的德奥班迪派宗教学校学习，获得了毛拉维的头衔。他曾因反对达乌德的统治被迫流亡巴基斯坦。苏联入侵阿富汗之后，贾拉勒丁·哈卡尼领导抗苏运动，并由此在阿富汗东部地区构筑了以哈卡尼家族为中心的军事网络，与美国安全部门有一定的联系，并为阿富汗国外的"圣战者"提供庇护。塔利班成立之后，贾拉勒丁·哈卡尼向塔利班效忠，并担任要职，其社会基础在于阿富汗东部和巴基斯坦西部的普什图部落。

西拉柱丁·哈卡尼一般被认为出生在 1973 ~ 1978 年，早年在巴基斯坦的生活，并接受宗教教育。2008 年之后，他逐渐接管了哈卡尼军事网络的日常运转。2010 年之后，西拉柱丁·哈卡尼在阿富汗塔利班的地位上升，曼苏尔时期和阿洪扎达时期成为塔利班的副领导人。2018 年，贾拉勒丁·哈卡尼去世后，西拉柱丁·哈卡尼成为哈卡尼军事网络真正的领导人，并成为塔利班在阿富汗东部 21 个省的军事副领导人。2021 年，塔利班夺取政权后，西拉柱丁·哈卡尼担任阿富汗临时政府的内政部部长。

哈卡尼军事网络虽然形式上隶属于塔利班，但具有一定的独立性，其军事力量十分强大。西拉柱丁·哈卡尼属于阿富汗塔利班的强硬派和保守派，与境外的极端势力存在联系。

十九 穆罕默德·雅各布

穆罕默德·雅各布（Mullah Mohammad Yaqoob, 1990 - ）为塔利班前领导人奥马尔的长子，出生于 1990 年，属于普什图族吉尔扎伊部落联盟的霍塔克（Hotak）部落。他曾在巴基斯坦的宗教学校接受教育。奥马尔死后，穆罕默德·雅各布逐渐崭露头角，加入奎达舒拉的领导层。阿洪扎达担任塔利班领袖之后，穆罕默德·雅各布成为其副手，以及塔利班在阿富汗西部 13 个影子政府的军事副领导人，并于 2020 年被任命为军事委员会主席，穆罕默德·雅各布的政治立场相对温和，主张通过谈判使美国等西方国家撤军。2021 年塔利班夺取政权后，穆罕默德·雅各布被任命为临时政府国防部部长。穆罕默德·雅各布长期在巴基斯坦生活，在阿富汗社会中的根基不深。穆罕默德·雅各布和西拉柱丁·哈卡尼的崛起，标志着阿富汗塔利班新生代力量的兴起，他们将对阿富汗和塔利班的未来发展产生重要的影响。

第三章

政　治

　　1747 年以来，阿富汗政治制度经历了从君主制到共和制的发展。其中，1747 ～ 1973 年，君主制延续了 226 年。其间以阿曼努拉汗颁布1923 年宪法为分界，阿富汗的君主制演变到君主立宪制阶段。此后经过半个多世纪的发展，君主立宪制发展到相对成熟的地步，1964 年宪法的颁布就是一个重要标志。1973 年后，共和制取代了君主制，但此后不同阶段表现出不同特色。1973 ～ 1978 年达乌德第二次执政时期，阿富汗表面上推行共和制，但是带有强烈的威权主义特征。1978 年人民民主党建立政权，1979 年苏联入侵阿富汗后，其政治制度具有显著的苏联政治制度的特点。2001 年年底阿富汗新政府建立后，国名定为阿富汗伊斯兰共和国，但是其国体本质上是世俗主义的，政权组织上则采用了类似美国总统制的共和制。2022 年塔利班上台后，重建了政教合一的酋长国制度。

第一节　政治制度的衍变

一　君主制的建立和发展

（一）杜兰尼王朝"掠夺性的政治模式"

　　1747 年阿赫马德沙创建的阿富汗是一个具有浓厚部落制度残余的军事封建国家，国家的维系依赖对外征服。这种制度特征也被称为"掠夺性的政治模式"①。

尽管杜兰尼王朝受到波斯政治文化的影响，国王被称为"沙"，但是中央政府权力尤其是国王的权力相对弱小。名义上，国王是国家元首、中央政府首脑、武装部队最高司令，实际上受到多方限制，只是众多平等部落民中的一员，类似于部落首领。宰相是国王的主要行政助手，宰相之下设财政部、司法部和王室秘书处三个部门。国防大臣是国王的主要军事助手，是军队的实际总司令。由9名主要部落酋长组成的部落议事会协助国王处理重大问题，实际上维护了部落酋长的利益，限制了王权。

地方上，总督就是地方的权贵与部落首领，大权独揽，实际处于独立状态。中央和省府联系松散。驻扎在省城的军队是中央政府控制地方的唯一强制力量。一旦军队不由国防大臣掌管而归总督支配时，中央就很难辖制总督。征收赋税成为中央和省府联系最多的渠道。在普什图部落尤其是杜兰尼部落联盟控制的地区，政府无权征税。

此外，阿富汗由大大小小的部落组成。部落是社会的基层组织，实际管理着中央政府管辖范围之外的诸多村镇，处于（半）独立状态，中央政府只维持着形式上的统治。部落是封闭性很强的生产单位，也是基本的行政和军事单位。部落酋长称"汗"或"马立克"，② 他们是部落的政治、经济、司法和军事首领，也是国家与部落联系的中间人，并代表政府在部落收税。部落议事会是部落解决内部各种问题的重要机构。另外，部落与省政府的联系比总督与中央的关系还要松散，部落与中央的联系更少。

（二）阿布杜尔·拉赫曼与现代国家构建

19世纪末，阿布杜尔·拉赫曼重新统一全国后，开始依靠军队，实行君主专制。拉赫曼强调宗教在构建政治合法性上的重要性，以"埃米尔"即"信士之首领"指称国王。中央行政管理体系是国王实行君主专

---

① 参见 B. D. Hopkins, *The Making of Modern Afghanistan*, New York: Palgrave Macmillan, 2008, pp. 91 – 98。

② 马立克一般为村长。

制的工具。其中，国务委员会行使咨询和松散的管理职能。国务委员会成员包括一位知名人士、掌玺大臣、秘书大臣和其他秘书、王室警卫队官员、国王私人财政大臣、战争秘书大臣、阿富汗四大区域秘书大臣、邮政大臣、武装部队总司令、御马长官、内务大臣、会计总管、王宫侍从官、杂志总管、贸易和教育委员部大臣等。① 他们都是国王的仆从，由国王任命，国王对他们具有生杀大权。国务委员会中不设宰相，不过拉赫曼逐步训练长子承担起管理政府各部门的工作，长子因而具有一定的政治影响。

阿富汗其他官员也均由国王任意挑选，他们是国王的臣仆，效忠于国王。除国务委员会外，当时还存在中央行政部门，主要包括财政部、贸易部、司法部和警察局、档案办公室、公共工程办公室、邮政和通信办公室、教育部和卫生部等。② 拉赫曼还改变以前做法，把其所有王子都留在首都，而任命忠实亲信前往地方当省督，取代之前以地方权贵作为地方首脑的现象。部落议事会也受控于拉赫曼。拉赫曼仅在紧急状态下召集部落理事会，以帮助他决定国家大政方针，一旦目的达到，马上予以解散。部落议事会成员也均由他任命，实际上只起咨询作用。拉赫曼还实行严酷的刑法，以实现君主专制。

拉赫曼统治时期，阿富汗从以往的部落国家向民族国家转变，中央政府对于地方的控制能力显著加强。

二 君主立宪制的历史变迁

20 世纪初，西方的宪政民主思想逐渐传入阿富汗，波斯和土耳其的立宪革命也深刻鼓舞着阿富汗人。与此相伴随，阿富汗也出现了一批新的社会精英，他们受到宪政思想的影响，试图通过学习西方的宪政制度，进而提升国家的实力。故此，阿富汗也开始用宪政主义改造传统的君主制度，构建君主立宪制。阿富汗君主立宪制的发展大致围绕三部宪法展开。

（一） 阿曼努拉汗时期君主立宪制的确立

1923 年，阿曼努拉汗以伊朗 1906 年宪法和土耳其行政法典为蓝本颁

① Louis Dupree, *Afghanistan*, Princeton：Princeton University, 1980, p. 421.
② Louis Dupree, *Afghanistan*, Princeton：Princeton University, 1980, p. 420.

布了阿富汗第一部宪法，① 开启了阿富汗政治发展的君主制立宪时代。阿富汗以宪法的形式确认了君主的职权范围。据此，君主集行政、司法、立法权，以及最高军事统帅于一身。国王对国家一切事务具有决定权，包括决定政府高官以及所有大臣的任免、批准公共法律、颁布和保护公共法律和沙里亚法等。国王还是阿富汗一切武装力量的最高统帅。宪法指出，伊斯兰教是阿富汗的国教（第 2 条），"国王陛下是真正的伊斯兰教的仆人和保护者"（第 5 条）。但与拉赫曼时期所不同，阿曼努拉汗强调政治制度的世俗性。1923 年，阿曼努拉汗以"帕迪沙"（Padishah）② 指称国王，替换之前具有浓厚宗教色彩的"埃米尔"称号。

此外，阿曼努拉汗的政治改革进一步完善了行政管理体制。根据宪法的规定，阿富汗设立大臣会议取代之前松散的王室管理体制，大臣会议类似于内阁，是阿富汗的行政中枢；国家行政事务由国王领导下的大臣会议负责，国王担任大臣会议主席，设首相一职，所有大臣由国王直接任命；大臣会议负责拟定内外政策，但是所有决定和条约、协定等须经国王批准才能生效；国务大臣不对王室成员负责。

阿富汗还颁布了"基本行政法"，建立行政的等级制和科层制。喀布尔和其他主要大城市架设电话线，方便中央政府对地方的控制。阿曼努拉汗甚至每天都要与坎大哈的统治者通电话。此外，阿富汗还设立了具有议会雏形的咨询委员会（Advisory Council of State）和顾问委员会（Advisory Committees）。前者设在首都喀布尔，属于国家层面；后者设在各省和地区，为地方层面。它们的职能是向中央和地方政府提供经济发展和教育的相关建议，制定预算和决算，对政府财务进行审计等。1928 年 9 月，阿富汗选举产生了第一届咨询委员会。

在 1923 年宪法中也体现了一些现代政治原则，如国家司法体系不受任何形式的干涉；阿富汗臣民享有通信自由；实行初级义务教育；所有阿富汗人一律平等，享有人身自由；保护私有财产；实行一定的新闻和出版

---

① 宪法全文参见 http：//www. hoelseth. com/royalty/afghanistan/afghcode19230409. html#2。

② 该头衔来自古代波斯，等同于"沙"或"众王之王"。

自由等。

阿曼努拉汗的政治改革开启了君主立宪制的时代，它通过宪法规范了君主制度的合法性、君主的权力，以及政治制度的组织形式和权责，并进行了一定程度的民主实践，也提高了政治制度化的水平。但是，其政治制度仍然是一种绝对的君主制度，君主的权力没有任何限制。

（二）穆沙希班王朝前期的制度建构

1929 年，穆沙希班王朝建立后，汲取了阿曼努拉汗改革的经验和教训，重新构建政治制度。1931 年，阿富汗颁布了新宪法，进一步完善君主立宪制。

新宪法的特征首先在于以宪法的形式重新定义政治合法性。这一方面体现在保障国王和王室统治的合法性，规定"阿富汗王位由纳第尔沙家族占有。国王仍然具有绝对的权力，有权任免首相，批准内阁成员任免；拥有宣战、缔结和约的权力；保护和批准沙里亚法和民法；国民议会和上院通过的法案须经国王签署后才能生效，国王有权否决议会通过的任何法案；国王兼任武装部队统帅"。此外，宪法还规定，地方政府隶属于国王和内阁，上院全体议员由国王任命。另一方面，强调伊斯兰教在宪政中的重要性。传统的伊斯兰教政治文化中，反对人为的立法，因此也反对宪法。这也是阿曼努拉汗改革中受到宗教人士抵制的重要原因。1931 年宪法赋予宗教势力享有更多的自由和权力。它明文规定，阿富汗的信仰是神圣的伊斯兰教，伊斯兰教逊尼派哈乃斐教法学派是阿富汗的官方宗教，国王必须是哈乃斐教法学派穆斯林。这个条款排除了什叶派以及逊尼派其他教法学派在政治上的合法地位，尤其是在继承王位方面的合法性。它还规定，国王将遵照伊斯兰教法和国家的根本原则保护伊斯兰教和阿富汗的独立和主权；国民议会所通过的法案不得违背伊斯兰教义；人民的权利、司法审判、新闻出版等应当以伊斯兰教法为准则等。

除此之外，穆沙希班王朝在阿曼努拉汗改革的基础上，进一步完善了君主立宪制。1931 年宪法中，将阿富汗之前在国家和地方层面设立的咨询性质的委员会发展为两院制的议会，即国民议会（或下院）和长老院（或上院）。下院由选举产生，上院由国王任命。议会不仅是咨询机构，而且有了审核政府预算和监督政府的权利，但仍然受到许多限制。宪法没有明文规定它有立法创制权。实际上，大多数情况下，国民议会仅仅是通过内阁提出法律议案的橡皮图章和装点君主绝对统治的门面。宪法还规定，设立地方议事会，包括省议事会和市议事会。

在行政领域，阿富汗设立了正式的内阁，加强了首相的权力。首相由国王任命，而内阁大臣则由首相挑选和任命。20世纪50年代末，阿富汗中央政府设立了外交、国防、内务、财政、工矿、商业、农业、公共工程、计划、交通、教育、公共卫生等部门，以及相当于部的新闻和出版署、部落事务署。内阁成员包括：首相、两位副首相、各部大臣和两署署长。

首相及内阁向国民议会、长老院负责，但最终仍受制于国王。从形式上看，国王与首相，以及内阁与议会形成了一定的分权，首相在一定程度上成为行政首脑，国王则退居幕后。1933～1964年，首相都由王室成员担任，而且都是强势首相和弱势国王。在这一时期，地方的主要官员由中央政府任命，地方政府归中央政府直接领导。

尽管穆沙希班王朝的制度构建强调伊斯兰教的作用，但在君主立宪制上有所发展，民主化水平也进一步提高。1949年国民议会选举，120个议席中有近50%为具有改革思想的议员，这届议会因此被称为"自由议会"。这些议员具有强烈的责任感，他们对内阁大臣们制定的预算进行质询，并通过法令允许自由刊物出版，使阿富汗国内的政治气氛逐渐活跃起来，自由刊物和政治党派也纷纷出现。其中最具代表性的是觉醒青年党，该党发起了"觉醒青年运动"，要求保障公民自由，抛弃落后的习俗和观念，扩大妇女权利，主张政府要对议会负责，杜绝官员贪污，建立政党，发展经济，等等。这场运动虽以失败而告终，但也标志着国王的绝对权力受到挑战。

（三）"十年宪政"与阿富汗的政治发展

1963年，首相达乌德辞职，查希尔沙亲政。1964年9月9日到20日，查希尔沙主持召开了制宪大国民会议，审议并通过了1964年宪法，①

---

① 参见 https：//digitalcommons. unl. edu/cgi/viewcontent. cgi？article ＝ 1005&context ＝ afghanenglish，阿富汗官方称1964年宪法为1963年宪法。

开启了为期十年的宪政民主时期。这部宪法基于 1931 年宪法，在国王、内阁、议会、人民的基本权利、地方政府的构成等方面类似。不同之处在于，这部宪法进一步加强了议会的权威，赋予其立法权，公民的政治参与更强，削弱了王室的权力。因此，1964 年宪法更具有民主色彩，真正体现了君主立宪制的原则和精神，以及政教分离、司法和宗教分离等世俗主义原则。一些学者甚至将这部宪法称为"伊斯兰世界最好的宪法"①。

首先，阿富汗政治世俗化程度加强。如何处理宗教与世俗的关系是阿富汗乃至其他一些中东国家面临的重要挑战。1964 年宪法虽然也规定伊斯兰教是阿富汗的神圣宗教（第 2 条），所有政府官员必须是穆斯林（第 8 条），国王必须是哈乃斐教法学派的阿富汗公民（第 8 条），亚当按照哈乃斐学派履行宗教仪式等（第 2 条），但本质而言，阿富汗实行政教分离的政策。1964 年宪法还确立了世俗立法和司法高于宗教立法和司法的原则。第 69 条规定，议案一旦被两院通过，并由国王签署，即可成为法律；在没有世俗法的领域，伊斯兰教哈乃斐教法学派对教法的解释才能被视为法律。第 102 条则重申世俗法高于宗教法的原则，规定法院审理案件时，应当按照宪法和法律条款进行；当宪法或法律中不存在相关条款时，再按照沙里亚法中哈乃斐教法进行审理。穆沙希班王朝建立之初，内阁之中有一些大臣本身就是宗教人士，宗教集团处于自治状态。20 世纪 60 年代之后，宗教人士被纳入国家控制，同时也被排除于政治体系之外。

其次，宪法开明宗义地规定，阿富汗是君主立宪制国家，并赋予国王最高权力。"国王象征阿富汗主权"（第 6 条），国王是伊斯兰教的保护者，是阿富汗独立和领土完整的保卫者，是宪法的管理者（第 7 条）。不过，1964 年宪法第 9 条比 1931 年宪法更为详细地规定了国王的权力和职责。它指出，国王是阿富汗武装力量的最高统帅，有权宣战和缔和；有权

---

① Angelo Rasanayagam, *Afghanistan: A Modern History*, London, New York: I. B. Tauris, 2003, p. 40.

召集和主持大国民会议开幕仪式，有权召集和主持议会、非常会议的开幕会议，有权解散议会并命令选举新一届议会；有权签署法律并宣布付诸实施，有权发布法令；有权任命首相、由首相推荐的各部大臣、长老院的非选举成员和长老院议长、最高法院大法官和法官、民政和军政高官。第 63 条还规定，国王可以在任何时候根据任何理由解散议会。

再次，限制国王和王室权力，增强议会的权力，行政权与司法权实现相互制衡。1964 年宪法不仅再次确认了穆沙希班家族统治的合法性，而且确立了长子继承制。如若长子不称职，王位将由次子继承，如果儿子无法继承王位，王位将由长兄继承；长兄无法继承，王位将由第二位兄长继承，以此类推。同时，限制王室的权力，禁止国王之外的其他王室成员从事政治活动，且不能够参与政党活动，担任首相、大臣、议会成员和最高法院法官等要职。

首相为行政首脑，中央政府由首相以及首相领导下的内阁大臣组成，首相由国王任命，内阁大臣由首相任命。首相和内阁大臣的人选可以从人民院议员中或有资格担任人民院议员的成员中任命。中央政府产生后，须获得议会的信任和批准，并经国王发布王室法令，才能正式就任。首相和大臣不得再从事任何其他职业。

宪法加强了议会的权力，它不再是橡皮图章，对中央政府具有制衡作用。议会为两院制。政府、议员、最高法院均可以提出议案，人民院（下院）在行使立法权方面高于长老院（上院）。在议会中，只有 1/3 的上院议员由国王任命，其他议员皆由不同形式的选举产生。议会拥有立法权，也有权对内阁进行质询和提出不信任案。宪法还将阿富汗传统的非正式的社会机制"大支尔格"制度化，明确地规定了"大支尔格"的组成原则和权限。

如果人民院对政府投不信任票，或者议会解散时，或人民院有 1/3 以上成员弹劾中央政府及其成员有叛逆罪并且这种指控获得人民院 2/3 成员同意时等情况下，中央政府将停止工作。另外，1964 年宪法重申，中央政府集体对人民院负责，各部大臣对其部门负责，地方上设省议事会和市议事会。

　　复次，国家机器的扩张与强化，政治参与的扩大。在这一时期，国家制度从首都和大城市扩展到中小城市，甚至一些小的城镇。在此之前，省和地方只是名义上服从中央政府的管理，但到 20 世纪 60 年代，行政体系已将地方政府完全整合，后者真正成为行政区划的一部分，一些部落和村庄也归属一定的行政范围。阿富汗政府增加省和地区的数量，缩小行政区划的面积，将全国分为 7 个大省和 7 个小省。与此同时，政府机构日益分化和复杂。在 20 世纪 30 年代，阿富汗中央政府只设立了 9 个部。到 60 年代末，已增至 17 个，分别为：国防部、外交部、内政部、司法部、部落事务部、财政部、交通部、教育部、农业部、信息与文化部、工矿部、商业部、公共卫生部、公共劳动部、信息与文化部、劳动部和内务部。这些部门在各省都有派驻机构，形成了复杂的纵横交错的行政体系。

　　最后，1964 年宪法进一步体现了资产阶级民主、自由等原则和精神。宪法明确规定，阿富汗人民在法律面前享有平等的权利和义务；阿富汗公民享有自由和尊严、享有个人居住权、享有个人财产权、享有个人的通信自由和隐私权、享有工作选择权、享有思想和言论自由等。1964 年宪法还规定，教育是每位公民的权利，由国家为公民提供免费教育，国家应当促进教育的平衡化和普及化发展；促进普什图语的发展；促进卫生事业的发展。另外，1964 年宪法首次规定，阿富汗公民享有集会、结社、组织政党等民主参政权。

　　查希尔沙的宪政改革将民主立宪制向前推进了一大步，但也引发了严重的问题。一方面，在"十年宪政"时期，阿富汗政治自由化程度得以强化。民众的政治参与度得到提高，议会对中央政府的质疑屡见不鲜，政治运动此起彼伏。1963 ~ 1973 年，查内阁更迭频繁，前后共换过七届。政治参与加强的背景下，阿富汗禁止成立政党，但秘密政党却屡见不鲜，并且受到境外力量的渗透甚至控制，其中一些敌视王权。另一方面，宪政改革削弱了王室对于阿富汗的控制力。在这十年间，阿富汗的官僚体系中，穆罕默德扎伊家族所占比重由 24.6% 下降到 18.7%；在核心领导层，穆罕默德扎伊所占比例由 44.8% 降至 25%。因此，宪政改革极大地削弱了阿富汗政治体系的稳定性。

三 共和制的形成和演变

（一）阿富汗共和国

1973 年 7 月，前首相达乌德推翻了查希尔沙的统治，宣布建立阿富汗共和国。

阿富汗共和国成立之初，政权是由前王室成员、达官显贵和亲苏的人民民主党旗帜派成员组成的联盟。但是，达乌德上台后清洗人民民主党，统治阶层以前王室成员和达官显贵为联盟。① 从政体上看，阿富汗以共和制取代君主立宪制。虽然政权的形式发生了变化，但本质上仍然是君主制度的延续。达乌德出身于穆沙希班王室，统治阶层也大多出自该家族，因此阿富汗共和国也是穆沙希班王朝的延伸。1977 年，阿富汗颁布了新宪法，② 明确地对政治体制进行了规定。

首先，确立了总统制的政治体制，赋予总统国家元首、行政首脑、军事统帅和议长的权力。总统是国家领袖，担任武装部队最高统帅；在大国民会议建议下宣战和媾和，或在紧急状态下有权做出特殊决定；宣布或终止紧急状态；召集和主持大国民会议；主持国民议会日常会议，或召集和主持非常会议的召开；解散国民议会，并下令举行新一届议会选举；指导和协调国家内外政策；从民族革命党的成员中任命副总统，从该党中或以外任命各部部长，并有权解除其职务或接受其辞呈；任命最高法院大法官和法官；任命武装部队官员、高级官员或接受其辞呈；委派驻外使团和驻国际组织的领导人员；签署法律和条令，认可国际条约等等。总统由民族革命党（National Revolutionary Party）提名，由大国民会议以2/3多数通过产生，任期六年。总统在有关机构协助下，管理和指导行政部门以及党的职能。中央政府是最高行政和管理机构，由副总统和各部部长组成，但他们均在总统领导下进行工作。阿富汗未设总理之职。

---

① 见彭树智主编《阿富汗史》，第 331 ~ 333 页。
② 宪法全文参见 https：//www.afghangovernment.com/Constitution1976.htm，阿富汗官方称 1977 年宪法为 1976 年宪法。

其次，建立两院制的国民议会（Meli Jirga）和制度化的大支尔格（Loya Jirga）。国民议会行使立法权，议员中 50% 为工人和农民，议员需要"民族革命党"提名，由人民选举产生。总统由国民议会选出并担任大国民会议主席，设副主席 2 名。议会通过的决议，经总统通过后方具有法律效力。除此之外，还将阿富汗传统的大支尔格制度化，但大支尔格并非常设机构。大支尔格解决阿富汗的重大问题，它的成员主要包括：国民议会议员、民族革命党中央委员会成员、内阁成员、武装力量最高委员会成员、最高法院成员、每个省的 58 名代表等。总统为大支尔格的主席，负责召集和主持大支尔格。

再次，创立"民族革命党"为国家党，实行一党制。民族革命党成立于 1973 年，达乌德借此压制人民民主党的影响力，支持其共和体制。该党的领导层为中央委员会。在共和体制下，阿富汗实行一党制，其他政党必须加入该党，否则须到政治上"成熟后"才能合法化。总统、副总统、国民议会、大部分大支尔格成员都必须为该党党员，而且需要该党提名，宪法的修订也需要通过民族革命党中央委员会。

最后，阿富汗继承和促进了以往宪法，特别是 1964 年宪法设立的世俗化发展方向。宪法规定，伊斯兰教是阿富汗的国教，但是未像 1964 年宪法那样规定必须按照哈乃斐教法学派履行宗教仪式，同时规定保障非穆斯林的信仰自由，重申了世俗法高于宗教法（伊斯兰教哈乃斐教法学派）的原则。

1977 年宪法通过后，大国民会议就选举达乌德为首任总统，同年 3 月，达乌德建立新内阁，内阁其他成员由达乌德的亲信组成。

阿富汗共和国实行的是威权主义的政治体制，达乌德通过创设"民族革命党"，将政治体系纳入该党的控制，进而强化总统的权力，这套制度无疑受到了之前阿拉伯民族主义的影响。达乌德成为没有王冠的国王。尽管达乌德废除了君主制，建立了共和国，但仍然具有浓厚的君主制的色彩。1977 年宪法在很大程度上成为达乌德统治合法化的工具，施行一年后，随着"四月革命"的爆发，阿富汗共和国覆灭。

（二）人民民主党的政治制度建构

1978 年 4 月，人民民主党通过政变推翻了达乌德政权，建立了阿富汗民主共和国，几乎完全仿效苏联制度建构政治体制。1979 年苏联入侵阿富汗后，人民民主党卡尔迈勒政权于 1980 年 4 月 21 日颁布《阿富汗民主共和国基本原则》作为临时宪法。这部宪法与 1977 年宪法类似，虽然并未明确提出社会主义或共产主义等口号，但是强调自由民主。当时，国家最高权力归人民民主党革命委员会。革命委员会每半年召开一次，主席团作为其常设机构。革命委员会类似苏联的最高苏维埃。人民民主党总书记担任主席团主席。部长会议为行政权力的中心，绝大多数主席团成员为人民民主党成员，其领导人为总理。主席团负责审议部长会议的决议，部长会议成员与主席团成员不能够兼任，体现出一定的制衡。此外，人民民主党于 1980 年建立了"国民阵线"（National Front），以"联合所有进步的力量"。国民阵线设主席一名，其目标在于将人民民主党之外的各种职业团体、青少年团体、妇女团体组织起来，支持人民民主党政权。

1987 年 11 月 30 日，人民民主党纳吉布拉政权召开大国民会议正式通过宪法，[①] 进一步完善了人民政权的政治制度，淡化苏联的色彩。

一是明确了总统制的政治制度。总统由大支尔格会议选举产生，最多只能连任两届，所有年满 40 岁的阿富汗人都可参选。总统为武装力量的最高统帅，拥有任免总理和组建部长会议，批准部长会议成员，以及签署法律等权力，并任命首席法官和最高法官等。部长会议仍然是阿富汗的最高行政机构，主要由总理、副总理和中央政府各部部长组成。部长会议需要对国民议会负责，其成员要得到国民议会的认可，并最终由总统批准。

二是完善了地方行政体系。阿富汗地方行政区划分为省、大区（Divisions）、地区、市、分区和村庄等。地方委员会为地方的权力机构，由地方委员会选举产生行政委员会，后者由地方的行政首脑负责。

此外，宪法明确规定，伊斯兰教为国教，延续了卡尔迈勒时期的"国民阵线"制度。在 1990 年宪法修订后，允许建立各类政党，但是纲领、章程和活动不得与宪法和国家其他法律相违背，并规定多党制是国家政治制度的基础。1987 年宪法中只有一次提到了人民民主党，指出其在

---

① 1987 年宪法的全文参见 https：//constitution. org/cons/afghan/const1987. htm。

民族和解中的作用。尽管 1987 年宪法在政治体系中淡化了人民民主党的作用以及苏联的影响，试图扩大统治基础，拉拢抵抗运动，但是该党仍然处于统治地位。宪法与政治现实的差异进一步弱化了人民民主党的合法性。1987 年宪法及其确立的政治制度并未完全付诸实践，也未能使阿富汗恢复稳定。

四　塔利班政权的政治制度

1992 年人民民主党政权垮台后，开启了政治过渡进程，但阿富汗各派很快陷入内战和军阀割据之中。1994 年塔利班兴起后，统治了阿富汗大部分领土，并以保守的宗教政治文化为基础，建立了独特的政治制度。

塔利班的意识形态受到南亚的迪奥班迪派和沙特的瓦哈比主义的影响，它反对现代政党制度、议会民主制和宪政制度，认为这是西方道路，与伊斯兰教精神相悖。同时，塔利班强调政教合一，试图重建古代的哈里发制度。因此，其政治思想核心就是以沙里亚为基础，重建先知时代政教合一的"哈里发制"。正如塔利班发言人所言："沙里亚不允许政治活动和政党政治。这就是为什么我们不给官员和士兵发放薪金，而是代之以食品、衣物和武器。我们渴望先知在 1400 年前那样的生活，圣战是我们的权力，我们希望再创造一个先知那样的时代。"[1] 哈里发不等同于总统，"哈里发制度依赖沙里亚的金律"。

哈里发是"哈里发制"的核心。塔利班首领奥马尔自诩为"埃米尔"，即"信士的首领"。该称号在阿富汗是"哈里发"的代名词。因此，奥马尔不仅是政治和军事首脑，而且还代表真主拥有的宗教权威。塔利班认为，奥马尔是伊斯兰世界最有威望和值得尊敬的人。在形式上，埃米尔依据旧制由宗教人士选举而来。1996 年 4 月 4 日，奥马尔在坎大哈的圣地请出了"先知穆罕默德的斗篷"，而在场的 1527 名毛拉齐声欢呼，奥马尔就任埃米尔。1997 年，塔利班以"阿富汗伊斯兰酋长国"作为国名。阿富汗原有的政治制度被彻底废除，政权完全由宗教人士垄断，奥马尔在具体

---

[1]　Sarg Suresh, *Taliban: A Face of Terrorism*, New Delhi: Axis Publications, 2010, p. 6.

问题上也征求宗教人士的意见，体现毛拉治国的思想。部落首领、世俗的城市精英、苏非派的皮尔（导师）等传统政治力量则被排除于政权之外。

位于喀布尔的"喀布尔委员会"是形式上的内阁，没有实权。巴基斯坦学者阿赫马德·拉希德描述过："无论时局有多么紧张，他们每天只工作 4 个小时，部长的办公桌总是空空如也，没有任何文牍。"塔利班仿照先知时代，在坎大哈设立"最高舒拉"（Supreme Shura）作为政权的中心，该机构由 10 人组成，全部为毛拉，他们大多数是与奥马尔共同起事的挚友，塔利班政权几乎所有的政令皆出于此。在司法领域，坎大哈的"伊斯兰最高法庭"行使最高法院的职能，负责任命地方卡兹（法官），每两年召集所有卡兹讨论判例和沙里亚的实施情况。塔利班在各地设立"地方舒拉"作为基层政权，该机构由平民选举产生，但由于知识分子和部落领袖遭到塔利班的排斥，当选的大多数是宗教人士。从形式上看，塔利班以伊斯兰传统政治思想为基础，重建了"哈里发制"。一位穆夫提就表示，我们有力驳斥了基督徒和犹太教徒"以《古兰经》和圣训来构建政府是过时的且不可能被付诸实践"的谬论。

第二节　阿富汗伊斯兰共和国行政机构

一　2004 年宪法①的颁布及其特征

塔利班政权垮台后，阿富汗开启了政治重建进程，而重新制宪则成为政治重建的重要前提。2003 年 12 月 14 日至 2004 年 1 月 4 日，阿富汗过渡政府召开大国民会议，审议并通过了 2004 年宪法。新宪法自 2004 年 1 月 4 日起生效。它共有 12 章 162 条，包括序言、第 1 章"国家"（第 1 ~ 21 条）、第 2 章"公民的基本权利和义务"（第 22 ~ 59 条）、第 3 章"总统"（第 60 ~ 70 条）、第 4 章"政府"（第 71 ~ 80 条）、第 5 章"国民议

---

① 2004 年宪法全文参见 https：//www.constituteproject.org/constitution/Afghanistan_ 2004.pdf? lang = en。

会"（第81～109条）、第6章"大国民会议"（第110～115条）、第7章
"司法"（第116～135条）、第8章"行政机构"（第136～142条）、第9
章"紧急状态"（第143～148条）、第10章"修正条款"（第149～150
条）、第11章"其他方面条款"（第151～157条）、第12章"过渡条款"
（第158～162条）。2004年宪法的要点如下。

1. 确立国家的基本宗旨和精神

宪法指出，阿富汗是一个统一和不可分割的国家。阿富汗的主权属于
包括普什图人、塔吉克人、乌兹别克人、哈扎拉人、土库曼人、布拉灰
人、帕沙伊人、俾路支人、艾马克人、努里斯坦人、阿拉伯人、吉尔吉斯
人、基兹尔巴什人（Qizilbash）、古杰尔人（Gujur）等。① 同时，宪法也
承认少数民族的语言，但将普什图语和达里语设为官方语言。新宪法对于
少数民族的认可，在阿富汗的历史上是第一次出现，体现出阿富汗是所有
阿富汗民族的国家。

此外，宪法还指出，阿富汗遵守《联合国宪章》等国际社会普遍遵守
的原则，争取重新成为国际社会大家庭值得尊重的成员；巩固国家统一，
保卫国家独立，维护国家主权和领土完整是阿富汗的主要任务之一；阿富
汗将致力于建立一个基于民意、民主之上的政府，创建一个没有压迫、暴
虐、歧视和暴力，同时基于法制、社会正义、保护人权和尊严、确保人民
基本权利和自由的文明社会。它突出强调了在经历20多年的战乱和苦难后，
阿富汗政府和人民渴望实现和平、民主与发展的理想和愿望。

2. 确立了带有伊斯兰教特色的世俗主义的政治制度

宪法中指出，阿富汗的国名为"阿富汗伊斯兰共和国"，伊斯兰教是
阿富汗的"神圣宗教"，任何法律不得与伊斯兰教的信仰和规定相冲突。
但是，在具体的政治和司法制度上，又具有明显的世俗倾向，体现了主权
在民的思想。阿富汗主权属于阿富汗全体国民，国民可以直接行使主权，
或者通过其代表行使主权。

---

① 基兹尔巴什人为历史上波斯的土库曼骑兵，因其戴红色的帽子，被称为"红帽军"。古
杰尔人为印度、巴基斯坦和阿富汗的一个族群，绝大多数为穆斯林。

3. 确定了类似美国总统制的共和制政体

总统是国家元首，通过自由、直接、无记名投票的普选方式产生，只要获得一半以上的选票即可当选，任期5年。总统以下设第一副总统和第二副总统。中央政府由总统和各部部长组成，不设总理一职，总统兼政府首脑。国民议会是阿富汗最高立法机构，由人民院（Wolesi Jirga）和长老院（Meshrano Jirga）组成。人民院议员通过自由、普遍、匿名和直接的选举产生。长老院成员或者由各省、区议事会选举，或者由总统任命。大国民会议是阿富汗人民最高意志的体现，由国民议会所有成员和省、区级议事会主席组成。

4. 比以往宪法更加突出体现了平等、法治等精神和思想

禁止任何形式的歧视和特权；阿富汗所有公民在法律面前一律平等；保护生命权；尊重和保护人的自由和尊严；禁止虐待被告、被逮捕人、犯人等；通过强迫手段得到的任何声明、证词或自白均不具有法律效力；保护公民的居住、迁徙、定居的自主权；保护包括外国人财产在内的私人财产；尊重、保护就业权和劳动保护的权利，禁止强迫劳动；尊重和保护残疾人的权利；尊重和保护公民通信的隐私权和自由权。2004年宪法还强调法治，规定在法院正式宣判之前，应遵循被告人的无罪推定；应依法进行追捕、逮捕、拘留或惩罚；保护被告人的辩护权等。

5. 尊重和保护阿富汗公民的各项民主权利和自由

阿富汗公民享有选举和被选举权；在宪法许可的范围内，公民享有言论、写作、印刷、出版自由的权利；公民享有和平示威和结社的权利。2004年宪法也规定，公民有权组织政党，不过要求的条件较为严格。比如，党纲和党章不能违背宪法和伊斯兰教；政党"不能包含军事或准军事目的或组织"，"不能成为外国政党或政治组织的分支"。这可能是在吸取20世纪60年代历史经验教训，防止政党军事化或发展成为具有政治军事实力的组织；或者得到外部支持，与现政权对抗，威胁国家的安全和政治体系的稳定。另外，2004年宪法还规定，"不能基于种族、语言、伊斯兰教派和宗教之上组建政党或发挥政党的作用"，这对于防止政党族群化或宗教化起到了一定作用。

6. 确立了经济发展的基本方针和政策

2004 年宪法试图建立一种以国家为指导，基于市场经济之上的混合型经济体制。它规定，矿产资源和地下资源属国家所有。国家将提出和实施有效的发展规划，以促进工业、农业、畜牧业和手工业的发展，提高生产率，提高生活水平。同时，国家将依法鼓励和保护建立在市场经济基础之上的私人企业和资本投资，私人财产不可侵犯。中央银行将依法制定和实施国家的各项金融政策。国内外贸易事务将根据国民经济和公众利益的需要进行立法。

7. 促进教育、科学、文化、艺术、卫生、体育等事业的全面发展

2004 年宪法比以往任何宪法更加强调教育发展和提高公民素质的重要性。它规定，要促进阿富汗各地教育的平衡发展，促进阿富汗义务教育的发展，促进各民族语言的发展，促进妇女、游牧民文化程度的提高，扫除文盲，促进高等教育和职业教育的发展，编写和应用全国统一教材和课程等。2004 年宪法显然希望以此作为复兴和促进阿富汗教育发展的一个新起点。

这部宪法第一次强调不同民族的平等权利，实行普选制，强调三权分立，以及政治、政党自由等。可以说，是阿富汗迄今为止最为进步和自由的宪法。但它在施行的 10 余年中也存在问题，特别是在不同族裔的权力分配方面、选举制度方面的问题。这些问题导致阿富汗多次大选存在巨大争议。

二　国家元首与政府首脑

2004 年宪法对阿富汗国家元首和政府首脑作了明确规定，阿富汗事实上实行总统制。总统是国家领导人也是行政首脑，组建和领导内阁，依法行使在行政、立法和司法方面的权力。总统缺位、辞职或死亡时，副总统将依法行使相应的职责。2014 年总统选举后，加尼与阿卜杜拉对于选举结果存在争议，最终在美国的斡旋下，两者妥协，组成民族团结政府。加尼任总统，在宪法之外新设立首席执政官（Chief Executive）一职，由阿卜杜拉担任，事实上就是总理，承担部分行政首脑的职责。但这一制度

最终并未通过修宪进行确认。2020 年总统大选之后，首席执政官一职被撤销。

总统的权力和职责包括：监督宪法的实施；获得议会赞同后决定国家的基本政策；在获得议会同意后宣战和媾和；在保卫领土统一和国家独立时有权作出必要决定；必要时召开大国民会议；在议会同意后宣布或结束国家紧急状态；任命各部部长、首席检察官、中央银行行长、国家安全理事会主席和阿富汗红新月会主席，有权解除他们的职务和接受辞职，并获得人民院同意；任命首席大法官及其他成员，并获得人民院同意；根据法律，任命法官、武装部队军官、警官、国家安全部队官员和政府高级官员，并有权解除其职位、接受其辞职和令其退休；任命阿富汗驻外使节，接受驻阿富汗外交使团递交的国书等；签署法律和法令；举行公民投票；等等。

总统通过自由、直接、无记名的普选产生，总统候选人必须获得简单多数票，即超过一半的选票才能当选。总统任期 5 年，连任不能超过两届。新总统的选举，将于现任总统任期届满前 30～60 天举行，并设立独立委员会，监督总统选举和阿富汗国内其他官方选举。总统候选人必须是阿富汗公民、穆斯林，父母均是阿富汗人，不能拥有其他国籍，年龄不低于 40 岁。

总统对国家和人民院负责。同时，只要有 1/3 成员同意，人民院就有权弹劾总统犯下的反人类罪、叛国罪和其他罪行。如果支持的议员达到 2/3，则召开大支尔格会议进行讨论和表决。如在大支尔格会议上仍然有 2/3 的成员赞成对总统的弹劾，总统将被免职。

2004～2020 年，阿富汗已举行 4 次总统大选，其中卡尔扎伊连任两届，加尼连任两届，但阿富汗选举中大多存在舞弊等争议。2020 年 3 月 9 日，加尼正式宣誓就职，开启了第二个任期。

三　中央政府

2004 年宪法对阿富汗中央政府的组成、职责以及其他方面作了明确规定。阿富汗实行中央集权制，中央政府由总统领导的各部部长组成，部长不限于国民议会的议员，也可以从非议员中任命。但是，成为各部部长后，不得兼任国民议会议员。部长对总统和人民院负责，如果各部部长被指控犯罪，将由特殊法院进行审理和裁决。

中央政府的职责主要包括：①根据宪法、其他法律以及法院最终裁决履行职责；②保卫国家独立，维护领土主权，维护阿富汗国家利益和尊严；③维护公共法律和社会秩序，根除腐败；④制定并实施发展规划，以促进阿富汗社会、文化、经济和技术的发展；⑤制定国家预算和财政事务的规范，保护公共财富；⑥在每一个财政年末，向议会报告财政执行情况，并提出下一年度财政规划；⑦在紧急状态下，当议会休会时，可以提出除财政预算之外的立法动议。立法动议经过总统签署后，即成为法律。不过该项法律还须经议会同意，一旦被议会否决，法律即失效。

部长的任职资格也作了规定：①必须是阿富汗公民，如果被提名部长者拥有另一国国籍，人民院有权力对他（她）的任职资格予以否决；②必须受过高等教育，具有工作经历和声誉；③年龄不得低于 35 岁；④没有犯罪等任何不良记录。

2021 年 8 月，塔利班上台后，废除了 2004 年的阿富汗宪法，明确反对西方的民主制度，在一定程度上重建了 20 世纪 90 年代的制度，将国名恢复为伊斯兰酋长国。塔利班并未开启制宪进程，只是表示会暂时执行 1964 年宪法的部分内容。截至 2022 年，塔利班政权的结构尤其是中央政府与地方的关系，乃至地方的政治制度仍然不够明晰，形式上现今仍然是临时政府。在这套政治体制下，阿富汗塔利班的最高领袖海巴图拉·阿洪扎达担任埃米尔，是国家元首，但主要生活在坎大哈。中央政府位于喀布尔，由类似于内阁的各部门构成，其中设 1 位总理和 3 位副总理，下设国防部，内政部，外交部，禁毒部，财政部，教育部，文化与信息部，经济部，朝觐与宗教事务部，司法部，边界与部落事务部，农村复兴与发展部，公共工作部，矿业与石油部，水利与能源部，民用航空与交通部，高等教育部，通信部，难民部，劝善戒恶部，公共卫生部，商业与工业部，灾害管理部，农业、灌溉和牲畜部，烈士和残疾人事务部，劳动力与社会事务部，旅游部，城市发展部，情报中心，中央银行，国家中央数据中心等。

由于塔利班废除了原有的选举制度，内阁各部门以及地方政府官员都由塔利班自上而下任命产生。这些内阁部门虽基本上沿袭了 2001～2021 年阿富汗的各部门，但也新增了具有宗教色彩的劝善戒恶部。

四 地方政府[①]

阿富汗实行单一制和中央集权的政治体制。地方政府分为省、市、地区和村四级。2004 年之后，阿富汗有 34 个省，省长由总统直接任命，总统也有权撤免省长。省政府的设置类似于中央政府各部。各省又分为不同的地区，其行政领导须由中央政府确认。省和地区政府的权力与工作也受到中央政府的节制和领导。2007 年，阿富汗设地方治理独立委员会（Independent Directorate of Local Governance），以加强地方和中央的联系，并向总统提名省长的候选人，由总统决定是否任命。

各省也设置议会（Provincial Councils），议员须由当地居民通过自由、直接、无记名的普选产生，任期 3 年。其中，1/4 的议员必须为女性。各省还设有省级法院。

省之下设若干个地区，省政府与地区政府的关系类似于中央政府与省政府。地区的领导人和高级官员由省长提名并报送至地方治理独立委员会，由后者提交到中央政府，最终由总统任命。地区设置委员会，通常有 5～15 人，依人口的规模而定，委员会成员由当地居民选举产生。地区设有地区法庭。

阿富汗城市也分为不同级别，有的介于省与地区之间，有的则介于地区与村庄之间。但市政府大多归省政府管辖，具有一定的自治性。市政府的财政自筹，市长人选由地方治理独立委员会和省长、地区行政首脑共同推荐，最终由总统任命。

村庄为最基层的行政区划，阿富汗有 3 万余个村庄，村庄设有村庄委

---

① Shabnam Habib, "Local Government in Afghanistan: How It Works and Main Challenges," 21th. NISPACEE Annual Conference, 2013, https://www.nispa.org/files/conferences/2013/papers/201304161044150. Paper_Habib.pdf.

员会和社区发展委员会，村庄委员会和村长一般由村民选举产生。2003年以来，阿富汗政府实施"国家巩固计划"（Afghan National Solidarity Programme），在阿富汗国内外非政府组织的支持下，在农村地区设立社区发展委员会，以便为农村提供电力、水源、医疗和教育等公共服务，提升基层政权的影响力。截至2021年8月，已完成了三期，阿富汗大部分村庄都被纳入其中。但村庄存在传统的治理体系，即支尔格会议，有时要比官方的村庄委员会更具权威性。

塔利班政权上台后，在一定程度上维持着地方的自治状态，塔利班各派系占据了省和地区的行政、司法和军事领域的领导地位。在塔利班夺取政权之前，以穆罕默德·雅各布和加尼·巴拉达尔为中心的奎达舒拉属于塔利班的政治派别，在西部各省影子政府的领导人任命中发挥着重要作用。哈卡尼网络则在一定程度上左右了东部各省影子政府官员的任命。由于塔利班内部的派系斗争并未消除，这些派系将对地方政治产生重要的影响。

第三节　立法与司法

一　立法机构

（一）议会

1.1964 年之前的议会

阿富汗立法体系经过了长期演变，最早可以追溯至1923年宪法和1931年宪法所设立的议事会或议会，仅具有咨询或辅助行政机构的职能。

1923年宪法规定，设立具有咨询性质的国务议事会和地方议事会。国务议事会的主要职责是就立法事宜向政府提出建议，并且拟定立法草案。当时，国务议事会的代表一半由各省民众选举产生，另一半由国王从高级政府官员和高级军事将领中任命，任期均为3年。国务议事会由议长和3名副议长领导，其中3名副议长由国务议事会全体成员选举产生，并且经国王批准。

省议事会的职责是在省级政府官员指导下讨论该省的行政事务，其成员有的经选举产生，有的由政府任命。议长由省长兼任，议员由该省的纳税人从本省受尊敬和正直的人士中挑选，或者从向中央政府纳税的部落领袖中挑选，任期 3 年。此外，当选的省议员中还将选举一人代表该省作为国务议事会成员。

1931 年宪法将之前的一院制改为两院制，即国民议会（或下院）和贵族院（或上院）。就国民议会而言，1931 年宪法没有明文规定它有立法创制权，相反，内阁成员却具有立法创制权。第 51 条规定，内阁成员可以就其相关领域提出法律建议。第 55 条和第 61 条规定，议会对内阁成员的建议没有否决权。此外，国民议会休会时，国王有权以政府名义发布国王敕令。国王也具有了一定的立法权。

国民议会的权力主要集中在：对政府政策自由发表意见；讨论和批准内阁各部门提交的各种法案；质询内阁；审查和通过国家预算；批准国内外专卖权、条约协定和贷款；审议公共工程等。但国民议会在这些领域仍然受到限制。国民议会通过的议案须交贵族院审议，贵族院通过后，国民议会报国王批准签署方能生效；政府各部在制定各部具体政策时，不对国民议会负责；除讨论政府提交的法案外，国民议会不过问政府其他工作；等等。

国民议会每 3 年选举一次，定期开会，有一半人数出席即达法定人数，法案经简单多数同意即为通过。国民议会议长由其成员选举产生。

贵族院由 20 名及以上成员组成（后来最多不超过 45 名）。成员全部由国王挑选和任命，任职终身。国民议会通过的议案须经贵族院审议；有些政府议案也须交贵族院讨论通过，再交国民议会复议，最后呈送国王批准签署；贵族院休会时，国民议会通过的法案只要得到国王批准便立即生效。因此，贵族院也没有立法职能，仅起咨询以及辅助王权的作用。

此外，在省和市分别设立地方议事会。无论哪一级议事会成员，其半数成员均由国王任命，另一半成员由人民选举产生。中央各部在各省派驻代表，在人口超过 1.8 万的城镇设立经选举产生的市议事会。实际上，地方议事会成员一般由中央政府官员从地方上挑选拥护中央政策的官员并加以任命。

从实践上看，20 世纪 30 年代以后，在大多数情况下，议会一直充当通过内阁提出法律议案的橡皮图章。第二次世界大战结束后，阿富汗在政治上进行了"自由主义议会"试验。1949 年年初，阿富汗因此举行第七届议会选举，也是历史上第一次自由的议会选举，议员共有 120 名。议会于当年 6 月开幕，1951 年 10 月闭幕。不过，"自由主义议会"运动的激进化发展，促使政府在 1952 年年初采取了一系列镇压措施，"自由主义议会"试验以失败告终。

2. "十年宪政"时期的议会。

1964 年，查希尔沙开启了民主化改革，议会也第一次真正意义上具有了立法权，议会与政府之间也具有了一定的权力制衡。1964 年宪法规定，设立两院制议会——人民院和长老院，人民院议员由人民通过自由、普遍、匿名和直接的选举产生，任期 4 年。而长老院议员当中，有 1/3 由国王任命，任期 5 年；另外 2/3 的议员经选举产生。其中，包括每个省的 2 名议员，1 人在省议员中选举产生，任期 3 年；1 人由当地选民通过自由、普遍、匿名和直接的选举产生，任期 4 年。长老院议长由国王从议员中任命，人民院议长从其议员中通过选举产生。

立法创制权具有多元化特征。中央政府、议员有权向议会提出议案；涉及司法和行政管理方面的议案可以由最高法院提出；涉及预算和财政方面的议案，只能由中央政府提出；在议会休会和解散时，中央政府可以就紧急问题发布法令，经国王签署后即可成为法律。

两院议会之间、议会与政府各部门之间权力分立，具有一定的制衡关系。人民院在行使立法权方面高于长老院；现任中央政府官员、现役军官，以及其他行政官员不能担任两院议员；一个人不能同时兼任两院议员；议员不能担任其他职务（农业部门和自由职业除外）；中央政府对人民院负责；人民院有权就一些具体问题质询中央政府（或大臣），然后决定是否讨论政府（大臣）的相关解释；人民院还可以调查政府行为；等等。

地方各省设省议事会，议员由各省居民通过自由、普遍、直接和匿名的选举产生，省议事会议长由省议员从成员当中选举产生，并有资格参加大国民会议。省议事会的职能主要是咨询，包括推动国家发展目标的完成，向省政府提出政策建议，并与省政府合作促进各省发展等。市政府负责管理城市发展，并通过自由、普遍、直接和匿名的选举建立市议事会。

这个时期，阿富汗共举行了两次议会大选。由于政党法、省议事会法和市议事会法始终未得到国王批准，不存在合法政党。议会选举中虽然有政党参与，但都是以个人名义参选，可称之为"无党派议会民主制"。1964年宪法颁布后举行的第一次议会选举（即第12届议会）在1965年8~9月举行，共有272名议员当选。1969年8~9月，举行了第13届议会选举。与以往只是"橡皮图章"的议会不同，这两届议会力争发挥宪法赋予它的权力，主要表现在调查和质询政府的行为方面。另外，从立法创制方面看，第12届议会主要通过了4个年度的收支和发展预算，通过了政党法、省议事会法和市议事会法，但后4项法案国王未签署批准。通过的法律文件还包括与外国签订的文化协定、贷款协定、商品交换协定、航空协定等。第13届议会在立法方面表现一般。

3. 阿富汗共和国时期的议会

1973年达乌德上台后，废除了1964年宪法，并开始实行威权统治。1977年宪法设立的一院制国民议会，仅起到装饰门面的作用，虽然宪法规定国民议会是"阿富汗人民意志的体现，并代表所有人民"，负责日常立法工作。议员（至少50%必须是农民和工人）由"民族革命党"提名，由人民通过自由、普遍、匿名和直接的选举产生，任期4年。

4. 人民民主党政权下的议会

1978年人民民主党上台后，开始仿效苏联的制度。1987年宪法规定了两院制的议会制度，即众议院（House of Representative）与参议院（The Senate），作为最高的立法机构。众议院由各省选举产生，参议院由选举和总统任命产生。此外，还设立了"大支尔格会议"，审议和批准阿富汗的重大事件，如修订宪法、战争与媾和、选举和罢免总统等，其成员包括各省代表，各省的省长，总理、副总理及部长会议成员，首席法官和最高法官，宪法委员会成员，等等。1988年4月5~15日，纳吉布拉政权举行执政后的首次议会选举，产生了184名众议员和115名参议员，并为反对派保留了 48 个众议员和 13 个参议员席位。此外，纳吉布拉总统还依照宪法规定任命了 46 名参议员。

塔利班崛起后，奉行伊斯兰主义，反对人为立法，尽管也设有舒拉，但是仅是集体决策和咨询机构，没有立法权。

5. 阿富汗战争之后的议会

阿富汗战争后在西方国家主导下，阿富汗于 2004 年颁布了新宪法，对阿富汗的立法机构即议会进行重建。国民议会由人民院和长老院组成。人民院议员通过自由、普遍、匿名和直接的选举产生，任期 5 年。人民院议员选举须在人民院任期届满前 30 ~ 60 天内举行，议员总数不得超过 250 名。其他选举事宜由选举法予以确定，但必须确保每省有 1 名女性当选人民院议员。

长老院议员产生的办法是：①从各省议事会议员中产生，每个省议事会可选举 1 名议员作为长老院议员，任期 4 年。②从各省下设的区议事会议员中选举，每个区议事会可选举 1 名议员作为长老院议员，任期 3 年。③总统从专家和德高望重的个人中任命长老院其余 1/3 议员，任期 5 年；女性应在其中占一半人数。此外，宪法对两院议员的候选人资格提出了具体要求，独立选举委员会还将对两院议员候选人的资格进行审查。

议会的主要权力包括：批准、修改和废除法律和法令；审议和通过经济、社会、文化和技术发展规划；审议和通过国家预算，允许获取和提供贷款；确认或修改行政区划；批准和废除国际条约和协议等。两院各建立一个委员会，就所要讨论的问题进行研究，可以就任何具体问题质询每位部长。另外，人民院还具有以下特殊权力：决定是否根据宪法质询各部部长；如果与参议院就国家发展规划和预算产生分歧时，人民院有最后决定权；根据宪法通过人事任命事宜等。如果有 1/3 的议员建议对政府进行质询，人民院有权成立一个特殊委员会处理这类事宜。

在议会开会期间，每院须从其议员中各选出 1 名议长、第一副议长和第二副议长、1 名秘书和 1 名秘书助理，组成各院执行小组，任期 1 年，以处理内部事务。

国民议会对总统和行政机构具有一定的制衡作用。除非另有声明，法律草案一旦经国民议会通过，并得到总统批准，便立刻成为正式法律。如果总统不批准，可以在草案提交给他（她）的 15 天之内以正当理由退至人民院。人民院如果仍以 2/3 赞同，法律草案即被视为通过并生效。

在立法中，人民院比长老院享有相对较大的权力。法律动议可以由政府或国民议会提出，但是关于预算和财政事务方面的动议只能由政府提出。由政府提出的法律动议首先要提交人民院，人民院讨论后，将对有关法律动议通过或拒绝。人民院通过后，法律草案将提交长老院，长老院应在 15 天内对法律草案做出裁决。

由政府提出的国家预算和发展规划首先经由长老院审议，随后连同长老院的建议一起提交人民院。无论长老院同意与否，人民院的决议经总统签署后，即开始生效。如果两院的决议相互矛盾，两院将组建一个共同委员会（由两院出相同数量的成员组成）以解决分歧。一旦得到总统赞成，该委员会的决定将付诸执行。如果委员会不能解决分歧，动议将失效。但是，如果该动议得到人民院同意，可在人民院下次开会期间再次表决。如果得到人民院大多数成员同意，将视为通过。总统签署后，无须再提交长老院。如果两院存在分歧的动议涉及财政事务，同时两院共同委员会无法解决分歧时，将由人民院再次表决，若人民院大多数成员同意，将视为通过。总统签署后，该动议将生效，无须再提交长老院表决。

国民议会每年召开两次会议。一般情况下，两院分别同时召开会议。否则，将召开联席会议。此时，人民院议长将成为联席会议主席，并主持会议。

2005 年 9 月 18 日，阿富汗举行了首次国民议会选举，这次选举应选出 249 名人民院议员和 420 名省议事会议员。据统计，约有 2760 名和 3015 名候选人分别参选人民院和省议事会议员，其中女性候选人分别占 12% 和 8.1%。由于选举不是以政党为基础进行，几乎所有候选人都以独立身份参选。据统计，注册选民人数超过 1250 万，其中女性占 44%，不过最后只有 680 万选民参加投票，投票率为 53%。由于计票效率低下和舞弊行为，选举结果的公布一拖再拖，直到 11 月 12 日才公布最后结果。

就人民院看，当选议员成分结构复杂而且分散。其中，阿富汗各主要政治或武装派别领导人和成员获大约 100 个席位，超过人民院议席的 40%；女性议员有 68 席，占 1/4，她们在阿富汗历史上从未获得如此重要的政治地位和发言权；其他当选者包括一些苏联占领时期的原阿富汗政府官员、3 名前塔利班政府官员、技术官僚和宗教领袖等。

2010 年，阿富汗进行了第二次议会选举。其中，2584 人竞选 249 个人民院议席。此次选举共有 1030 万选民注册，但最终投票率为 40.94%。当选的议员中绝大多数为独立候选人，249 个议席中，只有 85 人有党派背景，其中最多的伊斯兰促进会也仅有 17 个议席。[①] 2011～2019 年，人民院的议长一直是乌兹别克人阿卜杜勒·拉乌夫·伊卜拉希米（Abdul Rauf Ibrahimi）。

2016 年，阿富汗计划举行第三次议会选举，但最终推迟到了 2018年。这次议会选举中，共有 8918107 人注册为选民，其中 3067918 左右为女性，其比例也创了阿富汗历史新高。此次选举有 2565 名候选人参选，其中 417 名为女性，大部分候选人仍然以独立候选人的身份竞选。在这两次选举中塔利班等极端组织不仅号召抵制选举，而且还发动针对选民和投票点的袭击，致使大量平民和选举的安保人员丧生，政府不得不关闭一些投票站，影响了投票的结果。2019 年，人民院选举塔吉克人米尔·拉赫曼·拉赫曼尼（Mir Rahman Rahmani）为议长。

2021 年 8 月，塔利班上台后，完全废除了包括两院制议会在内的政治制度，在新建立的政治体系中，缺乏广泛参与的代议制机构，禁止政党存在。塔利班内部的决策机制即舒拉仍然发挥着重要作用，但不具有立法功能。在地方层面，塔利班与基层民众通过部落纽带和宗教联系等非正式方式存在互动，体察民意。历史上阿富汗面临重大问题时往往召开大支尔格会议，主要的政治人物、宗教领袖和部落首领等都参与其中，寻求共识。截至 2022 年 5 月，阿富汗塔利班政权一直在为召集大支尔格会议做准备。

---

① *Political Parties in Afghanistan: A Review of the State of Political Parties after the 2009 and 2010 Elections*，National Democratic Institute，2011，pp. 29 – 30.

（二）大国民会议

大国民会议（Grand Assembly），直译为大支尔格会议。"支尔格"意为"圈子"，是阿富汗部落社会中传统的议事会，存在于村庄、部落层面。在国家层面则被称为"大支尔格"，往往在国家面临重大问题时或紧急时刻召集会议，来协商决定诸如宣战和缔和、制定或修改宪法、批准签署有关阿富汗领土统一和主权完整的国际条约等重大政策。大国民会议一般由来自全国各地的部落领袖和宗教领袖、地方士绅、政府成员、议员等参加，参加成员和人数在君主制时代由国王决定。大国民会议一般以"协商一致原则"作出决策。大支尔格非常设机构，因议题而召开会议，成员也非终身制。

大国民会议作为一种传统制度，在重大的问题上具有决定权和立法权。自1747年阿富汗王国建立以来，几乎每届政府都十分重视大国民会议的作用。① 在重大问题上，如果得不到大国民会议的认可，政府的任何行动都不具有合法性。

1747年，阿赫马德沙在大国民会议上被推举为阿富汗国王，进而开创了杜兰尼王朝。阿布杜尔·拉赫曼统治时期，控制了大国民会议。他在紧急状态下召集大国民会议，以决定国家大政方针，为他的政策提供合法性，一旦达到目的，马上予以解散。当时，大国民会议可以就国王提出的问题发表见解，但不能表达不同观点，实际上也是咨询机构。哈比布拉汗执政时期，曾于1915年召集大国民会议，会议同意阿富汗在第一次世界大战中保持中立。阿曼努拉汗执政时期，曾召开3次大国民会议，其中一次宣布阿富汗从英国的控制下独立。纳第尔沙统治时期召开过3次大国民会议。

1941年7月，查希尔沙召开过一次大国民会议，以决定阿富汗在第二次世界大战中的立场。1964年9月，查希尔沙主持召开过一次大国民会议，审议并通过了1964年宪法。当时，参加大国民会议的成员共455名，主要包括：国民议会议员176名，非直接选举产生的成员176名，国

①　塔利班统治时期例外。

王指定的成员 34 名，贵族院议员 19 名，内阁成员 14 名，最高法院成员 5 名，制宪委员会成员 7 名和制宪顾问委员会成员 24 名。

1964 年宪法对于大国民会议也作了规定，使之制度化。大国民会议由两院议员和各省议事会议长组成。在下列情况下，由王室发布敕令召开大国民会议：①国王逊位或去世，没有合格的继承人，需要从穆罕默德·纳第尔沙陛下男性直系后裔中选举 1 名王位继承人时；②如果国王去世时，其继承人尚未年满 20 岁，同时皇后也已离世，需要从穆罕默德·纳第尔沙陛下男性直系后裔中选举产生 1 名摄政王时；③国王逊位，而继承人尚未年满 20 岁，需要从穆罕默德·纳第尔沙陛下男性直系后裔中选举产生 1 名摄政王时。大国民会议开幕时，由人民院议长（人民院议长缺席时，由长老院议长）主持会议。大国民会议决议一般需要 2/3 多数同意才能付诸实施。

1977 年，达乌德召开大国民会议，审议并通过了 1977 年宪法。这部宪法规定，大国民会议是阿富汗人民意愿的最高体现；大国民会议由议员、民族革命党中央委员会成员、政府成员、武装部队最高委员会成员、最高法院成员、各省的 5～8 名代表以及由总统指定的 30 名成员组成，总统是大国民会议主席；大国民会议须根据总统或总统办公室的命令，在特殊情况下召开。

人民民主党政变上台后，曾召开 2 次大国民会议。1985 年，为了缓和社会冲突，增强人民民主党政权的合法性，卡尔迈勒召开了大国民会议。当时，有 796 名各省的代表，一些政府官员，以及 200 名农民、工人、知识分子和部落长老与会。这次会议旨在使苏军占领阿富汗合法化，并谴责美国、巴基斯坦和沙特等国家对阿富汗的干涉，要求与会者赞同反对运动和叛乱的立场。

1987 年，纳吉布拉政府也召开了大国民会议，力图在阿富汗的一些重大问题上达成一致，并通过一部新宪法。宗教人士、部落首领、人民民主党成员，以及各省的 1500 余名代表参会，并对新宪法草案进行讨论，最终通过了这些宪法草案。这次会议的另一个任务是选举总统，纳吉布拉最终当选。

在人民民主党统治时期，大国民会议的召开本身具有很多的弊端，例如抵抗运动的抵制、大量普什图人流亡国外缺乏代表，以及人民民主党本身的合法性存在问题。因此，大国民会议的效果有限。

2001年年底，阿富汗临时政府建立后，于2002年6月11~19日召开大国民会议紧急会议，确定了过渡政府的体制和组成。2003年12月14日至2004年1月4日，阿富汗过渡政府召开大国民会议，审议并通过了2004年新宪法。

2004年宪法对大国民会议的构成、权力等也作了规定。大国民会议是阿富汗人民最高意志的表现。大国民会议成员由两院议员以及省、区议事会议员组成，内阁成员、最高法院院长及其成员可以参加大国民会议，但是没有表决权。大国民会议享有以下权力：①对涉及国家独立和领土完整等重大问题作出决定；②修改宪法条款；③依据宪法条款对总统提起诉讼。大国民会议在召开时，须从其成员中选举出1名主席、1名副主席、1名秘书和1名秘书助理。大国民会议做出的决定一般由大多数成员赞成通过。

2002年之后，阿富汗分别于2006年、2009年、2010年、2013年和2019年召开大国民会议，分别解决阿富汗和巴基斯坦边界问题、塔利班问题、民族和解问题、减少美国驻军问题等。大国民会议作为一种具有深厚历史与传统的社会政治制度，仍然是凝聚阿富汗社会共识和进行社会和解的最重要的平台。2022年6月30日，阿富汗召开大支尔格会议，讨论女性教育问题，以及政府的形式、国旗和国歌等问题。

二 司法机构

（一）二元化法律体系的形成（1920~1964年）[1]

在阿富汗传统社会，城市以伊斯兰法为主，司法权归于宗教人士，法官被称为卡迪，教法说明官则被称为穆夫提。在部落地区，习惯法处

---

[1]　Mohammad Hashim Kamali, *Law in Afghanistan: A Study of the Constitutions, Matrimonial Law and the Judiciary*, Leiden: E. J. Brill, 1985.

于主导地位，典型的如普什图人的习惯法——普什图瓦利。支尔格大会是部落地区的司法机构，负责处理地方的司法案件。习惯法与伊斯兰教法存在一定的矛盾。20世纪以来，阿富汗现代化进程加速，西方的世俗法律体系也被引入阿富汗，遂形成三元制的法律体系。相对而言，世俗法和伊斯兰教法属于正式的法律体系，而部落习惯法则属于非正式的法律体系。

20世纪20年代至1964年宪法颁布前，阿富汗官方层面实行的是二元司法体系，即以沙里亚法为核心的宗教司法体系和世俗司法体系。1923年宪法、1923年通过的基本组织法以及1931年宪法，从形式上确认了上述两种法律体系的存在。两者存在一定的分工：世俗司法体系享有基本组织法赋予它的司法权力；在民事、刑事和宗教等领域，宗教司法体系发挥着重要的作用。

1. 伊斯兰教司法体系

1919年阿富汗独立后，阿富汗对传统的伊斯兰教司法体系进行改革。1923年宪法和1923年通过的基本组织法规定，伊斯兰教司法体系包括三级司法机构，即初级法院、上诉法院和最高上诉委员会。

（1）初级法院

初级法院设在每一个区级行政机构，由1名卡迪、2名穆夫提和1名书记官组成。它对世俗法院司法领域之外的所有民事和刑事纠纷进行裁决。民事纠纷最初是由世俗法院中的调解法院进行裁决，当对各方的调解无法达成时，再移至初级法院进行裁决。就刑事案件而言，初级法院的判决一般是最终判决，判决后应当立即执行。但是，当涉及死刑、肉体惩罚判决，或有损罪犯名誉的判决时，初级法院的判决不是最终裁决。死刑案件要经过宗教司法机构所有的三层法院的审定，并得到国王批准后，才能执行。就肉体惩罚判决或有损名誉判决而言，在接到判决通知15天之内，被告可以进行上诉。初级法院对于重罪的判决，一般要由上一级法院进行复审。尽管如此，上至中央政府的安全大臣、地方的省长，下到区长，都可以不经过司法程序单独行使监禁或罚款的权力。

（2）上诉法院

上诉法院设在每一个省会，由1名卡迪、4名穆夫提和2名书记官组成。上诉法院的职责类似初级法院，有权力对由初级法院裁决的所有纠纷进行裁决。上诉法院的诉讼程序由沙里亚法以及基本组织法予以确定。被告人、省长都有权力在规定期限内，对初级法院和上诉法院所作的刑事案件判决提起上诉，并可以上诉至更高一级法院进行复审。初级法院和上诉法院各自设有办公小组，处理民事、刑事以及商业案件。

（3）最高上诉委员会

基本组织法还规定，设立最高上诉委员会作为最高上诉法院。最高上诉委员会设在首都喀布尔，由1名主席和4名成员组成，主席由安全大臣兼任。就司法程序而言，初级法院和上诉法院的性质都是审判性的，而最高上诉委员会的职责在于审定，仅限于判定下级法院的判决是否符合沙里亚法和基本组织法的原则和精神。最高上诉法院有权核实或者推翻下级法院的判决，但是不能进行审判。除死刑案件需要得到国王的进一步批准外，最高上诉委员会的其他任何决定都是最终裁决。

根据基本组织法，最高上诉委员会和上诉法院的法官、初级法院的卡迪都由国王任命。上诉法院和初级法院的穆夫提由各级任命委员会提名后，再由安全大臣任命。初级法院的穆夫提也可以由省长任命，省长还有权任命上诉法院和初级法院的一般职员。

2. 世俗司法体系

世俗司法体系设有调解法院、政府雇员法院、专门审判大臣的高级法院、军事法院以及商业法院。

（1）调解法院

根据基本组织法，阿富汗第一次设立了调解法院。调解法院设在首都喀布尔以及全国其他各省。喀布尔调解法院由1名院长和4名法官组成，其他各省调解法院由1名院长和2名法官组成。调解法院的主要职责是对涉及民事纠纷的双方进行调解，纠纷双方完全达成一致，调解法院才能形成判决。调解法院只能对民事和商业纠纷进行裁决，刑事纠纷全部由宗教司法机构判决。

根据基本组织法，民事和商业纠纷首先要经过调解法院进行裁决。调解法院的所有法官由省长提名，经安全大臣推荐，最后由国王批准。由于调解法院的裁决是基于纠纷双方同意而达成的，因此其裁决是最终的，不再提交至宗教司法机构进行复审。这说明协调法院相对于宗教司法机构而言，具有一定的独立性。此前，尤其是在基本组织法实施之前，民事纠纷全部由宗教司法机构进行审理。20 世纪 30 年代中期，调解法院停办，其商业审判职能交由随后建立的商业法院管辖，民事审判职能重新转归宗教司法机构行使。

（2）政府雇员法院

政府雇员法院最初从属于国务议事会和省议事会，负责审判政府雇员任职期间的罪行。20 世纪 20 年代国务议事会下设三个部门：行政部门、改革部门、司法部门。其中，司法部门由政府雇员初级法院和两个上诉法院组成，前者面向首都喀布尔，后两者面向全国各地。此外，国务议事会当时还设有政府雇员最高上诉法院。

政府雇员初级法院由国务议事会的第三副议长以及 2 名国务议事会议员组成，其中前者兼任院长。初级法院负责初步审理涉及政府雇员的刑事案件以及社会治安案件，涉及首都地区所有政府雇员的这类案件均由初级法院审理。

政府雇员上诉法院由国务议事会的第二副议长以及 4 名国务议事会议员组成，前者兼任院长。上诉法院受理针对首都和各省初级法院的判决所提起的上诉。

政府雇员最高上诉法院由国务议事会议长、第一副议长以及 5 名国务议事会议员组成，国务议事会议长兼任院长。政府雇员最高上诉法院成员不能同时兼任下级法院成员。

1931 年宪法撤销了国务议事会，司法体系及其地位随之发生变化。其中一个变化在于，原国务议事会下辖的司法部门开始归政府各部管辖。政府雇员上诉法院归政府各部管辖。政府各部都设有一个咨询机构——部议事会，该机构掌握原政府雇员上诉法院的权力。各部议事会分别受理针对省议事会就该部政府雇员裁决所提起的上诉。这样，就出现了许多上诉法院。政府雇员最高上诉法院归首相管辖，受理针对各部议事会所做裁决的上诉。这样，世俗司法体系就归属于行政机构，并成为行政机构的一部分。

根据 1923 年基本组织法，省议事会除享有咨询权外，也被赋予了刑事案件判决权，主要对本省政府官员的案件进行审理，其职能相当于政府雇员初级法院。如果被告不满意，可以上诉至政府雇员上诉法院。喀布尔的政府雇员上诉法院所作的司法判决不令人满意，被告可以上诉至政府雇员最高上诉法院。省议事会基于多数成员同意的原则进行司法判决。卡迪作为宗教上诉法院的院长，在省议事会中只有一票的表决权。国务议事会中的各级政府雇员法院、省议事会等都有平等的权力，可以对涉案的法官，以及其他司法部门的工作人员（包括卡迪和穆夫提）进行审判和判决。1931 年司法体系改革后，省议事会继续发挥政府雇员初级法院的作用。1957 年颁布的咨询议事会法，给予省议事会更大的司法权力。该法规定，省议事会还可以对涉及社会治安、猥亵、道德败坏等方面的犯罪进行审理。此外，诸如流放之类的判决也只能由省议事会做出。

（3）审判大臣的高级法院

1923 年宪法规定设立此类法院，由国王从国务议事会中任命 16 名成员、6 名调查员以及 9 名法官组成，该法院的裁决是最终判决。此后，根据 1924 年颁布的宪法修正案，该法院的组织结构有所改变。

（4）军事法院

1923 年基本组织法规定设立军事法院，负责审理军官、士兵和警察在履职时所犯下的罪行。军事法院在战争部监管下，其权力和程序由军事刑罚法予以规定。军人与平民之间的纠纷由非军事法院审理，军人之间的民事纠纷也由非军事法院审理。

（5）商业法院

传统上，商业纠纷为伊斯兰教司法体系管辖的范围。19 世纪后期，喀布尔在伊斯兰教司法体系之外建立了商会组织，根据商业习俗、合同和书面证据解决商业纠纷。当时，商会主席由喀布尔商人选举产生，常由善于经商的在喀布尔的印度人担任。1924 年大国民会议通过决议，取消了商会，恢复宗教法院裁决商业纠纷的权力。此后，在宗教司法体系之内设立独立的专门协会，负责审理商业纠纷。同时还颁布了一项特殊法律，规定该协会的司法程序。1931年，阿富汗政府在喀布尔设立独立的商业纠纷法庭。此后，坎大哈、马扎里沙里夫等省份也相继设立类似的法庭。针对这些法庭判决提起的上诉由设在喀布尔的商业协会受理。而对商业协会判决提起的上诉则由商务部议事会做出终审判决。20世纪40年代中期，随着企业破产法、商业注册法等的相继颁布，对于商业立法和司法有了更高的要求。1949年，阿富汗建立三级的商业司法体制，除以往的商业纠纷法庭外，增设商业上诉法院和商业最高上诉法院。1955年和1963年，阿富汗相继颁布商法和商业诉讼法，关于商业纠纷的司法程序进一步规范化。

20世纪20年代以来，阿富汗的司法体系逐渐完善，以伊斯兰教法为基础，以宗教法官为依托的一元性法律体系逐渐演变为多元化的法律体系。这既包括法律来源的多元化，也包括法庭的多元化。而在这一过程中，司法体系由相对独立于国家控制逐渐成为国家体制的一部分。此外，这一时期，司法部门与政治部门之间还存在重合，并不完全独立。20世纪60年代中期以前，主要有五类立法的来源：第一是伊斯兰教逊尼派哈乃斐教法学派原则，具体条文由宗教领袖解释；第二是皇家敕令；第三是内阁成员提出由议会通过的法律议案；第四是内阁各部就本部门发布的条令；第五是宪法中的一些基本原则。[①]

（二）混合型法律体系（1964年至20世纪70年代）[②]

这个时期，阿富汗力图对原有的二元司法体系进行改革，构建融合伊斯兰教司法体系和世俗司法体系的混合型司法体系。法院的判决和司法程序主要由世俗法律规范，沙里亚教法中的哈乃斐教法学派作为一种法律原

[①] Louis Dupree, "Constitutional Development and Cultural Change/Part Ⅱ: Pre - 1964 Afghan Constitutional Development," *South Asia Series*, Vol. Ⅸ, No. 2, *Afghanistan/Pakistan*, May 1965, p. 12.

[②] Mohammad Hashim Kamali, *Law in Afghanistan: A Study of the Constitutions, Matrimonial Law and the Judiciary*, Leiden: E. J. Brill, 1985.

则予以补充。换言之，世俗法拥有比宗教法更高的权力。1964 年宪法以及 1967 年通过的司法权威与组织法在司法体系发展中具有重要的影响。

1964 年宪法进一步增强了纳第尔沙统治以来世俗司法体系的地位，在一定程度上以世俗司法体系取代之前的二元司法体系。此外，这部宪法强调司法独立，司法、立法、行政机构分权制衡。它还规定设立最高法院以及其他法院，并规定了最高法院的地位、作用以及法院的人事任命等问题。另外，它还规定设立首席检察官负责调查犯罪和提出法律诉讼，检察官独立于司法体系之外，属于行政人员。

1967 年，阿富汗通过了司法权威与组织法，对司法体系进行了重大调整。该法有意回避伊斯兰教司法体系与世俗司法体系之间的区别，将原有法院整合，进而分成一般法院与特殊法院两类。一般法院包括最高法院（新设立的）、最高上诉法院、省级法院和初级法院，负责审理各种普通案件。特殊法院包括少年法院、劳动法院以及"可能由最高法院根据需要设立的其他法院"。这事实上使司法体系进一步世俗化。

1. 最高法院

最高法院是阿富汗最高司法权威，有权调整各级法院组织机构和诉讼程序。最高法院院长和法官由国王从符合条件的人选中任命。他们卸任后仍享有在职时的一切经济待遇，但是不得从事任何政治活动，或接受公共部门的职位。任职满 10 年后，国王对他们进行考核，不合格者将被免职。如果他们遭到下院 2/3 多数议员的弹劾，以及大国民会议的弹劾，那么他们也将被免职。

1964 年之前，法官犯罪后由政府各级雇员法院审理。1967 年司法权威与组织法对此进行了调整：由 1 名特殊司法检察官对受指控的法官提起诉讼，并由最高法院法官审判庭进行审判；审判庭由最高法院的 3 名法官组成，所作出的判决为终审判决，不得上诉。

长期以来，阿富汗司法体系庞杂，不同法庭之间关系复杂，它们的判决有时相互矛盾。1967 年司法权威与组织法规定，最高法院有权对相互矛盾的司法裁决做出决定。为此，设立最高法院司法裁决冲突庭，它由最高法院 3 名法官组成，对司法裁决冲突做出最终裁决。

除上述权力和职能外，最高法院还享有独一无二的司法解释权，有权判定法律是否与宪法保持一致。如果两者冲突，最高法院有权宣布法律违宪，并中止其实施。此外，最高法院还有权力批准涉及法院诉讼程序和行政管理的法律条例，可以就司法事务提出立法建议，并报议会批准。

2. 最高上诉法院

为维护所有法院诉讼程序和组织结构的一致性，原三种最高上诉法院（宗教性的最高上诉委员会、政府雇员最高上诉法院、商业最高上诉法院）合并为单一的最高上诉法院。最高上诉法院下设 3 个庭（Dewan），分别是民事和刑事最高上诉庭、商业最高上诉庭以及公共权力最高上诉庭。

民事和刑事最高上诉庭由 7 名法官和分别来自其他 2 个分院的 3 名法官，共 13 名法官组成，主要负责处理民事和刑事案件。其实，它负责审理除其他两个庭负责审理领域之外的所有上诉法律事务，其法律诉讼程序由伊斯兰教哈乃斐教法学派原则以及世俗法予以规定，而且主要由前者来确定。

商业最高上诉庭是针对涉及所有商业和劳动纠纷所作判决提起上诉的最终裁决机构。"商业纠纷"涉及工业生产以及交通运输、专利和保险等领域的所有纠纷。

公共权力最高上诉庭负责对因税收纠纷、个人与国家之间的纠纷、财产没收、全国大选和市政选举所引起的纠纷、政府雇员犯罪、新闻犯罪以及走私犯罪等方面判决提起的上诉。

最高上诉法院一般根据法律以及沙里亚法处理各种纠纷。1967 年司法权威与组织法规定，阿富汗各级法院要由 1 名以上法官组成。最高上诉法院以及各省级法院、初级法院均适用该原则。

3. 省法院

1967 年司法权威与组织法推动了省级法院组织结构和司法诉讼程序统一化进程。地方的商业法院和政府雇员法院合并为新设立的省法院。类似于最高上诉法院，省法院设立 3 个庭，即民事和刑事诉讼庭、商业诉讼庭和公共权力（或社会治安）诉讼庭。省法院之下还设初级法院，但后者未设立上述 3 个庭。因此，省法院就是这三类纠纷的第一级司法单位。省法院设在每一个省内。1975 年，阿富汗共有 28 个省，省法院因此共有 28 个。

1967 年司法权威与组织法规定，各省省法院院长对其省内初级法院进行监督。这种监督主要涉及行政管理方面，比如给予初级法院行政指导和帮助。此前，作为省级法官的卡迪对初级法院事务进行总体监督。

4. 初级法院

各省以下行政区设初级法院。初级法院是一种混合型司法机构，负责对各种各样的纠纷进行审理，是针对一般民事和刑事案件进行审理的第一级司法机构。初级法院可以在以下三种情况下做出最终裁决：一是纠纷双方认可法院的裁决，或者相关纠纷已过追诉期；二是纠纷涉及金额小于 5000 阿富汗尼；三是初级法院宣布不受理该案件。20 世纪 60 年代的司法改革基本上没有触动初级法院的原有结构，初级法院仍主要依据沙里亚法进行审理。1975 年，阿富汗共有 209 个省以下的行政区，因此初级法院也共有 209 个。

综上所述，就普通民事和刑事诉讼而言，20 世纪六七十年代的司法体系基本上也是三级结构。针对初级法院裁决所提起的上诉由省法院审理。如仍然要上诉，则由设在喀布尔的最高上诉法院作出最终裁决。

另外，如上所述，省法院就是针对商业、政府雇员以及社会治安这三类纠纷进行诉讼的第一级司法单位。因此，阿富汗在喀布尔和其他地区设立 3 个中央上诉高等法院，负责处理针对省法院对于上述三类判决提起的上诉。每个法院负责 8 ~ 9 个省的相关上诉案件。1968 年，阿富汗撤销了 2 个中央上诉高等法院，喀布尔的中央上诉高等法院仍保留，并受理针对全国各省省法院就商业、政府雇员以及社会治安三类纠纷所做裁决而提起的上诉。

达乌德第二次执政后，分别于 1976 年 9 月和 12 月颁布刑法和民法。刑法对犯罪、犯罪行为和惩罚做了明确规定，至少在理论上使宗教法官再也不能对涉嫌有罪的人滥施刑罚了。民法借鉴了一些习惯法，其内容涉及社会司法的所有领域。

（三）世俗化的法律体系（2001～2021年）

2001年年底阿富汗新政府建立后，阿富汗司法机构建设进入了新的阶段。2004年宪法对于阿富汗司法体系的规定在某种程度上延续了查希尔沙时代的司法体系，司法部门是阿富汗伊斯兰共和国的独立机构，包括最高法院、上诉法院、初级法院。最高法院是最高司法机构，领导国家的司法系统。最高法院由9名法官组成，由总统任命，并得到人民院的认可，任期从4年至10年不等，不能连任。最高法院法官卸任后，仍然享受国家相应的经济待遇。不过，如果最高法院院长、法官以及其他法院成员受到人民院的有效弹劾，将被免职。最高法院设高级委员会，为阿富汗司法权的代表。另外，2004年宪法规定，设立检察官办公室，负责调查和起诉犯罪。该机构是行政机构的一部分，但是具有独立性。

最高法院分为4个庭，分别为：总体犯罪庭、公共安全庭、民事与个人事务庭、商业庭。最高法院的主要职能有：①审议法律、法规、法律文件、国际条约是否符合宪法，具有法律的解释权；②通过政府向议会提出法律草案，以及关于法律事务管理的文件草案；③修正其他法院的判决；④解决不同法院管辖权的冲突，以及变更负责审判的法院；⑤审议他国的引渡要求，并决定是否引渡；⑥确保法律判决的统一；⑦惩处违法和违纪的法官；⑧其他对于全国法院的管理工作。

每个省设有上诉法院，设6个审判庭：总体犯罪庭、公共安全庭、民事与个人事务庭、商业庭、公共权力庭、少年庭。前四庭与最高法院相对应，每个庭的法官不超过6名。总体犯罪庭负责与交通相关的案件。上诉法院负责监督下级法院，其判决为终审判决。

在每个上诉法院辖区内设置若干个初等法院，主要有省中心初等法院（Central Provincial Primary Court）、少年法院、商业初等法院、地区初等法院、家庭问题初等法院。省中心初等法院下设总体犯罪庭、公共权利庭、民事庭、公共安全庭、交通犯罪庭。每个省的首府设1个少年法院，由1名院长和4名法官组成，主要处理未成年人犯罪案件。每个省设立1个商业初等法院，由1名院长和4名法官组成，主要处理商业纠纷。阿富汗每个地区设地区初等法院，由1名院长和2名法官组成，处理普通的民事、

刑事和案件。初等法院的审判在如下情况下为终审判决：原告和被告接受判决结果、已过追诉期、涉案金额未达到 10 万阿富汗尼等。若罪犯存在多种犯罪事实，涉及多个法院，由涉及罪行最重的法院管辖。从犯与主犯在同一法院受审。

此外，阿富汗还颁布了《民事诉讼法》《刑事诉讼法》《组织和管辖法》《商业程序法》等一系列的法律。从形式上看，阿富汗的司法体系属于世俗的法律体系。但需要指出的是，宗教法律体系和部落法律体系仍然发挥着极其重要的作用。在阿富汗，官方的这套法律体系成本要高于传统的宗教和部落法律体系。特别是，在当今的阿富汗农村地区，部落习惯法和支尔格大会仍然是解决各种纠纷和矛盾的最重要的法律体系。据统计，舒拉和支尔格大会这样的非官方的传统制度解决了阿富汗 80% 以上的司法案件。[①]

在阿富汗伊斯兰共和国时期，以世俗法律为主，其中包括国家颁布的法律和部落的习惯法。塔利班在上台之前，已在控制的区域建立法庭，处理司法事务。塔利班上台后，废除了之前的世俗法律体系，解散了阿富汗独立律师协会，吊销了约 2500 名律师的执照，解雇了全国约 2000 名法官，代之以宗教法官，全面恢复伊斯兰教法。塔利班下辖的宗教法庭负责司法实践。塔利班政权对法律体系的"重建"主要影响城市，农村地区仍以伊斯兰教法和习惯法为主。

第四节　政治军事派别

20 世纪初，青年阿富汗派具有一定的政党性质，但并不属于现代意义上的政党。穆沙希班王朝统治时期，阿富汗实行党禁，没有公开的政党。20 世纪 60 年代，阿富汗的宪政改革也禁止成立政党，当时的人民民主党属于秘密的政治派别。1973 年，达乌德政变上台后，建立了"民族

---

① Noah Coburn, John Dempsey, "Informal Dispute Resolution in Afghanistan," *Special Report*, United States Institute of Peace, 2010, p. 3.

革命党"，成为阿富汗历史上第一个合法的政党。该党属于全民党。人民民主党政变上台后，效仿苏联构建国家体系。尽管在 80 年代后期，阿富汗形式上允许成立政党，但是当时的党派主要是抗苏运动的不同派别。

人民民主党政权垮台后，阿富汗陷入了内战，出现了大量军事政治派别，换言之就是军阀，但没有真正意义上的政党。因此，在阿富汗历史上几乎没有政党政治实践。2001 年阿富汗战争后，美国等西方国家在阿富汗移植西方式的民主。而在这套政治体制下，政党在组织民众选举、体现不同社会阶层的诉求等方面具有重要的作用。

因此，2003 年阿富汗开放了党禁，允许建立政党。2009 年阿富汗颁布了政党法，规定至少在全国各个省份拥有 1 万名党员才能注册政党。截至 2020 年 7 月，阿富汗司法部共有 42 个注册的政党。但是，这些政党或是由之前的军事派别甚至军阀转变而成，或者与特定的部落、族群或教派存在密切联系。而阿富汗普通民众对于政党的认识往往局限于以往的军阀或军事派别，这使得其在阿富汗民众中形象不佳。在选举制度中，候选人也不需要政党提名。这就导致了政党在阿富汗的选举政治中作用不大。在已完成的四次总统大选和三次议会选举中，政党的作用可以说是微乎其微。例如，卡尔扎伊和加尼都是以独立候选人的身份当选并连任。但是，从更广义来看，除了这些合法政党之外，阿富汗政治派别和军事派别仍然是影响阿富汗政治发展的重要因素，而且许多政党背后有这些政治派别和军事派别的身影。在这里主要介绍阿富汗的政治派别和军事派别。

一　阿富汗伊斯兰促进会[①]

阿富汗伊斯兰促进会（Jamiat-e Islami, Islamic Association of Afghanistan）又称"阿富汗伊斯兰协会"，该组织最早可以追溯至 1967 年。当时，布尔汉努丁·拉巴尼与其他一些宗教学者创立了"乌斯塔兹"，其领导层就是后来伊斯兰促进会的前身，负责社会实践的青年学生后来发展为伊斯兰党。1972 年，乌斯塔兹正式更名为伊斯兰促进会。达

---

① 　见《简明西亚北非百科全书》（中东），第 504 页。

乌德执政时期，伊斯兰促进会分裂，其上层仍然称为伊斯兰促进会，布尔汉努丁·拉巴尼为领导人；其下层则称为伊斯兰党，领导人为希克马蒂亚尔。早年，阿富汗伊斯兰促进会受到南亚毛杜迪思想和埃及穆斯林兄弟会的影响，奉行相对温和的伊斯兰主义，成员多数是非普什图族人，尤其以塔吉克族人居多。该组织在阿富汗上层宗教人士中有较大影响，与王室也有联系，倾向于同前国王查希尔沙合作。它主张弘扬伊斯兰教义，建立伊斯兰国家，要求进行政治改革，但并不主张推翻王权。

1974年，该组织进行反对达乌德政权的武装活动，遭镇压后，其领导人和部分成员流亡巴基斯坦。1978年人民民主党上台后，该组织发动反政府武装斗争，自称拥有数万武装力量。苏联占领阿富汗时期，该组织开始进行抗苏抵抗运动，政治基地设在巴基斯坦，其所属军事派别活跃在阿富汗北部。布尔汉努丁·拉巴尼是政治领导人，马苏德是军事指挥。该组织设有负责政治、军事、文化、财政、难民事务、对外联络、司法和行政等事务的专门机构，并获得了大量外国的援助。

1989年1月，"七党联盟"成立临时政府，拉巴尼出任临时政府外交部部长。1992年4月，该组织在乌兹别克族军阀杜斯塔姆的支持下率先进入喀布尔，导致纳吉布拉政权垮台，随后各派抵抗力量组建政权。同年6月，拉巴尼担任阿富汗临时总统，该组织的武装成为阿富汗政府军的主要力量。此后，由于伊斯兰党对伊斯兰促进会把控政权十分不满，两者爆发内战。

1994年7月塔利班崛起，并于1996年9月27日夺取喀布尔，伊斯兰促进会以及其控制的阿富汗政府败退至东北部地区，成为阿富汗境内反对塔利班的最重要的政治和军事力量。同年10月，它与其他几个派别成立"保卫祖国最高委员会"，组成反对塔利班的"北方联盟"。1997年6月，北方联盟成立"拯救阿富汗伊斯兰联合阵线"政府，定都马扎里沙里夫。该联盟承袭了阿富汗驻世界各国的使馆和联合国席位，拉巴尼仍然担任总统，马苏德担任其军事领导人。1999年1月，反塔北方联盟重新组合，成立了"联合阵线最高军事委员会"。但是截至2001年"9·11"事件前，该联盟从未在阿富汗全国实施过有效的统治。

2001 年 9 月 9 日，该联盟军事领导人马苏德遇刺身亡，其副手法希姆（Mohammad Qasim Fahim）①接替其职务。2001 年"9·11"事件后，以伊斯兰促进会为主体的北方联盟积极与美国等西方国家合作，发动对塔利班政权的打击。事实上，在阿富汗战争中，地面战场主要由北方联盟负责。因此，在阿富汗重建进程中，伊斯兰促进会发挥着极其重要的影响力。尽管拉巴尼试图仍然担任临时政府领导人，但在各方斡旋下，最终普什图人卡尔扎伊担任临时总统。但阿富汗军队和军官主要来自伊斯兰促进会。

阿富汗重建之后，伊斯兰促进会与卡尔扎伊曾短暂合作。2004 年，拉巴尼支持卡尔扎伊竞选总统。但是，两派之间的权力博弈十分激烈。2007 年，拉巴尼组建了国民联合阵线（United National Front），以阿富汗少数民族为主，事实上主体仍然为北方联盟，与卡尔扎伊竞争。2009 年，该联盟的候选人阿卜杜拉与卡尔扎伊竞选总统，最终败选。2011 年，布尔汉努丁·拉巴尼遇袭身亡。2012 年布尔汉努丁·拉巴尼之子萨拉赫丁·拉巴尼（Salahuddin Rabbani）成为伊斯兰促进会的领导人。至 2021 年 8 月前，伊斯兰促进会是阿富汗最重要的反对党派，但其内部也存在分裂，结构较为松散。

此外，伊斯兰促进会也长期挑战普什图人对政权的把控。2011 年，伊斯兰促进会的重要领导人阿卜杜拉创立了松散的阿富汗民族联盟（National Coalition of Afghanistan），该联盟由一系列党派构成，其中许多党派与之前的北方联盟尤其是伊斯兰促进会存在联系。阿卜杜拉以该联盟为基础，于 2014 年和 2019 年两次竞选总统，但都以败选告终。此外，伊斯兰促进会的艾哈迈德·齐亚·马苏德（Ahmad Zia Massoud）②连同乌兹别克人杜斯塔姆和哈扎拉人哈吉·穆罕默德·穆哈奇（Mohammad Mohaqiq）创建阿富汗民族阵线（National Front of Afghanistan）。这两个新的政党存在一定竞争，但都来自北方联盟尤其是伊斯兰促进会。两者都主

---

① 法希姆于 2002~2004 年担任阿富汗国防部部长，2009~2014 年担任阿富汗副总统，2014 年因病去世。

② 伊斯兰促进会抗苏名将艾哈迈德·沙阿·马苏德之弟。

张将总统制改为议会制，改革选举制度，以及增加少数民族的代表，参与政府与塔利班的和解等。2018 年议会选举，伊斯兰促进会赢得了 249 个议席中的 23 个，成为议会中的最大党，其早期的伊斯兰主义色彩日益淡化，现在基本上是世俗政党。

二 阿富汗伊斯兰党（希克马蒂亚尔派）

阿富汗伊斯兰党（希克马蒂亚尔派）（Hezb-e-Islami Gulbuddin, Islamic Party of Afghanistan）是伊斯兰教逊尼派激进主义组织，成员多数是来自阿富汗东部和东北部的普什图人，领导人是古尔布丁·希克马蒂亚尔（Gulbuddin Hekmatyar）。他出生于 1947 年，为普什图人。1968 年，他进入喀布尔大学学习机械工程，因此得名"工程师"。在校期间，希克马蒂亚尔即投身政治运动，追随拉巴尼。该组织与伊斯兰促进会同源，前身是 1968 年由喀布尔大学部分师生创建的"穆斯林青年运动"，作为伊斯兰促进会的学生运动组织，既反对人民民主党，也主张推翻国王的统治。1973 年 7 月达乌德上台后，穆斯林青年运动大部分成员流亡至巴基斯坦，此后，逐渐从伊斯兰促进会独立。1974 年，古尔布丁·希克马蒂亚尔在"穆斯林青年运动"的基础上创建了阿富汗伊斯兰党。

1978 年人民民主党上台后，特别是 1979 年苏联入侵阿富汗后，阿富汗伊斯兰党开始抵抗苏联和喀布尔政权。它与巴基斯坦军方关系密切，并通过后者接受了当时国际社会的大多数援助，成为以巴基斯坦为基地的阿富汗抵抗力量当中实力最为雄厚者。当时，阿富汗抵抗力量有 20 万余人，其中阿富汗伊斯兰党就有 12 万人。阿富汗伊斯兰党还在巴基斯坦的阿富汗难民营中办学，以宗教知识和武装训练为主要授课内容。当时，阿富汗伊斯兰党主张严格实施伊斯兰教法，建立伊斯兰共和国，其组织结构非常严密，装备也较好，主要活动地区在喀布尔、昆都士、巴格兰、库纳尔、楠格哈尔等省。

1992 年 4 月以穆贾迪迪为首的阿富汗临时政府建立后，阿富汗伊斯兰党领导人希克马蒂亚尔被任命为临时政府总理。但是由于没有当上总统，希克马蒂亚尔没有赴任，并且与伊斯兰促进会在权力分配上矛盾重重。1992 年 6 月前后，阿富汗伊斯兰党开始攻打拉巴尼政府，阿富汗内战由此展开。经有关各方调解，阿富汗伊斯兰党与拉巴尼政府签署和平协议，希克马蒂亚尔出任拉巴尼政府新内阁总理。1992 年 10 月 28 日，拉巴尼任职到期后又两度延期至 1994 年年底，希克马蒂亚尔辞去总理职务，再次与拉巴尼政府展开新一轮混战，他们双方的对峙一直持续到塔利班崛起。

1994 年塔利班异军突起，并向喀布尔节节逼近。1995 年 2 月，塔利班发动大规模攻势，占领阿富汗伊斯兰党总部恰拉西亚布，后者实力大伤。沉寂一年多后，1996 年 3 月，阿富汗伊斯兰党与拉巴尼政府和解，签署共同对付塔利班的军事合作协议。5 月，希克马蒂亚尔就任拉巴尼政府总理，双方开始联手对抗塔利班，阿富汗伊斯兰党负责喀布尔东面防御。1996 年 9 月 27 日，塔利班攻破喀布尔，希克马蒂亚尔宣布辞去总理职务，率领阿富汗伊斯兰党向阿富汗东部撤退，途中遭塔利班追剿，损失惨重。希克马蒂亚尔本人逃到伊朗，其手下一些将领倒向杜斯塔姆，阿富汗伊斯兰党因此元气大伤。1997 年 3 月，希克马蒂亚尔宣布退出反塔利班北方联盟。

2001 年 10 月，阿富汗战争爆发后，希克马蒂亚尔回到阿富汗加入针对美国的"圣战"，同时也反对当时的阿富汗政权，组建了武装联盟——伊斯兰烈士旅，在阿富汗东部一带袭击驻阿美军和其他西方国家的军队。2003 年 2 月 19 日，美国指责希克马蒂亚尔与"基地"组织有关联。同年 7 月，希克马蒂亚尔首次发表措辞严厉的录像讲话，要求当地人团结起来，把美国人以及其他外国部队从阿富汗赶出去。"伊斯兰国"崛起后，希克马蒂亚尔还主张联合"伊斯兰国"打击其宿敌塔利班运动。

2016 年 9 月 29 日，阿富汗伊斯兰党与阿富汗政府正式达成和解协议，阿富汗伊斯兰党承诺停止对阿富汗政府的敌对行动，切断与极端组织的联系，尊重阿富汗宪法。阿富汗政府则对伊斯兰党予以承认，同时支持联合国和美国解除对希克马蒂亚尔的制裁。2017 年 2 月 3 日，联合国解除了制裁。同年 5 月 4 日，希克马蒂亚尔和阿富汗伊斯兰党的一些成员时隔 20 余年后再次回到了喀布尔，并与加尼总统会晤，呼吁塔利班与政府进行和解。这也是阿富汗战争以来，国内和解取得的最重要的成就。伊斯兰促进会事

实上反对阿富汗政府与阿富汗伊斯兰党的和解。2019 年，希克马蒂亚尔参
选总统。如今，阿富汗伊斯兰党虽然在阿富汗政治中影响力有限，而且正
面临政治上的分裂，[①] 但仍然是一支重要的军事力量。阿富汗伊斯兰党的
部分武装力量并未接受和解。

三　阿富汗伊斯兰党（哈里斯派）

1979 年，阿富汗伊斯兰党（哈里斯派）（Hezb-e Islami Khalis）从阿
富汗伊斯兰党中分裂出来，该组织具有浓厚的伊斯兰主义色彩，多数成员
是普什图族人，主要领导人是穆罕默德·尤尼斯·哈里斯。20 世纪 80 年
代，该组织进行反苏抵抗运动，主张武装赶走苏军，建立伊斯兰共和国，
严格按照伊斯兰教教义治理国家。当时，它号称拥有 5000 人以上的武装
力量，主要在阿富汗东部各省活动，其组织结构严密，武装精良，与沙特
阿拉伯、卡塔尔等国有联系。

1987 年，哈里斯担任设在巴基斯坦白沙瓦的“七党联盟”主席。
1989 年 1 月，“七党联盟”成立临时政府，哈里斯派得到政府职位。1992
年 4 月阿富汗政府成立后，哈里斯派进入政府，并与阿富汗伊斯兰促进会
关系密切。1996 年，塔利班攻占喀布尔后，哈里斯派受到沉重打击。
2006 年，哈里斯死亡，哈里斯派也基本上销声匿迹。

四　阿富汗伊斯兰民族运动

阿富汗伊斯兰民族运动（Junbish-i-Milli Islami，National Islamic
Movement of Afghanistan，NIM）是乌兹别克人的政治和军事党派。杜斯塔
姆出生于 1954 年，1992 年，创立阿富汗伊斯兰民族运动。1980 年，杜斯
塔姆最初供职于阿富汗北部的石油和天然气公司，并曾到苏联接受培训。
归国后，他进入阿富汗国防部，成为 374 部队的指挥官。20 世纪 80 年
代，他担任 53 师师长，统帅所谓的“杜斯塔姆军”（Dostum Militia），人

---

① 一派以阿汗迪瓦尔（Abdul Hadi Arghandiwal）为核心，另一派以希克马蒂亚尔和其子哈
比卜·拉赫曼（Habibur Rahman）为核心。

数达到 2 万人，驻守在阿富汗的北部地区，其中既包括正规军，也包括民兵，但大多数为乌兹别克人。杜斯塔姆在人民民主党政权中地位显赫，曾被授予"阿富汗共和国英雄"的头衔，并进入人民民主党中央委员会。

苏联解体之后，杜斯塔姆转而反对人民民主党政权，并协助抵抗运动尤其是伊斯兰促进会攻占喀布尔。此后，杜斯塔姆创立了阿富汗伊斯兰民族运动。由于拉巴尼政府欲削弱杜斯塔姆，双方矛盾日益激化。1993 年 7 月，杜斯塔姆与拉巴尼政府反目，暗中与希克马蒂亚尔结为联盟。1994 年 1 月，杜斯塔姆与希克马蒂亚尔联手袭击拉巴尼政府。经过 7 天战斗，杜斯塔姆损兵折将，随后退守北方。此后，杜斯塔姆盘踞北方很少南下，在内战当中基本保持中立。他在北方建立起 1 个以马扎里沙里夫为中心的"国中之国"，控制着以马扎里沙里夫为中心的北部 6 省，辖区有 500 万人口，有 1 个机场和 1 所大学。他发行货币，经营航空公司，与乌兹别克斯坦等邻国发展友好关系。截至 1996 年 9 月塔利班攻下喀布尔之前，杜斯塔姆控制的北方是阿富汗相对稳定的地区，实力逐步增强。

塔利班占领喀布尔后，杜斯塔姆的阿富汗伊斯兰民族运动受到严重威胁，因此与伊斯兰促进会和拉巴尼政府，以及其他一些反对塔利班的派别组成北方联盟。1997 年 4～5 月，伊斯兰民族运动内部分裂，部将马立克将军与杜斯塔姆反目，并占领马扎里沙里夫，杜斯塔姆出逃至乌兹别克斯坦。同年 5 月 24 日，塔利班攻入马扎里沙里夫，不过月底又被马立克将军赶出马扎里沙里夫，该组织力量因此被大大削弱，影响力下降。

1997 年 9 月，杜斯塔姆返回阿富汗，重掌伊斯兰民族运动领导权。1998 年夏，马扎里沙里夫重新落入塔利班之手，杜斯塔姆再次出逃国外。2001 年美英开始攻打阿富汗后，杜斯塔姆带领不足千人的部队返回阿富汗，重新加入北方联盟，其部队人数在战争中迅速扩大，北方联盟取得抵抗美英盟军的第一场胜利——占领马扎里沙里夫中立下战功。在 2001 年年底建立的阿富汗临时政府以及 2002 年年中建立的过渡政府中，杜斯塔姆均担任国防部副部长。在 2003 年年底至 2004 年年初召开的阿富汗大国民会议制宪会议上，他要求将总统变为国家最高权力的象征，以便在未来阿富汗政府中争取更高的职位，但是未能如愿。

此后，阿富汗伊斯兰民族运动仍然在阿富汗北部省份具有重要的影响力，当地的民兵以及一些政治军都属于该组织。同时，杜斯塔姆也在阿富汗政治中待价而沽，其政治立场摇摆不定。2013 年，杜斯塔姆加入加尼一派，加尼当选后他担任第一副总统。2019 年的总统选举中，杜斯塔姆又开始反对加尼。总体而言，阿富汗伊斯兰民族运动是乌兹别克人的政治组织，具有世俗主义和左派的倾向。2018 年的议会选举中，该党赢得 249 个议席中的 10 个，是议会第三大党。

五 伊斯梅尔汗派

20 世纪 90 年代以及卡尔扎伊政府期间，伊斯梅尔汗派是阿富汗的一支重要的政治军事势力，形式上属于伊斯兰促进会，核心人物是塔吉克族的伊斯梅尔汗（Ismael Khan）。他出生于 1946 年，原是驻阿富汗西部最大城市赫拉特的一名政府军军官，1979 年苏联入侵阿富汗后，他加入反对苏联占领的游击战中，与被誉为"潘杰希尔之狮"的马苏德齐名，在长期战争中赢得"赫拉特之狮"的称号。

1992 年纳吉布拉政权倒台后，他控制了赫拉特和附近几个省份，并出任赫拉特省省长。1995 年塔利班夺取赫拉特，伊斯梅尔汗流亡他乡。1994 年后，他被塔利班逮捕，并投入监狱。2000 年 3 月，伊斯梅尔汗成功越狱，后流亡伊朗。2001 年 10 月美英军事打击塔利班后，伊斯梅尔汗返回故乡，并加入北方联盟与塔利班和"基地"组织作战。塔利班政权垮台后，他曾担任赫拉特省省长。他虽宣称接受中央政府的监督，但赫拉特和西部地区认为，伊斯梅尔汗才是他们心中的领袖。伊斯梅尔汗在控制区内搞地方选举，在阿富汗和伊朗边境地区设置检查站，征收周围几省税收。伊斯梅尔汗主要得到伊朗支持，2005～2013 年担任能源与水利部部长。虽然伊斯梅尔汗去职后逐渐淡出阿富汗政坛，不再担任具体的行政职务，在阿富汗政府裁撤和收编地方武装、民兵中，伊斯梅尔汗也受到一定的影响，但在阿富汗西部地区尤其是赫拉特，他仍具有重要的影响力。伊斯梅尔汗派与伊朗关系密切，他们反对外国军队的占领，反对裁撤前"圣战"武装。

六　阿富汗伊斯兰统一党

阿富汗伊斯兰统一党（Hezb-e Wahdat, Islamic Union Party of Afghanistan）是伊斯兰教什叶派政治组织，主要由哈扎拉族等少数民族组成。20 世纪 80 年代，它约有 5 万名成员，具有强烈的少数民族意识，总部设在伊朗首都德黑兰，主要活动在阿富汗中部和西部。1987 年 9 月，它由 8 个什叶派小党（伊斯兰胜利党、伊斯兰圣战卫士、伊斯兰运动、伊斯兰党、真主党、伊斯兰团结委员会、伊斯兰呼声和伊斯兰力量）联合而成，当时称阿富汗伊斯兰革命联盟，也称"八党联盟"，领导人是阿卜杜尔·阿里·马扎里。

1991 年，在伊朗干预下，该联盟内的 8 个组织合并为"阿富汗伊斯兰统一党"，马扎里仍任总书记。1992 年 4 月，该组织武装力量进入喀布尔，抢占和控制了一块地盘。同年阿富汗内战爆发后，该组织于当年 8 月和次年 1 月两次参加喀布尔大混战，于 1993 年 3 月参加交战各派的停战谈判，并在和平协议上签字。5 月，拉巴尼新内阁组成后，该组织得到财政部部长和商业部部长 2 个职位。阿富汗伊斯兰统一党后来分裂成两派，其中马扎里领导马扎里派，并与阿富汗伊斯兰党希克马蒂亚尔结盟。阿卜杜勒·卡里姆·哈利利（Abdul Karim Khalili）领导哈利利派。

塔利班崛起后，阿富汗伊斯兰统一党遭受重创。1995 年 3 月，马扎里被塔利班杀死。同年，哈利利派与阿富汗伊斯兰党希克马蒂亚尔派、阿富汗伊斯兰民族阵线和阿富汗伊斯兰民族救国阵线等 4 个组织联合建立四党反对派联盟，共同围攻喀布尔的拉巴尼政府。1996 年 1 月，该派别与拉巴尼政府实现和解。同年 9 月，塔利班夺取喀布尔，10 月，哈利利派与其他派别一起组成北方联盟。但是，该派别主要在阿富汗北部和西部抵抗塔利班，力量损失惨重，政治中心巴米扬和马扎里沙里夫也被塔利班夺去。

2001 年美英攻打阿富汗期间，该派与北方联盟一起，协同美英攻打塔利班和"基地"组织。同年 12 月，阿富汗临时政府成立后，该派别在其中担任 2 个部长职位，该党的领导人之一穆哈齐克担任副总统。2002

年 6 月 22 日过渡政府成立后，哈利利任副总统。但是，随着阿富汗政府实行解除地方武装政策和将军事派别转变为政党的政策，阿富汗伊斯兰统一党军事力量被裁撤，组织更加分散，政治上不断分裂。特别是，作为主要领导人的卡里姆·哈利利与穆罕默德·穆哈齐克矛盾尖锐。最终阿富汗伊斯兰统一党分裂为 4 个党派：伊斯兰统一党哈利利派、伊斯兰人民统一党（Hezb-e Wahdat Islami Mardum-e）①、伊斯兰民族团结党（Hezb-e Wahdat Milli Islami）和伊斯兰统一党厄法尼派（Hezb-e Wahdat Islami Millat-e Afghanistan）。

总体而言，这些党派主要以哈扎拉人为基础，领导层多为什叶派宗教人士，具有伊斯兰主义的色彩，并和伊朗关系密切。同时，要求保障少数民族，尤其是哈扎拉人的权益。由于政治上的分裂，以及军事力量遭到裁撤，其影响力下降。但在当今阿富汗的政治体系中，它们仍然是普什图和塔吉克政治力量拉拢的对象，在总统选举中更是如此。在 2018 年的议会选举中，穆哈齐克派获得 11 个议席，哈利利派获得 7 个议席。

七　阿富汗伊斯兰民族阵线

阿富汗伊斯兰民族阵线（Jebhe Meli Islami，Islamic National Front of Afghanistan）又称"伊斯兰民族主义革命委员会"，创建于 1978 ～ 1979年。该组织属于比较温和的伊斯兰教逊尼派组织，多数成员是普什图人，主要领导人为苏非派领袖赛义德·盖拉尼。

20 世纪 80 年代，该组织是一个地区性联合阵线，组织结构较为松散，主要依靠南部普什图族地区农民的支持，并在东南部帕克蒂亚省和加兹尼省有较大影响力。其中，一些支持者是受过西方教育的上层人士，一些人拥护王室，其中不少人是旧王朝的军政官员。当时，该组织自称有 4 万名追随者以及数万名武装人员。该组织对内主张实行现代伊斯兰民主和自由，反对妇女戴面纱，要求进行议会选举，吸收西方文化；对外维护民族独立，奉行不结盟政策，反对外国干涉阿富汗内政。

---

① 即伊斯兰统一党哈利利派，领导人为穆哈齐克。

该组织在进行抗苏武装斗争的同时，也考虑政治解决办法，与美国、英国、沙特阿拉伯、埃及和巴基斯坦关系较好。20 世纪 90 年代阿富汗内战爆发后，该组织基本上未介入，但是要求拉巴尼无条件辞职。1995 年年中，该组织与阿富汗伊斯兰民族救国阵线、伊斯兰党希克马蒂亚尔派以及阿富汗伊斯兰统一党的一部分联合建立反对派联盟，既反对拉巴尼政府，同时也抵御塔利班的进攻。塔利班政权被推翻后，盖拉尼率白沙瓦小组出席波恩会议，他与前国王查希尔沙有矛盾。

如今，阿富汗伊斯兰民族阵线较为松散，并不是真正意义的政党或军事组织，但在东部和南部普什图社会中仍具有一定影响力。瓦尔达克曾为该组织骨干，在 2004～2012 年担任阿富汗国防部部长等职，阿萨拉（Hedayat Amin Arsala）曾担任副总统和财政部部长等职务。

八 阿富汗伊斯兰民族救国阵线

阿富汗伊斯兰民族救国阵线（Mahas Meli, Islamic National Salvation Front of Afghanistan）于 1978 年 5 月由几个宗教组织合并而成。当时，该组织主张维护民族独立，反对苏联出兵，反对人民民主党政府，属于比较温和的伊斯兰教逊尼派组织，成员多数是普什图人，主要领导人是苏非派领袖西卜加图拉·穆贾迪迪（Sibghatullah Mujadidi），出身于著名宗教世家穆贾迪迪家族。该组织结构比较松散，不少成员是旧王朝和达乌德政权时期的高级军政官员，其武装力量较少，主要活动地区是阿富汗南部和东南部普什图族聚集区。该组织与美国关系较好，与伊朗不睦。另外，该组织与盖拉尼领导的阿富汗伊斯兰民族阵线关系最为密切，在重大问题上经常采取一致行动。

纳吉布拉政权倒台后，穆贾迪迪曾短暂地担任阿富汗临时政府总统，其间与拉巴尼的伊斯兰促进会矛盾颇深。20 世纪 90 年代阿富汗内战爆发后，该组织一度保持中立。1994 年塔利班崛起后，1995 年，该组织与阿富汗伊斯兰党希克马蒂亚尔派、阿富汗伊斯兰民族阵线以及阿富汗伊斯兰统一党的一部分建立四党反对派联盟，反对拉巴尼政府，同时抵御塔利班的进攻。1996 年 9 月塔利班攻占喀布尔后，该组织与拉巴尼政府重新合作，共同抵抗塔利班，但力量损失惨重。

塔利班政权垮台后，穆贾迪迪继续发挥其在阿富汗政治、宗教与社会中的巨大影响力。2003 年，担任大支尔格会议的主席，批准 2004 年新宪法。2005～2011 年担任阿富汗长老院议长，并加入阿富汗高级和平委员会。2015 年，穆贾迪迪创建了"圣战委员会与民族政党"（Council of Jihad and National Political Parties）。2019 年 2 月 11 日，穆贾迪迪去世，享年 93 岁。

与阿富汗伊斯兰民族阵线类似，阿富汗伊斯兰民族救国阵线主要为抗苏运动和内战期间松散的军事和政治组织，以穆贾迪迪家族的宗教威望和宗教情感作为凝聚力。2001 年之后，特别是穆贾迪迪去世后，该组织作为一种有组织的政治和军事力量基本不复存在。但是，苏非派在阿富汗影响巨大，穆贾迪迪家族乃至其他苏非派仍然具有重要的影响力。

九　阿富汗伊斯兰联盟

阿富汗伊斯兰联盟（Hizbi Ettehad Islami，Islamic Union of Afghanistan）原名"解放阿富汗伊斯兰联盟"（Ittihad Islami Bara-ye Azadi Afghanistan，Islamic Union for the Liberation of Afghanistan）。1980 年 3 月，它由阿富汗伊斯兰促进会、阿富汗伊斯兰党（哈里斯派）、阿富汗伊斯兰民族阵线、阿富汗伊斯兰民族救国阵线和阿富汗伊斯兰革命运动等 5 个组织联合而成，是十分松散的组织，阿卜杜勒·拉苏尔·萨亚夫（Abdul Rasul Sayyaf）被推举为联盟主席。萨亚夫为普什图人，出生于 1945 年，曾为喀布尔大学宗教教师，与拉巴尼为同僚，共同创办了宗教运动组织。

1981 年 4 月，该联盟因内部冲突在事实上解体。此后，萨亚夫沿用该联盟名称建立起自己的组织，并在国内建立武装，控制了一小部分地区。萨亚夫领导的这个组织属于伊斯兰教逊尼派激进主义组织，成员多是普什图族人。20 世纪 80 年代，该组织主张以武装斗争方式赶走苏军，建立伊斯兰国家。1992 年 6 月阿富汗拉巴尼政府成立后，该组织开始参与内战。1993 年后，该组织是唯一支持拉巴尼政府以及此后北方联盟的普什图政治组织。1996 年 9 月塔利班攻占喀布尔后，该组织跟随拉巴尼政府与塔利班作战。

2001 年，阿富汗临时政府成立后，该组织在中央政府内控制着一部分军政权力。如今，该组织的社会基础主要以普什图人尤其是帕格曼地区作为基础，在意识形态上倾向于保守的伊斯兰主义，坚定支持卡尔扎伊政府。2005 年，该组织创立了政党"阿富汗伊斯兰达瓦党"（Islamic Dawah Organisation），并以此为基础于 2014 年竞选总统，在第一轮选举中获得7.04% 的选票，并在坎大哈获得了绝大多数选票。阿富汗伊斯兰联盟坚决反对塔利班。萨亚夫如今在阿富汗宗教领域具有重要的地位，甚至被一些人视为具有"宗教事务的最高权威"。2019 年 4 月，加尼任命萨亚夫为大支尔格会议的主席。

十 阿富汗伊斯兰革命运动

阿富汗伊斯兰革命运动（Harakat Enghlab Islami, Islamic Revolutionary Movement of Afghanistan）成立于 1978 年，属于伊斯兰教逊尼派组织，成员多数是普什图人，其政治立场与伊斯兰民族救国阵线相近，但带有更浓厚的宗教色彩。20 世纪七八十年代，该组织反对人民民主党政府，反对苏联出兵。当时，它自称拥有 8 万人的武装，主要活动范围东起卢格尔省，西至伊朗边界的尼姆鲁兹省，主要支持者是毛拉和一些受过教育的人士。后来，该党加入七党运动。1982 年，该组织分裂为三派，但均打着原组织旗号。该组织主流派得到巴基斯坦、沙特阿拉伯和海湾其他国家的经济援助，与伊朗也有一定关系。1992 年，该组织参与组建阿富汗政府。20 世纪 90 年代阿富汗内战爆发后，该组织反对内战，呼吁和平。

塔利班运动兴起后，该党受到了沉重打击。一部分人加入了塔利班运动，[①] 而另一部分则脱离，形成了阿富汗民族与伊斯兰繁荣党（National and Islamic Prosperity Party of Afghanistan）。2002 年，该党领导人穆罕默德·纳比·穆罕默迪（Mohammad Nabi Mohammedi）去世，其子艾哈迈德·纳

---

① 据传，塔利班首任领导人奥马尔最初就是在该组织。

比·穆罕穆迪担任领导人。2015 年，卡拉姆·乌丁·穆罕默德（Mawlawi Qalam U Din Mohamand）担任领导人，该党在阿富汗的政治中影响较小。

十一　塔利班

塔利班（Taliban），在普什图语中是"学生"的意思，全称为"阿富汗伊斯兰宗教学生运动"，主要由信奉伊斯兰教逊尼派的阿富汗普什图人组成，其中大部分成员是巴基斯坦政党"伊斯兰贤哲会"控制的宗教学校的阿富汗学生和难民，首任领导人是穆罕默德·奥马尔。

人民民主党政权倒台后，阿富汗陷入内战，坎大哈地区军阀割据，社会制度紊乱，民不聊生。1994 年秋，四五十位曾参加抗苏运动的乡村毛拉召开会议，成立了塔利班，并推举奥马尔为领导人。成立之初，塔利班的宗旨是"铲除军阀，恢复和平，重建国家，建立真正的伊斯兰政权"，这赢得了饱受战乱和军阀统治之苦的阿富汗人民的支持。成立后 3 个月内，塔利班迅速占领了普什图人聚集的南部、西南部和东南部地区。1995 年，塔利班攻占赫拉特，击溃阿富汗伊斯兰党，重创阿富汗伊斯兰统一党，占领阿富汗将近 40% 的国土。1996 年 9 月 27 日，塔利班攻占喀布尔，进而成立临时政府接管政权。1997 年 5 月，塔利班攻下马扎里沙里夫，不过当月月底又退至喀布尔周围。同年 10 月，塔利班改国名为"阿富汗伊斯兰酋长国"。

在此前后，巴基斯坦、阿联酋和沙特阿拉伯先后承认塔利班为阿富汗唯一的合法政府。1998 年，塔利班相继攻占东北部的塔哈尔省、昆都士省和西北部的法里亚布省，并再次拿下被北方联盟重新夺取的马扎里沙里夫以及北方重镇内杰拉卜。截至 2001 年"9·11"事件前，塔利班已控制阿富汗全国 95% 以上的国土，反塔北方联盟被赶至阿富汗东北部山区。塔利班武装也由最初的 800 多人，发展成为一支拥有 4 万～5 万人、数百辆坦克和几十架喷气式战斗机、大量火炮和地对空导弹的武装集团。当时，不论从其所控地区，还是从军事实力看，塔利班在国内众多政治军事派别中都占绝对优势。

塔利班建立政权后，对内实行高度的中央集权制，其组织机构严密。

最高领导人是毛拉穆罕默德·奥马尔，是大协商会议和常务委员会主席，重大问题都由他最后拍板。塔利班最高决策机构是大协商会议（大舒拉），成员约有 50 人，以"协商一致"的原则通过决议。大协商会议核心是常务委员会，有 7～10 人，辅助奥马尔研究和决定重大问题。大协商会议之下设 2 个委员会，它们均是执行机构。其中一个是设在喀布尔的部长委员会（或喀布尔协商会议），负责处理日常事务，包括国防、内政、外交等 20 个部门。另一个是军事协商委员会，负责指挥军事作战。塔利班总部设在坎大哈，首都仍为喀布尔。

塔利班不断推行极端的内外政策。在社会政策方面，塔利班全面而严格地推行伊斯兰教教法，要求人们必须严格遵守《古兰经》中对穆斯林的要求。在经济建设方面，自攻下喀布尔以来，塔利班毫无建树，经济每况愈下，走私和毒品经济成为塔利班的主要财政来源。在对外关系上，塔利班推行"输出革命"，主张伊斯兰教逊尼派国家联合一致，为解放被压迫的伊斯兰教逊尼派穆斯林进行"圣战"；它与巴基斯坦、沙特阿拉伯和阿联酋建立和保持密切的外交关系；支持伊斯兰国家开展对美国等西方国家的"圣战"，主张"使用暴力手段将所有美国人赶出伊斯兰世界"。

1999 年 7 月，美国开始制裁塔利班，并于当年 10 月牵头推动联合国对阿富汗进行制裁。2000 年 12 月，美俄又联手推动联合国通过针对塔利班的新一轮制裁。另外，塔利班不顾国际社会激烈反对，于 2001 年 2 月 27 日下令毁掉全国所有雕像和艺术作品，包括世界著名的巴米扬大佛。由于推行这些极端政策，塔利班在国内的支持率日益下降，在国际上也逐渐被孤立。

2001 年 9 月 22 日和 25 日，阿联酋和沙特阿拉伯先后宣布与塔利班政权断绝外交关系。9 月 24 日，巴基斯坦也全部撤回其驻阿富汗的外交官。同年 10 月 7 日，美英联合国际社会发动针对塔利班和"基地"组织的军事打击。塔利班也试图重新和美国对话，以解决危机。但随着阿富汗战争的爆发，塔利班政权迅速垮台，并败退至阿富汗东部与巴基斯坦西北部地区。

此后，塔利班迅速实现了重组，借美国发动伊拉克战争之机再次崛起。

改组之后的塔利班，组织结构更为松散，类似于伞形结构，适合游击战，其领导层位于奎达，被称为奎达舒拉。每个地区都具有相对独立和自治的网络，与阿富汗部落组织结构和文化高度契合。塔利班基层的人员寓兵于农，很多并非全职的反政府力量。当前的塔利班也存在坎大哈和帕克蒂亚两大派别，分别代表阿富汗普什图的两大部落联盟，即杜兰尼和吉尔扎伊，两者具有一定的竞争性，而其他的部落联盟则基本被排除在领导层之外。2013 年奥马尔去世后，阿赫塔尔·曼苏尔接任塔利班首领。2016 年，阿赫塔尔·曼苏尔被美国无人机杀死，阿洪扎达继任。

2020 年，塔利班与美国达成《多哈协议》，美军于 2021 年全部撤离。塔利班借此加大了对阿富汗政府的打击力度。2021 年 8 月 15 日，阿富汗总统加尼流亡国外，塔利班占领首都喀布尔，推翻了阿富汗伊斯兰共和国，重建了阿富汗伊斯兰酋长国。借此，塔利班完全掌控了阿富汗政权，但其内部由于部落和意识形态的差异，也形成了不同的派别。哈卡尼网络具有强大的军事势力，形式上隶属于塔利班，但具有很强的独立性，在意识形态上相对保守，并与巴基斯坦塔利班等联系紧密。加尼·巴拉达尔和穆罕默德·雅各布相对而言属于塔利班内的温和派，较为务实，但两者分属不同的部落，存在一定的矛盾。据估计，塔利班如今的武装人员有 5.8万~10 万人。尽管在执政之初，塔利班表现出一定的温和与务实，但是其保守的伊斯兰主义意识形态并未根本改变，它仍然主要代表普什图人的利益。塔利班上台后，其对于女性教育的限制、女性隔离制度，以及与境外极端主义的联系等问题屡遭诟病。随着外部援助的锐减，阿富汗出现了严重的粮食安全问题和人道主义问题，塔利班在国内的经济和文化建设上也面临严峻的挑战。

十二　哈卡尼网络

哈卡尼网络（Haqqani Network，简称 HQN）创始于 20 世纪 70 年代，其领导人为普什图人贾拉勒丁·哈卡尼（Jalaluddin Haqqani）。哈卡尼1978 年加入阿富汗伊斯兰党（哈里斯派），主要负责招募国内外的"圣战者"，得到美国等的支持，迅速壮大。1995 年，哈卡尼网络宣布效忠塔利班，哈卡尼还在塔利班政权中担任要职，也进入了塔利班的核心领导层。此后，哈卡尼网络成为塔利班的附属武装组织，具有一定独立性。塔利班和哈卡尼组织的领导人都否认该哈卡尼网络的存在，认为其与塔利班并无二致。

在意识形态上，哈卡尼网络与塔利班类似，强调普什图人的权益，以及伊斯兰主义的政治主张，反对外国军队的占领。哈卡尼网络与"基地"组织关系密切。两者不同之处在于，哈卡尼网络只关注阿富汗国内的事务。2001年以来，哈卡尼网络在阿富汗策划了一系列恐怖袭击。2012年，美国政府将哈卡尼网络认定为恐怖组织。贾拉勒丁·哈卡尼于2018年去世，该组织主要由其子西拉柱丁·哈卡尼领导。哈卡尼网络是塔利班各派武装中，组织最为严密和战斗力最强的力量。一般认为，哈卡尼网络有1万~1.5万人，主要在阿富汗东部与巴基斯坦交界之处活动。2021年，塔利班上台后，哈卡尼网络的势力得到进一步的加强，西拉柱丁·哈卡尼任临时政府内政部部长，其中的多位成员任高官。哈卡尼网络虽然属于塔利班，但具有独立性，并且与巴基斯坦塔利班等外国极端组织过从甚密。

第四章

经　济

　　阿富汗是农牧业国家，自给自足的自然经济在国民经济中占重要地位。工矿业基础十分薄弱，主要是以原材料和农副产品加工为主的轻工业体系；交通运输以公路为主，经济发展严重依赖外援，但是对外贸易比较活跃。苏联的入侵和 20 世纪 90 年代的内战，严重破坏了阿富汗原本薄弱的经济基础。2001 年年底阿富汗新政府成立，在国际社会的帮助下开始了艰难的经济重建。2021 年 8 月塔利班上台后，阿富汗在美国的外汇遭到冻结，国家受到制裁，外部资本撤离，外部援助锐减，阿富汗陷入了严重的经济困难局面，一年之内经济衰退了 20% ~ 30%，出现了人道主义危机。

第一节　概述

一　穆沙希班王朝的经济发展

（一）经济政策与经济体制

　　穆沙希班王朝建立后，积极干预经济发展。20 世纪 50 ~ 70 年代，政府共制订了 5 个经济发展计划。第一个五年计划（1957/58 财年 ~ 1961/62 财年）的投资重点是水利和电力建设，其次是公路建设。第二个五年计划（1962/63 财年 ~ 1966/67 财年）中，基础设施投资仍占第一位，工矿业比重有所上升。第三个五年计划（1967/68 财年 ~ 1971/72 财年）在大型基础设施基本完成的情况下，开始把重点转向生产部门。"三五"计划总投资 190.2 亿阿富汗尼，其中农业占 34.9%（水利工程仍为主要建设项目），工矿业占 30.8%，交通运输仅占 11.8%，目标是全面推进工农业和文教卫生事业的发展。第四个五年计划（1972/73 财年～1976/77 财年）（草案）由于 1973 年 7 月发生政变并未执行，取而代之的是一年一度的经济发展规划。1977 年，政府公布了七年发展规划（1976/77 财年～1982/83 财年），交通运输投资比例大幅回升，并强调实现工业化。1978 年 4 月政变发生后，该计划的执行被迫中断。

20 世纪 50 年代之前，私有经济在国民经济中占重要地位，尤其是以国民银行集团为代表的私人资本主义经济，垄断了阿富汗的外贸、金融和国内绝大多数工业部门，支配着农牧产品的生产和出口。达乌德第一次执政时期（1953～1963 年），开始加强干预经济的力度。他采取了一系列举措，包括行政改革、强制收购国民银行、建立国营金融体制、由国家投资实行经济计划等，扭转了上述局面，并牢固确立了国家在经济中的主导地位。

查希尔沙亲政时期（1963～1973 年），政府推行"有指导的混合经济"政策，试图在保持国家主导作用的同时，放松政府对私人资本的控制，其措施包括：放宽对出口商品上缴外汇的控制，取消对农民种植作物的强制规定，建立主要由私人资本参加的工业发展银行等。达乌德第二次执政时期（1973～1978 年），再次推行以加强国营经济为特点的经济政策，措施包括将所有银行国有化、加强政府对国内外贸易的监督、限制私有土地的发展等。

至 20 世纪 70 年代中后期，阿富汗形成了国家主导下的混合型经济体制，其特点如下。①在农业领域，农村土地关系仍然以私有制为主体，但是政府通过大量投资、改善农业生产条件和控制主要农牧产品收购和出售等措施，逐渐瓦解传统农业，建立现代农业。②在工业领域，国营经济比重一直呈上升趋势。1977/78 财年，国营经济在整个工业中占 35.1%，在现代工业中占 68%。其中，国营经济在电力工业中占 98.1%，在机器制造业和金属加工业中占 84.2%，在化学工业中占 72.7%，在轻工业中占82%。另外，包括天然气和煤炭发电在内的所有发电站、最大的金属加工厂、水泥厂、建筑公司等都归国家所有。③在金融和外贸领域，国营经济也占主导地位。如上所述，截至20世纪70年代末，全国6家银行都实行了国有化。在外贸领域，国家控制了羊毛、紫羔羊皮、棉花等主要农牧产品的出口，并且监督着阿富汗与东欧集团以及西方国家之间的贸易。此外，政府对国内贸易和市场也进行了监督和指导。

（二）发展水平与经济结构

阿富汗是农牧业国家，自给自足的自然经济在国民生产中占重要地位。

20世纪初期，阿富汗经济相当落后。农牧业在经济中占绝对优势，政府的兵工厂以及屈指可数的几家民用工厂是阿富汗现代工业的萌芽。20世纪30年代，私人资本主义经济有了一定程度的发展。1934年，阿富汗第一次建立了现代金融机构——"国民银行"。它是在政府扶植下建立的私有银行，除从事存贷款业务外，还代行中央银行的若干职能。国民银行除积极推动阿富汗对外贸易的发展外，还涉足农业及农业加工领域，并致力于现代工业的发展。20世纪30~40年代，国民银行以及政府投资创建了棉纺织、毛纺织、皮革、电力、印刷、罐头、火柴等现代工业部门。

从20世纪50年代中期到70年代末，阿富汗经济发展进入黄金时期，并取得了一定的经济成就，主要表现在以下几个方面。

其一，交通业运输获得长足发展。在苏联、美国等国的援助下，阿富汗陆续建设了高等级公路，基本形成了连接阿富汗的喀布尔、坎大哈、赫拉特、马扎里沙里夫4个主要城市的环形公路网。1958年，阿富汗道路总里程为9656公里，其中铺装道路仅为97公里；1974年，这两项数据达到17973公里和2600公里。1955年，阿富汗开办了国内民航业。一些航空公司陆续建立起来，承担了国际和国内航线。除喀布尔和坎大哈国际机场外，全国还建立了29座省级机场或小型机场。另外，气象设施和电信设施也在全国建立起来。

其二，在农业方面，建设和完成了10余个大型水利设施。其中包括由美国援助的赫尔曼德河水利工程，由苏联援助的楠格哈尔水利设施，由中国援建的帕尔万水利工程等。这些设施增加了灌溉面积，大大提高了国内的发电能力。其中，赫尔曼德河水利工程使赫尔曼德河流域的灌溉面积增加到 23 万公顷，工程总发电能力达到 13.2 万千瓦；楠格哈尔工程使新增的灌溉面积达 2.12 万公顷，工程发电能力达 1.15 万千瓦；帕尔万水利工程灌溉能力可达 2.98 万公顷土地。① 1977 年阿富汗的耕地为 805 万公顷，牧场为 547 万公顷，小麦产量为 234.5 万吨。

其三，传统工业部门继续发展，新工业部门陆续建立，主要包括人造纤维业、化肥业、自行车装配业等。阿富汗电力增长也很快。1956 年，全国发电总量只有 4720 万千瓦时，1977 年达到 7.76 亿千瓦时，增长幅度为 15 倍。② 在苏联的帮助下，1967 年，天然气田投入开采。20 世纪 70 年代，天然气成为主要出口产品，1975 年产量创纪录。1957 年，阿富汗的煤炭产量仅为 2 万吨；1977 年增长到 17.3 万吨。此外，阿富汗现代工业的发展使工业结构发生了变化。20 世纪 50 年代，家庭手工业是工业的主体，1977 年其比例下降到 48%。③

其四，金融业也获得一定发展。阿富汗陆续建立了抵押和建设银行（1948 年建立）、商业银行（1954 年建立）、农业发展银行（1970 年由农业与家庭手工业银行改组而成）、工业发展银行（1973 年建立）和出口发展银行（1976 年成立），进而形成了以国家银行为央行，由 2 家商业银行（国民银行和商业银行）和 4 家专业银行（以上除商业银行外在 1948～1976 年成立的 4 家银行）组成的银行体系。另外，除 3 家外国保险公司在阿富汗设立的代理机构外，1963 年，阿富汗还成立了阿富汗保险公司。其他金融机构还有 1969 年成立的科达曼信贷公司（Kohdaman Credit Cooperation）、1971 年成立的巴格兰信贷公司以及传统的喀布尔和坎大哈巴扎尔信贷行。1944 年，阿富汗政府建立了养老金体系。

其五，阿富汗政府的财政收入逐渐增加。1958 年，阿富汗政府财政

---

① Hamidullah Amin, *A Geography of Afghanistan*, Omoha: The Center for Afghanistan Studies, University of Nebraska at Omaha, 1976, pp. 79, 80, 82.

② EIU, *Quarterly Economic Review of Pakistan/Bangladesh/Afghanistan*, Annual Supplement 1978, p. 32.

③ 见彭树智主编《阿富汗史》，第 330 页。

收入为 14.69 亿阿富汗尼。1978 年增长到了 153.55 亿阿富汗尼，增加了 9 倍多。但是，与政府收入增加相对应，政府的赤字率高企。1958 年，政府收支基本上平衡，1978 年政府开支是收入的 2 倍。阿富汗政府收入主要来自外部援助和国内的税收。1978 年，税收主要集中在个人所得税和关税，总额为 9.554 亿阿富汗尼，约占总收入的 62%。

其六，阿富汗对外贸易也迅速发展起来。1957 年，阿富汗进出口额分别为 5700 万美元和 5900 万美元。1977 年，这两项数据达到 4.98 亿美元和 1.74 亿美元。尽管对外贸易总量增加了，但存在严重的贸易逆差。阿富汗的进口商品主要为工业品，如石油制品、橡胶制品、卡车、拖拉机、摩托车等，此外还有茶叶和糖，出口以农牧产品为主，如水果、干果、油料、兽皮、羊毛、地毯等。阿富汗为内陆国家，对外贸易主要依赖巴基斯坦尤其是巴基斯坦的卡拉奇港。

这个时期，由于经济发展，国内生产总值结构发生了变化。农业始终是经济的主体，但呈下降趋势。1953 年，国内生产总值为 125 亿阿富汗尼，其中农林占 78%（农业占 72%、林业占 6%）。1978 年，国内生产总值增长到 1560 亿阿富汗尼，农林渔业比重下降到 53%。同期工业占比显著上升，从 1953 年的 7% 上升到 1978 年的 24.7%（其中矿业，制造业，电力、煤气、供水，三项合计占 20.3%，建筑业占 4.4%），从而形成了以初级产品加工为主的现代工业体系。商业基本未变，1953 年、1978 年占比分别为 8% 和 7.4%。交通运输以及其他部门是后起之秀，1953 年统计为零，1978 年占 14.8%。[①]

但是，总体而言，在 20 世纪 70 年代末之前，阿富汗仍旧是世界上最不发达的国家之一。20 世纪 60 年代，阿富汗人均国内生产总值只有几十美元，1978 年约为 229 美元。国内生产总值一直处于低速增长状态。1935～1973 年，国内生产总值年均增长率只有 1.46%。按 1978 年固定价格计算，1974～1978 年国内生产总值年均增长率也仅为 4.7%。另外，农

---

① 见彭树智主编《阿富汗史》，第 300 页；《世界经济年鉴》（1981），中国社会科学出版社，1982，第 77 页。

业发展迟缓，粮食一直不能自给，出口创汇增长不快，政府财政收入经常出现赤字，就业机会增长缓慢，生活水平未得到根本改善，外债负担沉重。1932 年，政府财政收入约为 14.28 亿阿富汗尼，1972 年约为 26.83 亿阿富汗尼。[①]

二 人民民主党政权及内战时期的经济发展

1979 年 12 月苏联入侵阿富汗后，阿富汗经济的正常发展随之中断。从那时到 21 世纪初，由于战乱连绵，经济活动遭到严重破坏。

（一）苏联占领时期

在这一时期，阿富汗经济开始纳入苏联经济的发展轨道，与苏联经济发展有关的工业部门，特别是天然气、矿业等部门得到优先发展。据1985 年 8 月阿富汗官方报道，在苏联援助下，阿富汗当时有 200 多个工业项目已经建成或正在建设当中。当时，与苏联进行经济和技术合作的企业的产值已占阿富汗全部企业产值的 60% ，占阿富汗全部国营企业产值的 75% 。苏联是阿富汗工业和基础设施建设最重要的投资者。据阿富汗官方媒体报道，在 1981～1985 年，苏联对阿富汗的全部直接援助（不包括军事）达 267 亿阿富汗尼（折合 5.28 亿美元），占阿富汗全部外援的3/4。阿富汗 1986/87 财年～1990/91 财年计划总投资 1145 亿阿富汗尼，其中在已公布的部门投资中，天然气占 130 亿，农业占 110 亿，电力占90 亿，轻工业占 50 亿，教育占 17 亿。[②]

但是由于战争，这个时期的总体经济状况模糊不清，阿富汗的官方报道并不完全可信。据阿富汗官方公布，在 1981～1985 年，阿富汗国内生产总值增长了 14% ，其中工业增长了 26% ，农业增长了 6% 。另据 1985 年阿富汗喀布尔电台报道，在 1978～1985 年，阿富汗国内生产总值年均增长

---

① Maxwell J. Fry, *The Afghan Economy: Money, Finance and the Critical Constraints to Economic Development*, Leiden: E. J. Brill, 1974, p. 12, 38; EIU, *Country Profile: Pakistan/ Afghanistan*, 1986/87, p. 48; Louis Dupree and Linette Albert eds., *Afghanistan in the 1970s*, New York: Praeger Publishers, 1974, p. 107.

② EIU, *Country Profile: Pakistan/Afghanistan*, 1992/93, pp. 57, 58.

4.7%，国民收入年均增长 5%。① 不过，考虑到当时阿富汗当局的宣传政策、苏联在阿富汗实行的"焦土政策"等因素，这些数据难以令人信服。

20 世纪 90 年代初，阿富汗政府公布了新的数据。据此，苏联入侵期间，阿富汗国内生产总值始终在下滑。就 80 年代下半期而言，按 1978/79 财年价格不变计算，从 1986/87 财年到 1989/90 财年，国内生产总值从 1549 亿阿富汗尼②降至 1247 亿阿富汗尼。另外，从 1984/85 财年到 1989/90 财年，人均国内生产总值从 10446 阿富汗尼降至 7887 阿富汗尼。同期，农业产值从 881 亿阿富汗尼降至 656 亿阿富汗尼，建筑业从 80 亿阿富汗尼降至 72 亿阿富汗尼，贸易从 124 亿阿富汗尼降至 99 亿阿富汗尼。同期，只有矿业、制造业和水电有所增长，从 332 亿阿富汗尼增加到 356 亿阿富汗尼。③

从 1984/85 财年到 1989/90 财年，各经济部门在国内生产总值中占比发生了一些变化。农业在国内生产总值中的比重从 58.7% 降至 52.6%，贸易从 8.3% 降至 7.9%，运输和电信从 3.9% 降至 3.5%。不过，同期矿业、制造业和水电所占比重有所上升，从 22.1% 增至 28.5%，建筑业从 5.3% 增至 5.8%（见表 4 - 1、表 4 - 2）。

表 4 - 1　1984/85 财年 ~ 1989/90 财年阿富汗国内生产总值
（按 1978/1979 财年价格不变计算）

单位：亿阿富汗尼，万阿富汗尼，%

	1984/85 财年	1985/86 财年	1986/87 财年	1987/88 财年	1988/89 财年	1989/90 财年
国内生产总值	1500	1504	1549	1390	1275	1247
国内生产总值增长率	1.8	0.3	3	- 10.3	- 8.3	- 2.2
人均国内生产总值	1.0446	1.0273	1.0375	0.9133	0.8221	0.7887
人均国内生产总值增长率	- 0.1	- 1.7	1	- 12	- 10	- 4.1

资料来源：EIU, *Country Profile: Pakistan/Afghanistan*, 1992/93, p.59。

---

① EIU, *Country Profile: Pakistan/Afghanistan*, 1990/91, pp.59, 60.
② EIU, *Country Profile: Pakistan/Afghanistan*, 1992/93, p.59. 这与英国经济学家 1990/91 财年的统计数据有出入。EIU, *Country Profile:Pakistan/Afghanistan*, 1990/91, p.60。
③ EIU, *Country Profile: Pakistan/Afghanistan*, 1992/93, p.59.

阿富汗

表 4 – 2　1984/85 财年、1989/90 财年阿富汗国内生产总值部门结构
（按 1978/79 财年价格不变计算）

单位：亿阿富汗尼，%

	1984/85 财年产值	在国内生产总值中的占比	1989/90 财年产值	在国内生产总值中的占比
农业	881	58.7	656	52.6
矿业、制造业和水电	332	22.1	356	28.5
建筑业	80	5.3	72	5.8
贸易	124	8.3	99	7.9
运输和电信	59	3.9	44	3.5
其他	24	1.7	20	1.7
国内生产总值	1500	100	1247	100

资料来源：EIU，*Country Profile: Pakistan/Afghanistan*，1992/93，p. 59。

（二）内战时期

1989 年 2 月苏联撤出阿富汗后，拉巴尼的伊斯兰促进会和塔利班先后入主喀布尔。两者在经济上的首要目标，均是获取足够的资金以满足军事需要。拉巴尼政府执政期间，原有税收体制已经崩溃，各地军阀沿途设卡，征收过境商税。拉巴尼政府则在俄罗斯境内印制钞票，然后空运至所控区域。这些钞票除支付军饷和收买敌对派别或军阀外，也在喀布尔和巴基斯坦的白沙瓦流通。

塔利班在其控制区域内一度铲除军阀，扫清路障，恢复和平，赢得当地人民和商人的欢迎。但是，2000～2001 年，由于财政困难，塔利班也像军阀一样设立检查站，征收过境商税。塔利班也发行货币，其货币与北方杜斯塔姆控制区域内发行的货币并存。此外，塔利班还靠扩大罂粟种植和鸦片出口获取巨额收入，罂粟种植和鸦片出口成为塔利班一项重要的财政来源。迫于国际压力，2001 年，塔利班颁布教令，禁止鸦片种植和销售。国际援助是塔利班另外一项重要经济来源，但是 1998 年后这项来源锐减，原因主要有三个方面：一是沙特阿拉伯削减了对塔利班的援助；二是联合国开始对塔利班进行经济制裁；三是塔利班与驻阿国际机构之间日趋增多的摩擦，驻阿国际机构的援助减少。

　　这个时期，由于激烈和频繁的内战，阿富汗经济几乎全面崩溃，阿富汗国内以及国际组织对于经济发展各项指标的统计也基本中断。在 1991/92 财年，阿富汗国内生产总值为 1247 亿阿富汗尼，折合 17.2 亿美元。其中，农业、采矿、贸易、建筑、交通电信和服务业分别占 45.5%、13.6%、8.4%、4.5%、2.7% 和 16.9%。20 世纪 90 年代初，一些城市，如喀布尔还有一些制造业企业，但是随着围绕喀布尔的激烈内战爆发，大多数制造业企业被毁。另外，通货膨胀率也居高不下。据阿富汗官方统计，1993 年通货膨胀率达 150% 以上，此后物价一路飞涨。2001 年 3 月，阿富汗尼与美元的官方比价为 3000∶1，黑市上已高达 78000∶1。20 世纪 90 年代中期，喀布尔 120 万人口中有 95% 面临食品匮乏和燃料短缺。1998~2000 年连续三年的严重干旱，使阿富汗百姓生活雪上加霜。2001 年，饥馑蔓延到阿富汗全境。衣物、住房、医疗服务等严重匮乏，全国购买力急剧下降，国际人道主义援助杯水车薪。①

　　在阿富汗国民经济崩溃的背景下，罂粟种植和出口却得到畸形发展。截至 20 世纪 90 年代末，阿富汗已成为世界上最大的鸦片生产国。

三　阿富汗重建以来的经济发展

　　2001 年年底阿富汗新政府成立后，在国际社会的帮助下，经济重建逐步提上日程。阿富汗新政府积极利用国际援助，采取了诸多举措刺激国内经济重建。阿富汗经济重建的主要方向是恢复国内经济的"造血机能"，并大力进行交通、能源、水利灌溉等关乎国计民生的相关基础设施建设。阿富汗新政府颁布了投资法，鼓励外商赴阿投资。2008 年，阿富汗通过了《阿富汗国家发展战略（2008—2013）》，其中，经济发展的目标为：减贫，以私有部门主导市场经济进而确保经济的可持续发展，提高人类发展指数，等等。因此，发展私有经济和市场经济是阿富汗政府重建最重要的举措。

　　在政府财政方面，建立适当的政府预算以推动基础设施建设，支持私

---

① EIU, *Country Profile: Pakistan/Afghanistan*, 2001/02, pp. 62, 64.

营经济的发展，提高普通民众尤其是贫困者的生活水平。阿富汗的政府投资主要倾向于基础设施、农田水利和教育等。阿富汗是一个严重依赖外部援助的国家，20 世纪 50 年代以来一直如此。2007 年，阿富汗国内收入仅占 GDP 的 8.2% 。因此，阿富汗政府需要增加财政收入，特别是通过扩大税源，加强对消费税的征收和税收的管理，将外部援助纳入政府预算的控制，①进而逐步减弱对外援的依赖。同时，采取稳健的货币政策和金融政策，将通货膨胀率控制在 2.5% ~4% 。

在私营经济方面，实行国有企业私有化，国家完全退出企业经营领域，更多地扮演管理者的角色；扩大私有经济的规模，全面推行市场经济，反对贸易保护。特别是，鼓励私营企业在能源、工矿、交通运输等基础设施建设领域投资。阿富汗矿产和能源未得到充分的勘探。如今，阿富汗已探明有 400 余种重要的矿产资源和能源。例如，铜、黄金、银、铂、锌、镍、翡翠、青金石，以及煤炭、石油和天然气等。阿富汗常年遭战争破坏，国内私营企业规模较小。因此阿富汗鼓励外国公司和资本投资矿产和能源领域，以满足国内经济发展对资源和能源的需求，增加政府收入，扩大就业。

农业仍然是阿富汗的支柱产业。根据美国《世界博览》的数据，2016 年，阿富汗农业、工业和服务业产值的占比分别为 23% 、21.1% 、55.9% 。②

阿富汗实行自由市场经济，试图通过自由市场经济激活国内经济。阿富汗还试图重新构建其作为连接中亚、南亚、西亚与东亚的桥梁的角色，提高其在这些地区商品运输、能源贸易和管道、线路铺设中的重要性，使其在跨境贸易中受益。阿富汗重建以来，经济有所恢复和发展（见表 4-3）。但是，阿富汗经济仍然十分脆弱，严重依赖外部援助，国内经济的造血能力不足。毒品走私泛滥，基础设施落后，工业生产能力低下，自然环境恶劣

---

① 在《阿富汗国家发展战略（2008—2013）》公布时，2/3 的外部援助在阿富汗政府控制之外。

② The World Factbook，"Afghanistan," https：//www. cia. gov/library/publications/the - world - factbook/geos/af. html.

表 4 - 3　重建以来阿富汗国内生产总值的变化 (2002 ~ 2019 年)

单位：十亿美元，美元

	2002 年	2003 年	2004 年	2005 年	2006 年	2007 年	2008 年	2009 年	2010 年
GDP	4.06	4.52	5.23	6.21	6.97	9.75	10.11	12.44	15.86
人均 GDP	179	191	211	242	264	360	365	438	543
	2011 年	2012 年	2013 年	2014 年	2015 年	2016 年	2017 年	2018 年	2019 年
GDP	17.8	20	20.56	20.48	19.91	18.02	18.87	18.35	19.29
人均 GDP	591	642	637	614	578	547	556	524	502

资料来源："Afghanistan GDP 1960 - 2020," https：//www. macrotrends. net/countries/AFG/ afghanistan/gdp - gross - domestic - product。

等因素制约了阿富汗的经济发展。阿富汗作为沟通中亚和南亚，以及东亚与西亚的重要陆上通道，在地区能源和经济合作中占有重要的地位。这也为未来阿富汗经济的发展提供了动力。

塔利班上台后，随着国际援助的锐减，以及西方国家的制裁，阿富汗经济出现了严重的衰退。根据联合国开发计划署（UNDP）的估计，阿富汗的人均年收入已从 2012 年的 650 美元降至 2020 年的 508 美元，2022 年预计进一步降至 350 美元。2021 年，阿富汗的国内生产总值较 2020 年下降 20%，仅有 140 亿美元。2022 年 5 月，塔利班政府公布了新一财年的国家预算，总额为 2314 亿阿富汗尼（26 亿美元，其中 5 亿美元为赤字）。其中，3.3 亿美元用于发展预算。预算的资金完全从阿富汗国内筹集，但与往常相比有了大幅的缩减。2020/21 财年，阿富汗政府的预算总额达到了 55 亿美元。

历经 40 多年战乱，阿富汗交通、通信、卫生、工业、教育、农业基础设施遭到严重破坏，经济发展困难，曾有 600 多万人沦为难民。2023 年，阿富汗国内生产总值为 172.3 亿美元，国内生产总值增长率为 2.7%，人均国内生产总值为 493 美元。[①]

---

① 《阿富汗国家概况》，中国外交部网站，2024 年 8 月，https：//www. mfa. gov. cn/web/ gjhdq_676201/gj_676203/yz_676205/1206_676207/1206x0_676209。

第二节　农牧业

一　20世纪70年代的农牧业发展

截至20世纪70年代，农牧业仍是阿富汗国民经济的支柱。1977/78财年，农业占国内生产总值的一半以上，农牧产品出口占出口总额的75%，全国劳动力的70%以上从事农牧业。[①]

阿富汗的农业落后，停留在靠天吃饭的地步，粮食不能自给，耕地也非常有限。从20世纪60年代初到70年代初，谷物产品的年均增长率不过1%左右，低于同期人口的年均增长率（2%~2.5%）。[②] 棉花、甜菜、甘蔗以及与工业有关的农产品的年均增长情况也大致相同。1970~1971年的严重旱灾，导致农业大幅度减产。20世纪70年代，每年平均要进口20万吨谷物，大旱之年要进口50万吨谷物。[③] 据估计，20世纪70年代已耕地面积只有780万公顷，约占全国土地面积（按6250万公顷计算）的12.5%。其中，只有530万公顷土地有灌溉设施，由于雨水缺乏，每年只有大约250万公顷的土地可以定期得到灌溉。[④] 气候的好坏特别是雨水的多寡，严重影响农业收成。

二　阿富汗重建以来农牧业的发展[⑤]

阿富汗农业发展的主要目标是减少贫困、保障粮食安全、发展商业型的农业等。阿富汗将水利设施建设是发展农业的基础。具体而言，阿富汗

---

① 见《世界经济年鉴》（1981），中国社会科学出版社，1982，第78页。

② Louis Dupree and Linette Albert eds. , *Afghanistan in the 1970s*, New York：Praeger Publishers，1974，p. 104.

③ 见《世界经济年鉴》（1981），第78页。

④ Hamidullah Amin, *A Geography of Afghanistan*, Omoha：The Center for Afghanistan Studies, University of Nebraska at Omaha，1976，pp. 58-59.

⑤ 本部分参见乐姣、曲春红、李辉尚《阿富汗农业发展现状及中阿农业合作策略》，《农业展望》2019年第5期。

利用外部援助的资金和技术重建和修缮水利设施，同时加强对水资源利用的管理。据阿富汗国家统计与信息局的数据，2019 年阿富汗耕地面积为330 万公顷，其中灌溉面积为 220.1 万公顷。①

为提升农业发展和农民生活水平，阿富汗政府做了如下努力。①制定"农业和农村综合发展战略"（CARD），指出农村复兴的最终目标是通过增加收入、直接提供贷款、进行技能培训、与市场对接等举措，使农村最贫困和底层的社会阶层收入多样化，减少贫困的发生；②提出"农业和农村发展区域倡议"（ARDZ），旨在提高农业的市场化水平，加强农村道路、水源等基础设施的建设，增加向私人企业出售的土地，鼓励私有资本增加在农业的投资。

阿富汗重建以来，农牧业获得了一定的发展，发展情况见表 4-4。从 2002/03 财年至 2016/17 财年，农牧业产值有所增长。2002/03 财年，阿富汗农牧业总产值为 874.25 亿阿富汗尼，2016/17 财年增长到了3165.1 亿阿富汗尼。2002/03 财年至 2012/13 财年，谷物和畜牧业产值均超过水果产值。2016/17 财年，阿富汗的水果产值超过了畜牧业产值。

表 4-4　阿富汗农牧业发展情况

单位：亿阿富汗尼，%

财年	总产值	谷物		水果		畜牧业		其他	
		产值	占比	产值	占比	产值	占比	产值	占比
2002/03	874.25	368.29	42.1	60.35	6.9	111.81	12.8	333.81	38.2
2006/07	1225.11	415.67	33.9	72.06	5.9	217.24	17.7	520.15	42.5
2012/13	2758.18	1148.07	41.6	256.22	9.3	339.13	12.3	1014.76	36.8
2016/17	3165.10	1165.68	36.8	446.54	14.1	401.02	12.7	1151.86	36.4

资料来源：乐姣、曲春红、李辉尚《阿富汗农业发展现状及中阿农业合作策略》，《农业展望》2019 年第 5 期。

① "National Statistics and Information Authority," *Agricultural Prospective Report*, 2019, p. 3, https://www.nsia.gov.af: 8080/wp - content/uploads/2019/07/Agricultural - prospective - Report. pdf.

1. 种植业

阿富汗的种植业大致可以分为粮食作物和经济作物。粮食作物以谷物为主，包括小麦、玉米、稻谷和大麦等。其中，小麦是谷物生产的重点。2016/17 财年，小麦产量占谷物总产量的 82.4%。赫拉特省、巴尔赫省、塔哈尔省等是小麦的主产区。2002 年以来，全国小麦种植面积、总产量、单产均呈增长态势。2016/17 财年，小麦种植面积为 230.02 万公顷，总产量为 455.51 万吨，单产为 1.98 吨每公顷，相比 2002/03 财年分别增加32.0%、69.9% 和 28.4%。其中，无灌溉设施的小麦种植区占小麦播种面积的 35%，但产量仅占 18.2%。[1] 2019 年阿富汗小麦总产量为 510 万吨，是近 13 年来最高的产量。2019 年，阿富汗国内对于小麦的需求达到600 万吨，仍有 100 万吨的赤字。[2]

玉米是阿富汗的第二大粮食作物，作为食物和牲畜的饲料，主产区在阿富汗东南部的帕克蒂亚省和楠格哈尔省。如今，大约有 14 万公顷的耕地种植玉米，总产量约 31 万吨，单产为 2.2 吨每公顷。

水稻是阿富汗第三大粮食作物，也是阿富汗第二大主食作物。2019年，种植面积为 12.8 万公顷，分布在阿富汗 18 个省，主要集中于阿富汗北部的省份。2019 年，总产量达到 38.3 万吨，自给率为 66%。[3] 阿富汗每年仍须从伊朗、印度和巴基斯坦进口大量的大米。

大麦主要用作牲畜的饲料。自 1960 年以来，伴随着畜牧业的衰落，阿富汗大麦种植整体上呈下降趋势。1960 年种植面积达到 35 万公顷，2013 年为 27.8 万公顷，2023 年为 6.2 万公顷。[4]

---

① 乐姣、曲春红、李辉尚：《阿富汗农业发展现状及中阿农业合作策略》，《农业展望》2019 年第 5 期。

② National Statistics and Information Authority, *Agricultural Prospective Report*, Afghanistan, 2019, p. 3.

③ "Afghanistan Heads Towards Self-Sufficiency in Rice Production: Ministry," Xinhuanet, 2019, http://www.xinhuanet.com/english/2019 – 12/10/c_ 138620676.htm.

④ USDA, *Afghanistan Barley Area*, *Yield and Production*, January 12, 2024, https://ipad.fas. usda.gov/countrysummary/Default.aspx? id = AF&crop = Barley.

2. 经济作物

水果、坚果和蔬菜类农产品是阿富汗重要的经济作物。阿富汗的葡萄、西瓜、哈密瓜、杏、苹果、石榴、杏子、樱桃、无花果、甜桑葚、桃子等品质较好，是出口创汇的重要商品。20 世纪 70 年代后期，果园产品产值约占国内生产总值的 10%，占全部出口创汇的 30%~35%。1976/77 财年，果园产品总产量约达 91 万吨。20 世纪 70 年代，阿富汗每年出口果园产品创汇约 6 亿美元，其中干果占 30%，水果占 70%。2019 年，阿富汗的水果产量约为 150 万吨。

一般而言，阿富汗的北部地区盛产开心果、杏仁与核桃等，东部地区盛产松子，中部的巴米扬则以出产优质的土豆而闻名，东南部则出产橘子、橄榄、花生和红枣等。坎大哈、巴尔赫、尼姆鲁兹等省份种植石榴。阿富汗葡萄的种植面积最大，其次是苹果、杏和石榴等。

葡萄是阿富汗最主要的水果。20 世纪 60 年代，阿富汗葡萄干享誉世界。2016/17 财年，葡萄种植面积占水果类种植总面积的 24.5%。葡萄产区主要分布在加兹尼、喀布尔、萨尔普勒等省份。2008/09 财年以来，阿富汗葡萄种植总面积呈稳定增长态势。2016/17 财年，葡萄种植面积增至近年来的峰值——8.25 万公顷，单产达到 10.61 吨每公顷，总产量为 87.45 万吨，葡萄干的出口额占阿富汗农产品出口总额的 11.1%。① 阿富汗 20%~25% 的葡萄用于制作葡萄干，法拉等省份近半数的葡萄用于制作葡萄干。葡萄干易于保存和出口，因此是阿富汗农民重要的增收商品。

阿富汗的气候和自然环境适宜苹果种植。2013/14 财年，阿富汗苹果的产量达到 7.7 万吨。苹果种植在阿富汗分布十分广泛，年产量超过 1000 吨的有加兹尼、喀布尔、坎大哈、帕克蒂亚等 11 个省份，主要向印度等周边国家出口。一些学者认为，阿富汗是石榴的原产地，有 48 个品种，且具有很高的品质，其中尤以坎大哈省的石榴出名。2007 年，阿富

---

① 乐姣、曲春红、李辉尚：《阿富汗农业发展现状及中阿农业合作策略》，《农业展望》2019 年第 5 期。

汗石榴的产量为 50 万吨，种植面积为 4.2 万公顷。2019 年，仅坎大哈省就向巴基斯坦、印度、阿联酋和沙特等国出口了 4 万~5 万吨石榴。

棉花是最重要的经济作物，它既是纺织、制皂、食用油加工等行业的主要原料，也是传统的大宗出口商品。阿富汗北部、东部和西部是棉花种植的主要产区，特别是北部，棉花产量高品质好。1976/77 财年，棉花播种面积为 12.8 万公顷，总产量为 16 万吨。2019 年，阿富汗的棉花总产量为 73119 吨，种植面积为 49317 公顷。①

阿富汗的坚果和干果具有十分高的品质和悠久的生产历史，也是出口创汇的重要商品。如开心果、杏仁、松子、核桃、葡萄干等。2018 年，阿富汗制定了《阿富汗国家出口战略（2018—2022）》以推动生产与出口。2017 年，阿富汗开心果的产量为 2784 吨。2019 年，阿富汗松子的产量为 2.4 万吨，阿富汗坚果和干果主要的出口对象国为美国、德国、中国、印度、西班牙、越南等。葡萄干、无花果、开心果和杏仁的出口占阿富汗出口坚果和干果的 95%，其中尤以葡萄干、无花果和开心果为主。

甜菜和甘蔗在阿富汗的经济作物中也占有一席之地。1974/75 财年，甜菜种植面积为 4600 公顷，总产量约为 6.3 万吨，制糖量达 8900 吨。1975/76 财年，甜菜总产量达 10 万吨，创历史纪录。2018 年，阿富汗甜菜总产量为 5363 吨。20 世纪 70 年代，甘蔗总产量约为 6 万吨。1976/77 财年，甘蔗总产量达 7 万吨。2017 年，甘蔗总产量为 33725 吨。

阿富汗农业的发展受到自然环境、技术、资本以及国内环境的多重限制，尽管取得了一定成效，但仍然存在很大的问题。如基础设施尤其是水利设施年久失修，旱灾、洪涝灾害、地震等频发，国内安全环境恶化，市场受限，以及作为一个内陆国家，出口受到一定限制和缺乏畅通的出口渠道，等等。2019 年，在阿富汗石榴产地，4.5 公斤石榴售价仅为 0.64 美元，而到达出口地后，价格翻了近 10 倍。阿富汗主要是通过与巴基斯坦的陆路口岸，借助巴基斯坦的港口出口。阿富汗约 75% 的人口仍然生活

---

① 《阿富汗棉花产量增加 21%》，新华网，2020 年 1 月 2 日，http：//www.xinhuanet.com/english/2020－01/02/c_138673868.htm。

在农村，农业的发展对阿富汗具有至关重要的意义。

在阿富汗的罂粟种植和毒品生产有增无减的背景下，毒品又和极端主义、反政府力量存在密切的勾连。近年来，随着阿富汗禁毒力度的加大，罂粟种植面积有所减少。即便如此，根据联合国的统计，2019 年，阿富汗的罂粟种植面积仍然达到 16.3 万公顷，产量达到 6400 吨，约占世界总产量的 84%。[①] 阿富汗西部和北部地区，1/3 的村庄种植罂粟，东部和南部地区更是 50% 和 85% 的村庄种植罂粟，仅是罂粟的除草和收割就提供了 35.4 万个全职的工作岗位。2017 年，阿富汗罂粟的产值达到 41 亿~66 亿美元，占 GDP 的 20%~32%，[②] 这是因为种植罂粟远比种植粮食作物收益高。阿富汗在国际社会的支持下，力图通过推广经济作物替代罂粟种植。罂粟的种植已成为阿富汗农业发展的毒瘤。通过发展农业进而改善农民的生活水平，对于阿富汗的稳定具有至关重要的意义。而在农业发展中，阿富汗的经济作物，尤其是干果和坚果具有非常大的潜力。

阿富汗畜牧业历史悠久，永久牧场约有 3000 万公顷，占国土总面积的 46.0%，畜牧业资源可观。2002/03 财年以来，阿富汗畜牧业产值占农牧业总产值的比重保持在 12.1%~22.0%，主要的牲畜产品包括鸡、羊和牛。但是由于阿富汗畜牧业发展落后、养殖效率低、畜牧产品有待开发等，其肉类和乳制品自给不足。2002/03 财年~2016/17 财年，包括山羊和绵羊在内的羊存栏量一直是阿富汗畜牧业存栏量最高的畜产品，且总量呈波动增长趋势。2016/17 财年绵羊存栏量为 1326.52 万头，较 2002/03 财年增长 29%；鸡存笼量总体略有下滑，2016/17 财年为 1189.94 万只，较 2002/03 财年下降 2.1%。

畜牧业在阿富汗经济中占有重要地位。20 世纪 70 年代初，约占总人口 16% 的牧民从事畜牧业。除此之外，大部分农业人口也直接或间接从

---

① *World Drug Report 2020*, UNODC, 2020, pp. 40 – 42.

② "Last Year's Record Opium Production in Afghanistan Threatens Sustainable Development, Latest Survey Reveals," UNODC May 21, 2018, https://www.unodc.org/unodc/en/frontpage/2018/May/last – years – record – opium – production – in – afghanistan – threatens – sustainable – development – – latest – survey – reveals. html.

事畜牧业。20世纪50年代，畜牧业产值占农牧业总产值的一半以上。此后由于种植业的发展，20世纪70年代畜牧业比重显著下降，种植业产值因此超过畜牧业。

牲畜种类主要有紫羔羊、山羊、牛以及少量的驴、骆驼、马和骡。羊在出口贸易中占重要地位。20世纪70年代，95%的畜牧业出口收入来自羊毛和羊皮。[①] 1977/78财年，羊毛产量为2.42万吨，出口5000吨；羊皮出口300万张；羊毛和羊皮出口在出口总值中占10%以上。

迈马纳地区是世界驰名的紫羔羊产区。紫羔羊皮是阿富汗大宗的传统出口商品。20世纪70年代后期，紫羔羊皮年产约为200万张。紫羔羊是一种古老的羔皮用绵羊品种，公羊多有角，母羊多无角，尾巴肥大。紫羔羊喂粗饲料，耐干旱，肉质优良。羊羔皮毛一般呈黑色，花纹美观，其颜色随年龄增长逐渐变为灰色或棕黑色，混合型毛还可以制毯。

2020年，阿富汗可耕种土地约占领土的12%，森林覆盖率为2.7%，46.4%的土地为永久牧场，38.9%的土地为村庄、山脉和河流。阿富汗经济仍然以农牧业为主，吸纳了43%的劳动力，79%的阿富汗家庭参与农牧业生产。农牧业产值占GDP的26%。2021年以来，阿富汗遭受近30年最严重的干旱，新冠肺炎疫情大流行、政权更迭及由此造成外部援助的减少，使阿富汗农牧业面临着严重的挑战。阿富汗近一半的游牧民以养牛为生。约82%的阿富汗家庭的牲畜养殖存在困难，主要问题是缺乏水源、饲料和牧草。2021年与前一年相比，阿富汗的农牧业出现了衰退的迹象。近半数的牧民由于无力承担养殖成本，加之生活拮据，故而出售牲畜补贴家用，牲畜养殖规模有所减少。在农业方面，阿富汗以种植小麦为主，小麦种植占农作物的84%。2021年，阿富汗的农牧业也存在衰退的问题。近20个省份农作物种植面积减少了20%以上，帕尔万、库纳尔、赫尔曼德、古尔、法拉等省减少了50%左右。其原因主要有：政权更迭导致农

---

① Hamidullah Amin, *A Geography of Afghanistan*, Omaha: The Center for Afghanistan Studies, University of Nebraska at Omaha, 1976, p. 90.

民信心不足、收入降低，难以获得充足的种子和化肥，等等。①

阿富汗是农牧产品的进口国。俄乌冲突以及全球范围的粮食问题，连同阿富汗农牧业的衰退进一步加剧了阿富汗的粮食安全问题。阿富汗43%的农牧民收入下降，并出现了一定程度的人道主义灾难。70%左右的阿富汗家庭明显减少水果、蔬菜、肉、蛋、奶等食品的消费，半数左右的省份出现了食品危机。2022年6月，阿富汗约有1800万人面临着严重的粮食缺乏。

第三节 工矿业

阿富汗工矿业基础十分薄弱，主要是以原材料和农副产品加工为主的轻工业体系，几乎没有重工业生产。20世纪70年代，全国仅有一家大型化工企业。工业缺乏集约化的大企业，大多数是规模较小的手工业，例如地毯编织、食品加工和纺织业等。1978/79财年，工业总产值（包括制造业、矿业、建筑、交通运输和电信）为479亿阿富汗尼，约占国内生产总值的29%。1975/76财年，在工业领域就业的人数约为53.8万人，占全部就业人数的9.6%。喀布尔、坎大哈、赫拉特、马扎里沙里夫、昆都士、贾拉拉巴德等城市是最主要的工业中心。

常年的战争使阿富汗的工矿业遭到沉重打击，如今阿富汗的工矿业主要集中在如下领域。

一 电力和能源

电力与能源是工业发展的基础，也是人们生活和发展的重要前提条件。阿富汗能源极端缺乏，也许是世界上人均能源消费水平最低的国家之一。阿富汗重建之初，民众的能源需求主要靠传统的木材、农业秸秆及动物粪便等来满足。这些约占国家能源消费的85%，其中木材消费就占75%。

---

① "Afghanistan Agricultural Livelihoods and Food Security in the Context of COVID – 19," FAO, Rome, August 2021.

1977/78 财年，全国大小电站共 100 多个，其中水电站居多，占总装机容量的 70% 以上，另外是一些以煤和天然气发电的热电站。萨罗比（Sarobi）水电站、纳格鲁（Naghlo）水电站、马希帕尔（Mahipar）水电站、达伦塔（Darunta）水电站是几个较大的水电站。

1957/58 财年，全国总发电量只有 4710 万千瓦时，1977/78 财年增长到 7.64 亿千瓦时。苏联入侵阿富汗后，阿富汗电力增长较快，但是也不能满足国内需要。据阿富汗官方估计，从 1978/79 财年到 1987/88 财年，年均电力增长 4.5%，发电总量从 8.45 亿千瓦时增长到 12.57 亿千瓦时。1988/89 财年，阿富汗从苏联输入 4200 万千瓦时。

进入 20 世纪 90 年代，由于战争加剧，实际发电量迅速下降。1992 年后，喀布尔大部分城区几乎没有电力供应。据联合国开发计划署估计，1993 年中期，阿富汗全国范围的输电线路中有 60% 停止供电。1996 年塔利班接管喀布尔后，情况略有好转。2000 年，阿富汗全国发电量只有 3.75 亿千瓦时，而消耗为 4.54 亿千瓦时，不足部分从邻国进口。

2012 年，阿富汗推出了《国家能源供应项目》（NESP），推动电力和能源的发展。根据世界银行的估计，2005 年，阿富汗只有 23% 的民众能够用上电，2016 年，喀布尔对 70% 的人实现了全天候的供电，但在阿富汗 3/4 的人仍然用电困难。2015 年，电网接入的人口为 1176030 人。此外，阿富汗电网分布不均。有 75% 的人口居住的农村，创造了 60% 的生产总值，但电网分布只占 10%。2020 年，阿富汗电力供应已覆盖 97.7% 的人口，但半数以上的人口无法获得稳定的电力供应。

2016 年，阿富汗电力消耗总量为 55.26 亿千瓦时，电力进口达到 44 亿千瓦时。阿富汗主要从吉尔吉斯斯坦和塔吉克斯坦进口电能，三国启动了 CASA – 1000 中亚 – 南亚电力项目，计划从塔吉克斯坦和吉尔吉斯斯坦修建到达阿富汗的输电线路和变电设施，并最终延伸到巴基斯坦的白沙瓦。该项目将极大改善阿富汗的电力供给，2020 年该项目完成了 3% 的工程，全部完成后将为阿富汗提供 300 兆瓦的电力，为巴基斯坦提供 1000 兆瓦的电力。

从阿富汗国内来看，由于石油、煤炭勘探和开采工业落后，阿富汗的电力主要源于水电。2016 年，在阿富汗的电力生产中，52% 来自水电，45% 来自化石能源发电，4% 来自太阳能和风能等可再生能源。[①] 阿富汗可再生能源十分丰富，但开发严重滞后。据估计，可再生能源发电潜力达到 30 万兆瓦，其中太阳能 22 万兆瓦、风能 6.6 万兆瓦、水能 2.3 万兆瓦、生物能 4000 兆瓦。[②] 如今，水能发电相对利用较好，也仅达到 500 兆瓦。阿富汗的水电站大多修建于 20 世纪 50 年代到 70 年代。2016 年，在赫拉特修建完成的阿富汗印度友好大坝，装机容量达到 42 兆瓦。此外，阿富汗政府曾计划在喀布尔、赫拉特、赫尔曼德、库纳尔等省修建 6 座水电站。

阿富汗近一半的电力来自化石能源。其中，规模最大的火电站当属塔拉希尔火电站（Tarakhil thermal power plant），装机容量为 105 兆瓦，但并未全负荷运行，发电量只有其中的 1% 左右。阿富汗蕴藏着较为丰富的化石能源。天然气、石油和煤炭的探明储量分别为 750 亿立方米、8000 万桶和 7300 万吨。[③] 由于缺乏技术、资本，安全环境较差，阿富汗能源开采能力严重不足。阿富汗每年仍需要从国外进口大量的能源。在 20 世纪 90 年代中期，土库曼斯坦和巴基斯坦就开始商议修建从土库曼斯坦经阿富汗到巴基斯坦、印度的天然气管道。2002 年后，阿富汗和印度加入，形成了"TAPI 计划"，该计划预计修建 1800 多公里的天然气管道。土库曼斯坦每年向阿富汗、巴基斯坦和印度三国输送 330 亿立方米的天然气，阿富汗每年将从过境费中获得 1.6 亿美元，并得到 50 亿立方米的天然气供应。[④] 2015 年，土库曼斯坦段的工程启动，2018 年阿富汗和巴基斯坦段的工程启动。

---

① The World Factbook, "Afghanistan," CIA, https：//www. cia. gov/library/publications/the - world - factbook/geos/af. html.

② "ADB to Provide $ 44. 76m for Construction of Solar Power Plant," Pajhwok, November 26, 2017, https：//www. pajhwok. com/en/2017/11/26/adb - provide - 4476m - construction - solar - power - plant.

③ Farkhod Aminjonov, *Afghanistan's Energy Security*, Friedrich-Ebert-Stiftung, 2016, p. 1.

④ Government of the Islamic Republic of Afghanistan, "Afghanistan National Development Strategy：An Interim Strategy for Security, Governance, Economic Growth and Poverty Reduction," p. 85, http：//www. nps. edu/programs/ccs/Docs/Pubs/unands_ Jan. pdf.

阿富汗的生物能源也是重要的来源。对农村的民众而言,他们主要通过砍伐树木和收集秸秆等获得生活燃料。这也对阿富汗的自然环境造成了一定的破坏。

阿富汗的能源难以自给,在供应普通民众生活上尚且不足,显然不能完全支撑经济的发展。能源严重依赖国外尤其是周边国家,对阿富汗的安全和自主性也造成了一定影响。塔利班上台后,阿富汗与中亚国家的关系受到严重影响,外部经济援助断绝,这严重制约了阿富汗的电力供应。电力的缺乏严重影响阿富汗经济的恢复和民众的社会生活。

二 重工业

阿富汗有丰富的矿产资源,主要包括:大理石、金、铜、铬铁、滑石、重晶石、硫磺、铅、锌、铁、盐、稀土等。此外,还有祖母绿、红宝石、蓝宝石、石榴石、青金石、孔雀石、尖晶石、电气石和橄榄石等。在古代,青金石、红宝石等便已开始开采。20世纪50年代之后,阿富汗已开始加大了开采的力度。但是,随后冲突的爆发打断了这一进程。

2001年之后,阿富汗设立了工业与商业部,着力加大对自然资源尤其是矿产资源的开发,矿产资源也成为阿富汗最重要的重工业部门。2008年,阿富汗前政府与中国企业签订协议,由后者投资37亿美元开发卢格尔省的艾娜克铜矿,预计将为阿富汗政府每年带来4亿美元的收入,提供大量的工作岗位。近年来,受限于安全形势以及其他一些原因,该项目处于停滞状态。2018年,阿富汗政府与美国的森塔尔集团(Centar)签订了黄金和铜矿的开采协议,总投资近8000万美元。此外,印度和加拿大的一些企业也投资阿富汗铁矿的开发。

阿富汗水泥加工、钢铁、冶金、化工等重工业产品大多依赖进口。阿富汗长期从巴基斯坦和伊朗等国进口水泥。2021年之后,塔利班政权着力提升水泥生产能力。2023年6月,阿富汗计划在赫拉特、贾兹詹、坎大哈、洛加尔和帕尔万建设5个水泥厂,实现水泥的自给。2018年,阿富汗的6个钢铁厂生产了22万吨钢铁。阿富汗政府试图在这些领域实行进口替代战略,但由于生产能力和竞争力有限,效果不彰。

三 轻工业

2015 年，阿富汗轻工业的产值占国内生产总值的 21% 左右，其中 90% 来自农牧产品加工和手工产品等轻工业部门。[①] 整体而言，阿富汗的制造业规模较小，生产能力十分有限，在国际市场缺乏竞争力。因此，轻工业成为阿富汗政府重点发展的领域。

1. 纺织业

纺织业是阿富汗最早建立的和最现代化的部门，在历史上还向周边国家出口过纺织品。阿富汗的第一家棉纺织厂始建立于 1936 年，1940 年开始生产。第一家毛纺织厂始建立于 1943 年。1966～1974 年，纺织厂从 9 家增加到 25 家。20 世纪 70 年代末共有 30 余家棉纺织厂和 2 家毛纺织厂。其中，"阿富汗纺织公司"是规模最大的纺织集团，至 20 世纪 70 年代中期，这家集团共有 89728 枚锭子、2800 台织布机以及独立的漂白、染色和印花分厂。1969 年，其就业人数占全国纺织部门就业总数的 70%，当年产量达 8500 万米棉布，占阿富汗当年棉布总产量的 87%。其他几家较大的棉纺织厂有位于喀布尔的巴格拉米（Bagrami）工厂、巴尔赫棉纺织厂以及奥梅德（Omaid）棉纺织厂。两家毛纺织厂分别位于坎大哈和喀布尔，主要生产毛毯和衣料。

20 世纪 70 年代，纺织厂基本能满足国内对纺织品，包括普通棉线的需要。但是，高级的纺织品仍需要从国外进口。苏联入侵后，纺织工业遭到严重破坏，产量连续下降。1978/79 财年，棉纺织品产量为 7700 万米，1979/80 财年下降到 6300 万米，1981/82 财年为 4300 万米。就毛织品产量而言，从 1978/79 财年到 1990/91 财年，产量从 40.5 万米下降到 16.7 万米。

阿富汗重建开启之后，阿富汗政府将主要的资源投入安全、基础设施建设和通信等方面，对于纺织业的关注度不够。纺织业是阿富汗传统的工

[①] Richard Ghiasy, Jiayi Zhou, Henrik Hallgren, *Afghanistan's Private Sector*, Stockholm International Peace Research Institute, 2015, p. 18.

业部门，具有很大的潜力。20 世纪 70 年代，阿富汗在喀布尔、坎大哈、巴尔赫、帕尔万和巴格兰设立了 7 个大型纺织厂，这些工厂在战争中遭到了破坏。2017 年，棉花总产量为 5.9 万吨。2020 年棉花产量较前一年增产 21%，但也仅有 7.3 万吨。而 20 世纪 80 年代其产量曾高达 35 万吨。阿富汗没有完整的棉纺织产业链，缺乏棉花加工厂。因此，阿富汗如今的服装、棉纺织品等依赖从中国、土耳其、韩国、伊朗和巴基斯坦等国进口。2020 年，阿富汗政府与印度和乌兹别克斯坦政府签署协议，援助阿富汗在一些地区建设棉纺织厂。但棉纺织产业链不完整、进口棉花价格高昂、生产效率不高等因素，使阿富汗的纺织品缺乏竞争力，棉纺织业的发展举步维艰。此外，虽然阿富汗的羊绒产量位于世界第三，但主要是原料出口，未形成下游的产业链。

2. 地毯

无论是棉纺织业还是毛纺织业，阿富汗现今都以小工厂和小作坊为主。其中，最重要的就是地毯行业。阿富汗具有悠久的地毯生产历史，地毯是阿富汗主要的出口商品之一。2001/02 财年，地毯只有 400 万美元的产值，2005/06 财年激增至 2.16 亿美元。2015 年，阿富汗地毯的年产量为 200 万平方米，60% 产自北方地区。2015 年，地毯出口额为 8900 万美元。[①] 但是，由于缺乏品牌效应和相关的销售渠道、产业链，阿富汗的地毯制成品大多被运到巴基斯坦清洗、贴牌之后出售，售价甚至要比阿富汗制成品高出一倍。随着伊朗、土耳其和巴基斯坦等国开始加大地毯行业的扶持，阿富汗地毯在国际市场上的竞争力下降。

3. 食品加工

阿富汗的食品工业主要包括制糖以及水果、食用油、面粉、奶制品、肉制品的加工，但是许多产品不能满足国内需要。1940 年，德国援助阿富汗在巴格兰建立第一家制糖厂。1974/75 财年，巴格兰制糖厂白糖产量为 8900 吨，同年度位于楠格哈尔的制糖厂红糖产量为 4522 吨。2006 年，德国援助阿

---

① Sayed Nasrat, Abdul Tamim Karimi, "The Afghan Carpet Industry: Issuesand Challenges," *Economic Alternatives*, Issue 4, 2016, pp. 475 – 477.

富汗重建了巴格兰糖厂，但阿富汗的糖仍需要从印度和巴基斯坦等国进口。2017 年阿富汗的糖进口量达到 6 万吨，费用达到 2.48 亿美元。

尽管阿富汗有一些面粉和食用油加工厂，但仍然需要从国外大量进口。阿富汗粮食产量无法满足国内需求，且阿富汗的碾磨工艺也较为落后。2017 年，阿富汗小麦和面粉进口额达到 4.19 亿美元，是阿富汗最大宗的进口商品，其中 70% 左右为面粉，巴基斯坦是阿富汗进口小麦和面粉的主要国家。阿富汗食用油压榨工艺也比较落后，严重影响了其食用油的生产，因此食用油也需要进口。

总之，经过了 40 余年的战乱，阿富汗仍然是一个农业国，且粮食和蔬菜等食品无法自给。工矿业更是遭到严重的打击。2021 年之后，由于国际援助的减少，以及一些美西方国家的制裁，阿富汗的经济举步维艰。

第四节　交通和通信

第二次世界大战后，阿富汗政府非常重视交通运输业的发展。在"一五"和"二五"计划中，交通运输的投资均占首位。"一五"计划总投资 93.5 亿阿富汗尼，而交通运输占 53.9%；"二五"计划实际投资 246.5 亿阿富汗尼，交通运输占 39%。在"三五"计划中，交通运输投资比例有所下降，但也占 11.8%。在 1977 年达乌德政府颁布的七年发展规划中，交通运输投资比例大幅度回升，居工矿业和能源之后，占第二位，比例为 31.5%，其中包括一个铁路修建项目。[①]

到 20 世纪 70 年代末，交通运输有了较大发展，但是仍然比较落后，其中公路是主要运输系统。当时，阿富汗已建立了连接国内主要城市如喀布尔、加兹尼、坎大哈、法拉、赫拉特、希巴尔甘、马扎里沙里夫、昆都士的环行公路网。这些公路还可以直达阿富汗边境，与苏联、巴基斯坦、伊朗等邻国边境的铁路终点相连接。航空工业也有所发展，当时阿富汗拥

---

① 见彭树智主编《阿富汗史》，第 284、299 页。

有 2 家航空公司、2 座现代化大型机场和 29 座地方机场。但阿富汗的水运和铁路运输非常有限。

20 世纪 70 年代末以来，阿富汗冲突不断，交通运输业遭到了严重的打击，公路、铁路等基础设施遭到破坏。2001 年之后，阿富汗将基础设施尤其是道路建设作为重点投资的领域，取得了一定的成效。

一 公 路

公路是阿富汗最主要的交通设施。"一五"计划实施之前，阿富汗全年使用的未铺路面只有 3700 公里，另外还有 2500 公里的临时性的道路。此后，在苏联和美国的援助下，阿富汗的公路交通有所发展。其中，最重要的就是连接喀布尔、坎大哈、赫拉特和马扎里沙里夫的环形公路，① 全长为 3200 公里，这也成为阿富汗交通的大动脉。1978 年，阿富汗的公路总长 1.8 万公里，其中，用沥青和混凝土铺就的高等级公路约 2800 公里。阿富汗南北公路干线主要由美国和苏联援建而成，其中由苏联援建的喀布尔—昆都士高等级公路的萨朗隧道一段，穿越中部山区，将阿富汗南北直接连接起来，使喀布尔与北方的距离缩短了 200 公里。萨朗隧道长 2776 米、宽 7.5 米、总高度达 7.1 米。随着公路的建设，阿富汗的汽车和运输公司数量也不断增长。1978 年，注册的客车和卡车共有 6.8 万辆。

但是，常年的战乱基本摧毁了公路网。据联合国的一份报告，截至 20 世纪 90 年代初，大约已有 2000 公里的高等级公路、3000 公里的次等级公路以及将近 300 座桥梁被破坏。2001 年以来，公路建设涉及经济重建、中央政府与地方的联系等因素，因此是阿富汗重建的重点。但是，阿富汗多山且地形复杂，修建公路具有难度。阿富汗政府确立了由地区高速公路、国家高速公路、省道、农村道路和城市道路组成的公路体系。地区高速公路连接阿富汗的主要城市，并与周边国家的公路衔接；国家高速公路连接各省首府与地区高速公路，为铺装路面；省道属于砂石路面，连接

---

① 也被称为"Garland Highway"，如今被称为"一号公路"。

地区中心和各省的首府；乡村道路则主要为更小的砂石路面，连接地区中心和边远的乡村。

阿富汗的政府公路建设计划主要分为如下几方面：①修建、维护和升级包括环形公路在内的地区性高速公路；②扩建国家高速公路、省道和乡村公路。阿富汗公路体系中最重要的就是重建环形公路，由世界银行、亚洲开发银行、美国、沙特、日本、伊朗等援助建设。美国、沙特等主要援建从喀布尔到坎大哈的公路，巴基斯坦援建从贾拉拉巴德到喀布尔的公路，伊朗援建阿富汗西北部的公路。美国在从坎大哈到喀布尔的公路建设中投入数十亿美元，但这些公路由于遭到持续不断的袭击，受损严重。日本和美国共同援建从坎大哈到赫拉特的公路，于2019年基本完成。但是由于同样受到袭击，有些路面破损严重，环形公路北部的一些路段仍未贯通。印度援建的从阿富汗与伊朗接壤的城市萨朗吉到法拉省的德拉瑞姆德高速公路已经完成，全长215公里，与环形公路相连接。但即便是在最高等级的地区高速公路上，通行能力也十分有限，平均最高时速也仅有66公里。

阿富汗的公路建设仍有很大的差距。2021年，阿富汗拥有国家高速公路3363公里，地区高速公路7884公里，省道9656公里，未铺装的乡村道路约1.7万公里。塔利班重新执政后，声称重启公路建设，但由于缺乏资金，大部分项目处于停滞状态。

二 铁路

20世纪20年代，阿富汗开始建设铁路。1975年4月，伊朗允诺提供20亿美元贷款，其中17亿美元用于修建一条总长1815公里，从伊朗通往阿富汗赫拉特、坎大哈和喀布尔的铁路，铁路支线还将延伸至阿富汗与巴基斯坦边境以及阿富汗与苏联边境，于1976年3月开始建设。20世纪70年代阿富汗修建的铁路大多为零星的路段，为工厂服务，没有形成网络。阿富汗重建开启之后，制订了《国家铁路计划》（ANRR），试图将阿富汗打造为中南亚地区铁路交通乃至陆路贸易的枢纽，因此铁路建设基本思路就是重点发展连接阿富汗与周边国家的国际铁路。为此，阿富汗政府设立铁路局，在亚洲开发银行和其他一些周边国家的支持下进行铁路建设。

截至 2020 年，阿富汗完成了 4 条铁路的修建，分别为：①从阿富汗北部的马扎里沙里夫到阿乌边界城市海拉顿的铁路，全长 75 公里，与乌兹别克斯坦境内的铁路相连接；② 阿富汗北部边境城市图古迪 (Torghundi) 火车站，铁路全长仅 11 公里，与土库曼斯坦的铁路相连接；③北部口岸阿齐纳 （Aqina） 火车站，铁路里程仅 4.5 公里，与乌兹别克斯坦的铁路连接；④阿富汗赫拉特到伊朗边界城市哈瓦夫 （Khawaf） 的铁路，阿富汗段全长 70 公里，已经部分完成。

　　此外，阿富汗还有 11 条正在建设或立项的铁路，以及 9 条计划建设的铁路。这些铁路主要是与周边国家连接的铁路，主要包括：阿富汗—巴基斯坦铁路，即从坎大哈到奎达，从贾拉拉巴德到白沙瓦，现今处于停滞状态；阿富汗—塔吉克斯坦铁路，阿富汗段为 50 公里，2018 年开始建设；从伊朗恰赫巴哈尔港到边境城市扎兰季，再到阿富汗德拉拉姆 （Delaram）① 和喀布尔的铁路，2016 年印度、伊朗和阿富汗达成了初步协议；阿富汗南北通道，从阿富汗北部的马扎里沙里夫到喀布尔，再到阿富汗与巴基斯坦边界；马扎里沙里夫与土库曼斯坦的铁路，它将成为联系中亚和南亚的铁路通道，但还未开始建设。

　　阿富汗的铁路建设不仅有助于推动阿富汗的发展，而且对于地区合作具有重要意义。比如，从伊朗恰赫巴哈尔港到阿富汗再到中亚的铁路网络成形后，将成为阿富汗和中亚国家更近的出海路线。阿富汗南北通道将直接从陆路上连接中亚和南亚地区。但是，阿富汗的铁路建设存在诸多障碍，例如安全形势严峻、资金缺口巨大，以及地貌复杂和施工难度大等，以致推进缓慢。

三　航空

　　1955 年 1 月，阿富汗第一家航空公司——阿里亚纳航空公司正式运营。自 20 世纪 70 年代起，阿里亚纳航空公司主要承担国际业务，可以飞往巴基斯坦、伊朗、苏联、伊拉克、黎巴嫩、叙利亚、土耳其、沙特、印

---

　　①　德拉拉姆是阿富汗重要的铁矿石产区，印度公司获得了当地铁矿石的开采权。

度、德国、英国、法国、意大利等亚欧国家。1971 年 1 月，巴克塔尔航空公司成立，主要承担国内业务。

20 世纪 70 年代末，阿富汗共有喀布尔和坎大哈两座大型机场以及 29 座地方机场。喀布尔机场和坎大哈机场是可以供现代化喷气式飞机起降的大型机场，前者为国际机场。此外还有分布在阿富汗主要城市和地区的机场，例如赫拉特、贾拉拉巴德、马扎里沙里夫、巴米扬、霍斯特、昆都士、迈马纳等地。1977/78 财年，阿富汗航空的总飞行里程为 451.4 万公里，客运总量为 9.71 万人，旅客周转量为 2.982 亿人公里，货物周转量为 4030 万吨公里。[①]

40 多年的战争使航空事业遭到破坏。阿里亚纳航空公司拥有的许多客机、机场、空中航线等，或无法使用，或具有很大的危险性。1999 年，联合国制裁导致阿里亚纳航空公司的飞机无法飞往国外。2001 年美英攻打阿富汗期间，阿里亚纳航空公司的大多数飞机被炸毁，到 2002 年该公司重新恢复时，只剩 1 架可以使用的飞机。

2001 年年底阿富汗新政府成立后，在国际社会的援助下，航空事业逐步获得新生。在阿富汗交通与民航部注册的有 2 家航空公司：阿里亚纳航空公司和卡姆航空公司（Kam Air）。阿里亚纳航空公司拥有国内和国际航线，国际航线有飞往印度、俄罗斯、沙特、土耳其、科威特和阿联酋的航线。该公司由阿富汗政府控制，基地位于喀布尔国际机场，如今有 5 架客机。卡姆航空为私人航空公司，成立于 2003 年，如今是阿富汗规模最大的航空公司，有客机 17 架，承担着 90% 的国内航班。该公司在阿富汗国内有 7 条航线，在国际上有通往新德里、阿拉木图、科威特城、伊斯兰堡、杜尚别、伊斯坦布尔、安卡拉、迪拜和塔什干等地的航线。

2020 年，阿富汗拥有 46 个机场，其中铺装跑道的机场有 29 个，跑道长度超过 3047 米的有 4 个，2438 ~ 3047 米的有 9 个。[②] 46 个机场中 4

---

① 见《世界经济年鉴》（1981），中国社会科学出版社，1982，第 81 页。

② The World Factbook, "*Afghanistan*," CIA, https://www.cia.gov/library/publications/the - world - factbook/geos/af. html.

个为国际机场，分别位于喀布尔、坎大哈、马扎里沙里夫和赫拉特，16个是地区性的机场。2015 年，阿富汗航空客运量达到 190 余万人。

四　水运

阿富汗水运主要在阿姆河流域，阿姆河是阿富汗内河航运得到开发的唯一河流。20 世纪 50 年代，苏联帮助阿富汗在阿姆河上兴修了 3 个港口，分别是谢尔汗班达尔港（Sher Khan Bandar）、塔什格扎尔港（Tashgozar）和达格拉罗萨港（Dagla Arosa）。其中，谢尔汗班达尔港最重要，以前它又被称为克孜勒卡拉港（Qizil Qala），或者伊玛姆萨希布港（Imam Sahib）。20 世纪 70 年代，这几个港口曾得到扩建。

据估计，阿富汗水运线总长约 1200 公里。① 截至 2021 年，阿富汗的内河航运主要集中在北部的阿姆河流域，谢尔汗班达尔港仍然是阿富汗内河航运的主要港口。阿富汗内河航运有着很大的潜力，但开发不够。

五　电信

长期以来，电话、电报、电视等阿富汗的现代通信并不普及。2001 年之后，阿富汗在无线电、互联网和电视等方面迅速发展。阿富汗政府与中国的华为、中兴以及其他国外公司签订协议，进行互联网和通信设施建设。

2020 年，阿富汗 90% 以上的人口能够享受现代通信服务，互联网使用者达到 7337489 人，占总人口的 18.8%，70% 以上的阿富汗人拥有移动电话。阿富汗主要的电信公司有阿富汗通信（Afghan Telecom）、阿富汗无线（Afghan Wireless）、阿联酋电信（Etisalat）、MTN 电信、罗沙尼电信（Roshan）和萨拉姆网络（Salaam）等。脸书、推特等西方社交软件在阿富汗社交软件市场中约占 80%。

阿富汗如今有近 100 家电视台，大部分位于喀布尔，也引入了一些国外电视台和节目。阿富汗有约 150 个广播公司，但听众在逐年减少。

---

① http：//www.odci.gov/cia/publications/factbook/geos/af.html#Trans.

　　阿富汗的电网建设也有一定的突破。巴基斯坦、阿富汗、塔吉克斯坦、吉尔吉斯斯坦四国计划建立"中南亚区域电力市场"（Central Asia - South Asia Regional Electricity Market）。作为该计划的一部分，四国率先启动 CASA1000 项目，即从塔吉克斯坦和吉尔吉斯斯坦向巴基斯坦和阿富汗输送 100 万 ~ 130 万千瓦的电能。该项目需要新建的输变电线路累计达 562 千米，其中 75% 在阿富汗境内。[①] 这不仅有助于缓解阿富汗和巴基斯坦电力供应的压力，而且为阿富汗提供了大量的就业机会。阿富汗形成了四大区域性的电网：东北电力体系、东南电力体系、赫拉特体系和土库曼斯坦体系。2010 年，阿富汗仅有 42.7% 的人口接入电能[②]；2020 年增长到了 97.7%。2021 年后，阿富汗电力缺乏的状况仍然十分严重，需要从中亚国家进口大量电力。2023 年，阿富汗 75% 的电力需要从塔吉克斯坦、乌兹别克斯坦和伊朗等邻国进口。2022 年，阿富汗从上述 3 个国家进口电力花费了 2.52 亿美元。

第五节　财政与金融

一　公共财政

（一）20 世纪 70 年代末之前的财政状况[③]

　　阿富汗预算制度分经常预算和资本投资预算（也叫发展预算）。20 世纪 70 年代中后期，经常预算经常盈余，并转入发展预算支出中，但是总预算经常呈赤字状态。1974/75 财年，经常预算收入为 102.5 亿阿富汗尼，支出为 62.44 亿阿富汗尼，盈余 40.06 亿阿富汗尼；同一财年，发展

---

① Asian Development Bank，"Pakistan：Central Asia South Asia Regional Electricity Market Project," p. 4，http：//www. adb. org/Documents/Produced - Under - TA/40537/40537 - REG - DPTA. pdf.

② 这里的接入电能指的是能够提供基本的照明，每天能够为移动电话和收音机充电 4 个小时。

③ EIU，*Quarterly Economic Review of Pakistan/Bangladesh/Afghanistan*，*Annual Supplement*，1977，1979，1980；EIU，*Country Profile: Pakistan/Afghanistan*，1990/91。

预算支出为 64.98 亿阿富汗尼，其中包括转入发展预算中的经常预算盈余 40.06 亿阿富汗尼。

经常预算收入的主要来源是税收。1974/75 财年，税收为 71.66 亿阿富汗尼，占经常预算收入的 69.9%；非税收收入为 30.84 亿阿富汗尼，占 30.1%。1977/78 财年，税收为 153.55 亿阿富汗尼，占经常预算收入的 80.2%，内债占经常预算收入的 12%，外国商品援助占 7.8%。

在经常预算支出中，主要项目为行政管理费和国防费用，偿还外债本息只占 15% ~ 20%。1977/78 财年和 1978/79 财年，行政管理支出分别为 69.83 亿阿富汗尼、81.3 亿阿富汗尼，分别占经常预算支出的 56% 和 60%。

发展预算缺额（除经常预算盈余之外的发展预算支出部分）主要靠向阿富汗银行借债和求助于外援。在 1977/78 财年发展预算中，预期外援为 135.82 亿阿富汗尼，占发展预算的 67%。1978/79 财年，预期外援为 127.6 亿阿富汗尼，占发展预算的 62.2%。

20 世纪 70 年代末，在发展预算的支出中，工矿业占首位。1977/78 财年，发展预算总支出为 202.32 亿阿富汗尼，其中工矿业（包括能源）占 36.1%，交通电信占 31.5%，农业（包括灌溉）占 24.7%，社会服务占 6%。1978/79 财年，发展预算为 205.1 亿阿富汗尼，其中工矿业（包括能源）占 42.8%，农业（包括灌溉）占 27.9%，交通电信业占 12.3%，服务业占 15.5%。

（二）20 世纪 70 年代末到 90 年代初的财政状况[1]

苏联入侵后，阿富汗财政预算发生了一些变化。

第一，税收在经常预算收入中所占份额日益下降，非税收收入比例大大增加，其中绝大部分为苏联的援助。1980/81 财年，财政预算保持平衡，其中总收入为 337 亿阿富汗尼。在总收入中，外国贷款和赠款为 85 亿阿富汗尼（主要来自苏联），苏联捐赠的商品价值 17 亿阿富汗尼，它们共占总收入的 30%。但是，1981/82 财年，非税收的比例已上升到 70%。

---

① EIU, *Country Profile: Pakistan/Afghanistan*, 1990/91, p. 73.

第二，发展预算支出在财政预算支出中的比例大幅度下降。从 1974/75 财年到 1977/78 财年，发展预算支出约占总支出的 45%。其中 1977/78 财年，发展预算支出还超过了经常预算支出。但是，从 1978/79 财年起，发展预算支出所占比例日益下降。1979/80 财年，发展预算支出为 175 亿阿富汗尼，占当年预算总支出的 49%。1980/81 财年，发展预算支出为 145 亿阿富汗尼，占预算总支出的 43%。1981/82 财年和 1982/83 财年，发展预算分别降至 80 亿阿富汗尼和 127 亿阿富汗尼。1989 年苏联撤出后，发展预算有所波动。1990/91 财年，发展预算计划为 161 亿阿富汗尼，比上财年增加 43%。但是，1991/92 财年，发展预算预计降至 156 亿阿富汗尼。

1979/80 财年是阿富汗公布预算支出部门分配的最后一年，工矿业支出为 24 亿阿富汗尼，农业支出为 22 亿阿富汗尼，教育支出为 22 亿阿富汗尼，健康支出为 4.94 亿阿富汗尼，其余为其他项目支出。

（三）阿富汗伊斯兰共和国的财政

阿富汗重建需要巨额的资金。国家重建是自上而下的过程，需要中央政府在基础设施建设、安全力量的维持、社会经济发展等方面进行投资。因此，阿富汗政府的财政状况一直非常的紧张。《阿富汗国家发展战略（2008—2013）》指出，阿富汗总体上采取稳健的财政政策，控制赤字率，逐步扩大税源，加强税收的征收和管理，进而提高政府的收入，降低对外援的依赖；同时，政府财政重点支持基础设施建设以及卫生、教育和农业农村发展；等等。

2001~2021 年，阿富汗政府的财政主要具有如下特征。

第一，阿富汗公共财政体系基本形成。在阿富汗预算的制定和执行过程中，体现了宪法所规定的分权与制衡。中央政府预算由内阁尤其是财政部提出，并最终由人民院通过。在预算审议的过程中，议会发挥着关键性的作用，不同省份和行业的议员往往在预算的分配上不断博弈和争论。议会否决预算的事情也屡见不鲜。同时，在预算的执行中，同样受到议会的监督。这在某种程度上也影响了预算的制定和执行效率。比如，2017/18 财年，中央政府预算遭到议会否决，各方无法达成一致，最终财政部不得不满足一些议员的诉求，将不合理或者不是重点投资的项目加入预算。

第二，阿富汗政府在延续了以往预算架构的基础上，也有所变化。阿富汗政府预算仍然分为一般性预算（Operating Budget）和发展预算（Development Budget）。前者主要负担政府的运转，后者则主要在农业、基础设施等领域进行投资，推动社会经济的发展。同时，由于大量的预算来自外援。阿富汗在预算的制定过程中，外部预算（援助国直接支配）往往高于核心预算（Core Budget，阿富汗政府可以支配），这是因为阿富汗中央政府掌握的资源十分有限。阿富汗重建之初，发展预算要高于一般性预算。但随后，这一现象出现了逆转。2017 年、2018 年，阿富汗发展预算占比分别为 37%、29%（见表 4-5）。① 而在 2003/04 财年，发展预算占预算总额的 76%。② 随着外援的不断减少和国内经济发展的缓慢，政府收入开始停滞，甚至有所减少。2017~2018 年，政府预算由 4294 亿阿富汗尼降至 3772 亿阿富汗尼。2022 年，阿富汗临时政府的预算为 2314 亿阿富汗尼，2023 年预算为 2950 亿阿富汗尼。

第三，阿富汗政府的公共财政仍然严重依赖外部援助。历史上，阿富汗属于所谓的"地租型"国家，政府预算长期以来依赖外部援助和贷款。20 世纪五六十年代，外部援助就占到预算的 50% 左右。在阿富汗重建中，这一现象依然存在。2009~2011 年，外援总额几乎和阿富汗 GDP 持平。2017 年，外援占政府收入的 62%；2020 年降至 46%。外部援助的减少使阿富汗政府的财政状况严重恶化，并深刻地影响到阿富汗的重建。

第四，阿富汗公共财政支出逐渐由发展导向转变为安全导向。如前所述，在重建之初，阿富汗发展预算远超一般性预算。但是，随着阿富汗安全形势的恶化，以及外部援助的减少，阿富汗财政支出也开始转向安全领

---

① William A. Byrd and Shah Zaman Farahi, *Improving Afghanistan's Public Finances in 2017 - 2019: Raising Revenue and Reforming the Budget*, United States Institute of Peace, 2018, p. 10.

② "Afghanistan-General Government Revenue in Current LCU," Knoema, https://knoema.com/atlas/Afghanistan/topics/Economy/Financial - Sector - General - Government - finance/General - government - revenue.

域，负担数十万安全部队、警察和公务人员的开支。2017 年，阿富汗预算中的安全开支占预算总额的约 1/3，阿富汗 GDP 的 10%。[①] 2018 年，安全开支占预算总额的 40%。阿富汗实行较为谨慎的财政政策，赤字率并不高。

表 4 - 5 2017 年、2018 年阿富汗政府的预算

单位：十亿阿富汗尼，%

	2017 年		2018 年	
	数额	占比	数额	占比
政府总收入	419.4		352.9	
国内收入	160.6	38	161.6	46
外部援助	258.8	62	191.3	54
预算总额	429.4		377.2	
一般预算	268.4	63	266.1	71
发展预算	161.0	37	111.1	29

资料来源：William A. Byrd and Shah Zaman Farahi, *Improving Afghanistan's Public Finances in 2017 – 2019: Raising Revenue and Reforming the Budget*, United States Institute of Peace, 2018, p. 10。

二 货币与金融

20 世纪 70 年代末，阿富汗已经建立了比较完整的国有银行体系。其中，国家银行兼具中央银行和商业银行的职能。但是，所有银行的资产均有限，并主要围绕贸易运作。此外，民间还存在货币兑换商。一般而言，国家银行监督货币兑换商所掌握的配额，并规定阿富汗尼的官方兑换汇率。

1992 年纳吉布拉政权垮台后，国家银行体系随之崩溃，原有的 6 家国有商业银行基本处于停业状态。截至 2001 年，货币兑换商成为阿富汗金融业务的主要提供者。另外，20 世纪 90 年代，在巴基斯坦的白沙瓦活跃着两家阿富汗小银行。1999 年联合国对塔利班制裁后，这两家银行随之关闭，塔利班的海外资产也被冻结。

---

① William A. Byrd and Shah Zaman Farahi, *Improving Afghanistan's Public Finances in 2017 – 2019: Raising Revenue and Reforming the Budget*, United States Institute of Peace, 2020, p. 2.

2001 年年底阿富汗新政府成立后，在国际社会援助下，其金融系统逐渐走向正轨。阿富汗政府也明确提出了货币与金融政策，具体而言，其内容包括控制通货膨胀率和汇率，强化中央银行对金融体系的监管，保持金融体系的稳定，鼓励银行向企业和个人提供信贷。

2002 年 9 月，阿富汗在全国发行新钞，取代原来的旧钞，新钞仍沿用原来的货币名称——阿富汗尼（Afghani）①，由中央银行（Da Afghanistan Bank）发行，新钞 1 阿富汗尼大致相当于旧钞 1000 阿富汗尼，自此币值基本保持稳定。阿富汗尼一般缩写为"Af"，代码为"AFN"，纸币的最大面额为 1000 阿富汗尼，最小面额为 1 阿富汗尼，硬币有 1 阿富汗尼、2 阿富汗尼、5 阿富汗尼三种类型。阿富汗尼实行浮动汇率制，一直在贬值。2002 年，1 美元兑换 43 阿富汗尼。2020 年 7 月，1 美元能够兑换 77 阿富汗尼。

2002 年下半年，阿富汗新政府通过投资法。2003 年 9 月 16 日，阿富汗总统签署了中央银行法和商业银行法。新的银行法规定：设立商业银行的基本条件是该银行信誉良好，资金不少于 500 万美元，后提高到 2000 万美元；所有获得中央银行批准进入阿富汗的外国银行，均可按照国际惯例开展业务。这是阿富汗自 1996 年以来首次向外国银行开放市场。2020 年，阿富汗本土有 10 多家私营商业银行。其中，阿富汗国际银行（Afghanistan International Bank）的规模最大，在阿富汗全国拥有 37 家分行，存款达到近 8 亿美元，占阿富汗全国存款的近 20%，与大多数国家有业务往来。阿富汗国际银行的资本包括阿富汗本土资本、亚洲开发银行的资本和美国的一些资本。

但是，阿富汗金融体系仍然不完备，没有信用评级制度，监管力度也不够。银行的业务主要集中于日常的存取款服务，其信贷作用不强，一般不向个人和企业发放贷款。阿富汗人也大都使用现金交易，信贷活动并不活跃。2018 年，12% 的阿富汗人在银行办理过业务，全国的储户为 350

---

① 20 世纪初，阿富汗的货币已被称为"阿富汗尼"。在内战期间，不同的军阀发行的货币不一，通货膨胀严重。

万人，约占人口的 10%，但只有 8% 的人了解电子银行业务。[①] 由于缺乏政府监管，阿富汗的金融系统不太稳定。例如，阿富汗重建后建立的第一家私营银行喀布尔银行于 2010 年被爆出为其股东进行无抵押贷款和腐败的丑闻，引发挤兑，最终于 2011 年重组为新喀布尔银行。渣打银行、旁遮普银行等国外的银行也关闭了在阿富汗的分行。

阿富汗的外汇储备 2010 年仅有 40 多亿美元，2018 年增长到 82 亿美元。截至 2020 年，阿富汗还未开放股票市场。

三 外国援助

19 世纪末以来，阿富汗具有十分重要的地缘政治地位，因此吸引了大量的外部援助。19 世纪末，英属印度给予阿富汗政府一定的补助金，换取对阿富汗外交的控制权。20 世纪 50~70 年代，美苏在中亚和南亚的争夺同样使阿富汗获益，阿富汗从美苏两国获取了巨额的援助。在当前的阿富汗重建中，同样依赖外部援助与贷款。

（一）20 世纪 70 年代末之前的援助[②]

从第二次世界大战结束后到 20 世纪 70 年代末之前，外援在阿富汗经济中占重要地位。在"一五"计划中，外援占预计投资的 71.5%；在"三五"计划年度预算中，苏联援助占 40%；在七年发展规划中，外援占规划所需投资的 66%。

苏联在外援中占相当重要的地位，阿富汗是冷战期间人均获得苏援最多的国家。1950~1971 年，苏联对阿富汗的经济援助总额达 6.72 亿美元，其中以贷款为主，达到 5.72 亿美元，赠款为 1 亿美元。20 世纪 70 年代以后，苏联加强了对阿富汗的经济援助。1974 年 6 月，苏联提供了额外的 1.5 亿美元援助，用于发展包括天然气在内的 21 个援建项目。1977 年，苏联又提供 4.25 亿美元的贷款，用于阿富汗的七年发展规划，项目

---

① Zabihullah Jahanmal, "Modern Banking System Improves in Afghanistan," December 17, 2018, https：//tolonews.com/business/modern – banking – system – improves – afghanistan.

② 本部分参考 Louis Dupree, *Afghanistan*, Princeton：Princeton University Press, 1980；彭树智主编《阿富汗史》。

涉及灌溉、农业开发、化肥厂、发电厂、天然气扩建工程和地质普查等。

东欧社会主义国家也提供了一定的经济和技术援助。1950～1971 年，捷克斯洛伐克提供了 1200 万美元的贷款，南斯拉夫提供了 800 万美元的贷款。捷克斯洛伐克的援助主要涉及阿富汗政府与捷克技术人员之间的雇佣合同，以及向"三五"计划提供贷款。南斯拉夫的援助主要是帮助阿富汗发展哈里河水利工程。另外，自 20 世纪 60 年代起，波兰、保加利亚也开始向阿富汗提供技术援助。

1950～1971 年，美国共提供 4.128 亿美元的经济援助，其中以赠款为主，达 3.135 亿美元，而贷款达 9930 万美元。美国援助包括工程援助、非工程援助以及技术援助三类。在工程援助项目中，有运输和基础设施援助（赠款为 1.096 亿美元，贷款为 2080 万美元）、赫尔曼德河河谷工程（赠款为 7920 万美元，贷款为 5930 万美元）、教育（包括 3910 万美元赠款）、政府管理和经济计划援助（赠款为 1320 万美元，贷款为 40 万美元）、农业（包括 1060 万美元的赠款）、人口和家庭计划（赠款为 20 万美元）和工矿业（赠款为 380 万美元，贷款为 70 万美元）等。非工程援助主要包括价值 80 万美元的水果空运赠款、价值 1.046 亿美元的小麦赠款、价值 2110 万美元的玉米赠款、价值 100 万美元的食用油赠款、价值 1420 万美元的小麦和食用油贷款、价值 250 万美元的农业商品和化肥贷款等。

20 世纪 70 年代以后，美国继续援助阿富汗，阿美双方签署了一些援助协议，涉及教科书改革、喀布尔大学发展、农村发展、农村学校和卫生中心建设、赫尔曼德河河谷的排水工程等。截至 1978 年，美国对阿富汗的经济援助总额达 5.33 亿美元。

1950～1971 年，西欧和日本提供了相当份额的经济和技术援助。联邦德国共提供 9830 万美元的经济援助，其中包括 6730 万美元的贷款和 3100 万美元的赠款。同期，法国经济援助达 1410 万美元，英国达 200 万美元，日本达 330 万美元。20 世纪 70 年代后，这些国家继续向阿富汗提供经济援助。

1950～1971 年，联合国共向阿富汗提供 2130 万美元的赠款，主要用于农业（占 23%）、基础设施（占 20%）、教育（占 20%）、公共卫生（占 17%）以及其他项目（占 20%）。同期，世界银行共提供 1000 万美元的贷款，主要用于公路保养、国际信贷、哈纳巴德水利工程的建设等。另外，亚洲开发银行也提供了 220 万美元的贷款，主要用于盖瓦格和恰达拉农业发展项目、喀布尔新工业区的可行性研究、卡贾凯水闸和控制洪水的可行性研究。

苏联入侵后，西方和邻国向阿富汗官方提供的援助非常有限。至 20世纪 80 年代末，来自西方的援助几乎停滞。

（二）2001～2021 年的外部援助

阿富汗重建本身由外部力量启动，在重建中外部援助起着至关重要的作用。联合国秘书长在各方对阿富汗的援助中起着领导作用。仅 2002年、2004 年召开的两次国际会议就为阿富汗重建募集了 127 亿美元。[①]2002 年，联合国安理会通过 1401 号决议，在阿富汗设立"联合国援助阿富汗代表团"（UNAMA）；联合国开发计划署设立了"阿富汗法律和秩序信托基金"（Law and Order Trust Fund for Afghanistan，LOTFA），为阿富汗国民警察的训练、招募、装备和薪金融资。2002～2010 年，该基金已获得 15.6 亿美元的捐助。[②]

2002 年年初，在联合国的协调下，国际社会创建了"阿富汗重建信托基金"（ARTF），由世界银行管理，亚洲开发银行、伊斯兰开发银行、"开发计划署"和世界银行组成的"管理委员会"负责对"重建信托基金"的运行进行监督，以及决定该基金的分配。2002 年年初到 2011 年 3 月，"阿富汗重建信托基金"已为阿富汗提供了至少 42 亿美元的重建资金，成为阿富汗政府预算的重要来源。[③] 该基金以项目的形式直接支持阿富汗的重建，尤其

---

① Angelo Rasanayagam, *Afghanistan: A Modern History*, London, New York：I. B. Tauris, 2003, pp. 2, 259, http：//www. ag – afghanistan. de/berlindeclaration. pdf.

② Kenneth Katzman, "Afghanistan：Post – Taliban Governance, Security, and U. S. Policy," CRS Report for Congress, RL30588, 2011, p. 28.

③ World Bank, "Quarterly Country Update：Afghanistan," p. 2, http：//siteresources. worldbank. org/INTAFGHANISTAN/Resources/CountryUpdateAPR2011. pdf.

是在公共部门、政府管理、农村和农业领域。2002～2017 年，该基金募集了 100 多亿美元的重建资金。[①] 其中，美国占 30.7%，英国占 17.2%，欧盟占 8.1%，德国占 7.3%，日本占 4.9%。

除了以联合国为主体的多边援助外，双边援助也十分重要。阿富汗重建以来，欧美国家、印度和中国等周边国家以及一些国际组织也为阿富汗提供了巨额的援助资金，这对于阿富汗重建具有重要的意义。外部援助具有多种形式，如贷款和赠款，以及在阿富汗建设具体的项目和投资等。总体来看，2010 年，阿富汗获得的外援达到最高峰，此后逐年下降。2019 年，阿富汗获得的国际援助高达 85 亿美元。在过去的 20 年间，阿富汗已获得上千亿美元的援助资金。其中，主要来自美国、欧盟、印度、日本、中国等。阿富汗是美国对外援助力度最大的国家，美国在阿富汗的投入达到 1000 亿美元，甚至在数字上超过了马歇尔计划。但是，这些援助并未真正体现出价值，阿富汗仍然是世界上最不发达的国家之一。

这种现象就是所谓的"虚假援助"（Phantom aid），即外部援助被施加了很多限制性的条件，比如具体援助项目由援助国的公司承担，聘用援助国的人员，使用援助国的商品；等等。事实上，这些援助资金又回流到援助国。援助的项目大多是面子工程，比如援助的学校没有学生就读，援建的医院并未运行，援建的军事基地被废弃，等等。据估计，阿富汗重建中 35%～40% 的援助资金被滥用。2008～2017 年，重建中有 155 亿美元浪费。近年来，阿富汗的外援持续减少，对于阿富汗的未来发展造成较大的影响。

由于阿富汗经济长期依赖外部援助和贷款，且它们在政府预算中占有十分重要的地位，阿富汗政府一直有较为严重的外债问题。1973～1978

---

① SIGAR, "Afghanistan Reconstruction Trust Fund: The World Bank Needs to Improve How It Monitors Implementation, Shares Information, and Determines the Impact of Donor Contributions," 2018, p. 2, https：//www. oversight. gov/report/SIGAR/Afghanistan – Reconstruction – Trust – Fund – World – Bank – Needs – Improve – How – it – Monitors.

年，阿富汗的外债从 8.8 亿美元增至 19.12 亿美元，[①] 其中主要是欠苏联的债务。苏联入侵后，阿富汗外债急剧上升。1985～1990 年，阿富汗外债总额从 22.75 亿美元上升到 50.87 亿美元。在 1990 年的外债中，92% 是欠苏联和东欧社会主义国家的。[②]

2001 年阿富汗重建以来，外债问题仍然十分严重。2002 年，阿富汗政府外债不到 5 亿美元，2007 年猛增至 20 亿美元。此后阿富汗政府的外债有增无减。2019 年，阿富汗政府的外债为 28.4 亿美元，占当年 GDP 的 14.86%。

第六节　对外贸易

对外贸易在阿富汗的国民经济中占相当重要的地位。20 世纪 70 年代中期，政府财政收入中约有 46.8% 来自对进出口商品所征的关税。[③] 2014 年，阿富汗政府收入中 73% 来自税收，25% 来自对外贸易的关税收入。此外，阿富汗作为一个农牧业为主导的国家，在粮食、工业品等诸多方面依赖对外贸易。外贸也是除了外部援助之外，最主要的外汇来源。

一　贸易政策

20 世纪 70 年代，阿富汗外贸政策是尽可能扩大出口，以争取更多的外汇收入。为此，政府于 1973 年、1974 年、1975 年连续三次提高棉花的收购价格。1976 年，政府建立阿富汗出口发展银行，对传统出口商品发放优惠贷款，以促进生产。为换取更多外汇，政府还特别鼓励向可以自由兑换外汇的发达资本主义国家出口。比如，对私人与这些国家的贸易往来

---

① EIU, *Country Profile: Pakistan/Afghanistan*, 1986/87, p. 61.

② EIU, *Country Profile: Pakistan/Afghanistan*, 1990/91, p. 78; EIU, *Country Profile: Pakistan/Afghanistan*, 1992/93, pp. 75–76.

③ Hamidullah Amin, *A Geography of Afghanistan*, Omaha: The Center for Afghanistan Studies, University of Nebraska at Omaha, 1976, p. 116.

提供便利和资助，并规定紫羔羊皮和地毯这两项世界市场上的高需求商品只能出口到上述国家。而私商在与苏联以及东欧等国进行贸易时，必须预先向政府申请，取得许可证。

20 世纪 80 年代以前，阿富汗对进口一般没有数量上的限制。但是，进口商必须对所有进口货物预付 100% 的保证金，另外禁止进口 20 种非必需品。进口关税按价收税，税率在 10% ~ 150%。阿富汗还实行外汇管制，紫羔羊皮、羊毛、棉花的外汇收入必须按官方外汇牌价交给阿富汗银行兑换成阿富汗尼。为更有效地促使私商把外汇交给国家银行，在私商兑换阿富汗尼时，要予以补贴，使实际兑换率接近自由市场汇率。

2001 年之后，阿富汗对外贸易的长期目标是将之打造成中南亚和中东跨境贸易的枢纽，因此奉行开放的贸易政策。2020 年 2 月，阿富汗政府推出了系统的国家贸易政策，通过提高阿富汗商品的竞争力、加强关税管理、降低对外贸易的成本、改善贸易管理机制等方式，提高阿富汗对外贸易的竞争力，降低贸易逆差。贸易政策扶持的重点是私营部门和农业部门。

重建以来，阿富汗加入了多个地区性和世界性的贸易协定和自贸区。2003 年，阿富汗与印度签署了优惠贸易协定（India-Afghanistan PTA）。2008 年，阿富汗加入南亚自由贸易区，4536 种海关目录商品享受对印度的零关税和对其他成员国的降低关税待遇。2010 年与巴基斯坦签署了过境贸易协定（APTTA），两国银行使用指定的铁路、机场和港口进行过境贸易。2016 年，阿富汗、伊朗、印度签订《恰赫巴哈尔港协议》（Chabahar Agreement），开通由伊朗恰赫巴哈尔港到阿富汗再到中亚的贸易路线。此外，阿富汗还是经济合作组织（ECO）、中亚经济区域合作（CAREC）、南亚区域合作联盟（SAARC）等地区组织的成员国。2016 年，阿富汗加入了世界贸易组织。可以说，阿富汗与周边几乎全部的地区组织和国家建立了贸易合作关系，这为阿富汗的贸易搭建了良好的平台。

关税政策在贸易中发挥着十分重要的作用。如今，阿富汗实行低关税政策，分 14 个关税等级。其中关税的上限为 50%，最低为零关税。酒精饮料、猪肉、违禁药品和其他违禁商品禁止进口。汽车和盐的关税最高，达到 35%～50%；坚果、地毯、大理石、家具等商品的关税为 25%，通过对这些商品征收高关税，保护阿富汗相关产业和商品的出口；其他绝大多数商品的关税在 2%～3%。阿富汗是关税最低的不发达国家之一。

二 贸 易 路 线

阿富汗是内陆国，没有海岸线和出海口，对外贸易依赖巴基斯坦、伊朗等周边国家转至世界市场。因此，贸易过境是困扰对外贸易的一个主要问题。20 世纪 70 年代，阿富汗陆路贸易线路主要有三条。第一条是从阿富汗至巴基斯坦卡拉奇港。这条线路是先用卡车运往白沙瓦，再转火车至卡拉奇港。这条线路最短、费用最低，是最佳选择，也是阿富汗最主要的贸易和出海路线。1965 年，阿富汗与巴基斯坦签署了《跨境贸易协定》。第二条是通过苏联的陆上运输线，这条线路费用较高。第三条是经过伊朗或土耳其的线路。一般是先由卡车运至伊朗的马什哈德，再由火车运抵海湾沿岸的几个港口。阿富汗南部或西南部没有过境线。

在贸易过境问题上，政治障碍是首要的问题。20 世纪 50～70 年代，巴基斯坦线路几度因为阿巴关系恶化而关闭，导致阿富汗经济损失巨大，阿富汗不得不依靠其他线路。再者，由于没有掌握运输过程中的一些信息，比如关税情况、转运港口或线路的可行性等，阿富汗无法立即采取措施避免可能的损失。苏联解体至 21 世纪初，阿富汗北部的出口贸易线路发生变化，经苏联的线路改为经与乌兹别克斯坦接壤的海拉顿口岸至喀布尔。

2010 年，由于阿富汗和巴基斯坦重新签署《跨境贸易协定》，阿富汗可以通过巴基斯坦向印度出口，或者通过巴基斯坦的卡拉奇港出海，巴基斯坦可以通过阿富汗与中亚国家进行贸易。2012 年，塔吉克斯坦也加入阿富汗和巴基斯坦的《跨境贸易协定》，使中南亚的贸易通道初具雏形。

但是，阿巴两国在边界问题、塔利班问题以及毒品问题等方面矛盾很大。过境巴基斯坦的贸易必须穿过阿富汗不稳定的南部地区和巴基斯坦的西北部地区，因此增加了贸易的风险。阿富汗政府一直在寻找替代路线，以减轻对巴基斯坦的依赖。其中，主要有两条替代路线：一是经伊朗到达恰赫巴哈尔港，在波斯湾出海，从而绕开巴基斯坦；二是从乌兹别克斯坦和塔吉克斯坦等中亚国家出口，阿富汗已修建了一些铁路与这些中亚国家相连。2021年阿富汗政权更迭后，地缘政治形势发生变化，上述跨国贸易尝试基本停滞。

三　进出口贸易的结构

20世纪70年代，阿富汗的主要进口商品是糖、茶、烟草、纺织品等日常生活用品以及包括汽车、轮胎、石油产品、化学品在内的资本货物类，出口商品主要是干鲜果品、天然气、地毯、棉花、紫羔羊皮等。天然气出口增长较快，特别是在苏联占领时期，天然气是阿富汗出口商品中唯一的非农牧业产品，但是1989年起停止出口。20世纪90年代末，尽管遭受了连年战乱，但是阿富汗的进出口贸易却稳步增长。2000年，阿富汗的进口总额达10亿～12亿美元，其中本国消费约占1/3，即4亿美元左右，其余向周边国家再出口。在本国消费品中，燃料油、粮食、食用油等生活必需品约占70%。

2001年之后，阿富汗的对外贸易迅速发展，特别是阿富汗实行极低的关税政策，极大地刺激了进口贸易。2018年，阿富汗的出口以水果和坚果、树脂等植物提取物、矿物、蔬菜为主，其中，水果和坚果是最主要的出口商品，出口额达到4亿美元，占出口总额的45%。此外，矿物、树脂等植物提取物的出口占比都在10%左右（见表4-6）。阿富汗的食品、工业品、能源等都需要进口。2018年，在进口的商品中，小麦及面粉的进口额最多，达到7.64亿美元，占比为10.3%。此外，煤炭、动植物油脂、纺织品、天然气、石油、医疗器械、石油及制品、糖等的进口额都超过了2亿美元（见表4-7）。

表4-6 2018年阿富汗商品出口的主要类别

单位：百万美元，%

	水果和坚果	树脂等植物提取物	矿物	蔬菜	咖啡、茶、香料等	油料、饲料等	地毯等	棉花	生皮和皮革	羊毛和马毛
出口额	400	107	89	88	44	37	22	16	15	12.8
占比	45	12.1	10.1	10	4.98	4.27	2.52	1.89	1.69	1.45

资料来源："Afghanistan's Exports 2018 by Country," https：//trendeconomy. com/data/h2/Afgha nistan/TOTAL。

表4-7 2018年阿富汗进口的主要商品

单位：百万美元，%

	小麦和面粉	煤炭	动植物油脂	纺织品	石材	天然气	医疗器械	石油及制品	糖
进口额	764	626	394	318	303	289	267	213	202
占比	10.3	8.45	5.32	4.29	4.09	3.9	3.6	2.88	2.73

资料来源："Afghanistan's Top Imports in 2018," https：//trendeconomy. com/data/h2/Afghani stan/TOTAL。

阿富汗的贸易额迅速增长。2002年贸易总额只有22.44亿美元，2018年增长至83亿美元，但也存在两个突出的问题。

其中一个问题是，由于阿富汗缺乏在国际市场上具有竞争力的大宗商品，而国内关税较低，工农业落后，阿富汗在对外贸易中逆差严重，大量外汇外流。事实上，20世纪后半期，阿富汗的对外贸易也是逆差居多。1970/71财年，外贸逆差达1700万阿富汗尼；1978/79财年，外贸逆差升至2.06亿阿富汗尼，增加了11倍以上。苏联占领初期，阿富汗天然气出口增加，紫羔羊皮和地毯价格上涨，出现了少有的顺差局面。但在1986/87财年，贸易逆差达3.097亿美元。①

———————————

① EIU, *Country Profile: Pakistan/Afghanistan*, 1992/93, p. 75.

常年的战争造成了阿富汗工农业的严重衰退。2001 年以来,阿富汗重建进程的启动,以及大量外援的涌入,进一步刺激了阿富汗国内的需求和进口。2002～2019 年,阿富汗对外贸易一直存在逆差的问题。2013 年,逆差达到了顶峰,约为 80 亿美元,占贸易总额的 89%。2014～2018 年,阿富汗加大对商品的出口,出口贸易有所提升,但贸易逆差仍然十分严重。2019 年,阿富汗的贸易逆差近 77 亿美元(见表 4 - 8)。近年来,阿富汗的贸易结构并未发生根本变化,出口仍以初级农牧产品为主,几乎所有的工业品和食品都需要进口。2021 年以来,随着阿富汗局势的变化,其对外贸易也受到了严重的影响。2020 年、2021 年,阿富汗的商品出口出现了明显的下滑,分别约为 7.77 亿美元和 6.92 亿美元。这两年商品进口的数据分别约为 71.7 亿美元和 70.6 亿美元,相较之前也出现了明显的衰退。由于阿富汗的贸易对象主要为中国、印度、巴基斯坦、伊朗、土耳其、阿联酋等周边国家。塔利班重新执政后,与除印度之外的其他国家保持着一定的联系。因此,其对外贸易虽然受到政权更迭的冲击,但处于逐渐恢复的状态。据估计,2021 年下半年与 2020 年同期相比,阿富汗出口下降了 5%。与 2021 年第三季度相比,第四季度阿富汗进口额、出口额分别增长了 60% 和 160%。

表 4 - 8　2008～2019 年阿富汗进出口情况

单位:美元

	进口额	出口额	总额	逆差
2008 年	3019860129	540065594	3559925723	2479794535
2009 年	3336434781	403441006	3739875787	2932993775
2010 年	5154249867	388483635	5542733502	4765766232
2011 年	6390310947	375850935	6766161882	6014460012
2012 年	6204984101	428902710	6633886811	5776081391
2013 年	8554413749	514972983	9069386732	8039440766
2014 年	7697178170	570534007	8267712177	7126644163
2015 年	7722865049	571404967	8294270016	7151460082

续表

	进口额	出口额	总额	逆差
2016 年	6534140413	596455337	7130595750	5937685076
2018 年	7406590324	884504496	8291094820	6522085828
2019 年	8568013876	870488512	9438502388	7697525364

注：原表中未统计 2017 年数据。

资料来源：https：//trendeconomy. com/data/h2/Afghanistan/TOTAL。

阿富汗贸易的另一个问题是，2011～2016 年，对外贸易所占的 GDP 比重逐年下降。2014 年为 67.2%，2015 年为 55.13%，2016 年为 47.66%。2017 年有所回升，增加到 51%，服务业占比为 10.98%。对外贸易以及关税是阿富汗政府重要的收入来源。2014 年，阿富汗政府收入的 25% 来自关税。对外贸易的迅速增长并未带来政府收入的相应增加，这与阿富汗的低关税关系密切。同时，也与阿富汗其他行业的发展息息相关。

四　贸易对象

20 世纪 70 年代末以前，阿富汗对外贸易的主要国家和地区是苏联、西欧、日本、美国以及邻国巴基斯坦、印度等。大部分天然气、90% 以上的羊毛、棉花等主要出口苏联以及东欧国家。紫羔羊皮主要向西欧出口，地毯以及部分棉花、羊毛、葡萄干等出口西欧、日本和美国，蚕茧主要向日本出口，干鲜果品、蔬菜等主要出口到巴基斯坦、印度、苏联等国。阿富汗从苏联和东欧国家进口的主要是机械设备、石油、糖以及其他消费品，从西方国家进口的是机械设备和汽车等交通工具，从巴基斯坦进口的大部分是消费品，从印度进口的主要是茶、棉纺织品等。

20 世纪 70 年代后期，尤其是苏联入侵阿富汗后，阿富汗与西方国家的贸易大幅度萎缩，与苏联、东欧等国的贸易比重不断上升。当时，在阿富汗进出口贸易中，苏联占第一位。1975/76 财年，苏联占阿富汗出口贸易的 38.7%、进口贸易的 23.9%；1980/81 财年，苏联占阿富汗出口贸易的 59.2%、进口贸易的 52.7%；1988 年，分别占 69.35% 和 48.8%。①
1989~1991 年，苏联在阿富汗出口贸易中的占比上升到 72%，在阿富汗
进口贸易中的占比增长到 57%。②

苏联解体后，阿富汗的进出口贸易对象有所变化。巴基斯坦、德国、
中国和俄罗斯成为阿富汗的主要出口国。在进口国中，日本居第一位；新
加坡、中国、巴基斯坦紧随其后。尤其是塔利班接管喀布尔政权后，阿富
汗与巴基斯坦的贸易显著增加。

2001 年以来，阿富汗的贸易对象发生了很大的变化，中国、印
度、巴基斯坦、伊朗等邻国和周边地区国家成为阿富汗的主要贸易
对象。

2018 年，阿富汗的畜牧业产品主要出口德国和土耳其；蔬菜主要出
口印度和巴基斯坦，出口印度的占近半数；食品主要出口印度、塔吉克斯
坦和巴基斯坦；矿产主要出口巴基斯坦和中国；能源主要出口巴基斯坦；
皮革主要出口土耳其和巴基斯坦；木材主要出口巴基斯坦。

2018 年，阿富汗的进出口贸易对象国中，巴基斯坦、中国、伊朗
和印度排在前四位，贸易总额分别达到 2931920130 美元、2388683670
美元、2568873380 美元、1427503580 美元（见表 4-9、表 4-10）。
因此，尽管阿富汗试图减轻对巴基斯坦的外贸依赖，但在现实中仍然
存在很大的压力。阿富汗出口以蔬菜、水果和坚果等为主，属于易损
品，只能通过巴基斯坦进行贸易。2021 年阿富汗政权的更选不可能从根
本上改变其原有的经济结构和对外贸易结构。阿富汗的主要贸易对象大多
为其邻国和周边地区国家，这些国家与塔利班存在贸易联系。尽管阿富汗
与印度的贸易受到影响，但 2022 年以来，两国也加强了相互的接洽与联
系，通过阿联酋进行一定规模的贸易。印度也加大了对阿富汗的人道主义
援助力度。

---

① EIU，*Country Profile: Pakistan/Afghanistan*，1986/87，p.70；EIU，*Country Profile: Pakistan/ Afghanistan*，1990/91，p.76.

② EIU，*Country Profile: Pakistan/Afghanistan*，2000/01，p.69.

表 4 - 9　2018 年阿富汗主要出口对象国

单位：美元，%

	巴基斯坦	印度	中国	土耳其	伊朗	阿联酋
出口额	758217910	718939300	56820170	44041220	40538430	31531830
占比	42.9	40.6	3.2	2.5	2.3	1.8

资料来源：WITS 数据库，https：//wits. worldbank. org/CountryProfile/en/Country/AFG/Year/LTST/TradeFlow/Export/Partner/by - country/Product/Total。

表 4 - 10　2018 年阿富汗主要进口对象国

单位：美元，%

	进口额	所占比例
伊朗	2528334950	17.1
中国	2331863500	15.7
巴基斯坦	2173702220	14.7
哈萨克斯坦	1581507690	10.7
乌兹别克斯坦	1107897420	7.5
日本	828049360	5.6
土库曼斯坦	770834160	5.2
印度	708564280	4.8
马来西亚	564674420	3.8

资料来源：WITS 数据库，https：//wits. worldbank. org/CountryProfile/en/Country/AFG/Year/LTST/TradeFlow/Import/Partner/by - country/Product/Total。

五　与中国的经贸关系①

中国和阿富汗友好交往长达 2000 多年。新中国成立后，阿富汗是最早承认中国的国家之一。中阿正式建交后，两国的经济、贸易关系得到进一步发展。

1956 年 12 月，阿富汗派出经济代表团访华。1957 年 7 月，中阿签署

---

① 本部分参考中国外交部网站，http：//af. mofcom. gov. cn/aarticle/ztdy/200511/20051100712696. html。

了贸易换货和支付协定。1965 年 3 月，陈毅副总理兼外长访问阿富汗期间，双方签署了中阿经济技术合作协定。根据该协定，中国援建了帕尔万水利工程、巴格拉密纺织厂、达鲁拉孟蚕种场、达龙塔养鱼场、喀布尔养鸡场和喀布尔镶嵌工艺厂，这些援建项目建成后都取得了较好的经济效益，特别是帕尔万水利工程，至 2001 年仍继续发挥着良好作用，对发展当地经济产生巨大影响。巴格拉密纺织厂一度被阿富汗前国王查希尔沙誉为"模范厂"。1972 年 4 月，中国政府贸易代表团访问阿富汗，签署了中阿换货议定书。20 世纪 70 年代，中国还无偿援助阿富汗在坎大哈市建设了一座 150 张病床的医院。在苏联入侵阿富汗和阿富汗内战期间，中国通过多种途径为阿富汗难民提供了大量物资援助。

由于阿富汗长期战乱，中阿两国间经贸交往和经济技术合作受到严重影响。1995 年，两国贸易总额达 4824 万美元，其中中国对阿出口额为 3160 万美元，从阿进口额为 1664 万美元。其后一些年份，中国对阿出口额在 2000 万～3000 万美元。2001 年年底阿富汗新政府成立后，中阿贸易和经济技术合作活跃起来。2002 年中国对阿出口额为 1991.1 万美元，从阿进口额为 8 万美元。阿富汗从中国进口的主要商品为纺织、轻工业品、机械及五金类。

2001 年之后，中国与阿富汗的贸易关系迅速发展，尤其是 2011～2019 年，两国的贸易规模稳步增长。如今，中国是阿富汗的第二大贸易伙伴。2018 年，两国的贸易总额超过 11.94 亿美元。两国贸易逆差问题比较严重，中国对阿富汗的出口额远大于进口额（见表 4-11）。

表 4-11　中国与阿富汗贸易额的变化（2008～2018 年）

单位：美元

	阿富汗出口额	阿富汗进口额	贸易总额	逆差
2008 年	1942530	429158660	431101190	427216130
2009 年	3590180	360064400	363654580	356474220
2010 年	11691880	703845090	715536970	692153210
2011 年	5872100	577177970	583050070	571305870
2012 年	4796440	713658790	718455230	708862350

	阿富汗出口额	阿富汗进口额	贸易总额	逆差
2013 年	20277020	136251990	156529010	115974970
2014 年	15452720	1038198470	1053651190	1022745750
2015 年	10150950	1043998240	1054149190	1033847290
2016 年	4754160	1092707520	1097461680	1087953360
2018 年	28410080	1165931750	1194341830	1137521670
2019 年	31001900	1192426520	1223428420	1161424620

资料来源：笔者根据 WITS 数据库中的贸易数据绘制。

从贸易结构上看，中国主要从阿富汗进口蔬菜和皮革。阿富汗政局的变动对中国与阿富汗的贸易产生了消极影响。据联合国的统计，2021 年，中国向阿富汗出口额约为 4.74 亿美元，仅为 2019 年的 40% 左右。2022 年 4 月，中国向阿富汗出口额约为 3650.7 万美元，中国从阿富汗进口额约为 94 万美元。

2023 年，中阿贸易额为 13.3 亿美元，同比增长 125.4%。2021 年，中国企业对阿非金融类直接投资 282 万美元，同比下降 35.9%。中国企业在阿新签工程承包合同额为 13 万美元，同比下降 99.9%；完成营业额为 1958 万美元，同比下降 42.8%。从 2022 年 12 月 1 日起，我国给予阿 98% 税目产品零关税待遇。

第七节 旅游业

旅游业是阿富汗新兴产业，20 世纪 70 年代，旅游业仅得到初步发展。2001 年年底阿富汗新政府建立后，旅游业也在积极重建。除传统旅游景点外，一些部门还将"基地"组织原设在阿富汗与巴基斯坦边境的一些据点作为新兴的旅游景点。

一 旅游业的发展历程

第二次世界大战后，由于经济特别是交通运输业的发展，阿富汗现代旅游业应运而生。1958 年，阿富汗建立了阿富汗旅游组织，积极发展与国际旅行机构的商业联系和业务往来。为促进旅游业发展，阿里亚纳航空公司也拓展航线，不断增加国际航班。巴克塔尔航空公司的建立，一部分原因也是促进国内旅游事业的发展。与此同时，私人宾馆以及一些国际大酒店的建立和建设，比如喀布尔洲际酒店，也促进了旅游业的发展。

1958 年，到阿富汗旅游的境外旅客大约为 400 人，1970 年前后增至大约 10 万人，1971 年达 11.35 万人。1970~1973 年，旅游业为阿富汗共创造了 4480 万美元的收入。[1] 1972 年开始，外国游客人数开始下降。当年，外国游客达 11.02 万人。1973 年、1974 年连续降至 9.144 万人和 9.6 万人。[2] 1976/77 财年，旅游业收入约达 1300 万美元。[3] 1978 年 4 月政变后，外国游客人数骤减。苏联入侵后的 20 多年一直没有相关统计数据。20 世纪 70 年代大约 50% 的游客来自巴基斯坦，其他游客主要来自美国、英国、法国和联邦德国。

2001 年以来，由于阿富汗安全形势不佳、交通等基础设施落后，以及旅游区域开发不足，阿富汗的旅游业并未发展起来。2012 年，阿富汗旅游业产值为 1.68 亿美元，2014 年降到了 9100 万美元。[4] 2016 年，阿富汗共接待了 2 万余名外国游客，消费近百万美元，国内游客数量达到了 10 万人。[5]

阿富汗自然名胜和人文景观繁多。瓦罕走廊、巴达赫尚地区、努里斯坦地区和中部兴都库什山区的壮丽风光以及迷人的高山湖泊，吸引着无数

① Hamidullah Amin, *A Geography of Afghanistan*, Omaha: The Center for Afghanistan Studies, University of Nebraska at Omaha, 1976, p. 148.

② EIU, *Quarterly Economic Review of Pakistan/Bangladesh/Afghanistan*, Annual Supplement 1977, p. 40.

③ EIU, *Quarterly Economic Review of Pakistan/Bangladesh/Afghanistan*, Annual Supplement 1977, p. 40.

④ Roland Hughes, "Do Tourists Really Go to Afghanistan?" BBC, August 4, 2016, https://www.bbc.com/news/world-asia-36974513.

⑤ Navid Ahmad Barakzai, "20000 Foreign Tourists Visit Afghanistan Annually," September 27, 2016, https://www.pajhwok.com/en/2016/09/27/20000-foreign-tourists-visit-afghanistan-annually.

境外游客。距巴米扬不远的班德尔阿米尔湖就是一处游览胜地。此外，阿富汗还有众多的古希腊文化、佛教文化遗址，以及广泛分布于阿富汗各地的伊斯兰文化遗址等。

近年来，阿富汗的冲突地区，以及之前塔利班和"基地"组织的据点也成了热门的旅游景点，一些欧美游客到这些地方探险，催生了所谓的"战争旅游业"。

城市游览也是阿富汗旅游的一项重要内容，这里主要对 4 个城市做些介绍。

二 主要的旅游城市

(一) 喀布尔①

喀布尔是阿富汗首都，是全国的政治、经济和文化中心。根据中国外交部网站的数据，2022 年喀布尔的人口为 538 万，是阿富汗人口最多的城市。

喀布尔位于阿富汗东部喀布尔河谷，在海拔 1850 米的高原上。这里，群山环抱成 U 字形，古城幽静，开口处向着西面的高山峻岭，其东部的开伯尔山口，是阿富汗通往巴基斯坦的重要关口。

喀布尔历史十分悠久，有 3000 多年的历史，中国古籍上把它称为"高附"。由于地理位置特殊，喀布尔自古就是东西方贸易的中心。"喀布尔"一词的信德语意为"贸易中枢"。18 世纪后期，阿富汗移都于此。喀布尔见证过 3 次英国对阿富汗的入侵，至今城区还有许多古战场遗址，城市周围山峰上屹立着抵御外来入侵的城墙。1919 年阿富汗第三次抗英战争胜利后，在喀布尔市区查曼大街上设立了独立纪念碑。

美丽的喀布尔河流过市区，把喀布尔分为旧城和新城。市内多宫殿、古塔、古堡、伊斯兰教清真寺。著名的建筑景观有古尔罕纳塔、迪尔库沙塔、萨拉达特宫、蔷薇宫、达尔阿曼宫、沙希杜沙姆施拉寺、巴卑尔的大理石陵墓、前国王纳第尔沙的陵墓、国家博物馆、考古博物馆、喀布尔大

---

① 参考马金祥等编《阿富汗/巴基斯坦地图》，中国地图出版社，2002。

学等。城南的扎赫祠,是伊斯兰教什叶派创始人阿里的衣冠冢。每到阿里的诞辰日,这里就要举行宗教仪式活动。不过,许多建筑和古迹在 20 多年的战争中成了一片废墟。

喀布尔集中了全国大部分工业。由于地区气候条件较好,喀布尔是全国最主要的各类蔬菜种植地。喀布尔还是全国的公路和航空枢纽以及对外贸易的集散地。喀布尔有喀布尔国际机场,开通了通往周边国家和欧洲等地的航班。以喀布尔为中心的环形公路网可以通往全国各地,喀布尔到巴基斯坦和伊朗也有公路相连。喀布尔市场具有浓郁的民族特色,各种小商店排列在街道两旁。集日里,各种手工业摊点聚集,可以买到精致的手工业品。

(二)坎大哈

坎大哈是阿富汗第二大城市,坎大哈省省会,阿富汗西南部重要城市。2018 年,人口为 27.1 万。坎大哈是杜兰尼王朝最早的首都,也是阿富汗西南部的重要交通枢纽和普什图人的聚居区,具有重要的战略地位。坎大哈附近农业发达,是全国重要的农产品集散地。它有以食品和纺织业为主的大型工厂和中小手工业企业和作坊,市郊有国际机场。

坎大哈分为新旧城两部分。市内和市郊著名的景点有 18 世纪中叶建造的杜兰尼王朝陵寝、梅旺德古战场等。

(三)赫拉特

赫拉特是阿富汗第三大城市,也是西部的军事要地。2019 年,人口大约 60 万,以普什图人为主。

赫拉特位于赫拉特绿洲之上,具有 2000 多年的历史。在古代,它位于"丝绸之路"中段,是与周边国家交往的交通枢纽和贸易中心。赫拉特是阿富汗农畜产品集散地。市内食品业、纺织业等发达,地毯编织也很有名气。

赫拉特是古代波斯文化的重镇,历史上与波斯交往密切,城内有许多名胜古迹,是伊斯兰教圣地之一。其中,1855 年修建的城墙有 5 个城门。著名的礼拜五清真寺建于 13 世纪,可容 8 万人,是世界上最大的清真寺之一。

（四）马扎里沙里夫

马扎里沙里夫位于阿富汗北部阿姆河平原中心，是阿富汗第四大城市，巴尔赫省省会，2019 年约有 53 万人口，为多民族杂居，少数民族居多。

马扎里沙里夫是阿富汗北部军事重镇和商业中心，是羊皮的最大集散地。城中有公路通往喀布尔、赫拉特等城市以及周边国家。市内棉毛纺织业、地毯加工业以及其他手工业比较发达，是国内小麦、皮革和棉花贸易的中心。马扎里沙里夫化肥厂是全国著名的大型化工企业。

马扎里沙里夫是阿富汗苏非派的中心之一，历史上的巴尔赫城也坐落在马扎里沙里夫附近。巴尔赫城被认为是雅利安人南迁后建立的最早的城市，被誉为"城市之母"。城内著名的景点有壮观的哈兹拉特·阿里陵墓等。

第五章

军　事

第一节　重建以前的阿富汗军队

一　20 世纪 50 年代前的阿富汗军队

19 世纪下半叶，阿富汗在英印政府帮助下试图建立和发展国家正规军，当时广泛存在于各地的是部落士兵。阿布杜尔·拉赫曼时期，继续致力于正规军建设。1885 年，阿富汗正规军正式建立，1896 年拉赫曼对它进行了改组。20 世纪初，阿富汗从土耳其招聘军事顾问，以重新改组正规军。与此同时，阿富汗还从俄国、德国、英国和意大利聘请军事顾问，以创建一支空军力量。1923 年，阿曼努拉汗颁布征兵法。大约 10 年后，这部征兵法付诸实施。由于电信落后，统计数据缺乏，征兵法在实施当中遇到极大障碍。因此，截至 20 世纪 30 年代，阿富汗军队仍以部落士兵为主，其中普什图族士兵为主力。1933 年，阿富汗正规军共有 4.5 万名官兵。1945 年，正规军人数翻了一番。第二次世界大战期间，阿富汗建立了一支准军事的治安部队，由正规军军官指挥。20 世纪 50 年代初，阿富汗正规军人数下降到战前的一半以下，治安部队扩展至大约 2 万名。[①]

[①]　J. C. Hurewitz, *Middle East Politics: The Military Dimension*, New York: Frederick A. Praeger, 1969, pp. 300 – 301.

二 20世纪50～70年代的阿富汗军队①

第二次世界大战前后，阿富汗一直致力于军队的现代化建设。二战前后，阿富汗原希望美国帮助阿富汗实现军队现代化，但由于阿富汗和巴基斯坦关系紧张，而当时的巴基斯坦又是美国的地区盟友，美国并未在军事领域援助阿富汗。阿富汗转而寻求苏联的支持。1956年8月，阿富汗与苏联签署了第一个军事协定。该协定规定，苏联向阿富汗提供价值2500万美元的现代军事装备，包括坦克等重型武器和喷气式飞机，以帮助阿富汗军队实现现代化；阿富汗则将棉花、羊毛、油籽出售给苏联作为偿还。该协定签署后，苏联很快开始向阿富汗提供上述装备。此后，阿苏又秘密签署了其他几个军事协约，苏联开始向阿富汗提供更多、更先进的武器装备。截至1965年，阿富汗可能从苏联方面得到了多达100辆坦克，阿富汗空军得以装备苏制MiG-17战斗机、IL-28轰炸机和将近100架其他各类军用飞机。苏联还派出军事技术人员帮助阿富汗官兵熟练掌握和使用武器，或者在本国和东欧国家的军事院校培训阿富汗军官。与此同时，阿富汗政府派遣了少量军官到美国进行培训。土耳其也帮助阿富汗培训军队，但是人数和规模在不断减少。

在苏联的帮助下，截至20世纪60年代中期，阿富汗的正规军达到9万名官兵。1965年，阿富汗空军已达到大约1500名官兵。就当时的军队民族构成而言，大多数高级军官由普什图人担任，低一层的军事行政管理人员主要由塔吉克人担当，士兵大多来自塔吉克族、乌兹别克族和哈扎拉族。

苏联的军事援助加强了阿富汗中央政府的军事力量，同时削弱了地方部落势力的军事实力。随着阿富汗军队现代化的建设，阿富汗征兵工作能够在城镇和乡村展开。阿富汗中央政府在免除许多普什图族部落兵役的同时，给予普什图族部落财政补贴。这使阿富汗中央政府能够不受

---

① J. C. Hurewitz, *Middle East Politics：The Military Dimension*, New York：Frederick A. Praeger, 1969, p. 302.

部落势力的牵制，大力发展忠实于自己的军事力量。不过，阿富汗中央政府仍继续从部落地区征兵，以承担边境保卫工作。苏联的军事援助也产生了负面影响。就军事领域而言，主要表现在阿富汗军事装备严重依赖苏联零部件的供应和更新。阿富汗军队采用了苏联军事理论，俄语成为阿富汗军队的一种军事语言。更为重要的是，苏联军事人员进入阿富汗进行培训，而大量阿富汗军官也留学苏联，这使苏联开始加大在阿富汗军事领域的渗透力度。

截至 20 世纪 70 年代，阿富汗的全国军队大约有 10 万人，包括靠近大城镇的至少 12 个团的兵力，其中大部分军队驻守在喀布尔市近郊。1973 年政变前，查希尔沙是国家军队最高统帅。当时，阿富汗兵役制分为自愿兵役和义务兵役两种，正规军可以由受过训练的后备役军人补充，遇到紧急情况，阿富汗还可以动员 2 万人的部落士兵。20 世纪 70 年代，阿富汗空军配备着苏制现代化武器。除正规军外，阿富汗当时还有一支治安部队。该部队归内政部管辖，负责国内安全，并承担保护边境的责任。另外，阿富汗还有一支警察部队，也归内政部管辖，负责维持社会治安，保护老百姓的生命和财产。阿富汗为内陆国家，没有海军。

1978 年人民民主党建立政权后，革命委员会控制国家军队。当时，阿富汗空军在巴格拉姆、信丹德等地设有军事基地。苏联入侵阿富汗之后，阿富汗政府军实际上由其境内的苏军驻阿富汗总司令部指挥。当时，阿富汗政府军的征兵年龄为 15～55 岁。当时，阿富汗政府军陆军兵力约 4 万人，空军约 7000 人，此外还有 3 万人的治安部队。治安部队包括革命防卫队、国境警备队和秘密警察等。另外，马扎里沙里夫、巴格拉姆、法拉等地建有空军军用机场。

三 20 世纪 80 年代至阿富汗重建前的阿富汗军队

苏联在阿富汗军事领域的长期渗透使阿富汗军队发生了重大变革，亲苏的人民民主党在军队中具有重要的影响力。因此，1978 年当人民民主党发动政变之后，迅速控制了军队，阿富汗问题也由此产生。至此，阿富汗统一的军事体系开始瓦解，政府军与反政府武装，以及各派军阀相继兴起，阿富汗陷入了内战和军阀混战之中。

1. 人民民主党的军事力量

1978 年 4 月 27 日，人民民主党发动军事政变上台后，建立了阿富汗民主共和国（DRA）。该政权效仿苏联体制，建立了党政军一体的国家制度。军队总司令既是国家元首，也是人民民主党的首脑。人民民主党掌权后，首先清洗军队中异己力量。当时阿富汗的军队主要有陆军、空军和民兵等其他准军事力量。1978 年，阿富汗的军队有 8 万~9 万人，此后逐年递减，1986 年只有 4 万余人，其主要缘由在于，人民民主党并不能完全控制军队，其中有很多异己力量。因此，苏联担心阿富汗军队的扩大不仅不能够打击抵抗运动，反而使叛逃人数增加，致使抵抗运动得利。1989年，由于阿富汗政府实行招安政策，大量抵抗运动名义上加入国家的军队当中，使军队的规模在形式上扩大，达到 15 万人。

当时，阿富汗军队的服役期为 3 年。但由于征兵困难，兵员在战场上损失严重，服役期不断延长。当时，阿富汗陆军由 14 个师组成，其中 3 个为装甲师。在空军中，阿富汗有 150 架固定翼飞机和 30 架直升机，其中不乏 MiG – 17 和 MiG – 21 战斗机、Su – 7 和 Su – 17 战斗轰炸机、IL – 18 和 IL – 28 轰炸机，以及 An – 2、An – 24 和 An – 26 运输机等。人民民主党统治时期，阿富汗的军队并未完全获得苏联的信任，其政权的维系在很大程度上依赖苏军。

2. 塔利班①

20 世纪 90 年代初，阿富汗再次陷入内战。如前所述，塔利班势力自1994 年崛起后迅速发展。截至 2001 年中下旬，它已控制全国将近 95％的疆域，其军事力量已从最初的几百名学生武装发展到 8 万人。塔利班士兵主要来自阿富汗普什图人，还有一些是在阿富汗参加所谓"圣战"的阿拉伯人。塔利班作战主力包括步兵、装甲兵、炮兵、防空部队和有限的空军，其军事基地主要设在喀布尔、赫拉特以及昆都士 3 个城市，另外还有

---

① 参见《世界军事年鉴：2002》，解放军出版社，2002，第 140 ~ 141 页；田聿：《塔利班防御反击武器大观》，《科技与国力》2001 年第 10 期。

一些小型军事基地。

炮兵是塔利班作战效率最高的一支力量，配备有 300 门左右的大口径牵引火炮和 150 门多管自行火箭炮，炮口径以 122 毫米和 130 毫米居多，其中，俄制 D-30 型 122 毫米口径的榴弹炮和俄制 M-46 型 130 毫米口径的加农炮威力较大。在火箭炮中，BM-21 型 122 毫米口径的车载火箭炮性能先进，杀伤力强，107 毫米口径的多用途火箭炮有牵引式和自行式两种。

塔利班装备有 T-54/-55 型、T-62 型主战坦克和 PT-76 型轻型坦克 300 余辆；BMP-1/-2 型步兵战车、BRDM-1/-2 型装甲侦察车和 BTR-40/-60/-70/-80/-152 型装甲人员输送车 350 余辆。不过，大多数主战坦克作战能力不强，主要被用于支援、运载步兵或作为火箭炮的发射平台，只有 T-62 型坦克有一定的作战能力。在装甲车中，BMP-1 型是苏联 20 世纪 60 年代初设计的第一代步兵战车。BTR 系列装甲车则主要用作迅速反应和火力支援，其中 BTR-60 型是 20 世纪 60 年代苏联以及华约集团广泛使用的装甲人员输送车，BTR-80 型是 80 年代在 BTR-70 型的基础上改进的。塔利班还有一些更加老式的 BTR-40 型装甲车。

塔利班步兵配备的轻武器有手枪、自动步枪、机关枪和冲锋枪等。其中使用最多的是苏制 AK 枪族，包括 AKM 步枪、AK-74 型 5.45 毫米小口径步枪、AKS-74U 短管冲锋枪等。另外，步兵还配备有不同口径的迫击炮、高射炮、反坦克武器等。

在塔利班防空武器中，最有力的武器是 20 世纪 80 年代美国向阿富汗抵抗力量提供的"毒刺"式导弹，它是第二代单兵便携式近程防空导弹。另外，塔利班当时还有冷战时期世界上广泛使用的苏制"飞毛腿"-B 导弹，这是一种地对地战术导弹。塔利班还大量使用"蛙"-7 型无控火箭，用于远程进攻作战。

塔利班空军力量有限。在其拥有的 70 架飞机中，以运输机和教练机为主，而能够作战的只有 10 架 Su-22 型战斗轰炸机和 5 架 MiG-21 型战斗机。在直升机当中，有 10 架 Mi-24 型"母鹿"武装直升机。

2001 年之后，塔利班在阿富汗和巴基斯坦交界地区实现了重组，重建了松散的组织网络。2005 年之后，塔利班再次崛起，其军事组织类似于伞形结构，既有高度地方化的武装，也存在哈卡尼网络这样强大的组织形式。奎达舒拉处于领导层，地方武装具有相当强的自治性和自主性，以普什图族部落武装为基础。2020 年年初，塔利班控制了阿富汗 19% 的地区，48% 的地区受到塔利班的影响与渗透，其武装力量达到了 6 万人。2021 年，塔利班夺取政权后，收缴了大量前政府军的武器装备，其武装力量的规模有 10 万人左右，但也面临着从松散的地方武装向国民军的转型问题。阿富汗临时政府成立后，设立了国防部，由塔利班奎达舒拉的军事委员会领导人穆罕默德·雅各布担任部长。塔利班宣称，吸收部分前政府军和军事技术人员进入军队，计划将组建 11 万人的国民军。但是，塔利班内部存在不同的派系，各自都有相对自治的武装。阿富汗国民军的重建和安全部队的整合任重道远。塔利班上台后，阿富汗的安全形势明显改善。

3. 北方联盟

2001 年 "9·11" 事件前，反塔利班北方联盟的军事力量已被削弱。当时他们的总兵力约有 3 万人。[①] 其中，拉巴尼和马苏德领导的阿富汗伊斯兰促进会实力最强，兵力在北方联盟中占绝大多数，大约有 1.2 万人，来自塔吉克族。北方联盟当中，还有杜斯塔姆领导的乌兹别克族武装以及阿富汗哈扎拉族什叶派武装。在当时北方联盟的小型武器装备中，主要有 AK 自动步枪、机枪、枪榴弹、无后坐力炮。装甲兵装备主要有 650 余辆坦克和装甲车，其中有 T–62、T–54、T–55 型主战坦克、BMP 步兵战车、BRDM–1/–2 型侦察车。炮兵装备有 107～220 毫米口径的多管火箭炮、82 毫米口径的和 120 毫米口径的迫击炮、100～152 毫米口径的牵引炮、76 毫米口径的山炮等。北方联盟空军有 Su–22 型和 MiG–21 型战斗机 30 余架。其防空力量主要包括 ZSU–23–4 型自行高炮、ZU–23–2 型车载高炮、"毒刺" 式地对空导弹等。另外还有 "蛙" –7 型无控火箭、"飞毛腿" –B 型短程地地导弹。北方联盟当时还有 8 架 Mi–8 型运输直

---

① 《世界知识年鉴》(2001/2002)，世界知识出版社，2001，第 36 页。

升机、3~4 架货物运输机等。①

阿富汗战争爆发后，北方联盟在英美等军队支持下，成为地面部队的主力。阿富汗重建以来，北方联盟逐渐被整合到阿富汗政府军之中，其中一部分军阀被裁撤。

第二节　阿富汗伊斯兰共和国的军队②

2001 年的阿富汗战争使塔利班迅速溃败，阿富汗面临着军事体系重建的问题。由于在阿富汗战争中，地面部队以北方联盟为主，而北方联盟的军事力量不统一，存在不同的派别，阿富汗在军队的重建中面临的挑战就是如何整合和重建这些具有军阀性质的军事力量。

2002 年，阿富汗政府颁布法令，建立阿富汗国民军（ANA）和国民警察，此后又建立了空军、特种部队等。阿富汗军事力量主要由西方国家尤其是美国援建。2002 年，"八国集团"在日内瓦召开国际会议，发起了阿富汗安全部门改革（SSR），其内容包括军事改革、警察改革、司法改革、裁军撤阀和禁毒，分别由美国、德国、意大利、日本和英国负责监督实施。北约尤其是美国还深入阿军队之中负责训练。截至 2018 年，阿富汗军队总人数达到 227374 人。③ 阿富汗军队共有 24 个旅、4 支空军部队、24 所军校和其他军事辅助机构。阿富汗军事力量由国防部统一管理和指挥，总统是军事力量的最高统帅。

一　国民军（ANA）

2002 年，阿富汗国民军建立后，2003 年已开始部署，参与一些战斗和安全任务。到 2010 年年底，阿富汗军队和警察的人数已分别增加到14.3 万人和 12 万人。有将近 50 个国家，以及 4000 多名外籍训练人员参

---

① 美联社 2001 年 10 月 7 日电。
② 参见 *Enhancing Security and Stabilityin Afghanistan*，United States Department of Defense，2019。
③ *Enhancing Security and Stabilityin Afghanistan*，United States Department of Defense，2019，p. 69.

与阿富汗安全部队的重建。卡尔扎伊政府最初的军队建设目标是达到 9 万人。

阿富汗国民军分为 7 个军团（Corps），驻守阿富汗不同地区。每个军队下设 3～4 个旅（brigades），每个旅下设 4 个营（kandak）。201 军团驻守在喀布尔，203 军团驻守在加德兹，205 军团驻守在坎大哈，207 军团驻守在赫拉特，209 军团驻守在马扎里沙里夫，215 军团驻守在赫尔曼德省首府拉什卡尔加，217 军团驻守在昆都士。此外，还有 111 首都部队（111ᵗʰ Capital Division），独立于上述军团，负责首都的安全。

国民军中除了这些常规的驻军外，还有如下军事力量。①国民军本土力量（ANA - TF），由国防部从地方征募，士兵在所属地区驻防，维护地方安全。被征募后士兵需要到喀布尔的军事训练中心进行训练，其薪资为传统国民军薪资的 75%。②阿富汗边界力量（Afghan Border Force），也被称为阿富汗边界警察（ABP）。最初这支部队隶属于内政部，2017 年 12 月由国防部接管，并改组为 7 个旅。这些军队驻扎在阿富汗边界内 30 英里处，负责打击恐怖分子、犯罪组织和走私活动，并配合国民军进行军事行动。③阿富汗国家民事秩序力量（Afghan National Civil Order Force）。它的前身是内政部直属的"阿富汗国家民事秩序警察"，2018 年转属于国防部，由各地军区统辖，如今也有 7 个旅，对应阿富汗的 7 个军区。它的职责在于打击民间尤其是边远地区的叛乱，在地方进行安全巡逻和维持秩序，以及对城市中突发的公共安全和暴乱事件进行快速反应。

二　阿富汗空军（AAF）

2005 年，在北约的支持下，阿富汗开始重建空军。阿富汗空军总部在喀布尔，由 3 个分队组成：喀布尔空军部队、坎大哈空军部队和辛达德空军部队（Shindand Air Wing）。截至 2019 年，阿富汗有 152 架飞机，其中的 110 架能够进行短距离作战。固定翼飞机主要有：C - 130 运输机 3 架、C - 208 运输机 23 架、A - 29 战机 12 架。直升机主要有：Mi - 17 武装直升机 21 架、MD - 530 武装直升机 25 架、UH - 60A + 黑鹰武装直升机 27 架。① 其中，绝大多数是美国制造的飞机。阿富汗空军以及飞机和相关设施维护人员的培训也主要由美国负责。特别是，飞机维护人员的培训需要较长时间，阿富汗空军如今能够对 Mi－17 进行部分维护，但对于近年来从美国引进的飞机还没有能力维护，仍需要美国的支持。飞行员的培训在美国本土进行。2019 年，阿富汗的空军有近 8000 人。

三　阿富汗特种部队（ASSF）

阿富汗特种部队是阿富汗战斗力最强的军事力量。随着阿富汗国民军的发展，特种部队的职责开始转变为支持和配合国民军进行军事行动。2019 年，阿富汗特种部队达到 2.3 万人左右。特种部队的建制和规模在不断扩大。特种部队由特种行动指挥部（ANASOC）管辖，属于集团军级别。特种部队人数不多，但是有能力在全国范围内对突发的军事事件进行快速反应。特种部队由 4 个特别行动旅和 1 个国家行动旅组成。

在特种部队中还有特殊任务部队（SWM），负责为特种部队在打击极端恐怖主义和缉毒时提供空中支持。特殊任务部队有 4 个分队，喀布尔有 2 个分队，坎大哈和马扎里沙里夫各有 1 个分队。

第三节　国际安全援助部队

2001 年 10 月 7 日，美英等国的联军对阿富汗进行军事打击，美国将这次军事行动的代号定为"持久自由行动"（Operation Enduring Freedom）。在美国对阿富汗的军事行动中，英国军队不仅参与了对阿富汗的空袭，而且派出了地面部队。法国、意大利等国也派出了地面部队。2001 年 12 月 9 日塔利班政权垮台后，参加"持久自由行动"的各国部队仍驻留阿富汗，执行反恐任务，联军继续清剿塔利班的剩余

---

① *Enhancing Security and Stability in Afghanistan*，United States Department of Defense，2019，p. 73.

武装人员。

2001 年年末，在联合国安理会第 1386 号决议的授权下，北约组建"国际安全援助部队"（International Security Assistance Forces，ISAF），以维护喀布尔及其周边地区的稳定。决议还要求联合国各会员国派兵参加这支多国维和部队，并向它提供必要的装备，美国领导的"联军"继续负责打击塔利班和基地组织。2003 年，联合国安理会通过了第 1510 号决议，授权国际安全援助部队扩展到阿富汗全境。2006 年，国际安全援助部队已将其影响力扩大到阿富汗全境，逐步接管"联军"在维护阿富汗安全和稳定方面的职能。

2002 年 1 月 5 日，阿富汗临时政府和国际安全援助部队司令约翰·麦科尔签署协议，明确了这支部队的任务和权力。其首要使命是维护阿富汗的和平与稳定，确保喀布尔等城市的社会治安。其次是训练阿富汗军事和安全人员，并给予阿富汗军事技术援助。2001 年年底，国际安全援助部队开始陆续抵达阿富汗。2003 年 8 月 11 日，北约正式接管这支部队，这是北约首次在欧洲以外的地区执行维和行动。

在阿富汗政府和联合国的多次呼吁下，2003 年 10 月 6 日，北约同意将国际安全援助部队首次从喀布尔扩大部署到外省。10 月 13 日，联合国安理会正式授权国际安全援助部队扩大部署到阿富汗任何区域，并将这支部队的任期延长 12 个月。2005 年上半年，国际安全援助部队开始部署到阿富汗西部，以接替美军在这个地区的维和任务。12 月初，这支部队进一步向阿富汗南部部署维和兵力，这支部队的人数也不断增加。国际安全援助部队由美国、英国等 29 个北约成员国，以及韩国、蒙古国、澳大利亚、泰国、汤加以及一些阿拉伯国家等 31 个非北约成员国军队组成。这也是历史上涉及国家最多的多国部队，最多时涉及 51 个国家、14 万人（2011 年）。①其职能不仅在于维护阿富汗各地的秩序和安全，而且还包括打击反政府力量。

---

① "ISAF's Mission in Afghanistan （2001 – 2014）（Archived），" NATO, September 1, 2015, https：//www. nato. int/cps/en/natohq/topics_69366. htm.

2014 年年底，国际安全援助部队结束任务，撤离阿富汗，并将阿富汗的防务移交阿富汗军队。但是，英美等北约国家在阿富汗仍然保留了一定的驻军，被称为"坚定支持任务"（Resolute Support Mission）。2015 年 1 月 1 日该部队正式成立，旨在为阿富汗安全部队提供培训、建议，以及协助阿富汗安全部队执行任务。"坚定支持任务"的总部设在喀布尔附近的巴格拉姆军事基地，在坎大哈、拉格曼、赫拉特和马扎里沙里夫设立了 4 个基地。截至 2020 年 2 月，共有 38 个国家（包括北约国家和其他一些国家）的 16551 人驻扎在阿富汗。其中，美国达到 8000 人，英国为 1100 人，其他国家均未超过 1000 人。① 2020 年年初，美国与塔利班达成协议。2021 年，塔利班夺取政权后，外国驻军全部撤离阿富汗。

---

① "Resolute Support Mission（RSM）: Key Facts and Figures," NATO, February 2020, https：//www. nato. int/nato_ static _ fl2014/assets/pdf/2020/2/pdf/2020 - 02 - RSM - Placemat. pdf.

第六章

社 会

第一节　国民生活

一　物价和工资

20 世纪 70 年代，伴随货币供应量的增加，物价逐年上涨，但幅度不大。就全国居民消费价格指数（以 1961/62 财年 = 100 计算）而言，1970/71 财年为 265，1975/76 财年为 298。[①]

苏联占领期间，阿富汗居民消费价格指数上涨，通货膨胀严重。1980/81 财年，居民消费价格指数上涨 12% ~ 15%。根据联合国开发计划署的资料，从 1978/79 财年到 1990/91 财年，喀布尔物价大约提高了 10 倍。以 1978/79 财年为 100 计算，1990/91 财年物价总指数达 1078.9，其中食品价格指数为 1179.7，非食品价格指数为 987。[②]

1992 年纳吉布拉政权倒台后，通货膨胀更为严重。据官方估计，年均通货膨胀率超过 150%。1993 年后，物价进一步上涨，主要原因是在没有任何硬通货支持下，政府滥印钞票以及食品普遍匮乏。1992 ~ 1996 年，反政府力量对喀布尔的频繁封锁，致使喀布尔的物价比任何地方都高，政府雇员、士兵收入的增长幅度远远赶不上物价上涨幅度。1996 年 9 月塔

---

① 《世界经济年鉴》（1981），第 81 页。
② EIU, *Country Profile: Pakistan/Afghanistan*, 1982/83, p. 58; EIU, *Country Profile: Pakistan/Afghanistan*, 1994/95, p. 64.

利班接管政权后，这种情况更加恶化。

2001 年以来，阿富汗物价也不断上涨。如果以 2010 年居民消费价格指数为 100，2004 年则为 63.5，2018 年涨到了 146.5。[①] 阿富汗是世界上人均收入最低的国家之一，超过一半的人每天生活费不足 1 美元。

2021 年，由于阿富汗剧变、西方制裁和外援减少，以及阿富汗国内严重的干旱和世界范围内粮价上涨的影响，阿富汗出现了严重的通货膨胀。2021 年 6 月，阿富汗的通货膨胀率只有 2.6%。据世界银行估计，2022 年 1 月，阿富汗家庭基本用品的通货膨胀率达到 40%，小麦的价格比塔利班上台前上涨了 50%，约 1800 万人口面临着粮食短缺的威胁。2022 年 4 月，阿富汗基本生活用品的价格比 2021 年 8 月高出约 20%。2022 年，阿富汗居民人均可支配收入比 2021 年下降了 18%。

二 就 业

据粗略估计，20 世纪六七十年代，阿富汗劳动参与率较低，农业就业人数占主体，服务业和工矿业次之，不过后两者就业人数逐步提高。20 世纪 70 年代颁布的七年发展规划估计，1976 年，人口总数大约为 1660 万，而劳动力总数有 561.8 万，农业就业人数为 402.2 万（71.6%），工矿业就业人数为 53.8 万（9.6%），服务业人数为 71.5 万（12.7%）；失业人数约为 34.3 万（6.1%）。[②]

1979 年，阿富汗劳动力总数为 394.4 万，约占人口总数的 30.2%。其中，农业（包括渔、猎、林业）就业人数为 236.9 万，占劳动力总数的 60.1%；工业（包括矿业、制造业、水电、天然气、建筑、交通运输和电信等）就业人数为 61 万，占劳动力总数的 15.5%；服务业就业人数为 88.7 万，约占劳动力总数的 22.5%；失业人数为 7.8 万，失业率为 2%。[③]

① "Afghanistan-Consumer Price Index（2010 = 100），" https：//knoema. com/atlas/Afghanistan/topics/Economy/Inflation – and – Prices/Consumer – price – index.

② EIU, *Quarterly Economic Review of Pakistan/Bangladesh/Afghanistan*, Annual Supplement 1978, p. 31.

③ EIU, *Country Profile：Pakistan/Afghanistan*, 1986/87, p. 58.

　　1992 年纳吉布拉政权垮台后，阿富汗劳动力总数进一步增加。据美国中央情报局估计，2000 年阿富汗劳动力总数已达 1000 余万，约占人口总数（按 2001 年人口总数为 2681.3 万计算）的 37.3%。[①]

　　2001 年以来，尽管阿富汗重建吸纳了大量的资本，经济增长较快。但是，失业问题仍然十分突出，这也成为人口贫困的重要原因。阿富汗是世界上失业率最高的国家，2018 年为 25%~30%。2019 年，阿富汗 15 岁以上的劳动力人数达到 1069 万。在劳动力的分布中，工业部门的劳动力占比维持在 23% 左右，与 2001 年相比略有上升。农业部门的劳动力占比由 2001 年的 66.29% 降至 2019 年的不足 27%，服务业则由约 40% 升至约 50%（见表 6-1、表 6-2、表 6-3）。这一方面体现了农业的持续衰落，另一方面则凸显了服务业的发展。

　　塔利班上台后，阿富汗经济形势整体恶化，引发了失业潮。外部资本的撤离使阿富汗的建筑业及相关的产业受到严重打击，建筑工人的需求减少。政权更迭使大量政府雇员和前政府军成员失业。2021 年 8 月到 2022 年 1 月，阿富汗已有 50 万人失业；2022 年 6 月，失业人数可能达到 70 万~90 万人，其中男性的失业率高达 29%。塔利班上台后，实行保守的宗教政策，女性就业受到的冲击更大。2021~2022 年，女性的就业率下降了 16%，男性则下降了 6%。2022 年 6 月，女性就业率下降 21%~28%。据联合国的估计，限制女性就业将使阿富汗经济损失 10 亿美元。阿富汗还存在较为严重的童工问题。据联合国估计，阿富汗童工的数量近百万，在农村地区尤甚。

表 6 - 1　阿富汗农业就业人数比例变化（1997 ~ 2019 年）

单位：%

	1997 年	2001 年	2005 年	2009 年	2013 年	2017 年	2019 年
占总就业人数比例	64.98	66.29	62.15	33.686	30.276	27.813	26.855

　　资料来源：The Worldbank, "Employment in Agriculture (% of total employment) (modeled ILO estimate)," https：//data. worldbank. org/indicator/SL. AGR. EMPL. ZS。

---

　　① CIA, http：//www. cia. gov/cia/publications/factbook/geos/af. html.

表 6 – 2　阿富汗工业就业人数比例变化（1997 ~ 2019 年）

单位：%

	1997 年	2001 年	2005 年	2009 年	2013 年	2017 年	2019 年
占总就业人数比例	10. 69	20. 589	21. 196	22. 249	23. 331	22. 912	23. 029

资料来源：The Worldbank，"Employment in Industry（% of total employment）（modeled ILO estimate），" https：//data. worldbank. org/indicator/SL. IND. EMPL. ZS。

表 6 – 3　阿富汗服务业就业人数比例变化（1997 ~ 2019 年）

单位：%

	1997 年	2001 年	2005 年	2009 年	2013 年	2017 年	2019 年
占总就业人数比例	38. 463	39. 758	41. 878	44. 064	46. 393	49. 275	50. 116

资料来源：The Worldbank，"Employment in Services（% of total employment）（modeled ILO estimate），" https：//data. worldbank. org/indicator/SL. SRV. EMPL. ZS。

第二节　社会保障

20 世纪 70 年代以前，对大多数阿富汗人来讲，家庭、部落或者村庄承担着提供社会保障的责任，病人、残疾人、鳏寡孤独者应该由其最亲近的亲戚予以照顾。政府或者政府资助的机构一般能够提供最基本的社会保障。此外，在一个笃信伊斯兰教的社会里，伊斯兰教组织也加强了阿富汗的社会保障工作。

一　传统社会保障

当个人或家庭面临社会或者经济困难时，家庭和部族往往能够承担照顾的责任。因为阿富汗是一个传统社会，个人隶属于一个自给自足的群体。孤儿、残疾人或者老年人得不到应有的照顾，将是一个家庭或者部族的羞耻。一个人突然致残、生病或者生子时，亲戚和邻居都会前来帮助。

富裕家庭以及所有社会成员都有责任在他人需要时，比如葬礼、婚礼时提供一份资助。

阿富汗是一个伊斯兰国家，向穷人和不幸者提供帮助是穆斯林最基本的一项功课。伊斯兰教规定，完纳天课是穆斯林必须履行的五功之一。穆斯林一般要向毛拉缴纳其收入的 2.5% 作为课赋。在村庄或者小城镇，毛拉要挨家挨户收取这种课赋，有时是金钱，有时是物品。然后，毛拉再把它们发放给穷人。在大城镇，毛拉经常会让求助者携带一张信条给富裕的穆斯林，要求后者把所捐献的财物直接给这名求助者。一些家庭会永远承担一份慈善责任，那就是为孤儿提供照顾，为穷人家的女儿提供陪嫁，在各种各样的宗教节日里奉献金钱、衣物或者食品。另外，伊斯兰教主张，穆斯林有义务扶养和照顾有精神疾病者和残疾人等。此外，按照伊斯兰教的规定，寡妇可以继承丈夫财产的 1/10，可以有一间房屋，并且由丈夫的兄弟或者他们的儿子抚养。一个人去世后，如果没有兄弟，其孩子将由一些男性亲属照顾，其财产也由男性亲属来管理。

二　阿富汗红新月会[①]

它是一个向公众提供社会福利的私人机构，建立于 1951 年，隶属于国际红十字会和红新月会联盟。在 20 世纪 50 年代，查希尔沙长子是名誉主席。这个红新月会主要由其他红新月会和红十字会以及私人提供资助，查希尔沙是主要捐赠者。该机构还通过举办各种各样的文化和体育活动来募集资金。

阿富汗红新月会的活动有：招募和培训志愿人员，前往自然灾害发生的地区进行救济。在发生地震、洪水或者流行性传染病的地区，该机构提供医疗服务，还提供其他救济物品，比如食品、衣物、毯子、帐篷等。1956 年 5 月赫尔曼德河发生洪水时，这个机构给许多村民提供了应有的帮助。20 世纪 50 年代，它还在兴都库什山中部，尤其是巴米扬省和萨曼

---

① Harvey H. Smith et al. , *Afghanistan*, *A Country Study*, Fourth Edition, Washington: United States Government Printing Office, 1980, pp. 119 – 121.

甘省发生大地震时，为许多无家可归的村民提供了切实帮助。另外，在邻国遇到特大灾难时，这个机构也派遣了救济人员，提供了救济物品。

三 2001 年以来的社会保障[①]

2001 年以来，阿富汗政府也开始建立现代社会保障制度。2008 年，阿富汗政府制定了《国家社会保险战略（2008—2013）》［*National Social Protection Strategy（2008 - 2013*）］，提出给予贫困、孤寡、伤残人士、烈士等弱势群体保护。[②] 阿富汗的社会保障体系大致来说分为如下几种类型。

1. 社会援助计划

①社会福利项目，为极端贫困家庭的儿童、孤儿提供物资、现金救济和法律援助，使这些儿童可以入学。该项目在 2008 年、2009 年、2010 年分别援助了 13085 人、12359 人和 23917 人。②为极端贫困家庭提供食宿和其他生活必需品。由阿富汗政府和国家红十字会资助，阿富汗红新月会具体负责，主要帮助没有房子且所有家庭成员都没有劳动、就业能力的家庭，以及无人照看的精神病患者。③救灾与灾害援助。阿富汗自然灾害较多，政府通过这个项目为遭受自然灾害的民众提供一定的救济。2008 年、2009 年、2010 年分别援助了 11937 人、6469 人和 31656 人。④向家庭贫困者、肺结核患者和女童发放食物。2008 年、2009 年、2010 年受益的学龄儿童分别达到 741214 人、2183534 人、2183534 人。

2. 社会保险

为老人提供养老金，以及为失业的残疾人和病人提供救济。65 岁以上的老人如果缴费达到 10 年，以及 55 岁以上的老人缴费达到 15 年可以领取养老金。2008 年、2009 年、2010 年分别为 58974 名、78404 名、102984 名平民提供养老金。同期，分别为 50902 名、67672 名、88889 名

① 参见 ADB，"*The Islamic Republic of Afghanistan：Updating andImproving the Social Protection Index*，" August 2012，https：//www. adb. org/sites/default/files/project - document/76049/44152 - 012 - reg - tacr - 01. pdf。

② 参见 *National Social Protection Strategy（2008 - 2013*）， http：//extwprlegs1. fao. org/docs/pdf/afg152314. pdf。

军人提供养老金。

3. 劳动力市场项目

①为参与学校、道路、桥梁等基础设施建设的工人提供食品补贴。2008 年、2009 年、2010 年受益者分别达到 858515 人、841214 人、841214 人。②为女性、残疾人等弱势群体缺乏就业技能的人员提供职业培训。这类项目规模较小，2010 年也只有 4480 人。③改善农村贫困家庭的就业情况。通过雇用贫困的农民参与地方公路建设等方式以工代赈，增加农民的就业与收入。2010 年，阿富汗政府在这方面的投入达到 1100 万美元。

综上，2010 年阿富汗政府已初步建立起社会保障体系。其中，投入资源最多的就是对各类人群的食品补贴，其次是支持农业贫困人口的就业。社会保障从无到有毕竟是一种进步。但是，由于阿富汗地方政府能力有限，在贫困人口的筛查和项目的执行上仍然有待提高。特别是，对于社会保险中重要的两项制度，即养老金制度和医疗保险制度仍然涉及较少。

根据联合国开发计划署的统计，在塔利班上台前，阿富汗的养老金仅覆盖了 11.4 万名前政府公务人员。60% 的人员年龄在 50 岁以下，女性只占 10%。此外，烈士和残疾人养老金项目旨在向 9 万名残疾人和 22 万名遭受冲突侵害的平民发放补助，但覆盖率不到 10%。塔利班上台后，为塔利班的烈士和相关人员提供了一定的保障和补助。但由于阿富汗经济困难，并遭受西方制裁，其社会保障水平进一步下降。

第三节　医疗卫生

一　20 世纪 70 年代之前的医疗卫生

与 20 世纪 30～50 年代相比，经过 40 年的发展，阿富汗的医疗卫生条件有了较大改善。

1972 年，在全国将近 1000 万人口中，阿富汗共有 67 家医院，医生总数为 827 人，病床 3500 多张。另外，当时阿富汗已有两所大学——喀布尔大学和楠格哈尔大学从事医学和药学的教学和研究工作。而 1932 年，全国仅有 600 张床位；1941 年，只有 38 位医生；1951 年，全国仅有 50 家医院（见表 6 - 4）。①

20 世纪 50 年代，阿富汗人还受到多种传染性疾病的威胁。比如，各种结核病、痢疾、伤寒、性病、沙眼等。但是 20 世纪 70 年代初，由于政府采取了一些措施，霍乱、疟疾、天花这些疾病已经得到控制，人口寿命也由 1960 年的 34 岁提高到 1979 年的 41 岁。②

尽管如此，阿富汗的医疗卫生条件仍旧很差。20 世纪 50 年代，婴儿死亡率非常高。据估计，在 10 个新生婴儿中，有 4 ~ 5 个在未满周岁前就夭折。当时，阿富汗政府机关和企业人员基本上可以免费求医，但是农村居民患病时大多求助于草药、巫医等。同时，阿富汗的西药和医疗器械全靠进口，全国还没有自来水、下水道设施和公共厕所。

表 6 - 4　1932 ~ 1972 年阿富汗卫生条件统计

单位：所，位，张

	1932 年	1941 年	1946 年	1951 年	1956 年	1961 年	1966 年	1972 年
医院	—	—	—	50	52	59	63	67
医生	—	38	88	137	149	250	527	827
医院病床	600	730	770	—	1380	1759	2197	3504

资料来源：Maxwell J. Fry, *The Afghan Economy: Money, Finance and the Critical Constraints to Economic Development*, Leiden: E. J. Brill, 1974, pp. 13 - 14。

二　20 世纪 90 年代的医疗卫生

20 世纪最后 20 余年的战乱摧毁了阿富汗原本落后的医疗体系。至 20 世纪末，大多数医疗专业人士早已离开阿富汗，医疗培训项目也不复存在。一些国际机构估计，阿富汗大约 1/3 的医疗设施已经遭到了破坏，全

① Maxwell J. Fry, *The Afghan Economy: Money, Finance and the Critical Constraints to Economic Development*, Leiden: E. J. Brill, 1974, pp. 13 - 14.

② EIU, *Country Profite: Pakistan/Afghanistan*, 1986/87, p. 45.

国只有不到一半的人能用上安全的饮用水。[①]

世界卫生组织对 2000 年 6 月的阿富汗卫生状况作了评估。该组织认为，阿富汗在全部 191 个国家中排名第 173 位，全国至少有 80 万人是残疾人，传染病、儿科疾病、妇科病以及精神疾病是影响阿富汗人民健康状况的主要疾病。一些在其他国家已经得到控制的传染病，如霍乱、痢疾、疟疾、肝炎、麻疹和结核病（如肺结核）等，在阿富汗依然十分猖獗。每年有 3.5 万名儿童死于麻疹。同时，多年内战使许多人患上了精神疾病，而整个阿富汗却仅有一家精神病医院，每天只接收 40 多名急诊病人。

1999 年，联合国儿童基金会曾在阿富汗成功地实施了接种预防小儿麻痹症疫苗的规划，但是 2000～2002 年的干旱恶化了阿富汗的卫生状况。一项调查指出，2001 年 3 月，阿富汗的干旱致使人口死亡率上升，在一个城区约有 30% 的儿童患有营养缺乏症，有 5% 的儿童严重营养不良。2001 年和 2002 年，阿富汗全国因寒冷、饥饿和坏血病而死亡的人数有所上升。

三 2001 年以来的医疗卫生

2001 年以来，阿富汗政府在世卫组织及其他国家的支持下，着力改善医疗卫生状况。20 世纪与 21 世纪之交，阿富汗民众的健康和营养水平是世界上最低的国家之一。阿富汗还是世界上产妇死亡率、婴儿和儿童死亡率最高的国家之一，同时也是寡妇和孤儿人数比例最高的国家之一。2002 年 9 月，一个非政府组织在报告中指出，阿富汗每 10 万个新生婴儿就可能导致 594 名产妇死亡，其产妇死亡率仅次于塞拉利昂，居世界第二。[②] 2002 年 11 月，巴达赫尚省产妇死亡率达到联合国儿童基金会有史以来记载的世界最高纪录：每 1000 名新生婴儿就导致 65 名产妇死亡。

---

① EIU, *Country Profile：Afghanistan*, 2003, p. 14.

② EIU, *Country Profile：Afghanistan*, 2003, p. 14.

2002 年，阿富汗的每 1000 个新生婴儿中，就有 144 个死亡。①

2008 年，阿富汗公布了《阿富汗国家发展战略（2008—2013）》，其中就指出了卫生和健康领域的发展目标，以及重建这一领域的方式。具体而言，是加强卫生部对于健康和营养领域的管理，将基层的保健服务、医院、疾病控制、营养、生殖和儿童保健等统一纳入"健康服务供给总局"（Health Care Services Provision General Directorate）的管理，将覆盖全民的保健体系建设作为拟优先发展的目标。为此，阿富汗政府提出了一系列的项目，以实现这些目标。同时，阿富汗在国际社会的援助下，开始大规模修建医院，培训医疗人员。

1. 健康保健服务计划（Health Care Services Programs）

建立二级医院和三级医院的转诊制度，以及各级医院服务和诊疗的基本规范、标准，进而改进医院的诊疗和服务水平。

2. 药品管理支持计划（Pharmaceutical Management Support Program）

在中央一级建立药物质量控制实验室，以确保药品的安全性、可获得性、有效性等。同时，建立符合国际标准的药品采购、招标、储藏、运输以及相关的信息系统。

3. 疾病控制和营养计划（Disease Control and Nutrition Program）

卫生部建立疾病预警和检测系统，预防流行性疾病，及时应对突发卫生问题。具体而言，通过加强对传染病的预防、控制和治疗，强化公众对传染病的防控意识。同时，在省级建立全面的应对艾滋病、交通事故等紧急情况的制度，优先分配医疗资源。此外，该计划还重视对于环境的监控，以及对于心理疾病的干预。

4. 生育与儿童健康计划（Reproductive and Child Health Program）

建立生育健康的服务标准。主要包括：产前护理、产中护理、常规和紧急产科护理和产后护理、生育咨询服务。同时，推动纯母乳喂养、扩大对儿童疾病的监控和诊治，加强对于儿童的疫苗注射等。

---

① CIA，http：//www.cia.gov/cia/publications/factbook/geos/af.html.

5. 医疗健康的资金筹措（Health Care Financing）

卫生部将逐步提高在医疗卫生领域的预算，提高资金使用的透明度。

此外，还包括加强对医疗体系的管理，以及强化对非营利性和营利性私营医疗机构的监管、扶持与合作等。

医疗体系建设涉及医护人员的培养、医学科研水平、医院的建设尤其是巨额经费的投入等诸多方面。阿富汗当然不可能在短时期内实现突破。但是，上述计划基本上涉及阿富汗医疗体系建设的各个方面。阿富汗政府也初步建立了现代的医疗体系，促进了阿富汗医疗卫生事业的发展。

2013～2018 年阿富汗的医疗卫生条件有所改善，但阿富汗的医疗卫生水平整体较低。这一时期阿富汗医疗卫生发展的主要指标见表 6－5。

表 6－5　2013～2018 年阿富汗医疗卫生发展的主要指标

指标	数值	数据年份
预期寿命（男性/女性）（岁）	63.2/63.6	2017
总生育率（%）	5.1	2018
婴儿死亡率（/1000 名新生婴儿）	52	2018
5 岁以下儿童死亡率（/1000 名儿童）	68	2018
新生儿死亡率（/1000 名新生婴儿）	40	2018
产前检查（至少一次）（%）	63.8	2018
婴儿 6 个月内纯母乳喂养率（%）	57.5	2018
麻疹疫苗接种率（婴儿 12～23 个月）（%）	64	2018
全部基础疫苗接种率（婴儿 12～23 个月）（%）	51.4	2018
儿童连续 6 个月服用维生素 A（6～59 个月）（%）	70.9	2018
医生与患者比例（/10000 人）	2.7	2015
护士、助产士与患者比例（/10000 人）	3.2	2015
医疗卫生支出占 GDP 比重（%）	9.5	2014
政府医疗支出占全部医疗支出的比重（%）	5	2014
自费医疗比重（%）	73	2014
成年人使用洁净饮用水比例（%）	53	2017
日均生活开支在 1.25 美元以下的人口比例（%）	54.5	2014
性别发展指数（GDI）世界排名	168	2017
5 岁以下儿童体重不达标比例（%）	25	2013

注：表中 2016 年的数据缺失。

资料来源：WHO，*Afghanistan Country Office 2018*；WHO，*Afghanistan Country Office 2019*。

2021 年 8 月，塔利班上台后，外部援助的减少，以及新冠肺炎疫情的发展，进一步恶化了阿富汗的医疗环境。约 80% 的人口无法获得清洁无菌的饮用水，一半的人口无法获得基本的卫生服务，缺医少药的情况十分突出。塔利班实行妇女隔离的制度，试图建立男女分开的医疗体系。但这在短期内难以实现，在这种情况下，很多女性无法进入医院治疗，医院中的女医生和护士也不便为男性患者服务，这使本已匮乏的医疗资源进一步紧张。根据西方一些媒体的报道，喀布尔的女性定点医院仅有 45 张供女性患者使用的床位。西方的经济制裁，以及外部援助的锐减，使阿富汗存在拖欠医护人员工资和缺医少药的情况。此外，由于阿富汗粮食缺乏，大量人口尤其是儿童存在营养不良的情况。这将进一步恶化阿富汗整体的卫生状况。2021 年 11 月，阿富汗 41% 的医疗机构完全运行，58% 的医疗机构部分发挥作用，一半的家庭无法获得医疗服务。与此同时，麻疹、脊髓灰质炎等也在阿富汗流行。在新冠肺炎疫情大流行的背景下，阿富汗的医疗资源更加紧张，医疗环境进一步恶化。

第七章

文　化

　　阿富汗古代文化繁荣，古希腊文化、印度佛教文化和伊斯兰文化相继在此留下了深刻烙印。尤其是伊斯兰文化，迄今为止仍在阿富汗政治、经济、社会生活等各方面发挥着重要作用。近代以来，由于内战频繁和外敌入侵，阿富汗经济停滞不前，文化逐渐衰落。1919 年阿富汗独立后，阿富汗教育、文学、艺术和新闻事业有所发展，但是与其他国家相比，其自然科学和社会科学仍然落后。

第一节　教育[①]

一　发展简史

　　阿富汗是古代文明的摇篮和交汇地，曾创造出光辉灿烂的文化。19世纪以来，伊斯兰教传统已深入到阿富汗社会生活的各个方面，包括各级教育和培训机构。家庭和清真寺开办的非正规学校以及宗教学校和现代教育机构，都为公众提供教育服务。其中，宗教教育占据核心地位。宗教学校为年轻人开设普通知识课程和宗教课程，培养宗教人士、社会领导和教师，学生在宗教学校学习写作、诗歌、文学、历史、自然科学和传统医学。清真寺则教授《古兰经》和伊斯兰教的价值观和伦理道德准则，以及识字和算术。传统上，宗教教育独立于国家教育系统。1880 年，拉赫

---

① 参见〔阿富汗〕赛义夫·R. 萨马迪《趋向与现状——当代阿富汗教育》，杨红译，《教育展望》2002 年第 4 期。

曼时期，将宗教教育纳入国家教育系统统一控制，并且编撰统一的教材，宗教教师也被纳入统一的考核之中。

1903年，喀布尔创办了第一所现代世俗中学——哈比比亚中学，这是阿富汗现代教育的开始。该学校聘请了本国教师和外籍教师，为国家培养公务员。不久，阿富汗又陆续建立了几所现代小学和一所师范学校。1909年，政府成立了教育委员会，指导包括传统教育机构在内的教育工作。1919年阿富汗独立后，阿曼努拉汗政权重视教育发展，于1922年任命了第一任教育部部长。20世纪20年代，喀布尔建立了数所小学和中学，同时还建立了农业、手工艺和公共管理等方面的职业学校。当时，阿富汗还第一次选派学生到国外留学，促进了阿富汗现代教育体制的发展。

1929年开始的内乱期间，阿富汗的教育发展严重受挫，现代世俗学校被迫关闭。不过，纳第尔沙成为阿富汗新国王后，教育发展再次受到关注，国内13所中小学重新开学。1931年宪法规定，阿富汗初等教育为义务教育，一切现代教育机构均由国家管理，阿富汗人可以免费接受从小学到大学的各级教育服务。

1933年，查希尔沙即位后，教育得到长足发展。普什图语教育受到重视，各省都建立了中学，一些传统宗教学校也开始推行现代教育，并进入正规教育系统。喀布尔还开办了1所女子中学、2所职业学校和1所培养医生和药剂师的学校。1932年，法国在喀布尔援建了一所医学院。随后，美国、苏联、埃及、德国等国陆续援建了一些学院。1946年，这些学院合并为喀布尔大学。1938年，一批中学生被派往法国、德国和美国留学。不过，二战期间，阿富汗的教育发展速度放慢。据阿富汗政府统计，1932年，阿富汗所有在校学生总计仅为1350人。[1]

在1930年之后的20年中，阿富汗学生人数由1590人增加到9.53万人，其中有4350名女生；全国各地共创办了366所学校，其中小学308所，初中25所，高中16所，职业学校4所，师范学校1所，正规宗教学

① The Royal Afghan Ministry of Education, *Education in Afghanistan: During the Last Half - Century*, Munchner Buchgewerbehaus, 1956, p. 88.

校 7 所和高等院校 5 所。

第二次世界大战结束后，政府为促进教育发展采取了一些重要措施。1947 年，政府改组教育部。20 世纪 50 年代初，政府致力于推动教育系统的发展和提高教育质量。"一五"计划在教育领域，将初等教育作为发展的重点，并拨款 9.58 亿阿富汗尼用于发展教育。"二五"计划则把重点放在中等教育、技术教育和高等教育上，并拨款 17.59 亿阿富汗尼用于教育发展。"三五"计划特别重视提高师范教育的质量，支持各级教育的平衡发展，并投资 30 多亿阿富汗尼发展教育。根据联合国的统计，到 1973 年，阿富汗在读的所有学生共计 80.4 万人，其中大学生占 1.2 万人。[①]

1973 年阿富汗共和国建立后，曾制订和推行七年发展规划，其中打算拨款 30.5 亿阿富汗尼发展教育，用于人力资源开发。但是 1978 年政变后，该计划中止。

总之，在 20 世纪后半叶，阿富汗现代教育得到了长足发展，具体体现为，以世俗教育为特征的现代教育体系形成并迅速发展，传统的宗教教育处于边缘化的地位。同时，在校生人数也迅速增长。1950～1978 年，全国在校学生总数增加了近 10 倍，从 9.6 万人增加到 103.78 万人。18 所技术职业学校共招生 6000 人，16 所师范学校共招生 5400 人，高等院校招生 1.6 万人。另外，20 世纪 60～70 年代，阿富汗的教育设施从集中在喀布尔等几个大城市向各省发展。

1979 年苏联入侵阿富汗后，受苏联支持的阿富汗人民民主党政权于 1980 年制定了教育政策，旨在推广扫盲工作，普及基础教育，促进职业培训和高等教育的发展。它还注重使用除普什图语和达里语之外的其他民族语言作为开展少数民族教育的教学语言，并在外语教学中重视俄语学习。但是由于该政权遭到大多数人的反对，这些政策收效甚微。

苏联撤出阿富汗后，20 世纪 90 年代初入主喀布尔的拉巴尼政权曾把发展传统教育作为重要任务，同时重视提高基础教育的质量。但是此后由

---

① Economic Commission for Asia and the Far East, *Statistical Yearbook for Asia and the Far East*, UN, 1978, p. 52.

于战乱，阿富汗社会生活包括教育在内的大部分基础设施均遭到严重破坏。全国没有统一的教学大纲和教育体系，绝大部分受过教育的阿富汗人在 20 世纪 80 年代离开了阿富汗。

1994 年塔利班崛起后，开始全面废除世俗教育，重新发展宗教教育。多年的战乱使阿富汗的教育体系崩溃，大量的阿富汗难民在巴基斯坦接受保守的宗教教育，使社会保守化和极端化，阿富汗女孩入学率大幅度下降。此时，为阿富汗国内部分儿童提供基础教育的主要是国际社会和阿富汗非政府组织。另外，阿富汗各政治军事派别也在阿富汗国内和国外难民营（包括巴基斯坦、伊朗等国）开办了一些宗教学校，提供传统的宗教教育，但这些学校在课程质量和教学内容方面存在很大差异，对阿富汗社会和文化缺乏统一的认识。

二 现代教育体系的发展

20 世纪 60～70 年代，阿富汗基本上形成了从初等教育到高等教育的现代教育体系，推动了阿富汗教育的发展。

（一）初等教育和成人扫盲

从办学方式上看，阿富汗小学主要分为以下 3 类。①在城市和农村地区建立的正规小学，主要教授社会科学、数学、自然科学和职业技术等。②在人口稀少地区开办的农村小学，以教授劳动技能为主，并讲授宗教知识、语言和算术。③在无正规学校的地区，清真寺学校和私塾式传统家庭学校非常重要。不过，这里的学生经过考试，可以进入正规小学或宗教学校读书。20 世纪 80 年代，阿富汗与联合国教科文组织及非政府组织合作创建了农村基础教育中心，以便将正规教育和非正规教育结合起来。2000 年，全国已经设立 12 个非正规教育中心，同时开展扫盲教育和实用技能教育。1996 年，塔利班关闭了女子学校，家长和社区在非政府组织支持下，建立了一些为女孩子提供教育的家庭学校。

20 世纪 80 年代以前，小学的课程设置与教材基本全国统一，但是学校有权根据具体情况改动某些教学内容。20 世纪，小学的教育结构曾多次改革。1930 年，学制 4 年；1944 年，学制延长为 6 年；1975 年，延长为 8 年；80 年代，减少到 5 年；1990 年恢复为 6 年。

1975 年，小学在校生为 78.9 万人，占全国学龄人口的 24%，其中 30% 为女孩。20 世纪 60 ~ 70 年代，小学入学率年均增长 3%，达到亚洲的平均水平。此后 10 年，小学入学率锐减。进入 20 世纪 90 年代，男孩的基础教育有所发展，但女孩的受教育机会明显减少。

阿富汗扫盲教育可以追溯到 1906 年。当时，制订了扫盲计划，教成年人读书认字。1950 年，阿富汗出版了《成人识字课本》，并创办了一种成人扫盲期刊。此后 10 年，阿富汗许多政府部门，以及包括宗教机构在内的社会组织开办了扫盲班，并且与联合国教科文组织和联合国粮食及农业组织合作开展实验项目。尽管如此，阿富汗的成人识字率仍然较低。

（二）　中等教育

中等教育包括初中和高中两部分。初中一般开设社会科学、自然科学、数学和宗教等课程，毕业生可以升入普通高中、职业学校或师范学校。大部分中学生要学习英语，有的重点学校也教授法语和德语，80 年代则教授俄语。高中一般开设语言、社会科学和数学等高级课程。重点学校只开设自然科学、社会科学课程。男女学生在课程设置方面的主要区别是，女校每周开设一节或两节家政课。

20 世纪，中等教育学制也经过了多次改革。1930 年，中学学制为 8 年，初中 4 年，高中 4 年。1944 年，中学学制减至 6 年，其中初中 3 年，高中 3 年。1975 年，中学学制进一步减为 4 年，初中、高中各 2 年。80 年代，中学学制改为 6 年，初中 4 年，高中 2 年。1990 年，中学学制又改为初中 3 年，高中 3 年。

1950 年前，全国有 17 所中学，共 3000 名学生。1980 年，10 ~ 12 年级的学生总数已达到 2.591 万人，分布在全国 133 所中学学习，其中 16 所为女校。

（三）　技术教育和职业教育

初中技术职业教育培养技术工人，高中培养技术人员。多数技术和职业学校由外国援建，培训课程的设置和教学组织受到援助国技术教育模式的影响。

第一次世界大战后，阿富汗现代技术和职业教育发展起来。1923～1963 年，阿富汗建立了一批职业学校。其中包括：手工艺学校（1923 年）、医学学校（1937 年）、农业学校（1944 年）、商业学校（1948 年）、技术学校（1951 年）、女子职业学校（1959 年）、公共管理学校（1959 年）和酒店管理学校（1963 年），许多职业学校都建在喀布尔。阿富汗"一五"计划期间，各省都建立了第一批职业学校。20 世纪 60～70 年代，技术和职业学校迅速发展。1978 年，阿富汗教育部主管的职业学校有 24 所，在校生 6000 人，其中女生 650 人。全国各地还开办了 7 所机械学校、7 所农业学校、4 所艺术和手工艺学校、6 所商业管理学校。

（四）师范教育

1923 年，第一所师范学校在喀布尔落成。1955 年，许多省份开办了师范学校。1955 年和 1962 年，阿富汗政府与美国合作创办了教育协会和教育学院。60 年代中期，阿富汗政府与联合国合作成立教育工作者学会和高等师范学院。1967 年，阿富汗设立了师范教育部，负责监督和推广除高校教师之外的其他所有教师的培训。

20 世纪 70 年代，师范教育进一步发展。1975 年，全国共有 27 所师范院校和机构，招收学员 6000 人，其中有 8 所基础师范学校、5 所高等师范学院、4 所大学、8 所宗教学院、1 所工艺学院和 1 所体育学院。这些院校的基本职能包括以下几个方面：①基础师范学校针对小学教师进行培训，开设普通教育 10～12 年级的课程。中学毕业生接受为期 1 年的教师职业培训后，也可以成为教师。②紧急教师培训计划。这项计划于 1962 年制订，面向师资匮乏的偏远地区，中学毕业生接受为期 1 年的专业培训后即可执教。③高等师范学院培养中学教师。④大学招收高中教师接受培训，学习民族语言、外语、数学、物理、化学、历史和地理等专业。⑤宗教学院和宗教学校为宗教、阿拉伯语和伦理学等领域培养教师。⑥1964 年成立的教育工作者学会，为有经验的教师提供研究生培训，以便到新建的师范院校工作。⑦教育学院为教师提供在职培训，一般在寒暑假进行。1967 年，师范学院开始进行教师培训的活动。

（五）高等教育

阿富汗的高等教育始于 1932 年，喀布尔医学院是全国第一所高等学府。随后相继建立了法学院（1938 年）、理学院（1942 年）和文学院（1944 年）。1946 年，这些学院合并，成立了喀布尔大学。1951 年新建了宗教学和伊斯兰研究学院。1956 年后，喀布尔大学相继增加了经济学院（1957 年）、药学院（1959 年）、教育学院（1962 年）和工业学院（1967 年）。除喀布尔大学外，1963 年还成立了楠格哈尔大学医学院。此外，60 年代，教育部还开办了其他几所高等院校，其中包括师范学院和工业管理学院（1962 年）。巴尔赫、赫拉特和坎大哈等地分别于 1986 年、1988 年和 1991 年开办了大学。阿富汗设有专门的宗教学校，著名的有阿萨迪伊斯兰经学院、欧莱玛沙里亚学院等。

在阿富汗高等教育中，喀布尔大学具有重要的地位，也是国际化程度最高的大学。20 世纪 60 年代，喀布尔大学与一些外国大学建立了技术合作和专业共建计划。比如，医学院和药学院与法国里昂大学合作，理学院与德国波恩大学合作，经济学院与德国科隆大学合作，工学院和农学院与美国几所大学建立合作关系，还有几所院校与苏联的高等院校保持着密切的合作关系等。这些双边合作促进了教育大纲的制定与教材的编写，推动了合作研究，有助于阿富汗自然科学人才的培养。

编写教材是大学肩负的一项重要任务。截至 1968 年，阿富汗高校编写了 170 种医学教材和教学辅导书，以及 44 种自然科学教材，为知识的普及作出了积极的贡献。此外，阿富汗的大学主办了许多有价值的自然科学期刊，比如《医学》《科学》《科学与技术》《地理》等。喀布尔大学还设置了研究生课程，比如医学博士课程、教育学与文学专业的研究生课程等。

1975 年，有 1.226 万名学生在高等院校就读，其中女生 1680 人；教师共有 1100 人，其中女教师 64 名。2002 年，阿富汗有 7 所大学，全部为公立大学，在校学生为 8000 人。2020 年，阿富汗公立大学增加到 39 所，私立大学有 128 所，在校生近 40 万，其中 11 万是女生。

三 教育的恢复和发展

2001 年，阿富汗开启重建进程，重建现代教育体系面临巨大挑战。2001 年，阿富汗学生初中入学率仅为 21%，全国在校生只有 90 万，没有专门的女校。学校总数只有 3400 所。许多儿童在阿富汗和巴基斯坦边界地区接受非正式且保守的宗教教育。从 1979 年到 2001 年，阿富汗损失了 2 万名专家学者，17 所大学和研究机构遭到战争的破坏。

阿富汗政府重建了教育体系。中央政府设立教育部和高等教育部来管理和规范各级学校。同时，延续阿富汗之前的教育体系，将全国的教育划分为：①学前教育（6 岁）；②初等和中等教育（7～18 岁），对学生进行总体的教育，同时也为学生提供宗教和职业技术教育；③高等教育（19～23 岁），属于第三级别教育；④职业教育和职业培训等。

2017 年，阿富汗政府制订了《国家教育战略计划（2017—2021）》①进一步推动阿富汗教育的发展。这一计划指出了阿富汗教育发展的目标：通过发展教育培养有能力的公民，支持社会经济的发展，强化社会凝聚力。在这份计划中，将提升教育质量和公平作为重点。具体举措主要包括：改革课程体系，加强对教师的培训，建立学生学科考评机制。同时，平衡不同地区、不同性别之间教育资源投入，关注适龄女生、残疾人和回归的难民的教育权利，维护教育的平等。

阿富汗的教育重建取得了重要的突破，这也是在阿富汗社会经济重建中效果最明显的领域。2001～2017 年，阿富汗新建了 1.3 万所学校，而在 2001 年只有 3400 所；在校生数量增长了 9 倍，女生的比重达到 39%；在普通学校中，女性教师占到 1/3；在教师培训学校中，女性教师占到 60%。教育投入占 GDP 的比重也逐年上升，占比从 2011 年的 3.46% 上升到 2017 年的 4.06%。2017 年，教育投入占政府支出的 15.7%。政府对于初中和高中的生均投入分别由 2010 年的 162.26 美元和 180 美元，增长到

---

① *National Education Strategic Plan（2017 - 2021）*，Ministry of Education of Afghanistan，2017.

2017 年的 198.33 美元和 218.75 美元。[①]

塔利班夺取政权后，以保守的伊斯兰信仰改造阿富汗社会，教育领域首先受到影响。2022 年 3 月公布的阿富汗新一财年临时政府预算中包括了发展教育的预算。阿富汗临时政府代理第二副总理阿卜杜勒·萨拉姆·哈纳菲 (Abdul Salam Hanafi) 指出，阿富汗预算的核心和重点在于使每个人获得高质量的教育，包括技术教育和高等教育。虽然塔利班上台后，阿富汗的教育实现了一定程度的自主，但由于政府财政拮据，以及奉行较为保守的宗教思想，教育领域出现了一定程度的倒退。塔利班反对之前的男女生同校教学，要求男女分开授课。尽管塔利班政权承诺保障女性受教育的权利，但仍有大量女性无法进入学校接受教育。2022 年 3 月 23 日，阿富汗临时政府下令，禁止 6 年级以上的女生复学。2022 年 5 月，阿富汗的 34 个省中，只有 9 个省允许女孩接受中等教育。[②] 如今，阿富汗约有 160 所高等院校。喀布尔大学是全国最高学府，赫拉特大学是西部教育中心，但阿富汗教育尤其是女性教育发展前景仍不容乐观。

第二节　科学技术

一　自然科学[③]

古代阿富汗拥有灿烂的文明，公元 10 世纪的阿富汗是波斯文化复兴的中心之一。巴尔赫、赫拉特、加兹尼等地成为文化繁盛之地，涌现了一大批著名的学者。萨曼王朝时期 (874~999 年)，出现了世界著名的医学家拉齐 (865~925 年) 和伊本·西那 (又称阿维森纳，980~1037 年)。

近代以来，阿富汗文化逐渐衰落，自然科学研究也无从谈起。1919

---

① UNESCO, "Afghanistan," http：//uis. unesco. org/en/country/af.
② 阿富汗塔利班存在不同派别，各省对中央政府政令的执行情况不一。
③ D. Gopal and M. A. Qureshi, *Science*, *Technology and Development in Afghanistan*, New Delhi：Navrang, 1987.

年，阿富汗实现了民族独立。第二次世界大战后，阿富汗的经济、社会和教育等方面迅速发展，与外部交往也更加广泛，这为自然科学的研究提供了重要的基础。阿富汗高等教育部下设的两所高校是重要的研究平台。

喀布尔大学是最早建立的现代教育机构，同时也是最重要的科研基地之一。喀布尔大学研究中心致力于发展和提高自然科学、数学等领域的教学水平，并为高中教学提供实验设备和仪器；喀布尔大学的工程咨询与应用研究中心则为政府部门以及私人企业提供广泛的有关工程技术方面的咨询和应用研究服务。喀布尔大学工学院的所有人员和技术人员都可以参与工程咨询与应用研究中心的活动。此外，喀布尔大学还设置有医学院、理学院、药学院和农学院等自然科学教育和研究基地。20 世纪 60 年代喀布尔大学与一些外国大学建立了技术合作和专业共建计划，这些双边合作在促进自然科学教育大纲的制定与教材的编写、开展合作研究项目、培养阿富汗自然科学人才等方面发挥了重要作用。楠格哈尔大学也设有医学院、农学院、工程学院等自然科学教育和研究基地。[①] 喀布尔大学等阿富汗高校不仅为阿富汗培养了一大批人才，而且也成为阿富汗进行科学研究的重要平台。

（一） 自然科学研究活动

阿富汗自然科学研究主要为经济和社会发展服务，研究侧重于与阿富汗实际情况相结合，重点在农牧业、医疗卫生、地质和矿产勘探、水利和水电等方面。

20 世纪 60 年代，阿富汗出现了科研活动的高潮，主要关注农牧业和医疗卫生。阿富汗建立了一批相关研究机构。1924 年，阿富汗设立农业研究所，主要研究育种技术和兽医等方面。1962 年阿富汗政府创建了公共卫生研究所，设有专门的实验室，负责阿富汗的多发性疾病，以及对医生进行相关的培训。

---

① 〔阿富汗〕赛义夫·R. 萨马迪：《趋向与现状——当代阿富汗教育》，杨红译，《教育展望》2002 年第 4 期。

1959 年，阿富汗成立了农业研究所。1965 年，阿富汗农业部设立农业研究和土壤科学研究部，关注阿富汗农牧业的研究，以及对土壤进行分析和分类。该机构下设几个分部，包括统计和规划分部、作物产量提高分部、农学分部、昆虫和植物病研究分部、土壤科学分部、园艺学分部、农业机械分部。各分部拥有自己的实验室，以便进行常规研究活动。另外，农业研究和土壤科学研究部在全国不同省份还建有总共 9 个研究站，其中4 个位于喀布尔周边地区。在它们当中，绵羊培育研究站设立于 1958 ～1959 年，主要职能是培育优质绵羊品种和提高羊毛品质。位于喀布尔的羊毛研究试验中心致力于研究提高羊毛产量、制定羊毛出口标准等，另外还为羊毛研究和管理培训人才。

1976 年，卫生部设立制药研究所，以规范所有药物产品的生产、进口和分配。该研究所垄断了所有医用乙醇和麻醉品的进口权，并且负责所有国有部门药物的分配。它还为私有部门进口药物产品颁发许可证，并且予以控制。该研究所还购买所有未注册的药物产品及其原料，并从国际市场上购买一些药物产品。尽管 2001 年之后，阿富汗的医疗和卫生研究有所发展，但主要依赖向国外进口。

阿富汗通过地质和矿产的勘探[①]，发展矿产和能源经济，其资源勘探工作获得了苏联的经济、技术援助与支持。20 世纪 50 年代之前，阿富汗曾希望美国、联合国帮助它进行石油资源的勘探，但是均未产生结果。1950 年，阿富汗邀请法国在其北部进行石油勘探。1953 年后，阿富汗开始接受苏联援助。1955 年，苏联向阿富汗提供价值 1 亿美元的贷款，其中一部分资金用于石油资源的勘探。自此苏联开始在阿富汗资源勘探中占据领先地位。1954 年，阿富汗终止了法国的石油勘探工作，代之以瑞典勘探小组，该小组自 1956 年开始进行勘探。1957 年，苏联向阿富汗提供1500 万美元贷款用以石油勘探和开发，由捷克斯洛伐克具体承担勘探工作。捷克斯洛伐克因此接替了此前瑞典小组的勘探工作，并且于 1958 年

---

① 相关内容参见 Rosanne Klass ed. , *Afghanistan：The Great Game Revisited*, Revised Edition, New York：Freedom House, 1990。

发现石油。不久，苏联技术人员和专家接手了捷克斯洛伐克的勘探工作，并且于 1960 年之前在阿富汗北部希比尔甘地区发现了丰富的石油资源。1961 年，苏联又提供了价值 2 亿美元的信贷，以进一步促进阿富汗的油气勘探和开发。

1963 年 4 月，阿苏签订协议，苏联得以勘探和开发阿富汗其他矿产资源。70 年代初，喀布尔出版了一份由苏联地质人员提供的英文版阿富汗资源手册。该手册内容很少，认为阿富汗资源缺乏。不过，1974～1976年，联合国赞助了一项阿富汗资源评估工程，两名加拿大地质学家因此参与了原先只有苏联人员参加的资源勘探中的监督工作。他们所提交的报告认为，阿富汗资源潜力可观。

20 世纪 70 年代，苏联共编辑了两套关于阿富汗资源的调查报告。一套如上所述提供给了阿富汗，该报告对阿富汗资源状况持悲观态度。另一套更加准确，但仅供苏联使用。1976 年，苏联还编辑、绘制了一组有关阿富汗矿产资源、地质构造、水文地质等方面的重要地图，但一直没有公开出版。

1977 年，阿富汗资源调查报告问世，但并未公开出版。该报告有 419页，主要来自苏联和阿富汗地质学家的努力和调查。该报告经过删减，由苏联人员翻译成英文，由一名加拿大地质学家予以编辑。即便如此，当时这份报告仍处于机密状态，只是到 1978 年政变后，这份报告的详细副本才被西方得到。根据这份报告，阿富汗资源丰富，有相当大的经济发展潜力。

另外，20 世纪五六十年代，由于阿富汗迫切需要绘制一份高质量、范围广泛的地形图以促进地质调查活动，美国地形学家自 1958 年起在阿富汗全境进行航空测绘。苏联对此表示反对，并从美国手中接管了绘制阿富汗北部航空测绘图的工作。60 年代初，苏联绘制了一系列完整的、具有各种详细比例尺的阿富汗地形图。但直到 70 年代，在阿富汗绘图研究所工作的苏联专家把这组地形图绘制成低级别密级的地形图后，这些地形图才公之于众。

对于水利和水电的研究也是阿富汗科研活动的重点。水电资源调查与工程规划研究所是水电部下设的机构。1969 年起，阿富汗水文学家开始全力对地表水进行调查。截至 80 年代，该研究所下属的水文研究室承担了所有地表水及其相关工作的研究事宜。

（二）科研管理和国家级研究机构的建立

1979 年，阿富汗建立了自然科学和技术委员会，是阿富汗自然科学和技术领域的最高决策和管理机构，宗旨是有效利用科学和技术以促进国家全面发展。该委员会的成员来自自然科学和技术领域的学者和专家，由政府任命。该委员会负责制定涉及技术普及、应用、发展、转让等方面的政策，并协调科研活动，主要的任务有：协调科研机构与工业部门，为科学和技术活动提供必要的财政支持，利用技术促进各地工业的发展，培训科技人才，等等。另外，它还监督和指导科研机构和工业部门的科研活动。

科学技术最高理事会是自然科学和技术委员会的领导机构，成员有该委员会主席以及领导科技领域的一些部长，理事会会长由总理或副总理担任。理事会每年至少召开一次会议，讨论自然科学和技术委员会提出的建议。自然科学和技术委员会之下设 3 个次一级的委员会，分别负责理论科学、科学和应用技术以及科技咨询方面的事宜。每个次一级委员会还设有若干下一级部门，后者的活动由前者负责协调。除自然科学和技术委员会外，阿富汗国家计划委员会还设有一个科学和技术部门。

1978 年，阿富汗成立了阿富汗科学院，它是阿富汗自然科学和社会科学的最高的科研机构，由总理办公室管辖。它的职责包括：通过自然科学领域研究，有效利用自然资源，提高生产力水平，发展国家经济；通过社会科学的研究，丰富阿富汗文化，促进民族语言发展，保护和保存优秀文化遗产，提高全民教育水平，等等。20 世纪 80 年代，它已建有自然科学研究部、社会科学研究部、语言和文学研究部、普什图语国际中心、大百科和文化作品研究所，其领导层包括科研中心最高科学委员会、各研究部委员会、行政部门委员会。其中，科研中心最高科学委员会的领导人是阿富汗总理，其他成员有高等和职业教育部部长、财政部部长、矿业和工业部部长、农业和土地改革部部长、国家计划委员会主任、研究院院长

（秘书长）和副院长、喀布尔大学校长、研究院各研究部主任、2 名研究院顾问和 4 名院士。

　　总体来看，20 世纪阿富汗的自然科学研究取得了一定的发展。1979 年，阿富汗科学家和工程师总数有 1.1 万名，一般技术人员有 2 万名。每 1 万人当中，大约有 7 名科学家和工程师、113 名技术人员。[1] 这在一定程度上促进了经济和社会的发展，但是研究能力和水平仍然有限，而且在地质勘探等领域还成为外部力量博弈的对象。1977 年，阿富汗出版的图书共 199 种，其中只有 25 种是科技类；同年，刊物出版总数为 23 种，其中只有 6 种是科技类。1978 年，出版著作的科学家只有 4 人。

　　2001 年以来，阿富汗政府也开始重建自然科学研究体系。阿富汗研究机构的重建在一定程度上沿袭了 20 世纪后半期的研究机构。阿富汗政府重建了阿富汗科学院（Academy of Sciences of Afghanistan）[2]，主要进行自然科学、社会科学的研究，拥有 300 多名研究人员，主办了 12 份学术刊物。阿富汗科学院是阿富汗最高的科学研究机构，侧重于阿富汗的文学、语言等方面的研究。代表性的学术刊物有《喀布尔》《阿里亚纳》《考古学》《阿富汗》《呼罗珊》《科学与技术》《地区研究》《普什图语》等，以人文和社会科学为主。

　　2003 年，阿富汗政府沿袭了 1962 年建立的公共卫生研究所的传统，建立了阿富汗国家公共卫生所（Afghan National Public Health Institute），由卫生部管理，员工达到 324 人。2006 年，该机构正式运行，其职责主要包括：进行医疗和卫生的相关研究；收集和分析阿富汗的医疗、卫生数据，为阿富汗卫生部门的决策提供依据和建议；及时监控阿富汗的医疗卫生状况；培训医疗人员。[3] 阿富汗国家公共卫生中心与美国的疾病控制与预防中心（CDC）存在合作关系。

---

①　D. Gopal and M. A. Qureshi, *Science, Technology and Development in Afghanistan*, New Delhi: Navrang, 1987, p. 75.

②　参见阿富汗科学院官方网站，https：//asa. gov. af/en。

③　详情参见公共卫生研究所官方网站，http：//old. moph. gov. af/en/page/580/608。

阿富汗农业研究所（Agricultural Research Institute of Afghanistan）[①]有 3 个研究部门以及 17 个地区研究站，研究对象涵盖谷物作物（小麦、大麦、水稻、玉米）、园艺和蔬菜作物、豆类作物、油料作物、工业作物、农牧业生产技术、土壤管理、植物保护、牲畜改良与畜牧业管理、林业管理、灌溉技术等。该中心共有 120 多名研究人员。

2001 年以来，阿富汗建设了大量的高等学校，其中既有像喀布尔大学这样的阿富汗名校，也有大量的私立高校，以及阿富汗美国大学、阿富汗瑞士高等教育医学院等国外援建的高校。如今，阿富汗约有 160 所高校。这些高校也成为阿富汗科研活动的重要基础。

尽管阿富汗在科研机构和高校建设上有所突破，在科学研究领域也有所进步。比如，在国际学术数据库中，阿富汗学者的论文由 2005 年的 7 篇上升到 2014 年的 44 篇，但自然科学研究仍然较为落后。据汤森路透的 2014 年统计，阿富汗科学家产出的论著比例为，每百万人产出 1.4 篇（部）论著，在中亚地区处于最低的水平。世界平均水平为，每百万人产出 176 篇（部）论著。根据汤森路透的统计，从 2008 年到 2014 年，阿富汗科学家的论文中，59% 为医学，55% 为生物科学，其他少量涉及农学和化学。[②]

二　人文社会科学

苏联入侵阿富汗之前，阿富汗人文社会科学的研究主要集中在大学，尤其是喀布尔大学。如前所述，喀布尔大学设有法学院、文学院、神学和伊斯兰研究学院、经济学院、教育学院等社会科学教育和研究基地。截至 1968 年，阿富汗各大学共编写有 96 种法学与经济学教材、40 种艺术与人文学科教材。[③] 阿富汗的大学还从事语言、文学、宗教和历史领域的研究和出版工作。1978 年，阿富汗科学院成立后，也开始进行社会科学的

---

① 详情参见阿富汗农业研究所官方网站，http://aria.gov.af/。
② "Higher Education in Afghanistan," https://en.wikipedia.org/wiki/Higher_ education_ in_ Afghanistan#cite_ note - : 0 - 1.
③ 〔阿富汗〕赛义夫·R. 萨马迪：《趋向与现状——当代阿富汗教育》，杨红译，《教育展望》2002 年第 4 期。

研究。

20 世纪，阿富汗的人文社会科学研究同样服务于社会建设和民族构建。它的重点在于通过研究阿富汗的历史、语言、考古和伊斯兰教等方面，重新塑造阿富汗的民族记忆，进而强化民族认同。

（一）普什图语的研究①

19 世纪后期，许多西方语言学家对普什图语的历史和亲缘关系作过研究。英国学者厄内斯特·特朗普（Ernest Trump）认为普什图语应该属于印欧语系中的印度雅利安语族，但不是印度雅利安语族的一支，而是以独立的形式存在，这种观点被当时的不少学者接受。但是，另一些学者的看法不同。他们认为，普什图语是印欧语系伊朗语族东伊朗语支的一种语言，由于这种语言与普拉克利特语（中古印度语，即梵语俗语和巴利语）接近，所以同印度语族的语言有些相似。持这种观点的学者以法国语言学教授达尔米斯蒂塔尔（Darmestetter）为代表。他肯定地说，普什图语既不是波斯语的一种方言，也不是帕赫拉维语（Pahlawi，中古波斯语）的一支。普什图语的许多基本词是在波斯语和帕赫拉维语中所没有的，只能在赞德语（Zand，意为知识，是袄教经典《阿维斯塔》中最早使用的语言）中找到其痕迹。因此，达尔米斯蒂塔尔教授推测，普什图语可能是从一种与赞德语极相近的方言中脱胎而来。

此外，外国和阿富汗本国语言学家还对普什图语作了专门的语言学研究。早在 1847 年，英国学者哈里斯（Harris）就编写了《普什图语语法》。同年，俄国学者布·杜兰也编辑出版了《普什图语文章选注》。这位学者还撰写了不少论文，为俄国和苏联的普什图语研究奠定了基础。另外，在 19 世纪六七十年代，英国还出版了两种普什图语－英语辞典、三种普什图语语法书以及《普什图语手册》等。

在西方研究的影响下，18 世纪后期，阿富汗政府已开始进行普什图语的研究。当时的希尔·阿里国王试图通过强调普什图语加强民族认同。20 世纪，阿富汗政府也一直关注普什图语的研究，侧重于普什图语的渊

---

① 车洪才：《普什图语及在国外的研究情况》，《西南亚资料》1983 年第 4 期。

源，在语法上规范普什图语，收集和研究普什图语文献作品等。

20 世纪，阿富汗本国学者和印巴学者们在普什图语研究方面也编写和出版了许多专著。其中，在词汇学方面值得一提的是，穆罕默德·古勒·姆门德于 1938 年出版了《帕赫图语辞海》（*Pakhto Sind*），穆罕默德·阿古姆·阿亚吉于 1941 年出版了《帕赫图语一万词》（*Las Zara Pakhto Lughatuna*），从而为普什图语基本词汇的研究打下了基础。另外，1952 ~ 1955 年，阿富汗普什图语学会陆续编写、出版了两卷本《帕赫图语词典》和三卷本《阿富汗语词典》。这两种词典都是双语词典，前者是普什图语—波斯语词典，后者是波斯语—普什图语词典。1959 年，巴基斯坦的白沙瓦出版了巴赫达尔·沙阿·祖弗尔编写的《祖弗尔词典》。这部词典是普什图语原文词典，但附有乌尔都语释义，其实也是双语词典。另外，1970 年起，巴基斯坦白沙瓦大学普什图语研究院陆续编写、出版了一套大型的普什图语原文词典——《普什图语》，截至 1981 年已出版七卷，估计全套分十三四卷完成。

在语法学方面，20 世纪阿富汗本国学者穆罕默德·古勒·姆门德出版了《帕赫图语之路》（1939，巴尔赫版）、里士庭教授出版了《帕赫图语语法》（1949，喀布尔版）和《帕赫图语指导》（1962，喀布尔版），这些专著都是自成体系的普什图语语法书。

（二）阿富汗历史的研究

阿富汗政府通过重新编撰、诠释历史塑造集体记忆，因此积极支持对阿富汗史的研究。阿富汗传统的史学以年代记、《圣徒传》等为代表，最典型的就是 19 世纪末被誉为阿富汗"史学之父"的法伊兹的名著《阿富汗史》。

20 世纪，阿富汗的历史研究受到民族主义的影响。1931 年，纳第尔沙国王以"法兰西学术院"为模板创建包括"历史学部"在内的"文学学会"（Anjoman-i Adabi）。1941 年，阿富汗将"历史学部"改组为"历史学会"（Anjoman-i Tarikh），负责研究阿富汗历史，整理和出版原始文献、政府档案等。"历史学会"是阿富汗最重要的官方历史编纂机构。它创办《阿里亚纳》（*Aryan*）和《阿富汗》（*Afghanistan*）两本历史期刊，并组织出版多部历史著作。到 1975 年，"历史学会"共出版 107 部历史著作，涉及阿富汗通史、古代中世纪史、现代史、文化习俗和国王传记等。穆沙希班王朝通过设立"历史学会"，在高校建立历史系的方式，将历史编纂纳入国家控制。

阿富汗的历史研究强调阿富汗历史上文明的灿烂和历史发展的连续性，以及普什图人在历史发展中的重要作用。但是，这属于官方史学，它与民间的历史书写还存在很大的差异。特别是，少数民族更加强调少数民族在历史发展中的作用，这在一定程度上也影响了民族关系。

（三）考古与文化遗产①

阿富汗的考古挖掘和研究在外国尤其是欧美的直接帮助和参与下逐渐发展起来。18 世纪 30 年代起，欧洲旅行家以及钱币收藏家对巴克特里亚一带出土的古希腊钱币产生了极大的兴趣。一些旅行家还对从白沙瓦至喀布尔、巴米扬、巴尔赫一路的遗址进行了有价值的历史和考古调查。19 世纪 30 年代，英国人查尔斯·迈森（Charles Masson）在阿富汗考古史上首次对巴格拉姆古城作了描述。他在此收集的将近 3 万枚古希腊和贵霜时期的古钱币，引起了欧洲考古界对阿富汗的浓厚兴趣。他还发现了喀布尔周围的其他一些遗址，在贾拉拉巴德附近发现了数十座佛塔并进行了部分挖掘，其中一些珍贵文物之后被收藏到大英博物馆。19 世纪以来，欧洲其他一些旅行家和考古学家，比如瑞士的 M. 洪尼格·伯格（M. Honig Berger）、挪威的克里斯蒂安·莱森（Christian Lassen），以及俄国的 F. 纳扎罗夫（F. Nazarov）、I. 彼瞿林（I. Bichunrin）等也对阿富汗古迹作了调查或研究，并且陆续发表和出版了相关的报告和著作。

20 世纪，阿富汗考古研究掀开了新的一页。20 世纪初，阿富汗开始收集历史手稿、徽章、细密画等。但阿富汗考古长期依赖西方国家。1922 年，法国与阿富汗签署考古协议，据此成立了法国阿富汗考古队，该考古队当时在阿富汗考古领域中享有实际垄断权。它是阿富汗首次建立的考古研究基地，首任团长为法国著名考古学家 A. 富歇（A. Foucher）。截至 20

---

① F. R. Allchin and Norman Hammond eds., *The Archaeology of Afghanistan: From Earliest Times to the Timurid Period*, London/New York/San Francisco: Academic Press, 1978.

世纪 60 年代末，该考古队及其考古学者相继发表和出版了有关阿富汗考古的一系列报告和图书，其考古成果涉及阿富汗巴克特里亚、哈达、巴米扬、巴格拉姆、加兹尼、锡斯坦、坎大哈等地的挖掘和发现，揭开了阿富汗史前时期、希腊化时期、佛教盛行时期的部分历史发展轨迹。另外，第二次世界大战以前，一支小型的英国考古和探险队也对阿富汗北部，尤其是昆都士和巴达赫尚一带遗址进行了调查。

第二次世界大战后，阿富汗考古研究在国际社会的帮助下获得了新进展。1946 年，印度考古队获准对阿富汗北部一些遗址进行挖掘和研究。1952 年，意大利、美国、日本也加入其中。20 世纪 50 年代，意大利考古队相继对加兹尼等阿富汗中部佛教遗址地区进行了广泛的挖掘。英国对阿富汗的考古研究一直由个人进行。不过，1972 年英国阿富汗研究所在喀布尔建立，该研究所对坎大哈地区的遗址进行了挖掘和研究。这个时期，德国考古工作者对锡斯坦的伊斯兰时期遗址以及赫拉特地区遗址也进行了调查研究。

这个时期，美国考古学家也在阿富汗进行了一系列考古研究和挖掘。1949 年，W. 菲尔维斯（W. Fairervis）率领美国第一支考古队对坎大哈以及锡斯坦两地的一些遗址进行考古挖掘。同年，美国著名考古学家和阿富汗研究专家路易斯·杜普雷及其妻子南希·杜普雷开始在德赫莫拉希·昆达遗址以及沙姆希尔加尔遗址进行考古调查。1953 年，罗德尼·扬（Rodney Young）对巴尔赫低城堡垒部分遗迹进行了考察。1954 年，卡勒敦·库恩（Carleton Coon）首次对卡拉卡马尔洞穴进行挖掘，发现了阿富汗石器时代的遗存。上述工作属于对阿富汗史前遗址的首批考古挖掘。1959 年起，路易斯·杜普雷开始对阿富汗其他史前遗址及其晚些时期遗址作进一步挖掘，其中包括对巴达赫尚西部著名的阿克库普鲁克遗址及阿富汗北部其他遗址所作的考古挖掘。

此外，苏联与阿富汗合作建立了苏阿联合考古队。1971 年开始，苏阿联合考古队在阿富汗一些地区进行考古调查和挖掘。1960 年开始，日本也进入该领域，与阿富汗考古学家合作进行考古工作。他们主要对哈达地区的佛教遗址进行了挖掘。

在这一过程中，阿富汗考古事业也逐渐发展起来。1965年，阿富汗建立考古中心，并在政府资助下进行考古活动。S. 穆斯塔曼迪博士（S. Mustamandi）和 Z. 塔尔齐（Z. Tarzi）博士先后对哈达周围地区的遗址进行了挖掘，从而奠定了阿富汗本国考古学的基础。70年代，阿富汗已有能力进行基本的考古发掘和文物保护。这些考古活动推动了博物馆的发展。1931年，阿富汗建立喀布尔博物馆和6个省级博物馆。20世纪70年代初，喀布尔博物馆馆藏达3.2万件，时间跨度达5000年，每年有20万人参观，被视为当时世界上馆藏最丰富的古代艺术博物馆之一。考古特别是对前伊斯兰时代历史遗迹的发掘，推动了历史研究及阿富汗人对本国历史的认知。

2001年以来，随着阿富汗重建进程的推进，人文社会科学获得了一定的发展。阿富汗人文社会科学研究分为3个系统。

一是以喀布尔大学为代表的高校，主要侧重于基础研究，尤其是历史、语言、政治学、法学、经济学等理论研究。喀布尔大学有3个相关院系，同时，也具有一定的政策研究基础。在外国资助下，这些高校建立了国家法律培训中心、国家政策研究中心、人类发展与政策中心。但相对而言，这些高校获得的外部资助较少。

二是阿富汗政府直属的研究机构。阿富汗科学院也包括人文社科研究，基本上是基础研究与应用研究并重。阿富汗科学院主办了《喀布尔》《阿里亚纳》《考古学》《阿富汗》《呼罗珊》《地区研究》《普什图语》等刊物。阿富汗外交部有战略研究中心（CSS），农村复兴与发展部有阿富汗农村发展中心（AIRD），分别关注阿富汗对外政策，以及阿富汗的农村建设和发展等问题，属于政策研究机构。

三是独立研究机构。这类研究机构众多，主要以政策研究为导向，涉及阿富汗的政治与安全、经济发展、对外战略、社会发展和冲突化解等诸多领域。这些研究机构大多受到外国主要是西方国家、国际组织、国际非政治组织的资助。这类研究机构的研究者大多在国外尤其是西方国家接受过教育，其中一些就是阿富汗在西方国家的移民，甚至一些研究机构的负责人本身就是外国人。因此这些机构成为一些国家了解阿富汗，影响阿富汗政治决策的重要工具。

代表性的有阿富汗研究和评估单位（AREU），通过实地调研为阿富汗政府以及其他国家的政策制定提供依据，发布了许多有影响力的报告。比较知名的还有喀布尔战略研究中心（KCSS）、和平与冲突研究中心（CAPS）、阿富汗政策研究中心（ACRPS）、阿富汗统一观察（IWA）、可持续发展研究组织（OSDR）等。

总之，2001 年以来阿富汗的人文社会科学研究与 20 世纪相比有很大的变化。研究者大多接受西式教育，甚至是在西方留学、工作和生活，研究的方法和路径也主要是西方的传统。人文社会科学尤其是政策研究也脱离了阿富汗政府的控制。

第三节　文学艺术

一　文学①

（一）诗歌与小说

1. 达里语（或波斯语）文学

阿富汗古代文学作品大部分是口耳相传的诗歌。中世纪的文学深受波斯文学的影响，是阿富汗文学的繁荣期。萨曼王朝的首府布哈拉、主要城市撒马尔罕以及加兹尼王朝的都城加兹尼，都是著名的文化艺术中心，并且涌现出不少世界知名的学者和诗人，其中一些诗歌得以传世。赖比尔·巴尔希就是当时的著名女诗人，也是阿富汗第一位用阿拉伯语和波斯语写作的诗人。11 世纪的著名诗人有安萨里（Unsari 或 Onsori，？～1049），他的许多诗歌表达了伊斯兰宗教思想。

同时代的菲尔多西（Firdawsi 或 Firdausi，934～1021）完成了伟大的

---

① 参见朱克《阿富汗》，世界知识出版社，1959；马晋强编著《阿富汗今昔》；《大美百科全书》，（台北）中华书局，1990；《阿富汗诗歌选》，宋兆霖、王然译，人民文学出版社，1957；〔苏〕科·列别捷夫编《阿富汗民间故事》，周彤、曾宪溥译，百花文艺出版社，1959；〔美〕路易斯·杜普雷：《阿富汗现代史纲要》，黄民兴译。

叙事诗《列王记》（*Shah Nameh*）。《列王记》共耗时 6 年，由 6 万行组成，用波斯语生动地叙述了神话中的波斯英雄人物和波斯各民族争取独立的斗争故事。① 菲尔多西还将印度古代神话《克利莱和迪木乃》用波斯文叙述出来，使之在阿富汗地区和中亚广为流传。

帖木儿王朝统治时期也是阿富汗的一个文艺复兴时代。在这个时期，诗人贾米（Jami，1414 – 1492）完成了 46 部抒情诗和浪漫诗以及《圣徒传》和《古兰经》的注释。哈菲兹·阿卜鲁（Hafiz Abru，? – 1430）编撰了《世界通史》。阿里·雅兹迪（Sharaf-ad-Din Ali Yazd）编写了帖木儿征服时期的编年史。16 ~ 18 世纪，阿富汗也产生了许多诗人。比如喀布尔的卡希、赛义杜汀·安萨里和巴达赫尚的艾卜尔 – 法伊兹·哈兹拉特。

现代达里语（波斯语）文学是阿富汗文学的一个重要组成部分，尤其在城市里和北方的农村中占主要地位。阿富汗的知识分子和广大农民熟知中世纪波斯文的诗歌和民歌。当代阿富汗著名的达里语诗人有哈里鲁拉·哈里里，他曾任国王文学顾问。另外，曾任喀布尔大学文学院教授的阿卜杜尔·贝塔布，被当时的文学界推选为"诗王"。

2. 普什图语文学

普什图语文学是阿富汗文学的另一个重要分支。普什图语最早的作品可能始于 8 世纪，但长期以口耳相传的形式流传于一些山区的部落和游牧民当中，没有得到整理和发展，也未形成文字。最伟大的普什图语诗人首推 17 世纪的胡什哈尔汗·哈塔克。他是当时阿富汗哈塔克部落领袖，领导了 17 世纪 60 年代阿富汗部落联盟反对莫卧儿帝国的起义。他还是阿富汗杰出的民族诗人和演说家，其诗作题材广泛，不少诗篇歌颂了阿富汗人酷爱自由、荣誉、无畏的个性，反映了爱国主义精神，比如："雄鹰第一次冲出窝巢，它就该飞翔得比鸟儿高，因为，它的猎物就是鸟！我的朋友，战场上要表现得英勇无敌，要像那荒野中把自己看成狮子的狐狸。""阿富汗人要为自己荣誉而战，情愿在同敌人的搏斗中死去——阿富汗人要为自己

① 彭树智主编《阿富汗史》，第 90 页。

的荣誉而战。弟兄们啊！在战斗中不能分离，也别容忍我们队伍中出现胆小鬼——弟兄们啊，战斗中要紧密地团结在一起！"他的爱情诗缠绵而激昂，田园诗则富有哲理，对后世诗人影响很大。胡什哈尔汗·哈塔克有《胡什哈尔汗·哈塔克诗集》传世，他被尊为"普什图文学之父"。

另外，阿卜杜勒·拉赫曼·巴巴（Abdul-Rahman Baba,? – 1740）在普什图语文学上与胡什哈尔汗·哈塔克齐名，被誉为阿富汗普什图语文学先驱。他的诗作大部分是爱情诗，诗歌情调忧郁悲怆，表达了对祖国的热爱和对莫卧儿帝国的痛恨。他的很多诗句长期在人民口头流传。比如，"盛着爱情琼浆的酒罐，永远也不会喝干，要知道塑成它的，是法尔哈特和希林的骨灰""为要获得力量清醒过来，大地便向太阳恳求；为要期待自己的光明，心儿也向欢乐恳求……没有太阳多么寂寞凄凉，心儿盼望着自己的光明。爱情啊，终于从焦思苦虑中，救出了拉赫曼·巴巴。"阿卜杜勒·拉赫曼·巴巴著有《拉赫曼·巴巴诗集》。

19 世纪后期的阿卜杜尔·卡达尔，其普什图语诗歌也非常著名。他是现在巴基斯坦西北部地区的普什图人。比如，他的爱情诗"微微的晚风给我带来了情人卷发的芳香。麝香能变得这样馥郁，定是吸取了你卷发的芳香。龙涎香能变得这样芳香，这些蔷薇能变得这样清雅，都因为它们在这时候触到了你卷发的芳香"。此外，阿富汗近代民族国家的奠基者阿赫马德沙也是一位诗人，他用普什图语写作，有时也用达里语。

阿卜杜尔·拉乌弗·贝纳瓦是 20 世纪 30 年代著名的普什图语诗人，他的著作在阿富汗现代文学史上具有代表性。乌尔法特（Gul Pacha Ulfat, 1909 – 1977）也是现代阿富汗的著名文学家、诗人，还曾任普什图学会主席，主要作品有《散文选》《诗选》《谈写作》《两个葬礼》等。乌尔法特主要成就在散文和诗歌创作方面，他的散文和诗歌表达了强烈的爱国主义精神，著名诗篇有《民族独立》《自由的微风》《祖国的话》等。哈迪姆（Kiialudin Hadim, 1911 – 1979）长期在普什图学会从事研究工作，主要著作有《普什图民族风情》《诗集》等，富于民族主义和爱国主义精神，但也宣扬男尊女卑、一夫多妻等内容。里希汀（Sidiqulla Rishtin, 1917 – ）是阿富汗著名的散文作家，早年曾任普什图学会主席，作品主要有《印度之行》、《民间故事集》、《普什图文学史》、《普什图语入门》（口语教材）和《普什图语语法》等。

3. 当代文学特点

20 世纪五六十年代，阿富汗当代文学活动的特点是"新诗"运动，代表人物是苏莱曼·拉伊克和巴里克·沙菲等人。他们尝试抛开古典的写诗方法，采取自由体。拉伊克于 1962 年出版了诗集《琼加尔》，沙菲于 1963 年出版了诗集《锡塔克》。1962 年，"新诗"运动倡导者还共同编辑和出版了"新诗"诗集，诗歌内容以抒情、历史为主，较少反映现实。

中国于 1957 年出版的《阿富汗诗歌选》，主要搜集了两类诗歌。一类是抒发热爱祖国和自由，赞美为保卫祖国而英勇战斗和献身的精神的诗篇。比如，"要是我的朋友光荣地为国捐躯，我将用自己的头发为他缝一件尸衣""自己的国境既然必须保卫，我就能为它献出我的一生。阿富汗人不是懦夫，决不会屈服于敌人。啊，要是战事开始了，我一定勇敢地投入斗争。阵亡并没有什么可怕，我决不在命运前屈身。明天战斗又要开始，青年们将在那儿勇敢地流出第一滴鲜血，并给敌人以沉重的打击"。

另一类是歌颂炽热而缠绵的爱情的诗篇。比如："飞到我这儿来吧，我驯服的鹰啊！我要把我的心，劈成许多碎片来喂你。飞到我这儿来吧，永远和我在一起。""我要沿着道路攀上隘口，从那儿覆着冰的山上，看到我亲爱的家。我要询问山鹰，我要询问和风，心上人曾否托你们把什么转告我？我还要托它们带上给你的问候，作为我给你的答复。"

阿富汗小说发展缓慢。20 世纪六七十年代，人民民主党领导人努尔·穆罕默德·塔拉基的小说主要描写农民生活，如《班格流浪记》《干活》等，他的小说具有一定的社会意义。其他著名的历史学家、散文作家和记者还有麦哈茂德·贝格·塔尔兹、古拉姆·穆罕乌德汀·阿富汗、莫拉威·萨勒·穆罕默德、阿布杜尔·哈迪·杜威和艾哈迈德·阿里·科扎德等。

阿富汗战争以来，一些阿富汗人流亡国外，撰写了许多高质量的小说，属于"侨民文学"，代表性的有胡塞尼的《追风筝的人》《灿烂千阳》《群山回响》等。

（二）民间文学

阿富汗人喜好讲故事。例如，描写英雄法捷赫汗的传说，经常用来鼓舞阿富汗人反对异族统治。法捷赫汗力大无穷，威风凛凛，孤身斗群敌，连敌人都不禁对他的尸体肃然起敬。他和他的战友虽然英勇地牺牲了，但成了鼓舞后代的好榜样。快活的吉良和爱人沙赫充满惊险的故事，道出了爱情的力量。马德和那马德的故事充满了幻想。在阿富汗普什图语里，"马德"的意思是善良，"那马德"的意思是凶恶。这则故事告诉人们，无论凶恶怎样厉害，善良一定会胜利。

在阿富汗民间的口头创作中，小故事——"黑卡亚"占有独特地位。"黑卡亚"是阿拉伯语，意思为"小故事""童话"，在中国维吾尔语、哈萨克语中，也有这个词。"黑卡亚充满生动的哲理和入骨的讽刺，同时又俏皮得恰到好处。它们显示出阿富汗人民敏锐的观察能力。""黑卡亚体现出人的品德应有的东西，同时也无情地嘲笑和暴露人类的缺点。"中国于1959年出版的《阿富汗民间故事》中，收录了65篇"黑卡亚"。

阿富汗格言和谚语丰富多彩，它们通常简练、意味深长，充满了机智和幽默。比如："腋下夹着《古兰经》，两眼盯着小公牛"描述了伪善；"一个巴掌拍不响"证明心绪不佳；一个怯懦的男子被叫作"西沙·迪尔"，即有一颗用玻璃制成的心；一个怀恨在心的人被叫作"怀恨在心的骆驼"；对女性的尊敬被视为"阿富汗民族的鼻子"。其他谚语还有："埃米尔的王位，商人的秤，农民的犁，阿富汗人的剑。""盐巴会破坏蜜蜂，怀疑会破坏信任。""鞋在脚上试，人在考验中试。""朋友会离开，真主将永在。""即使乌云滚滚，也会落下银珠颗颗。"

二　戏剧电影[①]

阿富汗现代专业戏剧艺术创始于20世纪20年代，当时上演的剧目

[①] 参见马晋强编著《阿富汗今昔》。

阿富汗

主要有反映现实生活的短剧以及抨击封建主的剧目和历史剧等,《在安达卢西亚的胜利》是当时最成功的剧目之一。1926 年,阿富汗第一家剧院在喀布尔近郊的帕格曼落成,随后喀布尔、赫拉特、坎大哈、马扎里沙里夫等城市也相继建立了剧院。不过,当时男女不能同台演戏,舞台上经常出现男扮女装。20 世纪 60 年代后,戏剧艺术获得较大发展,当时,一些剧目取材于欧洲古典戏剧作品,不过最多且最受欢迎的还是直接取材于阿富汗老百姓日常生活的剧目。除上述城市剧院外,许多戏剧演出公司到全国其他省会或城镇巡演。1978 年,阿富汗国家话剧院在喀布尔建立。

1915 年,阿富汗第一家电影院——喀布尔电影院在喀布尔落成。1925 年,第二家电影院——帕格曼电影院在喀布尔近郊投入使用。1934 年以前,这些影院主要放映英国无声电影短片。1938 年,首映苏联有声故事片。1941 年,第一家为妇女开办的电影院在喀布尔建成。第二次世界大战后,电影事业迅速发展。除喀布尔之外,全国其他城市比如赫拉特、马扎里沙里夫、昆都士、迈马纳、恰里卡尔、贾拉拉巴德、加兹尼、霍斯特、加德兹和坎大哈等也陆续兴建了电影院。50 年代末,全国共有 15 家电影院,多数由政府经营。每年,全国大约放映 300 部影片,主要从印度进口,其余从苏联和欧美进口。截至 80 年代初,阿富汗有 30 余家电影院,其中约一半在喀布尔,当时还出现了几家宽银幕电影院。

20 世纪 40 年代中期,在美国和印度协助下,阿富汗本国拍摄了第一部艺术纪录片——《爱情与友谊》。1958 年,阿富汗政府成立了一个摄制组,开始拍摄纪录片,该摄制组属国家出版司管辖。1968 年,阿富汗政府建立了“阿富汗电影组织”(AFO),开始拍摄影片。[①] 1969 年,阿富汗电影制片厂在喀布尔建成;1970 年,拍摄了阿富汗第一部故事片《宠臣》;1974 年,拍摄了故事片《劳动日》。

阿富汗内战时期,电影行业也遭到严重打击。2001 年以后,阿富汗电影开始重整旗鼓。2019 年,阿富汗举办为期 8 天的电影节,放映了 100 多

---

① “阿富汗电影组织”现今仍然存在。

部阿富汗电影。2021 年 8 月塔利班夺取政权后，并未完全禁止电影，但要求影视行业要以伊斯兰教义和阿富汗文化价值为基础。

三 传统音乐和舞蹈①

阿富汗人喜欢舞蹈，尤其是在宗教节日、民族节日以及婚礼上，阿富汗人都要尽情跳舞。集体舞"阿丹"（Attan）盛行民间，过去是普什图族的民族舞蹈。跳舞时，舞蹈者围成圆圈，用手鼓等伴奏，一边拍手，一边跳舞歌唱。男子跳舞时不停地转身甩头，显示其彪悍精神。阿富汗女子舞蹈动作柔和，非常优美。②

阿富汗民间音乐非常丰富，深受中亚各国和伊朗、印度等国的影响，同时具有浓郁的民族特色。20 世纪六七十年代，阿富汗广播电台和电视台积极搜集民间曲目，整理和推动民间音乐的发展。此外，阿富汗音乐工作者和国外一些专家也在不断搜集和整理阿富汗民间音乐。阿富汗在不断发展和振兴民间音乐的同时，也不断汲取西方音乐的营养。阿富汗音乐在许多方面比如音域、音质、音调、节奏等，都与西方音乐不同。

古拉姆·侯赛因（1886 ~ 1966 年）和卡瑟姆·阿富汗（1883 ~ 1956 年）是阿富汗现代最著名的音乐家，被誉为阿富汗现代音乐的奠基人。阿布杜勒·加富尔·布列什纳（1906 ~ 1974 年）是阿富汗首批专为广播电台服务的专业乐队的创始人和组织者。

阿富汗民间乐器受中亚、伊朗和印度的影响，主要乐器有"托勒"（Dhol）。这是一种圆台双面鼓，鼓面用山羊皮制成，圆台四周用一截绳子打成数段紧勒鼓面，绳子还要套进可以移动的铜环以调节鼓面的松紧，鼓面边缘嵌进一圈硬制木箍。有时，圆台四周雕刻着同心圆作装饰。演奏时，"托勒"挂在脖子上，用手或者小槌敲打鼓面。"托勒"主要在普什图族游牧部落中使用。

"多霍拉克"（Doholak）是一对单面小鼓，一大一小，其外形像一对

---

① 见 Louis Dupree, *Afghanistan*, Princeton：Princeton University Press, 1980, pp. 678 – 688。

② 参见马晋强编著《阿富汗今昔》；朱克《阿富汗》。

蒙上皮面的小水壶。鼓面用山羊皮制成，鼓身是木制的，鼓面中心都涂有一个黑色圆面。鼓面四周箍着一圈绳索，绳索对折后向下拉至鼓的底部，再穿过一圈用布做成的圆环。演奏时，用核桃木制成的鼓槌敲打鼓面。它们与中亚的一种对鼓类似。

"代拉"（Daira）是单面手鼓，与中亚、中东各地的手鼓类似。鼓面半透明，四周箍着一圈木箍，鼓面与木箍连接处蒙着一层绿白相间的布料。演奏时，把"代拉"垂直放在一只手掌上，用另一只手的手指敲打。放在"代拉"的不同地方，敲打出来的音调也各不相同。

"泽巴加利"（Zerbagali）也是一种单面鼓，外形类似一只高脚酒杯。鼓面用山羊皮制成，中心涂有一个黑色圆面。鼓身用陶轮滚制的土坯制成，上面绘制有同心圆花纹。有的鼓身是黄色的，花纹是银色的。鼓面四周一般用一圈红白相间并织有金丝的布料蒙着。中东地区比如土耳其、伊朗等国也有类似的单面鼓。

"坦布尔"（Tambur）是弦乐器，类似马头琴。琴箱是木制的，箱面嵌着琴柱，琴柱一般用象牙制成。琴弦用金属制成，要穿过琴箱箱面上的琴柱。大一点的"坦布尔"有18根弦，琴把末端有相应的6个弦纽，琴把边缘有12个弦纽。小一点的"坦布尔"有17根弦，琴把末端和边缘各有6个和11个琴纽。"坦布尔"可以独奏，也可以在唱歌时作为低音伴奏。印度有类似的弦乐器。

"雷巴布"（Rebab）也是一种弦乐器，类似印度北部的古典琵琶。琴身是木制的，琴面是山羊皮，琴档用肠线做成。琴身装饰有浮雕，并嵌有珍珠母。大一点的"雷巴布"指板上嵌有很多的珍珠母，小一点的指板上只嵌有零星几个。弦纽也是木制的，纽头上刻有花纹，弦柱一般用象牙制成。大一点的"雷巴布"有18根弦，小一点的有17根弦。演奏时，用木制的拨子弹奏。

"扎姆布拉"（Dhamboura）也是一种弦乐器，在阿富汗被广泛使用，一般用拨子或手指弹奏。"扎姆布拉"一般有两根弦，用一根尼龙线对折而成。琴柱有时是象牙的，有时是骨质的。琴纽一般是木制的。琴把背面以及指板上经常刻有花纹。小一点"扎姆布拉"的琴箱箱面上有8个音孔，大一点的有 15 个音孔，而且按照一定的图形比如三角形排列。琴身经常装饰着嵌入的象牙。

　　"沙什塔尔"（Shashtar）与上述几种弦乐器类似，它由琴把和琴箱组成。琴箱箱面一般用羊皮蒙着，琴把背面和琴箱背面刻有许多花纹。它有 10 根弦，用拨子弹奏。

　　"理查克"（Richak）是一种胡琴，与伊朗的一种弦乐器类似。它有两根弦，琴把是细长的圆柱形，琴纽头刻有装饰品。琴箱是扁圆体，蒙着山羊皮。弹奏时一般立起来，用琴弓弹奏。

　　"萨琳达"（Sarinda）类似古典琵琶，用琴弓演奏。阿富汗南部俾路支居民当中以及巴基斯坦经常见到这种乐器。琴弓一般由马鬃制成，它有 7 根琴弦，1 根用肠线，其余 6 根用粗细不同的金属丝制成。共鸣箱上有木制的琴柱，箱面蒙着山羊皮。

　　"瓦吉"（Waj）或"旺兹"（Wanz）形状介乎竖琴与琴弓之间，与中亚一带的弦乐器类似，用木制的拨子弹奏。上面有 4 根弦，可以弹奏出三全音程。共鸣箱是扁八角体，上面蒙着山羊皮，可以将乐声从弦上导入共鸣箱内。琴弦用肠线制成，两头固定在一张弯成弧形的木弓的两侧。

　　"萨拉尼"（Sarani）可能也是用琴弓演奏的弦乐器，弹奏时要立起来。琴箱与竖琴形的琴身用一块木头刻制而成，浑然一体，琴把和琴纽头也是如此。琴箱是木制的，箱面蒙着山羊皮，上面有音孔，排列成三角形。萨拉尼有两根琴弦，用一根肠线制成，固定在琴纽头上，并且穿过琴柱。琴箱中间区域可能是琴弓弹奏的地方。

　　"图拉"（Tula）是一种用嘴吹奏的笛子。它是木制的，上面绘有红、绿、黄等各种颜色，正面有 6 孔，背面有 1 孔。

　　"苏尔奈"（Surnai）类似我国唢呐。腔体是细长的圆锥形，正面有 7 个孔，背面有 1 个孔。喇叭口小一些，口上经常绘有棕色、黄色和橘红色的花纹。双簧用一根芦秆做成，用腔体上一根突出的黄铜管固定在腔体上。两把"苏尔奈"经常在一起合奏。有时，一把"苏尔奈"与一面单面鼓或一面双面鼓合奏。这种吹奏乐器在中亚、中东和欧洲南部也经常见到。

四　造型和建筑艺术①

阿富汗的建筑和造型艺术历史悠久、造型优美，有很高的艺术欣赏价值。由于阿富汗地处古代东西交通的要冲，其艺术发展受到中国、中亚、伊朗、印度等国艺术风格的影响。20 世纪初由于考古研究的进展，阿富汗史前直至伊斯兰鼎盛时期的优秀艺术作品逐步展现在世人面前。

（一）公元 1 世纪之前

在阿富汗石器时代的考古挖掘中，出现了比较粗糙的造型艺术品。巴克特里亚王国时期的作品，有岩画、陶土人俑、动物造型、妇女装饰品、彩绘器皿等，艺术风格类似于中亚、伊朗等地，时间在公元前 4 世纪末至前 2 世纪初，称为"兽形图案"。②

此后，阿富汗艺术作品受到古希腊和罗马风格的影响。距离塔吉克斯坦 – 阿富汗边境仅 10 分钟路程的阿伊哈努姆遗址，是阿富汗北部出土的具有 2300 年历史的古希腊和罗马要塞遗址的代表。20 世纪 60 年代，法国考古学家发现了这个遗址，在其宝藏中，有不少来自地中海的橄榄油、燃香、金币和宝石，此外还发现了一批印度艺术品和一个镶嵌了玛瑙和水晶的皇冠。据考证，这顶皇冠和罗马附近发现的塔希拉王朝的皇冠属同一时期。

考古发现，阿富汗北部的巴格拉姆古城可能是贵霜时期的文化名城——迦毕试。这里出土了许多精美的艺术品，荟萃了东西方文化艺术精华。在出土的文物中，古罗马制造的骑马像、雅典娜像、表现希腊神话故事的圆版石膏像以及彩画玻璃器上的绘画，都具有古代印象派的风格。其中，印度的象牙雕刻作品，接近马土腊式的艺术风格。"这一派喜爱裸体，崇尚体形美，人物姿容妖冶，类似印度民间崇拜的小神灵药叉女。她

---

① 陈辉：《阿富汗出土的古代艺术一瞥》，《西亚非洲》1983 第 4 期；郭子鹰：《阿富汗文化遗产几多烽火劫》，《旅行家》2002 年第 2 期；Louis Dupree，*Afghanistan*，Princeton：Princeton University Press，1980，pp. 305 – 307；Nancy Hatch Dupree，*An Historical Guide to Afghanistan*，Kabul：Afghan Air Authority，Afghan Tourist Organization，1971。

② 见马晋强编著《阿富汗今昔》，第 210 页。

们头部倾侧，胸部扭转，臀部耸出，构成优美动人的 S 形曲线。"另外，这里还出土了中国的漆器。

从发掘出来的其他文物，如水罐、盅和神的雕像等看，当时的手工艺术品已达到较高水平。在属于公元前 1 世纪中叶的遗址挖掘中，还发现了以柱廊为特点的宫殿、寺庙式建筑，殿堂内有彩饰壁画。

（二）佛教鼎盛时期

公元 1～4 世纪，是佛教在阿富汗传播的鼎盛时期。如今，在阿富汗境内分布着诸多佛教遗址及其雕刻和绘画艺术。主要的佛教遗址如下。

第一，位于贾拉拉巴德附近的石窟群。它们包括喀布尔河沿岸的费尔哈纳石窟、该地区西部的希亚考山石窟、南部查哈尔巴格高地上的阿拉哈那扎尔石窟、东南部哈达地区的几处石窟、东部靠近巴基斯坦的一处石窟群。[①]

哈达地区的石窟群最为著名。哈达佛教寺院在贾拉拉巴德东南约 8 公里处，海拔约在 457 米，这里有数千座佛塔，塔身一般用灰泥粉刷。佛教寺院分僧院和塔院两处，塔院中心为塔，周围为祠堂，大塔旁边还有奉献小塔。20 世纪初，这里出土了约 2.3 万件各种大小的石制头像，其中包括佛和菩萨、捐赠者、恶魔、战士、苦行僧、和尚等，一些文物修复后保存在喀布尔博物馆或巴黎的吉梅博物馆中。20 世纪六七十年代，哈达周围其他佛教遗址还出土了一些珍品，其中包括一些用灰泥和黏土做成的佛像或佛像碎片以及一个独特的"鱼形回廊"壁龛。就佛像来讲，其制作方式是成批模塑，哈达地区是制作中心。佛像面部表情沉静、安详，"莲瓣似的嘴唇微微翘起，浮现出发自内心的微笑"。壁龛的年代大约在公元 2 世纪或 3 世纪，上面绘有用拉毛粉装饰的各式各样的海洋生物。另外，哈达附近的塔贝绍托尔遗址是阿富汗最有价值的考古发现之一，其佛龛中的佛像具有鲜明的希腊佛教艺术特色。这里曾被改造成一座博物馆，不过 1982 年被毁。[②]

---

① 桑吉：《阿富汗佛教与巴米扬大佛——访北京大学考古系晁华山教授》，《法音》2001 年第 4 期。

② 〔阿富汗〕泽马尔亚莱·塔尔齐：《文化的十字路口和珍品的汇革之地》，《中国青年科技》2001 第 6 期，第 41 页。

第二，阿富汗北部的佛教遗址。它们包括海巴克附近的塔夫特鲁斯塔石窟、海巴克西北约 16 公里处的哈扎尔斯姆石窟群、距离喀布尔北部约 80 公里处的巴格拉姆佛教遗址群。其中，巴格拉姆的佛教寺院装饰有精湛的雕塑和绘画，其独树一帜的艺术形式受到古希腊艺术的影响。另外，这里出土的燃灯佛石雕，"既不同于用红砂石雕出的印度马土腊式佛像的轻盈秀美，又不同于用青灰色片岩雕出的巴基斯坦佛像那样的沉着、冷峻"，具有"阿富汗山民的气质，性情刚烈，生命感和力量感表现得淋漓尽致"。①

第三，阿富汗中部的巴米扬石窟。它坐落在兴都库什山中部的巴米扬峡谷，距离喀布尔西北约 330 公里，海拔约 2500 米，这里自古以来就是联结东西方的交通要道，是当时佛教文化艺术中心之一。在巴米扬峡谷南侧的悬崖上布满了洞穴，并镶嵌入两座大佛像。

巴米扬即古代的梵衍那国，玄奘取经曾经过此地。玄奘在《大唐西域记》卷一《梵衍那国》中，对这两座佛像作了记载。据《大唐西域记》记载："王城（梵衍那国）东北山阿有立佛石像，高百四五十尺，金色晃耀，宝饰焕烂。东有迦蓝，此国先王所建也。迦蓝东有鍮石释迦佛立像，高百余尺，分身别铸，总合成立。"②

西侧大佛高 53 米（或 55 米），修建年代约在 5 世纪，其造型与东侧大佛略有不同。《大唐西域记》形容这尊大佛"高百四五十尺，金色晃耀，宝饰焕烂"，说明当时佛像贴有金箔或铜箔，并且有许多装饰。后来，这尊大佛面部被非常整齐地削去，不过佛像整体大致安然无恙，魁梧的身躯昂然挺立，胸膛宽厚，腰部和大腿粗壮，具有古代阿富汗人民的虎虎生气。这座佛像曾被认为是世界上最大的佛像，后来发现中国的乐山大佛更大。

这座佛像石窟内残存的壁画不多，主要是佛、菩萨以及伎乐天、供养

---

① 《巴克特里亚的金杯：丝路古国阿富汗的文明密码》，搜狐网，2017 年 4 月 3 日，https://www.sohu.com/a/131768716_692521。

② （唐）玄奘、辩机原著，季羡林等校注《大唐西域记校注》，中华书局，1985，第 130 ~ 131 页。

天女等。东侧大佛距西大佛约 400 米，高 35 米（或 37 米），修建年代约在 3 世纪下半叶。《大唐西域记》说它乃"瑜石"制作。瑜石即黄铜，但有专家指出，它并不是黄铜铸像，有可能在佛身上包裹了一层黄铜箔。[①]石窟内残存的壁画以佛和菩萨居多，此外还有日、月、天、风神和飞天的形象。除两尊大佛外，这里还有大小约 750 个洞窟以及 1500～1600 尊小型造像，造像的年代在 5 世纪末至 7 世纪初。巴米扬佛雕艺术属于犍陀罗艺术中的瑰宝，融合了印度、中亚、伊朗以及古希腊和罗马艺术的风格和思想，它与我国的敦煌石窟、印度的阿占塔石窟一同被列为世界三大佛教艺术最珍贵的遗产地。

2001 年 2 月 27 日，塔利班领导人奥马尔下令捣毁阿富汗全国境内所有佛像，包括上述两尊大佛。同年 3 月 14 日，塔利班正式宣布，已经将巴米扬两尊大佛彻底捣毁。国际社会为之震惊，并普遍反对这种摧毁人类文化遗产的行为。

此外，在巴米扬大佛东南约 4 公里处的卡克拉克（Kakrak），还有一处佛教遗址。这里有一尊 10 米高的立佛和一处佛龛，佛龛中央有一尊盘膝而坐的佛像，四周环坐着稍小一些的佛像。卡克拉克遗址的年代约在 5～6 世纪，或稍晚时期。

（三）伊斯兰教鼎盛时期

阿富汗到处都可发现伊斯兰教鼎盛时期的遗址。9～13 世纪，阿富汗的伊斯兰建筑和造型艺术日臻完善，多表现在清真寺、宗教学校和陵墓的建筑、雕塑和绘画方面。代表性建筑有：巴米扬河谷的沙赫尔·伊·古尔科拉要塞（12 世纪中叶）、拉什卡利·巴扎尔 3 座设防的城堡（11 世纪初）、加兹尼尖塔（12 世纪）和马茂德宫殿（12 世纪）、贾姆尖塔（12～13 世纪）、布斯特的清真寺拱门（12 或 13 世纪）等。这些建筑多为砖砌，庭院宽阔，使用色彩艳丽的彩陶和高而尖的拱形正门，还有一系列刻

---

① 桑吉：《阿富汗佛教与巴米扬大佛——访北京大学考古系晁华山教授》，《法音》2001 年第 4 期。

画人物和动物的白色大理石浮雕，其风格受伊朗影响。[1]

沙赫尔·伊·古尔科拉要塞位于巴米扬佛教遗址南部，它是 12 世纪中叶由古里王朝建立的一座皇家堡垒。从这儿，向北可以俯瞰巴米扬河谷，向南遥望绵延的群山，不过如今已成一片废墟。

在加兹尼王朝鼎盛时期，都城加兹尼是当时一个伊斯兰文化艺术中心。由苏丹马茂德三世（1099～1114 年在位）修建的尖塔和苏丹巴赫拉姆沙（1117～1153 年在位）修建的尖塔，是加兹尼最著名的伊斯兰建筑遗址。它们呈多面锥体，有许多装饰图案，如今只有原始建筑的一部分高度，是著名的贾姆尖塔的范本。据专家推断，它们最初可能是清真寺的一部分。此外，20 世纪 50 年代，在加兹尼尖塔附近发现了一处宫殿遗址。据推断，它修建于 1112 年，曾是苏丹马茂德三世的一处宫殿。宫殿中央是一个宽大开阔的长方形院落，地面用白色的大理石铺就，院墙装饰华丽，庭院的东西两侧分布着一些小房间，西北角矗立着一座清真寺。

贾姆尖塔是一座伊斯兰教宣礼塔，是阿富汗首个世界文化遗产，位于阿富汗中部哈里河南岸，高 65 米。在世界上所有伊斯兰宣礼塔中，只有印度的库屠塔（Qutob Minar）比它高。在 20 世纪最后 20 多年的战乱中，它幸存下来，但其周边遗迹被严重破坏。

在帖木儿王朝时期，尤其是沙哈鲁和苏丹侯赛因·贝卡拉统治时期，赫拉特成为伊斯兰文明的一个重要中心。这里曾矗立着宏伟的宫殿和陵墓，分布着图书馆、花园、公园等建筑群。这些建筑装饰华丽，瓷釉陶板表面图案色彩缤纷，通常配以黄色高光的各种深浅的黄色组合，瓷砖花纹绚烂。赫拉特大清真寺是其中最美丽的人文风景线。它最初建于 10 世纪初，12 世纪古里王朝曾予以重建，其外墙面令人赞叹不已的装饰，据断定年代在 15 世纪。不过，此后它曾被毁坏，20 世纪 40 年代又重新修缮。装饰一新的赫拉特大清真寺色彩绚丽，花样精美，令人过目难忘。

哈兹拉特阿里的圣陵最初修建于 1136 年，后被毁，15 世纪苏丹侯赛

---

① 参见《大美百科全书》，（台北）中华书局，1990。

因·贝卡拉统治时期予以重建，但如今贝卡拉时期的装饰已所剩无几。20
世纪，这座圣陵经过修缮，恢复了昔日的光彩，成为当时阿富汗最优美的
伊斯兰建筑之一。这座圣陵有三处入口，从最精美的南门进去，可以看到
一处非常宽阔的庭院，这里可以容纳数千人做礼拜；西部矗立着一座壮丽
的现代清真寺，数千只白鸽在这里盘旋，更增添了圣陵的魅力。

（四）其他

在阿富汗造型艺术中，金银器的手工加工艺术、铜丝织品、木雕制品
以及地毯编织艺术也享有盛誉。

15 世纪，赫拉特成为以贝赫扎德（Bihzad，生于 1440 年）为首的
著名纤细画画派的中心。该派画家还包括阿里（Qasim'Ali）和阿布尔马
利（Nasr Allah Abu'l-Ma'Ali），他们的绘画试图阐释诗与历史作品。另外，
沙·姆扎法尔也是这个时期的著名画家。此外，15 和 16 世纪，阿拉伯
文书法也很快发展起来。

阿富汗古代艺术作品给现代艺术创作增添了新的动力和源泉。一些现
代绘画家试图直接从 15 世纪的纤细画画派作品中汲取营养，还有一些画
家深受西方艺术风格的影响。从建筑艺术方面看，帖木儿时期的伊斯兰建
筑风格和技术尤其是清真寺和陵墓的外墙设计风格被保存下来。20 世纪
30 年代，阿富汗第一所艺术学院马科塔布·萨纳伊·纳费萨（Maktab-i-
Sanai Nafisa）在喀布尔建立。不过，在 20 世纪最后 20 多年的战乱中，阿
富汗大批文物被洗劫一空，许多艺术品和文物被走私到欧美地区。

五　文化设施

（一）图书馆

1978 年 4 月以前，阿富汗全国有各类图书馆约 250 所，其中约 100 所
在喀布尔，总藏书 100 万册。喀布尔公共图书馆是藏书最多和最早建立的
图书馆。它建于 1957 年，前身是 1920 年建立的教育部图书馆。20 世纪
50 年代，喀布尔图书馆藏有 1 万册图书和数百部有价值的手稿。80 年代，
喀布尔图书馆约有藏书 10 万册，原有的手稿部已改为国家档案馆，藏有
手稿 3000 部左右。另外，在其他各省图书馆当中，赫拉特图书馆年代最

久，其藏书达 4000 册。①

一些大学内也设有图书馆，比如喀布尔大学图书馆。它建于 1963 年，20 世纪 60 年代馆内有各种参考书共 8 万余册，其中 75% 用西方语言撰写。② 2007 年，伊朗向喀布尔大学捐赠了 25000 册图书。如今的喀布尔大学图书馆仍处在逐渐恢复阶段。

（二）博物馆③

1. 喀布尔国家博物馆

喀布尔国家博物馆是阿富汗最大的博物馆，是世界公认的多种文化珍品聚集的宝库，其前身是 1919 年建立的喀布尔博物馆。喀布尔国家博物馆是在阿富汗历代国王私人收藏品的基础上建立的，馆内原陈列有大量的自阿富汗史前时期到现代不同时期的考古文物。

在馆内众多珍贵文物中，有一组是"巴格拉姆文物系列"。它是镇馆之宝，主要是在巴格拉姆周围遗址中挖掘和发现的珍贵文物，包括大量源自古印度、希腊和罗马、中国以及中亚的文物，比如象牙饰品、青铜器以及精美的玻璃制品等，大多数文物的时间被界定在 1~3 世纪。"巴格拉姆文物系列"生动地反映出阿富汗是古代东西方文化汇集地的特点。

馆内还有一组珍贵文物，是从蒙迪加克和德赫莫拉希昆达两处遗址挖掘和发现的阿富汗史前时期的丰富文物，其中有大量的彩绘陶器、陶土头像、珍贵的"母神"雕像和青铜器制品。大多数文物属于公元前 3000 年至公元前 1000 年的青铜器时代。

馆内另有一组珍宝，是在哈达遗址发现的佛教盛行时期的文物，包括无数灰泥制的小佛像，有站、坐等各种姿势，此外还有独特的具有希腊艺术风格的佛的头像。

馆内的"巴米扬"珍宝文物系列，主要来自阿富汗中部巴米扬、卡

---

① 参见马晋强编著《阿富汗今昔》，第 203 页。

② 参见〔阿富汗〕赛义夫·R. 萨马迪《趋向与现状——当代阿富汗教育》，杨红译，《教育展望》2002 年第 4 期。

③ 见 Ann Dupree, Louis Dupree and A. A. Motamedi, *A Guide to the Kabul Museum*, Kabul: Afghan Tourist Organization, 1968。

克拉克以及卡马达卡（Kama Dakka）附近发现的文物，大多属于佛教盛行时期。这组珍宝包括大量的佛和动物的浮雕、壁画和雕像等，一些雕像具有波斯萨珊时期或古印度的艺术风格。

馆内还有一组具有特色的文物，是在加兹尼等地出土的伊斯兰时期以及稍晚时期的艺术品。其中有大量的青铜器和陶瓷制品，包括一些家庭用品、浮雕、雕塑以及壁画残缺品等。

馆内值得一提的文物，还有一组源自公元前 8 世纪到公元 19 世纪末的庞大的古钱币藏品，其中包括珍贵的古希腊和罗马特色的钱币。

喀布尔国家博物馆以前还陈列有一些武器、民族服饰和用品以及新出土的文物等。

不过，经过数十年战乱，尤其是 20 世纪 90 年代的内战阶段，喀布尔国家博物馆被抢劫一空，如今已千疮百孔，盛极一时的文化宝库风采荡然无存。塔利班曾于 2001 年 3 月开放了喀布尔国家博物馆。当时馆内仅开放了 3 个展室，多陈列着古代的茶壶酒具，地下室的陈列架上摆放着数千块陶瓷碎片。[1]

2. 其他博物馆

阿富汗国内其他大城市原来也建有博物馆。

（1）加兹尼小型伊斯兰艺术博物馆

它开放于 1966 年，是在苏丹阿卜杜尔·拉扎克（Sultan Abdur Razaq）陵墓的基础上扩建的，其陵墓具有 16 世纪帖木儿王朝时期的建筑风格。馆内陈列着从加兹尼周围遗址中出土的伊斯兰教鼎盛时期的各种文物，如大理石雕刻品、贵族家庭中使用的具有艺术价值的家庭用品、著名诗人的手稿、各种陶瓷制品等。馆内还陈列有不同于伊斯兰艺术风格的众多动物饰品。此外，馆里还有深受波斯萨珊王朝以及中亚地区影响的艺术品，比如骑士、跳舞的姑娘、狮子、骆驼、大象、鹿等各种雕像。

---

[1] 参见郭子鹰《阿富汗文化遗产几多烽火劫》，《旅行家》2002 年第 2 期；马晋强编著《阿富汗今昔》，第 203～204 页。

（2）赫拉特博物馆

馆内陈列有在赫拉特附近出土的一些珍贵手稿，有不同时期的建筑装饰残片、青铜器、陶土制品和当地的一些绘画。

（3）坎大哈博物馆

馆内陈列有当地艺术家绘制的许多绘画，它们生动地描绘了坎大哈的传奇历史。此外，馆内还有一些青铜器和古代的武器。

（4）马扎里沙里夫博物馆

馆里陈列有大量的古代石制雕像、珠宝、古钱币等，还有一些来自19世纪中亚尤其是布哈拉一带的游牧用品，生动地反映了当时阿富汗北部与中亚的密切联系和交往。

第四节 体育

一 "巴兹卡什"①

阿富汗人最喜欢的传统体育项目是"巴兹卡什"（Buzkashi），它是阿富汗人生活中密不可分的一部分。"巴兹卡什"的意思是"抢夺山羊"，最初可能来源于马背上的骑士在崇山峻岭中捕猎山羊的活动。"巴兹卡什"现在指一队骑手谁能最先抢得一头宰过的牛犊冲过终点线，谁就是冠军。这种比赛一般没有规则，只有一些简单的规定。不过，20世纪六七十年代，阿富汗奥林匹克联合会（Afghan Olympic Federation）对这项传统体育活动作了规范。它规定，如果有意用鞭子抽打对手，或者试图将对手摔下马，均算犯规，犯规者将被逐出比赛。它还规定，比赛时间为一小时，中场休息10分钟，场地大小为400米×350米，两队人数从5人到15人不等。

20世纪六七十年代，巴兹卡什比赛在阿富汗北方最为活跃。尤其是在夏末小麦和大麦收获季节以及秋初犁地时节，许多乌兹别克族、塔吉克

---

① 见 Louis Dupree, *Afghanistan*, Princeton：Princeton University Press，1980。

族和土库曼族的群众就在犁过的田地上进行巴兹卡什比赛。下雪后，这项比赛就停止了。开春后，尤其是临近诺鲁孜节，即阿富汗新年第一天时，又恢复巴兹卡什比赛。每年这个时候，可以在马扎里沙里夫看到高水平比赛。春季和夏季也经常举办这种比赛活动。这时，尤其是在诺鲁孜节和杰辛节，北方大多数省会和其他中小城镇都举办巴兹卡什比赛。10月份，省际冠军再会集喀布尔，在国王生日当天进行比赛，争夺全国冠军。

巴兹卡什的训练漫长而艰苦。大多数主力骑手有自己的马，他们和教练员要细心地与马一起训练。主力骑手在40岁以上参加比赛最好，马一般经过5年训练才能正式开始参加比赛，一匹好马可以参加20年比赛。马匹的饲料都很讲究，有时一天喂两次大麦，另加应季的柠檬，偶尔还喂掺生鸡蛋和黄油的大麦。经过长期严格的训练，马在参赛时很少踩踏落地的骑手，也会避免与其他骑手相撞。因此，尽管这项比赛比较危险，但是很少发生人员伤亡事件。阿富汗谚语说："较差的骑手配良驹胜于较差的马配优秀骑手。"当然，当骑手与马匹均优秀时，主力骑手就产生了。

北方巴兹卡什比赛通常是这样的。把一头宰过的牛犊放在一个大圆圈的中间，圆圈外环绕着两队选手，两队选手有时多达1000人。一声哨响（或枪响），圆圈外第一线上的主力骑手就冲向中央，力争把牛犊抢到马鞍上。骑手抢到牛犊后，就把它放到马鞍上。为防止对方抢走，他要将牛犊的腿压在自己腿下，并紧紧地抵着鞍头，嘴里噙着马鞭，冲向拐弯处。他必须绕着场地骑上几圈，常常有上千米远，然后返回，将牛犊丢在最初的圆圈中，就得一分。如果牛犊滑出圆圈，就不得分。主力骑手确定自己得分后，会将马鞭高高举起，这时赞助商和所有观众就会很快决定这个骑手是否得分。如果认为得分，会给予奖励。自然，另一队骑手要争取从对方手中抢回牛犊。一旦抢到牛犊，比赛就重新开始。有时，两到三名主力骑手同时抓住牛犊，然后拼命争抢。一旦牛犊被分为几段，骑手可以拿着抢到的那份飞快地驰向圆圈，然后将它丢下。这时，赞助者和裁判必须决定谁抢到的最大，谁就得分。此后比赛继续进行，直到赞助者和裁判发完奖金和奖章。巴兹卡什比赛虽然要求同队骑手密切配合，但一般是个人之间进行激烈角逐，相互之间的合作比较松散。

在阿富汗重大的国家节日、宗教节日以及阿富汗人生子婚丧等重要时刻，都要举行巴兹卡什比赛。另外，一起举办的比赛还有赛马、钉帐篷等。

二　打猎

打猎以及其他各种非正式的射击比赛，也是阿富汗人非常喜欢的体育项目。各种鸟类，比如鸭子、鹧鸪、鹌鹑、松鸡和雪鸡等通常都是猎物。大型猎物包括高山上的野生绵羊和山羊、沙漠中的瞪羚、雪豹、熊以及西伯利亚虎等。但是，一般阿富汗人不把大型猎物作为体育比赛的猎捕对象，只有当它们偶尔混进家畜中时，才将它们捕获。最受阿富汗人喜欢的狩猎动物是马可·波罗绵羊。阿富汗猎狗常常伴随主人一起打猎，这种猎狗尾短、头长、视觉敏锐，是阿富汗人追赶猎物尤其是在追赶瞪羚和野兔时的好帮手，深受阿富汗人的喜爱。

三　斗鸡

阿富汗人还喜欢捕获一些小型动物来争斗。他们用一些技巧诱捕小动物，最常见的办法是用网子诱捕。有时，用小棍支起一张小网，棍子一头系着草绳，周围撒一些谷物。有时，将笼内的小鸟放在一张大网旁边作诱饵，大网则由诱捕者控制。岩鸡（或者石鸡）和一种类似云雀的小鸟被捕获后，经常用来比赛。阿富汗人常以其岩鸡为荣，除精心训练它们外，还要喂葡萄干和杏仁。有时，还带它们出去散步，梳理它们的羽毛，用漂亮的绣花布来盖装岩鸡的笼子。岩鸡争斗时，一般禁止岩鸡置对手于死地，也禁止以大斗小。裁判和岩鸡的主人来决定哪两只岩鸡可以比赛。岩鸡挑选好后，首先要挑起岩鸡的斗势，然后撤去笼子，争斗即开始。每位主人有 4 次暂停机会，如果认为自己的岩鸡要输时，可以用笼子扣住。岩鸡斗势再次被挑起后，新一轮争斗即开始。一旦一只岩鸡明显地处于优势，争斗即结束。阿富汗人用来争斗的动物还包括骆驼、公羊、狗等。

四 现代体育

20世纪初，西方现代体育运动开始传入阿富汗。阿曼努拉汗在位时期，将网球、板球和高尔夫等运动引进到阿富汗上流社会。当时，一位苏格兰工程师为阿富汗建造了2~3个高尔夫球场。第二次世界大战以后，一些有组织的团队比赛项目和对身体协调性有很高要求的个人运动项目相继被引进阿富汗。20世纪五六十年代，诸如篮球、足球、排球、曲棍球等新型运动项目也陆续进入阿富汗。另外，像摔跤、举重这些奥林匹克运动项目也颇受阿富汗人的欢迎。阿富汗还陆续派出了曲棍球队、摔跤队和举重队参加了奥林匹克运动会。

1936年，阿富汗第一次参加奥运会。在奥运会历史上，阿富汗运动员穆罕默德·易卜拉希米，曾于1964年在日本东京奥运会上夺得男子轻量级自由式摔跤比赛第五名，这是阿富汗运动员参赛以来取得的最好成绩。1983年，一位名叫穆罕默德·伊斯麦尔·巴卡基的阿富汗运动员参加了当年国际田径锦标赛的100米比赛。1996年，阿富汗派出了一支仅由几名男子运动员组成的体育代表团参加了美国亚特兰大奥运会。当亚特兰大奥运会结束时，塔利班已控制了阿富汗首都喀布尔，这几名参赛运动员随后申请在英国政治避难。1999年10月，由于塔利班宣布禁止女运动员参加比赛，国际奥委会随即取消阿富汗国际奥委会的成员资格。阿富汗与其他国际单项体育组织的联系也就此中断。

2001年年底阿富汗新政府建立后，2003年6月29日，国际奥委会宣布恢复阿富汗国际奥委会的成员资格，允许其派代表团参加2004年的雅典奥运会。2003年8月，阿富汗派代表团参加了巴黎世界田径锦标赛。在比赛中，一个名叫阿兹米的女孩参加了100米短跑，标志着阿富汗在中断20年后重新回到了国际田径赛场。2004年5月，阿富汗一支由5人组成的奥运代表团抵达雅典，开始备战8月开幕的雅典奥运会。其中有两名少女，分别叫穆吉姆亚和雷扎伊，她们参加了短跑和柔道比赛。这也是阿富汗妇女第一次参加奥运会。

2008年奥运会上，阿富汗柔道运动员尼克帕（Rohullah Nikpai）获得了铜牌，这也是阿富汗历史上获得的第一枚夏季奥运会奖牌。他在 2012 年奥运会上也获得了铜牌。阿富汗派遣 3 名运动员参加了 2016 年奥运会，未获得奖牌。阿富汗从未派体育代表团参加冬奥会。在 2021 年举行的东京奥运会上，阿富汗有 2 名选手参加游泳和射击项目的比赛，但未获奖牌。

第五节　新闻出版

一　报纸与通讯社①

19 世纪后半期，阿富汗有了报刊和出版机构。1867 年，喀布尔诞生了阿富汗第一份杂志《喀布尔》，不过不久即被查禁。1875 年，阿富汗第一份周刊《沙姆斯·乌恩－纳哈尔》也在喀布尔诞生，不过 4 年后停刊。1912 年，喀布尔出版了阿富汗第一份报纸《锡拉季·乌尔－阿赫巴尔》（《新闻之光》），它是当时青年阿富汗派的喉舌。

1923 年宪法明确规定公民有出版书籍和定期刊物的权利。1924 年，阿富汗通过了出版法，准许私人出版报纸、杂志和开办印刷厂。随后，阿富汗报纸和杂志数量明显增加，喀布尔之外的其他大城市也出现了出版物。与此同时，喀布尔开办了 5 家大出版社，赫拉特、贾拉拉巴德等城市也陆续开办了印刷厂。当时，《阿曼·伊·阿富汗》（《阿富汗和平》）是一份重要报纸，由阿曼努拉汗主持创办。另外，创办于 1927 年的《阿尼斯》（友谊）和 1929 年的《伊斯莱》（改革）两种日报，影响也很大。20 世纪 30 年代，《普什图》杂志影响和发行量也较大。这个时期，出版物在确定阿富汗文学语言的书写规则、传播和推广普什图语等方面均发挥了重要作用。在同一时期，喀布尔和全国其他城市的印刷厂合并，称为国家中心印刷厂及其分厂。

1939 年，阿富汗创建了巴赫塔尔通讯社（Bakhtar，BNA），作为国家

---

① 参见马晋强编著《阿富汗今昔》。

的通讯社。

第二次世界大战后，阿富汗政府于 1951 年 1 月颁布新出版法，准许私人出版报纸和杂志。随后，阿富汗出现大约 10 家报纸。不过，许多影响较大的反对派报纸相继遭到政府查禁，不久即停刊。1962 年，阿富汗政府创办了《喀布尔时报》（*The Kabul Times*）作为官方报纸，以英文发行。

1964 年宪法再次规定出版自由。1965 年 7 月，阿富汗政府再次颁布新的出版法，允许私人出版报纸和杂志，因此 20 世纪 60 年代涌现了更多的私人报纸。

1973 年达乌德执政后，封闭了所有私人报刊，并对国家出版机构的活动进行严格控制。当时允许公开发行的只有半官方性质的《朱姆胡里亚特》（《共和国报》）。1974 年，阿富汗有 14 种日报和其他 11 种报纸，报纸发行总量有 49.9 万份。随后由于新闻检查，报纸数量锐减。

2001 年阿富汗重建之后，放开了对新闻和出版的管控。阿富汗 2004 年宪法规定，言论自由不可侵犯，阿富汗每位公民都有印刷和出版的自由。如今，阿富汗国内较为知名的报纸就有 50 多种。阿富汗的官方通讯社为巴赫塔尔通讯社。2010 年成立的卡玛①通讯社（Khaama Press）属于私人新闻集团，是阿富汗规模最大的网上新闻媒介，每天网上访问量达到 5 万次。帕吉沃克②阿富汗新闻（Pajhwok Afghan News）则是阿富汗规模最大的独立新闻机构，在阿富汗各地设立 8 个分站，通过普什图语、达里语和英语 3 种语言发布新闻。此外，比较知名的新闻机构还有：阿富汗之声通讯社（Afghan Voice Agancy）、博赫迪通讯社（Bokhdi News Agency）、阿富汗伊斯兰出版社（Afghan Islamic Press）等。

阿富汗官方报纸为《喀布尔时报》，以普什图语、达里语和英语发行。《喀布尔周报》（*Kabul Weekly*）以普什图语、达里语和英语发行，曾

---

① 卡玛意为波斯语中的"笔"。

② 帕吉沃克意为"回声"。

是阿富汗订阅量和传播最广的独立报纸。另外还有《祖国报》《阿尼斯报》等。

2021年5月，阿富汗有170多个广播电台，100余种报纸和数十家电视台。塔利班上台后，虽然声称支持在不违背伊斯兰教的前提下，实行新闻自由，允许私人媒体存在，但仍以保守的伊斯兰主义作为指导，加大了对媒体的控制，关闭了数百家媒体。同时，对于媒体的内容也加强了管制，限制音乐等娱乐节目，停止播放国外的娱乐节目，关停了BBC等西方媒体在阿富汗的广播，大量记者失去了工作。据西方一些组织估计，从塔利班上台到2021年12月，阿富汗40%的媒体关闭，6400名记者失业，超过80%的女记者失业。塔利班对媒体的控制在一定程度上削弱了外部尤其是西方对阿富汗社会和文化的影响，但也造成了传媒领域的倒退。

二　广播、电话与电视[1]

（一）广播

1920年，苏俄赠送给阿富汗第一台无线电装置。1941年，阿富汗第一个无线广播电台开始播音，使用普什图语、达里语、乌尔都语和英语。电台位于喀布尔，在坎大哈、赫拉特、贾拉拉巴德等城市则进行转播。1964年，喀布尔广播中心扩建，更名为阿富汗广播电台。1976年，阿富汗大约有11.5万台收音机。[2] 由于阿富汗识字率较低，电台广播成为阿富汗人获取信息的重要媒介，几乎每个城市中的家庭都有收音机。

1985年3月，坎大哈、赫拉特、贾拉拉巴德、加兹尼和阿萨达巴德等地的广播电台获得播音的许可。当时，其他一些省市的广播电台也相继建成。20世纪80年代，阿富汗广播电台和电视台归电信部管理。电台和电视台的播音，对内使用普什图语、达里语、努里斯坦语、乌兹别克语、

① 参见马晋强编著《阿富汗今昔》；中国外交部网站，http://af.mofcom.gov.cn/aarticle/ztdy/200511/2005 1100712696. html。

② *The New Encyclopaedia Britannica*, Vol. 1, 15th Edition, Chicago/London/Toronto: Encyclopaedia Britannica Inc., 1981, p. 172.

土库曼语和俾路支语，对外使用乌尔都语、阿拉伯语、英语、俄语、德语、普什图语和达里语。1999 年，阿富汗共有 16.7 万部收音机。广播电台有 9 个，其中有 7 个中波电台、1 个调频立体声电台和 1 个短波电台。不过中波电台中只有 1 个能正常使用，短波电台可以用普什图语、达里语、乌尔都语和英语广播。

截至 2019 年，阿富汗共有 284 个广播电台，以 AM、FM 和短波等波段进行广播，使用普什图语、达里语、英语、乌尔都语等。阿富汗广播电台是官方电台，广播在阿富汗一些边缘地区仍然是主要新闻传播方式。此外，英国广播公司、美国之音等国外广播电台，也在阿富汗使用普什图语和达里语进行广播。塔利班上台后，这些外国的广播被关停。截至 2022 年 2 月，阿富汗的 80 多家广播公司被关停。塔利班经营的"塔利班的沙里亚之声"（Taliban's Voice of Shar'a），负责宣传宗教。

（二）电话

1971 年，阿富汗约有 2.1 万部电话，电话主要集中在喀布尔。1978 年，电话机增加到 3.1 万部。战争时期，阿富汗电信系统遭到破坏。1998 年，喀布尔约有 2.1 万条电话线。

阿富汗重建以来，无线电通信发展迅速。如今，70% 以上的阿富汗人拥有移动电话。主要的电信公司有阿富汗通信（Afghan Telecom）、阿富汗无线（Afghan Wireless）、阿联酋电信（Etisalat）、MTN 电信、罗沙尼电信（Roshan）和萨拉姆网络（Salaam）等。脸书、推特等西方社交软件在阿富汗的市场份额中约占 80%。随着阿富汗手机的普及和网络建设，对许多年轻人而言，手机已成为获取新闻资讯的主要方式。

（三）电视

阿富汗电视行业起步较晚。阿富汗国家电视台（RTA）1978 年开始运营，播放彩色电视节目。当时，阿富汗约有上万台电视机。人民民主党上台后，引进苏联的电视节目进行播放。20 世纪 90 年代初，随着内战的爆发，电视节目制作和转播的设施和设备遭到严重破坏。特别是，塔利班上台后，禁止播放电视节目，电视台也被关闭，但在北方联盟控制区仍然播放电视节目。

2001 年年底阿富汗新政府成立后，恢复和发展电信工业，电视台也迅速地发展起来。2019 年，阿富汗共有电视台 200 多个，其中喀布尔有 97 个，其他地方有 107 个。[①] 在阿富汗的大城市电视的保有量相对较多。2016 年，喀布尔 53.3% 的家庭拥有电视机，64.5% 的阿富汗人收看电视节目。[②] 其中，Tolo TV 是阿富汗最受欢迎的电视台。此外，Ariana TV、Shamshad TV、Lemar TV 都是阿富汗影响比较广泛的电视台。它们都属于商业电视台。"阿富汗国家电视台"为官方电视台。塔利班上台后，阿富汗主要的电视台仍然存在，但其节目的内容和形式受到塔利班政权的限制。

三　互联网

在塔利班统治时期，阿富汗禁止互联网的发展。2001 年以来，互联网成为阿富汗媒体和信息传播方面发展最快的领域之一。2003 年，阿富汗获得了".af"的域名，并建立了信息系统安全中心（AFGNIC）管理互联网的活动。阿富汗有 20 余家网络运营商，500 余万互联网用户。但是，阿富汗网络费用较高，在边远的城镇和乡村仍然没有接入。根据亚洲基金会的民调，2016 年，阿富汗有 40% 的人可以上网，其中农村为 32.6%，男性上网人数是女性的 3 倍。[③] 阿富汗城市青年人和社会精英等一般使用西方的一些社交软件和网络软件，阿富汗本土主要的社交软件为 Paywast。

在阿富汗，广播仍然是阿富汗人获得信息的主要渠道，约占 70.5%；其次是电视、清真寺和社区舒拉；但使用互联网获得信息的人数在逐年增加。

---

① "Suspects Sentenced to Death for Killing Journalist in Kandahar," April 16, 2019, https：//tolonews. com/afghanistan/suspects – sentenced – death – killing – journalist – kandahar.

② Zachary Warren et al. , *Afghanistan in 2016：A Survey of the Afghan People*, The Asia Foundation, 2016, p. 10.

③ Zachary Warren et al. , *Afghanistan in 2016：A Survey of the Afghan People*, The Asia Foundation, 2016, pp. 10 – 11.

第八章

外 交

阿富汗地缘政治地位特殊，近代以来，成为域外强国、周边大国博弈和争夺的对象。自独立以来，阿富汗努力在外交上奉行独立自主的中立主义政策，致力于与大国、周边以及其他所有国家发展友好关系，以便维护国家独立，获得外部援助，促进本国的现代化进程。这种政策的形成，与阿富汗独特的地理位置、特定的历史条件、贫穷弱小的基本国情密切相关。但是，大国的激烈角逐、地缘环境的限制，以及阿富汗国内的一些不稳定因素，增加了阿富汗处理对外关系的难度，使其在协调国家独立与获取外援方面产生了许多偏差甚至失误。2001 年阿富汗重建以来，积极与世界各国发展友好关系。但是，无论其政权生存，还是战后重建，阿富汗均需要国际社会的支持和帮助。

第一节 外交政策

一 外交政策的主要影响因素[①]

像阿富汗这样一个贫瘠弱小，频繁遭受强权干涉的国家，确保国家独立一直是阿富汗外交的主要目标。同时，通过对外交往，加强国家的能力，争取更多的外部援助，推进现代化进程，从而确保民族生存，成为阿富汗外交的另一个重要目标。两者在一定程度上相互统一。

---

① Louis Dupree and Linette Albert eds., *Afghanistan in the 1970s*, New York: Praeger Publishers, 1974, pp. 76 – 90.

如何实现上述两大目标，还要看阿富汗所面临的内外环境和因素。

首先，阿富汗位于亚洲的"十字路口"，是从东方到西方、从中亚到中东和南亚的必经之地，历来是外部力量争夺和角逐的对象。近代以来，俄国与英国、美国与苏联，乃至当前围绕阿富汗的博弈莫不如此。其次，阿富汗贫穷弱小，但在特定的历史阶段，其南北邻国或东西方势力却非常强大，如何在夹缝中生存和发展，一直是阿富汗外交所面临的困境之一。再次，阿富汗是一个封闭的内陆国，没有出海口，对外贸易需要借道邻国尤其是巴基斯坦来实现。但是，阿富汗与巴基斯坦存在领土争端，两国长期不睦。复次，阿富汗民族构成比较复杂，民族凝聚力不强。部落是阿富汗基层的社会单位，阿富汗政府常常需要借助外力来强化统治，打击异己力量和地方割据势力。最后，阿富汗与邻国有漫长的边界线，有多条国际河流贯穿阿富汗及其邻国，一些民族跨境而居，也容易造成与周边国家的矛盾。这些客观因素，加上统治者的部族背景，有不同的施政方针，影响或决定了阿富汗的外交政策。在这些复杂因素的相互作用下，如何协调维护国家独立与获取必要外援之间的关系，是阿富汗外交政策的一大挑战。

二 外交政策的基本原则[①]

在上述复杂的国际和国内环境下，阿富汗要维持国家的独立和发展，就需要制定适宜的外交政策。20 世纪 30 年代以来，阿富汗政府逐渐形成了一些基本的对外交往原则。尽管这些外交政策在不同时代侧重有所不同，但总体上具有一定的共性特征。2001 年之后，阿富汗的外交政策也深受这些外交传统的影响。

（一）中立主义

自 19 世纪后期以来，阿富汗逐渐意识到"中立主义"对于阿富汗国家独立的重要性。道斯特和希尔·阿里执政时期已试图在英俄之间进行平

---

① 见 Harvey H. Smith et al. , *Afghanistan*, *A Country Study*, Fourth Edition, Washington：United States Government, 1980, p. 350。

衡。19 世纪的两次英阿战争直接原因都是阿富汗在英国和俄国争夺下，与其中的一方结盟，导致外部入侵。1880 年，拉赫曼国王上台后，尽管阿富汗外交受到英国的控制，但他已经意识到在两大强权的争夺下，阿富汗维持中立的重要性。拉赫曼在回忆录中就指出："阿富汗是多么弱小的一个国家，就如同两只狮子之间的山羊，磨盘之间的谷物。"① 1919 年，阿富汗通过第三次英阿战争实现了独立。

1929 年，穆沙希班王朝建立后，逐渐形成了中立主义的外交政策。20 世纪 30 年代初，阿富汗国王纳第尔指出，"以我看来，中立政策是阿富汗最好和最有用的政策。阿富汗必须一直保持与邻国和其他不损害我国利益的国家的友好关系"②。此后的半个世纪中，阿富汗对外交往一直努力维持中立主义。通过中立外交维持国家的独立，并且在不同的力量之间待价而沽，争取更多的外援。

简而言之，中立主义就是阿富汗在英俄（苏）、美苏之间保持中立，不与任何一方结盟，不加入任何一方，保持各种力量在阿富汗的动态平衡。冷战时期，阿富汗中立外交政策表现在以下几个方面：①阿富汗既不加入社会主义阵营，也不加入西方阵营，同时也不与美国或苏联结盟，阿富汗对于决定两大阵营对垒的意识形态因素没有多少兴趣；②在外交事务上，阿富汗也试图在两大阵营之间保持某种平衡关系，有时利用一个阵营来平衡和抑制另一个阵营；③在官方互访、缔结经济技术援助协定或者缔结文化和教育交流协定时，也有一种考虑，那就是不让任何一个国家在阿富汗占据优势，达到各种力量的平衡；④在处理世界事务中，也采取比较折中和积极的立场。当时，阿富汗称这种政策为"积极的中立主义"政策。

中立主义客观上维护了 20 世纪阿富汗的国家独立，并且使阿富汗获

① Sultan Mahomed Khan ed., *The Life of Abdur Rahman*, Vol. II, London: John Murray, 1900, p. 280.

② 查希尔上台后也有同样的看法。参见 Vartan Gregorian, *The Emergence of Modern Afghanistan*, *Politics of Reform and Modernization*, *1880 - 1946*, Stanford: Stanford University Press, 1969, pp. 321, 375。

得了大量外部资源进行现代化建设，但在具体的实践中具有难度。阿富汗并不是与美苏等外部力量断绝关系，而是平衡两大阵营与阿富汗的关系，而美苏对阿富汗乃至南亚地区的政策本身也具有阶段性。因此，阿富汗的中立是一个动态的过程，需要不断地寻求平衡。这对阿富汗的政治家提出了很高的要求。更为重要的是，阿富汗既要中立，又要从这些国家获得援助，两者在某些情况下是零和的关系。外部援助的增加使美苏在阿富汗寻找代理人，最终引发了阿富汗严重的冲突。

（二）"第三国主义"

鉴于地缘政治和历史环境特点，阿富汗在外交政策上除竭力保持中立主义政策外，还采取了一种"第三国主义"政策，来达到平衡或抑制南北两大强邻（或东西方阵营）的目的。

所谓"第三国主义"，就是在两大强邻或两大对峙阵营之外，在远离阿富汗的地区寻找第三种势力。第二次世界大战前，德国、意大利和日本等国是阿富汗推行"第三国主义"政策的主要对象。

冷战时期，联邦德国、日本以及除美国和英国之外的西方国家是阿富汗重点发展外交关系的对象。在阿富汗看来，这些国家远离阿富汗，在阿富汗没有殖民或侵略的历史，对阿富汗的独立和安全不会构成威胁。同时，由于它们具有较强的经济、技术和军事实力，能够向阿富汗提供必要的各种援助，会对阿富汗两大强邻或两大对峙的阵营起到平衡或牵制的作用。推而广之，发展与伊斯兰国家以及其他所有国家的友好关系，也是阿富汗推行"第三国主义"政策的一种体现。

（三）睦邻友好政策及其困境

阿富汗作为一个内陆国家，没有出海口，在对外贸易上严重依赖邻国，尤其是巴基斯坦。这促使阿富汗力图与周边国家保持友好关系，进而打通商品进出口的通道。阿富汗尤其需要考虑的是，得到通过邻国进口军事设备的权利。如果阿富汗在邻国政策上不采取谨慎立场，完全可能伤害到自身的经济和国家利益。

19 世纪和 20 世纪初，阿富汗的外交政策就表现出这样的特点。比如1879 年，在阿富汗一再要求下，阿富汗从英属印度获得了与英印政权进行贸易，以及通过英属印度领土进出口货物的权利。1893 年，阿富汗与英国签订条约，规定阿富汗"有权（从英印）进口战争物资"。1919 年阿富汗独立后，英国不再允许阿富汗从英属印度进口"战争物资"。但是，在双方于 1921 年签订《喀布尔条约》后，英国重新同意了阿富汗的这项权利，以及阿富汗从英印领土自由进出口货物的权利。冷战时期，阿富汗的地缘限制促使其寻求经由苏联领土进出口货物的线路，这成为加深对苏联依赖的一个重要原因。

阿富汗睦邻外交中最核心的问题就是阿富汗与巴基斯坦的关系。在英国未撤离印度之前，阿富汗获得了从英属印度过境进行贸易的权利。经由英属印度的贸易通道是阿富汗最主要的对外贸易路线，但在印巴分治后，阿富汗必须寻求通过巴基斯坦的贸易通道。阿富汗与巴基斯坦存在结构性的矛盾——"普什图尼斯坦问题"[1]，即"杜兰线"以东普什图族人的归属问题，这在很长时期尤其是在冷战时期，影响着阿富汗与巴基斯坦的关系。

1947 年印度和巴基斯坦分治后，阿富汗与巴基斯坦之间所发生的三次重大冲突，都是由该问题直接引发的，是双方在该问题上坚持强硬立场的结果。相反，如果阿巴双方在该问题上保持相对克制和灵活的立场，或者暂时搁置该问题，双边关系就能够相应地得到改善。截至 2022 年，"普什图尼斯坦问题"还没有得到妥善解决，塔利班政权再次执政后，与巴基斯坦在该问题上矛盾很大，它是影响阿巴关系的一个消极因素。同时，由于阿富汗对外贸易主要过境巴基斯坦，两国的冲突导致阿富汗对外贸易存在很大的不确定性。

"普什图尼斯坦问题"不仅影响阿富汗与巴基斯坦的关系，而且影响阿富汗与其他国家的关系。在冷战时期，阿富汗对巴基斯坦加入中央条约组织，以及美国向巴基斯坦提供大量军火就表示疑虑，这一度

---

[1] 1893 年，阿富汗与英属印度签订了《杜兰协定》，以"杜兰线"为双方的边界，将半数普什图人聚居区即"普什图尼斯坦"地区划分到英属印度。巴基斯坦独立后，阿富汗不承认巴基斯坦对"普什图尼斯坦"的主权。

影响阿美关系的发展。而当阿富汗与巴基斯坦双方淡化该问题，双边关系得到顺利发展时，阿富汗与美国、英国、联邦德国等西方国家的关系也能够顺利发展。此外，苏联支持阿富汗在"普什图尼斯坦问题"上的立场，也是 20 世纪 50～60 年代阿苏关系能够密切发展的一个主要因素。

三　外交政策的历史演变①

近代以来，阿富汗的外交政策大致分为如下几个阶段：

（一）倒向英国的外交政策（1880～1919 年）

这一时期，英国控制了阿富汗的外交。18 世纪末到 20 世纪初，阿富汗面临的外部环境主要是英国和沙俄为建立和巩固世界霸权而在亚洲地区包括阿富汗等国竞相角逐。为确保英印及其西北部的安全，当时英国实行"前进政策"，向阿富汗施加了强大压力，甚至进行军事入侵，同时辅之以向阿富汗统治者或代理人提供经济和军事援助的方式，从而比较成功地将沙俄势力拒之于阿富汗领土之外。阿富汗统治者如阿布杜尔·拉赫曼接受了英国的资助，作为交换，阿富汗外交权由英印政府控制。拉赫曼借此达到击败国内敌对势力和抵制沙俄渗透的目的。不过，阿富汗为此付出了沉重代价，包括丧失了对"杜兰线"以东的普什图人的控制。当时，后者约占阿富汗国内普什图族总人口的一半，一直是阿富汗中央军事力量的主要来源，并且是阿富汗统治者的政治支持者。同时，拉赫曼担心外部力量通过援助和投资渗透到阿富汗，威胁其统治乃至国家的生存，因此在对外交往中秉持孤立主义的政策。比如，拉赫曼拒绝西方在阿富汗投资铁路建设。一战期间，尽管有德国使团到达阿富汗，拉拢阿富汗加入同盟国阵营，打击英国。但在战争期间，阿富汗保持中立。

（二）阿富汗的独立与外交政策的初步构建（1919～1929 年）

第一次世界大战打破了原有的国际体系，为阿富汗外交开创了新的局

---

① 参见彭树智主编《阿富汗史》。

面。这时，苏俄①取代了沙俄，提出了"民族自决"的原则，鼓励亚洲被压迫国家反对欧洲列强的统治，这也深刻地影响了阿富汗。1919 年，阿富汗最终通过第三次抗英战争，成功地摆脱了英国控制，获得了民族独立。

阿富汗独立后，阿曼努拉汗积极建立独立自主的全方位外交关系，以确保民族独立和国家安全，并使阿富汗得到国际社会认可。与此同时，新生的苏俄政权与英印之间互存芥蒂，担心对方利用阿富汗作为跳板，向苏俄的中亚地区进行渗透。因此，英国与苏俄（苏联）在阿富汗展开新的角逐。阿曼努拉汗利用这种竞争关系，分别与苏俄和英印签署了和平条约，建立了双边外交关系。此外，出于维护民族独立、促进现代化改革的需要，同时也为了平衡苏俄（联）和英印势力的影响，阿曼努拉汗还设法与大多数欧洲国家和一些新兴独立国家建立双边关系，包括与法国、德国、意大利、日本等与阿富汗距离遥远且在阿富汗没有殖民历史的大国发展外交关系。当时，这些国家对阿富汗进行现代化改革提供了一些援助，主要集中在外贸和教育文化领域，但是规模不大。阿曼努拉汗统治时期，恰逢土耳其废除哈里发。阿曼努拉汗试图借助第三次英阿战争胜利之势，在伊斯兰世界提升阿富汗的影响力，但并未如愿。

（三）穆沙希班王朝的中立外交（1929～1973 年）

1929 年，阿曼努拉汗的改革引发叛乱，导致王朝垮台。纳第尔沙建立了穆沙希班王朝。纳第尔沙统治时期以及穆罕默德·哈西姆担任首相期间，为巩固政权和促进现代化改革，阿富汗致力于恢复与国际社会的正常外交关系。阿富汗与苏联因此得以保持正常的政治关系，双方经贸关系也随之发展。阿富汗与英国的关系也得到一定改善，英国向阿富汗提供了一些军事和经济援助。从 20 世纪 30 年代中期到第二次世界大战

---

① 1917 年十月革命胜利后，在原沙俄境内出现了许多苏维埃政权，"俄罗斯苏维埃联邦社会主义共和国"是其中一个主要政权，简称苏维埃俄国，或苏俄。1922 年 12 月 30 日，苏维埃俄国与外高加索联邦、乌克兰、白俄罗斯成立"苏维埃社会主义共和国联盟"（后扩至 15 个加盟共和国），简称苏联。

前，为平衡英苏两国的影响并获取必要外援，阿富汗仍继续发展与德国、意大利和日本的关系。特别是在这个时期阿富汗和德国进行了全面合作，德国成为阿富汗最重要的贸易伙伴和贷款国之一。此外，1934年，阿富汗加入国联，这是阿富汗努力扩大对外关系的一个重要成果。1937年，阿富汗还与土耳其、伊朗、伊拉克签署了《萨阿达巴德条约》，希望借此维护自身安全。

第二次世界大战期间，哈西姆政府恪守中立，与英苏两国以及德、意、日轴心国均保持友好关系。1941年6月苏德战争爆发，英国和苏联先后于当年10月和11月要求阿富汗驱逐轴心国所有非外交人员。摄于同盟国的强大压力，同时担心本国领土遭到外国军队占领，哈西姆政府采取了灵活的变通方法，命令交战国所有非外交人员离境。这在事实上使轴心国撤离了大多数人员，同时维护了阿富汗的传统中立，避免了阿富汗被卷入二战之中。与此同时，由于同盟国对军事物资的需求，阿富汗对西方出口迅速扩大，纽约取代伦敦成为阿富汗紫羔羊皮出口的主要市场。

战争结束后，阿富汗国际环境和地区局势发生了深刻变化。一方面，美国开始与苏联进行冷战以争夺全球霸权，中东和南亚成为两大阵营激烈角逐之地。与此同时，英国势力全面收缩，并且逐步退出中东和南亚。1947年，巴基斯坦和印度实现分治，"杜兰线"以东的普什图人被归入巴基斯坦。在这种背景下，阿富汗的外交政策发生了重大变化。由于阿富汗和巴基斯坦均在"杜兰线"以东的普什图人归属问题（即"普什图尼斯坦问题"）上采取强硬立场，两国关系两度交恶，边界冲突也屡有发生，巴基斯坦还对阿富汗采取了贸易禁运、边界封锁等诸项措施，造成阿富汗严重的经济损失。另一方面，阿富汗积极向苏联和美国寻求经济和军事援助。阿富汗首先得到苏联的积极回应，苏联因此成为这个时期最重要的外援国家。阿富汗与苏联和东欧社会主义国家建立了密切关系，并且得到了后者的援助。阿苏关系的迅速发展刺激了美国对阿富汗援助的增加。结果在这个时期，美国成为阿富汗第二大援助国。此外，阿富汗还继续加强与联邦德国、日本等国的关系，并因此得到了实惠。至20世纪 60 年代中期，东西方两大阵营的援助帮助阿富汗奠定了现代经济的基础，并对阿富汗的政治和文化产生了巨大影响。此外，在这个时期，阿富汗与伊朗的关系得到改善，与印度、土耳其、埃及等国也保持着友好关系。阿富汗还成为不结盟运动的创始国之一，其传统中立政策因此得到了新的发展。

1963 ～ 1973 年查希尔沙亲政时期，阿富汗在外交上纠正了过分依赖苏联援助的状况，更加注重传统的中立和平衡政策。查希尔沙首先遍访世界各国，努力与各国发展友好关系，积极寻求外援来源的多样化。这一时期，苏联对阿富汗的援助有所下降，但仍是阿富汗第一大援助国。苏联的援助涉及阿富汗的基础设施建设、教育和科技、政府财政，尤其是向阿富汗提供武器装备和军官培训等，两国的贸易关系进一步加强。

查希尔沙加强了与美国、西欧诸国、日本等西方国家的关系。但是，60 年代中期后，美援大幅度下降，西欧和日本的援助相对增强，联邦德国成为仅次于苏联的第二大援助国。与此同时，联合国对阿富汗的援助也有所增强。

查希尔沙改善了与邻国的关系。阿富汗在"普什图尼斯坦问题"上尝试与巴基斯坦缓和关系，采取了搁置的方式。阿富汗与巴基斯坦的关系因此得以缓和与好转。阿富汗的这种立场还在 1965 年和 1971 年第二、三次印巴战争中经受了考验，维持中立。另外，1973 年，阿富汗与伊朗达成协定，暂时缓和了赫尔曼德河河水争端问题，后者随之开始向阿富汗提供援助。

（四）阿富汗共和国的再平衡政策（1973 ～ 1978 年）

达乌德第二次执政时期（1973 ～ 1978 年），阿富汗对外政策前后经历了由亲苏到疏远苏联，奉行更加平衡的外交政策的变化，试图再次平衡美苏在阿富汗的影响力。1973 年，达乌德政变上台依赖的是与苏联关系密切的人民民主党，他也被称为"红色亲王"。因此，在执政之初，达乌德与苏联保持着密切的关系，与美国的关系相对冷淡。此外，由于继续坚持在"普什图尼斯坦问题"上的强硬立场，阿富汗与巴基斯坦的边界冲突屡有发生。

达乌德执政中后期，随着达乌德打击和最终取缔人民民主党旗帜派和人民派并设法改善与西方和邻国的关系，阿富汗与苏联的关系日趋紧张。苏联一方面巩固与阿富汗的官方关系，继续向阿富汗提供大量的经济和军事援助；另一方面开始积极为推翻达乌德政权做准备。阿苏关系趋于紧张的同时，阿美关系则有所加强，这种转变发生在达乌德主动向美国示好之后。阿美双方高层实现了互访，美国除继续提供大量经济援助和一些军事援助外，还促使中东产油国、日本等国向阿富汗提供援助，并设法帮助阿富汗改善与邻国的关系。此外在执政中后期，达乌德在"普什图尼斯坦问题"上的立场趋于温和，他主张通过和平方式解决双方分歧，阿富汗与巴基斯坦两国首脑因此两度互访。同时，阿富汗与伊朗两国领导人也实现了互访，伊朗继续向阿富汗提供经济援助，阿富汗则正式批准了《赫尔曼德河水条约》。不仅如此，在达乌德执政中后期，阿富汗与其他伊斯兰国家的关系也得到进一步发展，沙特阿拉伯、科威特、埃及、印度等国分别向阿富汗提供了经济和军事援助。

（五）人民民主党倒向苏联（俄罗斯）的外交政策（1978～1992 年）

1978 年阿富汗民主共和国成立后，塔拉基政府采取了向苏联一面倒的政策，阿富汗与苏联的经济合作进一步加强，双方最终建立了军事同盟关系。塔拉基政府对苏联和东欧之外的国家采取了强硬和敌对的政策，阿富汗与它们的关系随之逆转。阿明上台后，对外政策却与塔拉基相反，试图疏远苏联，加强与美国等西方国家的关系。

一方面，苏联占领阿富汗期间，先后扶植阿富汗卡尔迈勒和纳吉布拉傀儡政权，阿富汗全盘苏联化。另一方面，阿富汗人民在国际社会支持下，在境内外展开了如火如荼的抵抗运动，其主力是总部设在巴基斯坦白沙瓦的七党联盟，受到西方国家以及巴基斯坦、沙特阿拉伯和其他伊斯兰国家的大力支持。总部设在伊朗的什叶派抵抗运动"八党联盟"，则受到伊朗的支持。阿富汗陷入了美苏、周边国家介入的"代理人战争"。

（六） 内战期间阿富汗与其他国家的联系 （1992～2001 年）

苏联解体后，人民民主党政权迅速垮台。冷战结束使阿富汗在美国等西方国家的战略地位下降。因此，当阿富汗陷入内战后，周边国家纷纷在阿富汗寻找和扶植代理人，成为影响阿富汗政治局势走向的重要力量。

20 世纪 90 年代内战期间，阿富汗各种政治派别为削弱和打击对方，入主喀布尔，积极寻求外部势力的支持。以伊斯兰促进会为主体的拉巴尼政府成立初期，得到塔吉克斯坦等中亚国家的支持。军阀杜斯塔姆则获得了乌兹别克斯坦的支持，伊朗支持哈扎拉族的什叶派武装。俄罗斯总体上支持拉巴尼政府。伊斯兰党得到了巴基斯坦和沙特等国的支持，承认拉巴尼政权的合法性。塔利班崛起后，阿富汗形成了相互敌对的两派。俄罗斯、伊朗和中亚国家支持北方联盟，巴基斯坦、沙特、阿联酋等国支持塔利班，与塔利班政权建立外交关系。由于阿富汗的战略地位下降，美国在阿富汗问题上总体持超然的态度。

（七） 阿富汗重建以来的外交政策 （2001 年～）

2001 年以来，随着重建进程的启动，阿富汗也开始由单纯地依靠西方国家逐渐转变为重建中立的外交政策，力图平衡外部力量，并借助地区合作推动阿富汗的经济与社会重建。阿富汗重建由西方国家启动，重建初期严重依赖西方国家，仍然未能成为一个完全独立的国家，系统地提出外交政策。因此，在卡尔扎伊第一个任期内 （2004～2009 年），阿富汗的外交政策总体上亲西方，同时也具有多边主义的趋向，与中国、俄罗斯、伊朗、印度和巴基斯坦等周边国家发展关系。2002 年 12 月 22 日，阿富汗政府在喀布尔举行了睦邻友好国际会议，与 6 个邻国[①]签署《喀布尔睦邻友好宣言》。各邻国承诺尊重阿富汗主权和领土完整，不干涉阿富汗内政并致力于维护地区稳定。

2009 年卡尔扎伊进入第二个任期后，随着阿富汗政治重建基本完成，国家能力逐步加强。特别是，2014 年以北约为首的国际安全援助部队撤离阿富汗，阿富汗在形式上具有了完整的主权，并在对外关系上具有了一

---

① 分别为：中国、塔吉克斯坦、乌兹别克斯坦、土库曼斯坦、伊朗和巴基斯坦。

定的自主性。阿富汗多边主义和睦邻外交得以强化，加强融入地区合作，进一步加强与地区国家的关系，与中国、印度和伊朗建立战略伙伴关系。这一阶段，阿富汗与美国的关系有所疏远。卡尔扎伊就曾祝贺叙利亚总统巴沙尔当选，并且多次批评美国在阿富汗的政策，称其导致大量阿富汗平民丧生，甚至威胁冻结与美国签订的《战略伙伴协议》。在卡尔扎伊执政时期，阿富汗与巴基斯坦的关系总体上不睦。

2014年，加尼当选总统后，提出了所谓的"五环外交"（five circles）。他在总统竞选和就职典礼上对此进行了阐释，即阿富汗的外交政策基于处理好与五种类型国家与组织的关系：六个邻国、伊斯兰国家、美国及其他西方国家、亚洲国家、国际组织。阿富汗则是联结这五个圈子的纽带。事实上，加尼政府的外交政策是多边外交的进一步的拓展。在这一时期，阿富汗着力缓和与巴基斯坦的冲突，以便减少阿富汗的国内冲突。2014年，加尼访问巴基斯坦，缓和了两国的矛盾。

阿富汗重建近20年来，在对外交往中取得了一定的成效，加入了绝大多数地区组织和联合国、世贸组织等国际组织。特别是，随着北约为主体的外国军队逐渐撤离，阿富汗的外交战略也呈现了一定的轮廓和内在逻辑，开始强调基于多边主义的地区合作。尽管在加尼政府的外交政策中，邻国处于最重要的地位，但阿富汗并非恢复历史上的中立和不结盟外交，也未完全采取独立自主的外交政策，阿富汗仍然在很大程度上受制于美国。2021年8月，塔利班上台后，阿富汗临时政府并未发布明确的外交方略，其对外政策既体现出一定的连续性，也呈现一些新的变化。从连续性上看，阿富汗临时政府继承了阿富汗的外交传统，维护阿富汗的独立，反对外部尤其是美西方的干预，强调阿富汗的中立立场，沿袭阿富汗历任政府在"普什图尼斯坦问题"上的立场。此外，塔利班在对外政策中强调伊斯兰主义，反美、反西方的立场并未发生根本变化。塔利班再度上台后对外政策的变化如下。一是形式上较为务实和温和，接受现行的国际规则，尝试融入国际社会，试图与周边国家尤其是大国发展关系，如中国、俄罗斯、巴基斯坦、土耳其和卡塔尔等。二是与周边国家的关系存在很大的变数。阿富汗与巴基斯坦的关系变得复杂，它在政治和经济上对巴基斯

坦具有一定的依赖，但也体现了塔利班作为以普什图人为主体的政权，在
领土和边界问题上与巴基斯坦存在争端。塔利班政权与印度的关系冷却，
但双方也存在一定的合作空间。塔利班政权内部对于如何认识国际体系，
如何发展与周边国家和大国的关系并不统一，保守派和温和派在该问题上
存在一定的矛盾。这导致其对外政策在话语上具有温和的一面，但仍然行
保守之实。总体来看，塔利班政权的外事活动具有一定的成效。与 20 世
纪 90 年代相比，此次执政以来，虽然仍然没有国家正式给予塔利班以外
交承认，但周边国家、中国、俄罗斯、美国与欧盟等都在一定程度上与塔
利班有联系，多个国家正在考虑重新开放驻阿富汗的大使馆。

第二节　与美国的关系

一　两国关系的确立与发展①

　　1919 年阿富汗独立后，为巩固新生政权和独立成果，阿曼努拉汗试
图与美国建立联系。1921 年 7 月，阿曼努拉汗派以瓦里汗为首的代表团
访问美国，并拜会了哈定总统，美国承认了阿富汗，但并未建立外交关
系。1924 年，美国外交官科尼利厄斯·H. 凡·恩格特回访阿富汗。纳第
尔沙统治时期，为巩固政权并恢复与国际社会的正常关系，也曾派阿富汗
驻英国大使争取美国承认阿富汗。不过，当时美国认为阿富汗过于落后，
安全难以保障，一直反应冷淡。

　　哈西姆首相执政时期，为平衡苏联和英国的影响并获取必要外援，继
续致力于加强与美国的交往，而美国也试图加强在南亚地区的影响，阿富
汗与美国因此建立了外交关系。1935 年，美国与阿富汗建立外交关系，
美国驻伊朗大使兼任驻阿富汗代表。1936 年，阿美两国签订第一个正式
友好条约。不过，美国企业很少关注阿富汗。直到 1937 年，美国纽约内
陆勘探公司才作为第一家美国公司在阿富汗获得为期 75 年的石油勘探特

---

① 参见彭树智主编《阿富汗史》。

许权。该公司在阿富汗北部进行了初步勘探，但最终于 1939 年中止了合同。

第二次世界大战期间，阿富汗恪守中立政策，与美国的关系有所发展。1942 年和 1943 年，阿美两国正式开设使馆并交换使团。恩格特成为首任美国驻阿富汗公使，阿卜杜勒·侯赛因·阿齐兹成为阿富汗首任驻美国公使。美国的态度之所以发生变化，就是为了在战争期间提高同盟国军队在阿富汗和中东地区的战略地位，防止德国和日本扩大影响。

第二次世界大战后，英国从南亚撤退，为平衡苏联影响，同时积极争取美国的经济和军事援助，阿富汗把加强阿美关系作为一项重要工作。与此同时，美国也开始逐步向阿富汗渗透。美国主要出于与苏联在全球进行冷战的考虑，特别是防止阿富汗落入苏联怀抱，以免苏联以阿富汗为立足点，在中东和南亚地区进一步扩张。另外，为保护在海湾和南亚的战略资源，美国也需要对阿富汗进行投入。美国希望把阿富汗当作一个"缓冲国"，在东西方两大阵营之间保持独立和中立的地位。

在这种背景下，阿富汗与美国的关系日益发展。1948 年，两国关系升为大使级。另外，美国于 1946 年与阿富汗达成协议，成立摩里逊·努德逊公司，帮助阿富汗修建赫尔曼德河水利工程。但美国当时主要关注的仍然是巴基斯坦和伊朗等地区的盟友。美国进出口银行只满足了部分阿富汗建设赫尔曼德河工程的贷款请求，拒绝了阿富汗的军事援助请求。

达乌德第一次执政时期（1953～1963 年），由于阿富汗对美国的战略利益有限，同时阿富汗拒绝加入美国在中东和南亚组建的军事集团，美国对阿富汗的经济援助依然有限，对阿富汗的军事援助需求仍然置之不理。但总体来看，这个时期，阿富汗与美国的关系得到一定发展。阿富汗始终需要把美国作为平衡苏联的一个砝码，希望继续得到美国的经济和军事援助。更重要的是，此时阿富汗与苏联关系的迅速发展使美国非常担心阿富汗的中立地位受到削弱，美国开始调整外交政策，开始扩大对阿富汗的经济、技术、文化和军事援助。

1956 年 2 月，阿富汗与美国签署技术援助协定，美国加大对阿富汗农业、矿业和教育方面的援助。1957 年 3 月底，美国总统特使詹姆斯·P. 理查兹访问阿富汗，阿富汗宣布在不放弃中立政策的前提下接受美国军事援助。1958 年 6 月，达乌德首相访问美国。1957 ～ 1958 年，美国还极力帮助改善阿富汗和巴基斯坦之间因"普什图尼斯坦问题"恶化的关系，促使阿巴双方签署了航空协定和贸易过境协定。1962 年 2 月，阿富汗与伊朗签署过境协定，同时与美国签署了美国物资经伊朗转运的协定。这个时期，美国对阿富汗的经济援助仅次于苏联，位居第二。美国的经济援助款项大部分用于继续修建赫尔曼德河水利工程以及阿富汗南部具有战略意义的项目，其中包括修建喀布尔—坎大哈—斯平布尔达克和喀布尔—贾拉拉巴德—多尔汗两条公路以及坎大哈国际机场。1957 年 4 月，美国购买阿富汗阿里亚纳航空公司 49% 的股份，并在阿富汗南部进行油气勘探、航空地形测绘和其他工矿业建设。

美国重视对阿富汗文化与教育领域的援助，塑造阿富汗的亲美政治精英。1958 年 6 月，阿富汗与美国签署文化协定，美国先后帮助阿富汗创建了喀布尔大学农学院（1956 年）、教育学院（1962 年）和工程学院（1963 年），参与了阿富汗中学教育改革和英语教学，并接纳大批阿富汗留学生。美国还派遣顾问到阿富汗政府部门和企业中工作，向阿富汗提供了少量军事援助，并为阿富汗警察建设提供技术援助和人员培训等。

查希尔沙亲政时期（1963～1973 年），阿富汗奉行更为平衡和中立的外交政策，阿美的政治关系得到进一步发展。1963 年 9 月，查希尔沙偕王后首次对美国进行国事访问，双方发表了联合公报。1969 年，阿美双方签署农产品销售协定。1969 年 5 月和 12 月，美国国务卿威廉·罗杰斯和副总统斯波罗·阿格纽分别访问阿富汗。但是这个时期，由于美国此前援建的许多基础设施建设项目趋于完成，美国认为尚没有其他值得大力投资的新项目；同时由于与苏联之间的冷战趋于缓和，美国向阿富汗提供的经济援助相对下降。

1973 年，阿富汗共和国成立。在达乌德执政初期，由于怀疑美国参与了针对新政权的政治阴谋，同时由于美国对新政权采取一种观望态度，阿美关系一度冷淡。不过不久，达乌德主动采取措施向美国示好，其胞弟纳依姆向当时美国驻阿富汗大使厄利耶特保证，阿富汗希望与美国保持友好关系，希望看到美国在阿富汗强大的经济存在。1974 年，美国国务卿亨利·基辛格访问阿富汗。在会谈中，达乌德表示希望美国继续扩大对阿富汗的经济、技术和教育援助，基辛格则表示愿意在经济和社会领域继续提供帮助，以巩固阿富汗的稳定和独立地位。

在这种背景下，阿美关系得到了进一步发展。1976 年 6~7 月，纳依姆以阿富汗总统特使的身份访问美国。同年 8 月，国务卿基辛格再访阿富汗。1977 年夏，美国正式邀请达乌德访美。阿富汗把达乌德访美的时间定在 1978 年 9 月，但由于 1978 年 4 月的政变而未成行。从经济关系来看，1975 年 1 月，美国一些高级官员先后访问阿富汗，商谈具体援助项目。随后，阿富汗与美国双方签订了一系列新的援助协议。另外，阿富汗也增加了赴美国受训的军事人员人数。除此之外，美国还敦促沙特阿拉伯、日本等国加强对阿富汗的经济援助，并希望阿富汗继续改善与邻国的关系。

二　苏联占领时期的阿美关系[①]

1978 年 4 月 27 日，亲苏的人民民主党发动军事政变，夺取政权，并奉行向苏联一边倒的政策。人民民主党政权建立初期，美国与之保持谨慎接触，一些援助项目照常进行。人民民主党逐渐强化反美反西方政策，美国对于该政权由观望转向反对。1979 年 2 月，美国驻阿富汗大使阿道夫·杜布斯被绑架并遇害，导致两国关系恶化，美国遂决定削减对阿富汗的经济援助。1979 年，美国将两国关系降为代办级，开始秘密支持阿富汗抵抗力量。

1979 年苏联入侵阿富汗，同年伊朗发生伊斯兰革命，使美国认为苏联在该地区呈现进攻的态势。1980 年 1 月 23 日，卡特政府警告苏

---

① 　http://nsarchive.chadwyck.com/.

联："外部势力企图控制波斯湾的任何努力，都将被视为对美国至关重要利益的侵犯，美国将采取一切可能手段包括使用武力进行回击。"不过，卡特政府并不打算在波斯湾和阿富汗与苏联直接进行军事较量，而是主要采取了两手战略：一是在阿富汗实施"隐蔽行动"，向阿富汗境内外抵抗力量提供更多的秘密援助；二是与苏联进行政治谈判，寻求政治解决阿富汗问题。1980年里根上台后，采取了更为强硬的进攻性政策。

首先，美国秘密向阿富汗抵抗力量提供军事援助。达乌德政权被推翻后，巴基斯坦接纳了数百万阿富汗难民，成为阿富汗抵抗力量的重要基地。里根政府因此鼎力支持巴基斯坦，通过巴基斯坦支持阿富汗抵抗运动。巴基斯坦三军情报局则将从美国及其他西方和中东国家获得的援助分配给抵抗运动。

在向阿富汗抵抗力量提供军事援助方面，美国国会和中央情报局起到很大的推动作用。1984年，美国国会通过法案，要求提高对阿富汗抵抗力量秘密援助的规模和质量。此后，美国向抵抗力量提供地空导弹和"毒刺"导弹等当时先进的武器装备。20世纪80年代，美国向阿富汗抵抗力量提供了近30亿美元的秘密援助，每年向阿富汗抵抗力量提供的军事援助约达7亿美元。

其次，美国向阿富汗难民提供相当数量的人道主义援助，其中包括向美国支持的大量非政府组织提供资助。美国通过亲美的非政府组织或者联合国难民署向阿富汗难民提供援助，但大部分援助最后落到阿富汗抵抗组织手中，并借此招揽阿富汗难民。

最后，在阿富汗实行心理战，加强反苏宣传。1983年，美国总统里根签署第77号国家安全命令，决定协调政府各部门工作，通过"公共外交"加强国家安全并反击反美宣传。据此，美国成立了阿富汗工作小组，通过组织新闻报道，争取和强化国际社会对阿富汗抵抗力量的同情和支持。

1985年戈尔巴乔夫上台后，加紧从阿富汗撤军。美国加入相关的谈判，最终签署了《日内瓦协议》。美国对《日内瓦协议》的解释是，苏联撤军后，只要继续向纳吉布拉政权提供援助，美国也将向阿富汗抵抗力量继续提供帮助，此即"积极对称"政策。1989 年 2 月 15 日，苏联如期完成撤军，美国官员庆贺"冷战"结束。

三 内战期间的阿美关系

20 世纪 90 年代初，随着东欧剧变，阿富汗在美国的战略地位下降。20 世纪 90 年代，美国对于阿富汗的投入有限。1989 年，苏联撤出阿富汗，但美国继续援助抵抗运动，试图颠覆纳吉布拉政权。1991 年 9 月 13 日，美苏两国在莫斯科签订协议，宣布自 1992 年 1 月 1 日起，两国停止向阿富汗交战双方供应武器。从 1992 年起，美国对阿富汗原抵抗力量的援助开始减少，并逐步取消了对阿富汗民间组织的援助计划。1992 年 4 月纳吉布拉政权垮台后，美国几乎彻底从阿富汗事务中抽身，拒绝在阿富汗原抵抗力量之间进行斡旋，并漠视巴基斯坦和沙特等国在阿富汗的行动。

此外，阿富汗毒品问题日趋严重，且这些毒品大量走私到美国。美国也试图拉拢新独立的中亚国家，修建通过阿富汗的石油和天然气管道，进而使中亚进一步远离俄罗斯。因此，美国再次将目光转向阿富汗。但美国的投入十分有限。

塔利班兴起后，美国不仅未直接反对，而且还与其有一定的接触。美国的一些公司甚至还和塔利班商讨建立石油管道。但是，随着塔利班的极端主义趋向日益明显，并公开反对美国，特别是为基地组织提供庇护，美国开始反对塔利班，打击基地组织在阿富汗的训练营。

四 2001 年之后的阿美关系

塔利班政权的垮台在很大程度上源于美国主导的军事行动。因此，2001 年之后，阿富汗在安全、政治、经济和外交重建关系等诸多方面依赖美国，美国与阿富汗的关系翻开了新的一页。2001 年 12 月 17 日，美国设立了驻喀布尔联络处，詹姆斯·多宾斯大使担任主任，行使外交机构的职能。12 月 22 日，美国正式承认阿富汗临时政府。2002 年，美国驻阿富汗大使馆重新开放。此后，美国全面支持阿富汗重建，阿富汗在美国的战略地位陡然上升。具体而言，美国在阿富汗的目标主要有两个方面：一是打击以基地组织和塔利班为代表的极端势力和毒品经济；二是输出美国的民主制度，将阿富汗作为民主改造中东的样板。

在这种政策考量下，美国一方面不断增兵阿富汗，打击极端势力；另一方面则主导了阿富汗的政治、军事和经济重建的进程，按照美国等西方国家的意愿建立了政治制度。同时，美国全面渗透到司法、军事和政治领域，主导了阿富汗重建。阿富汗的外交政策呈现一边倒的局面。2005 年，美国与阿富汗签署了《战略伙伴关系联合宣言》（Joint Declaration of the United Stales-Afghanistan Strategic Partnership），其要旨在于进一步强化美国与阿富汗的关系，其中包括：①两国高层定期互访和人员交流，确保阿富汗的安全、民主与繁荣；②美国有权使用阿富汗的巴格拉姆空军基地以及其他的一些军事设施；③美国有权在阿富汗进行军事行动；④美国将继续负责阿富汗安全部队的组织、训练和装备；⑤美国支持阿富汗作为大陆桥的作用。2006 年，美国总统布什访问阿富汗。

阿美战略伙伴关系的确立，成为阿富汗外交关系的基石，客观上有助于阿富汗的重建进程。但是，美国借此也加大了对阿富汗的渗透，引起了阿富汗的不满。另外，阿富汗人一直具有独立和自主的传统，反对外来的干预。美国在阿富汗的驻军和其他行动也引起了一些阿富汗人的反感。伊拉克战争后，美国将外交政策重心放在了伊拉克，对于阿富汗的投入也有所减少。

2009 年，卡尔扎伊开始第二个任期，阿富汗的外交独立性开始增强，由之前单纯依靠美国，转变为发展多边主义外交。这就导致美国与阿富汗关系的某种变化。卡尔扎伊多次抨击美国在阿富汗的军事行动导致大量平民丧生，甚至还指出阿富汗战争是西方主导的，并非阿富汗人民的意愿等。奥巴马政府也批评阿富汗政府的腐败问题。但是，阿美关系仍然是阿富汗对外交往的基础。美国也是阿富汗最主要的援助国，并在奥巴马政府前期加大了对阿富汗的投入。2007 年，美国在阿富汗的驻军为 7000 人。由于阿富汗安全局势持续恶化，美国于 2009 年在阿富汗增兵。2011 年，美国提出了"阿富巴"战略,将阿富汗和巴基斯坦视为反恐战争的重点。本·拉登被击毙后,美国开始从阿富汗撤军。

2012年,奥巴马访问阿富汗,两国签署了《战略伙伴关系协定》,美国承诺将在未来十年继续给阿富汗提供援助,2014年美国将撤离在阿富汗的部分驻军,其他的军事人员仍然有权使用阿富汗的军事设施,美国继续支持阿富汗安全部队的重建。这一协定的签署在形式上提升了阿富汗的地位。正如卡尔扎伊所言,这是两国作为主权国家交往的开始。2012年,美国国务卿希拉里访问阿富汗时,将之认定为北约之外的主要盟国,使阿富汗在购买美国的武器装备、进行军事交流方面具有了很多的便利条件。通过这些外交活动,美国完成了在阿富汗的布局,在军事力量退出的同时,强化了政治联系。2014年,以北约为主体的国际安全援助部队撤离,美国仅留下了部分驻军。但是,卡尔扎伊一直拒绝签署赋予美国等西方国家继续驻军权的《双边安全协定》。

2014年,加尼政府开始缓和与美国的关系,签署了《双边安全协定》(BSA),其中规定了美国等国继续在阿富汗驻军,美国特种部队可以在阿富汗执行反恐任务,并使用阿富汗的军事基地,美国帮助训练阿富汗安全部队,协助其进行军事活动等。加尼政府一方面缓和与美国的关系,另一方面则加大推行多边主义外交的力度。而美国则确认在阿富汗军事存在的基础上,开始与塔利班进行接触和谈判。2020年,双方最终达成《多哈协议》,美国承诺在14个月内全部撤离在阿富汗的驻军,逐渐释放塔利班战俘,继续向阿富汗提供援助,不干涉阿富汗内政;塔利班则承诺不再为恐怖组织提供庇护。

美国在阿富汗近20年的军事行动造成了2400名美国军人丧生,为阿富汗提供重建资金达1370亿美元,总共的花费超过万亿美元。[1] 2011年,美国对阿富汗的净双边援助约为30亿美元,2018年为9.14亿美元。[2]

---

① "Afghanistan: Background and U. S. Policy: In Brief," *CRS Report*, June 25, 2020.

② "Afghanistan—Net Bilateral Aid Flows from DAC Donors, United States," https://tradingeconomics. com/afghanistan/net - bilateral - aid - flows - from - dac - donors - united - states - us - dollar - wb - data. html.

2021 年 5 月 1 日，美国按照《多哈协议》从阿富汗撤军。美国的撤军打破了阿富汗国内的力量平衡，也使阿富汗政府军丧失了信心。塔利班则加大了对阿富汗政府军的打击力度，席卷阿富汗。2021 年 8 月 15 日，阿富汗总统加尼离开喀布尔，塔利班控制了阿富汗首都。当时，美国仍然未完全撤离，控制着阿富汗喀布尔国际机场。直到 2021 年 8 月 30 日，美国完成了从阿富汗撤军。从 2001 年到 2021 年，驻阿美军死亡人数达 2000 多人，受伤 2 万余人，开支多达 3 万亿美元。美国撤军后，对阿富汗的干预并未停止，双方仍处于敌对状态。塔利班再次夺取政权后，美国中断了与阿富汗的外交关系，施加对阿富汗的制裁，冻结了阿富汗 95 亿美元的外汇储备。从阿富汗撤军虽然有助于美国收缩力量，将之集中于印太地区，但其本土面临的极端主义威胁上升。因此，美国并未完全放弃对阿富汗的干预，美国官员频频出访土耳其、印度、巴基斯坦和塔吉克斯坦等国，试图加强对阿富汗周边国家的影响，进而削弱塔利班政权。此外，美国政府也与塔利班政权有直接的联系。2022 年，美国的阿富汗问题特使托马斯·韦斯特与阿富汗临时政府代理外长穆塔基在卡塔尔进行会谈。托马斯·韦斯特指出，双方的对话将继续，以便维护阿富汗人民和美国的利益。2022 年 3 月 31 日，美国向阿富汗提供额外 2.04 亿美元人道主义援助。自塔利班上台以来，美国的援助总额为 7.2 亿美元，主要用于医疗设施、避难所和水利设施等。

第三节　与欧洲国家和日本的关系

一　与英国的关系[①]

英国是近代以来最先与阿富汗交往的西方国家。19 世纪前期，英国向印度内陆进行殖民扩张，阿英有了直接的联系。而此时，俄国也开始向

---

① 参见彭树智主编《阿富汗史》。

中亚扩张，威胁印度。英国与俄国围绕阿富汗进行"大博弈"。阿富汗成为英俄博弈的"缓冲国"。1838年和1878年，英国两次入侵阿富汗，爆发了第一、二次抗英战争。第二次抗英战争后，英国与阿富汗签订了《冈达马克条约》，英国控制了阿富汗的外交，给予阿富汗一定的补助金。

1919年，阿富汗宣布独立，引发了英国的入侵，爆发了第三次抗英战争，英印政府被迫承认阿富汗独立。尽管此后，英印政府与阿富汗矛盾不少，但英国也试图拉拢阿富汗，防止其倒向苏俄（苏联）。1921年11月22日，英印政府与阿富汗签署《喀布尔条约》，正式承认阿富汗的内政和外交独立，阿英两国随之建立了外交关系。此后，阿富汗与英国的关系比较冷淡。1923年，两国签订贸易条约。1928年，阿曼努拉汗曾访问英国。

纳第尔沙的上台得到了英国的支持，因此他一直尝试改善与英国的关系。1930年，阿富汗宣布承认1921年《喀布尔条约》和1923年英阿贸易条约。对于英印境内普什图族部落反抗英国的武装斗争，阿富汗只是名义上支持，实际上没有提供多少援助。英国则于1931年向阿富汗提供了1万支步枪和18万英镑现金，用于改善阿富汗军队装备以及筑路等。

哈西姆首相执政期间，虽然对英国深怀戒心，但出于保证国家安全和争取外援的考虑，沿袭了纳第尔沙时期不支持英印境内普什图族部落和印度民族主义者反英斗争的政策。英国因此继续向阿富汗提供了经济、技术和军事援助，其中包括一些轻型武器和50万英镑的贷款。

第二次世界大战结束后，英国谋求从中东和南亚地区撤出。英国采取分而治之的政策，主张印度和巴基斯坦分治。1947年，英印西北边境省（即"普什图尼斯坦"地区）进行公决，多数人支持加入巴基斯坦。同年，印巴实现分治，英国势力退出南亚。此后，对于印巴分治而导致的"普什图尼斯坦问题"，英国总体上保持"不干涉"的政策。

反观阿富汗，在印度与巴基斯坦分治前，它对英印西北边境省内普什图人的民族主义要求予以支持，要求该地区加入阿富汗或独立。印巴分治后，西北边境省多数公民支持加入巴基斯坦，阿富汗对此不予承认。1949年7月，阿富汗大国民会议宣布废除1893年《杜兰协定》以及1905年、

1919年、1921年签订的英阿条约。此外，阿富汗国内一直存在着反英情绪。

尽管如此，自二战后到苏联入侵阿富汗前，阿富汗与英国一直维持正常的国家关系。尤其是1963年达乌德下台后，阿英关系得到进一步改善。1964年，英国开始向阿富汗提供贷款，援助阿富汗发展经济，其经济援助主要包括扩建巴格兰制糖厂、建设布斯特（Bost）棉籽油加工厂、提供无息贷款用于阿富汗购买卡车和公共汽车、在喀布尔建设一个可容纳200张床位的宾馆等。①

苏联入侵阿富汗期间，英国和其他西方国家一样拒绝承认苏联扶植的阿富汗傀儡政权，并在不同程度上支持阿富汗抵抗力量。不过这个时期，阿富汗与英国存在一定的贸易关系。1980年，英国在阿富汗出口国家中所占的份额为7.4%，而在1975/76年度其所占份额为6.7%。②

在20世纪90年代的阿富汗内战中，英国等西方国家对阿富汗的政治影响相对较小，不过与阿富汗也有一定经济联系。1990年、1991年和1999年，英国在阿富汗出口国家中所占的贸易份额分别为1.9%、0.9%和0.7%。③

2001年"9·11"事件发生后，英国积极支持美国在阿富汗领导的军事行动。2001年年底阿富汗新政府成立后，阿富汗与英国恢复了自苏联入侵后中断20余年的外交关系。2002年1月7日，英国首相布莱尔短暂访问阿富汗，成为阿富汗临时政府成立后第一个访问阿富汗的外国政府首脑。同年，卡尔扎伊主席回访英国。此外，英国还参与了协助阿富汗进行安全重建的驻阿富汗国际安全援助部队。英国是除美国外，在国际安全援助部队中出兵最多的国家。英国的军队主要部署在阿富汗东南部的楠格哈尔省，同时也负责支持该地的地方政府重建。英国为阿富汗的禁毒、教育

---

① Harvey H. Smith et al., *Afghanistan*, *A Country Study*, Fourth Edition, Washington：United States Government Printing Office, 1980, p. 350.

② EIU, *Country Profile：Pakistan/Afghanistan*, 1992/93, p. 73.

③ EIU, *Country Profile：Pakistan/Afghanistan*, 1994/95, p. 76；EIU, *Country Profile：Pakistan/Afghanistan*, 2000/01, p. 27.

和医疗等方面提供支持与援助。2020 年 2 月,在驻阿富汗的国际部队
"坚定支持任务"中,英国的军事人员仅次于美国,为 1100 人。

二 与其他欧洲国家、日本的关系

(一)第二次世界大战前①

1880 年之后,阿富汗的外交由英印政府控制,因此并没有与其他国
家有直接的外交联系。第一次世界大战爆发后,德国于 1915 年派遣 23 人
组成的使团到达阿富汗,试图削弱英国的影响。1916 年德国承诺向阿富
汗提供军事援助。阿富汗国内一些人主张加入同盟国一方,但阿富汗严守
中立。

1919 年独立后,阿富汗拥有了自主的外交权,因此开始加强与域外
其他国家尤其是欧洲国家的联系,进而获得更多的支持。这就是阿富汗所
谓的"第三国主义"。1921 年阿富汗与意大利签署了领事条约和商务协
定,建立了外交关系。意大利是第一个承认阿富汗独立的西方国家。阿曼
努拉汗国王被推翻后,就曾流亡意大利。1922 年,阿富汗与法国建立外
交关系,签订友好条约。1922 年起,在法国资助下,阿富汗派留学生到
法国接受高等教育。法国在阿富汗成立了考古工作队,对阿富汗各个阶段
的考古工作都提供了有效帮助。1923 年,阿富汗还开办了一所由法国人
任教的法语中学。

1923 年 12 月,德国外交官福里茨·格罗巴抵达喀布尔。阿富汗与
德国在经济、技术、贸易、文化甚至军事方面的合作不断发展。20 世纪
30 年代初,阿富汗与德国恢复了因叛乱而中断的政治关系。1929 年 12
月,纳第尔沙任命了阿富汗驻柏林的新外交使节。1931 年 5 月,德国新
外交使节抵达喀布尔。自此到第二次世界大战前,阿富汗和德国进行了
全面合作,德国成为阿富汗最重要的贸易伙伴和贷款国之一。1936 ~
1941 年,德国西门子公司在阿富汗建成了两座水电站。德国还在阿富汗
广泛参与了工厂、公路、桥梁的修建以及地质勘探和科学调查活动。

---

① 参见彭树智主编《阿富汗史》。

1937 年，阿富汗与德国建立了第一条固定航线。1939 年 8 月，阿德两国签署财政和商务协定，规定德国向阿富汗提供长期贷款，用于进口德国的纺织和水电设备，阿富汗将以棉花偿还。此外，德国和意大利还参与了阿富汗的军队尤其是空军的建设，向阿富汗提供了贷款。二战期间，阿富汗拒绝响应苏联和英国的要求，驱逐德国和意大利的外交官，法国则关闭了在阿富汗的使馆。阿富汗的一些官员甚至主张加入轴心国一边，以夺取英属印度的普什图人聚居地，以及在卡拉奇港的出海口。但在苏联与英国的压力之下，阿富汗被迫于 1941 年驱逐了大部分德国和意大利的外交官。

1927 ~ 1928 年，阿曼努拉汗在欧洲和亚洲旅行期间，阿富汗又与芬兰、瑞士等国缔结了外交条约。日本与阿富汗的直接政治交往始于 1922 年。1930 年，阿富汗与日本签订了友好条约。在这个时期，日本在喀布尔开设了贸易公司，在赫尔曼德河修筑了一段运河，并接收了一些阿富汗留学生。

（二）第二次世界大战后[①]

第二次世界大战后，为平衡苏联和美国的影响，同时获取必要外援，阿富汗仍然奉行"第三国主义"，继续致力于与欧洲和日本等西方国家发展关系。当时的联邦德国急于填补英国势力撤出后阿富汗和南亚一带的势力真空，同时也着眼于与阿富汗发展经贸关系。阿富汗与德国之间的关系得到了较大发展。

1963 年 8 月，查希尔沙对联邦德国进行国事访问。1967 年 3 月，联邦德国总统对阿富汗进行了回访。20 世纪 50 ~ 70 年代，联邦德国向阿富汗提供了非常慷慨的经济和技术援助，尤其是 20 世纪 60 年代中期以后，联邦德国成为阿富汗第二大援助国，仅次于苏联。其中，联邦德国的工程援助项目主要包括：重建位于普勒胡姆里的纺织厂，完成位于喀布尔北部的古尔巴哈棉纺织厂的建设，完成位于喀布尔河上两座水电站的建设，帮助阿富汗发展位于霍斯特的农业发展项目，等等。技术援助项目主要包

---

① 参见彭树智主编《阿富汗史》。

括：向阿富汗计划部派遣"德国发展志愿团"这样的经济顾问小组，向霍斯特地区发展项目派遣农林方面的技术顾问，向阿富汗西南部派遣地质调查队，向阿富汗电力研究机构、国家能源署、阿富汗电台、公共卫生研究等机构派遣相应的顾问。另外，联邦德国还向阿富汗警察提供技术援助和培训。此外早在1957年，喀布尔至柏林之间的固定航线已经开通。二战结束后，德国西门子公司与阿富汗恢复了商业往来。20世纪五六十年代，西门子公司成为在喀布尔设立代理处的几个较大的外国公司之一。不仅如此，联邦德国还向阿富汗提供了一定的教育援助。

第二次世界大战结束后，阿富汗与法国的关系也迅速发展。1965年6月，查希尔沙访问法国，并且与戴高乐总统会晤，双方表示要继续发展友好的政治和经济技术关系。1868年，法国总理蓬皮杜访问了阿富汗。这个时期，法国向阿富汗提供了一定援助，主要集中在教育、文化活动和小型工业的指导等领域。比如向喀布尔大学派遣法律和医学方面的教授，为喀布尔大学建设法语培训中心并提供教师，在库纳尔省建设一个木材加工中心和一个家具厂等。

第二次世界大战结束后，日本也积极向阿富汗提供信贷和技术援助。1959年，阿富汗首相达乌德访问日本，日本随后恢复了战前与阿富汗的经济联系，开始向阿富汗提供贷款。1969年，查希尔沙和王后访问了日本。1971年，当时的明仁皇太子访问阿富汗。20世纪五六十年代，阿富汗与日本合作建设了位于昆都士的陶瓷厂，并在玻璃制造、织袜、自行车组装等方面进行合作。当时，日本技术援助涉及实验室和车间的建设、小型发电站的建设以及市政供水设施的建设。日本也向阿富汗提供了教育援助。

（三）阿富汗问题爆发后的关系

1979年苏联入侵阿富汗后，欧洲国家和日本拒绝承认苏联扶植的阿富汗人民民主党政权，并在不同程度上支持阿富汗抵抗力量。这个时期，欧洲和日本仍然向阿富汗提供少量官方援助。其中，1985～1989年，瑞典提供的官方援助分别为100万美元、280万美元、540万美元、1470万美元和1670万美元。同期，联邦德国提供的官方援助分别达 280 万美元、290 万美元、490 万美元、1230 万美元和 1270 万美元。① 从贸易角度看，阿富汗与欧洲国家和日本也保持一定的联系。在 1980 年和 1990 年，联邦德国在阿富汗出口国家中所占的贸易份额分别是 7.3% 和 3.0%；1990 年，比利时所占的份额是 2.3%。阿富汗向这些国家出口的主要货物是紫羔羊皮。在阿富汗进口国家中，1980 年和 1990 年，日本所占的份额分别是 17.8% 和 8.6%，联邦德国所占的份额分别是 3.1% 和 1.5%。②

20 世纪 90 年代的阿富汗内战中，欧洲和日本对阿富汗的政治影响相对较小，双方的政治联系也较弱。不过，阿富汗与它们仍有一定的经济联系。1990 年、1992 年和 1999 年，德国在阿富汗出口国家中所占份额分别是 3.0%、1.4% 和 5.4%；1990 年、1992 年和 1999 年，比利时所占份额分别是 2.3%、1.0% 和 7.2%。③ 20 世纪 90 年代初，德国是阿富汗第三大出口国。同期，比利时是阿富汗第五大出口国，1999 年居第三位。德国还向阿富汗提供了一定数量的官方发展援助。1990~1992 年的援助额分别为 1270 万美元、770 万美元和 1730 万美元。④

在阿富汗主要的进口国家中，20 世纪 90 年代初，日本均排在第二位。1990 年、1992 年和 1999 年，阿富汗从日本进口商品的占比分别是 8.6%、5.7% 和 15.6%。另外，日本对修建从里海经阿富汗到巴基斯坦的输油线路也很感兴趣。⑤

（四）2001 年之后的关系发展

"9·11" 事件使阿富汗问题成为国际热点。因此，欧洲国家也进一步加大了对阿富汗问题的干预。欧盟、北约以及日本等国际组织和国家积极支持美国对阿富汗发动的"持久自由行动"。北约 19 国表示支持美国，欧盟也表

① EIU, *Country Profile: Pakistan/Afghanistan*, 1992/93, p. 76.
② EIU, *Country Profile: Pakistan/Afghanistan*, 1992/93, p. 73.
③ EIU, *Country Profile: Pakistan/Afghanistan*, 1994/95, p. 76; EIU, *Country Report: Afghanistan*, 2001, p. 27.
④ EIU, *Country Profile: Pakistan/Afghanistan*, 1994/95, p. 79.
⑤ EIU, *Country Profile: Pakistan/Afghanistan*, 1994/95, p. 76; EIU, *Country Report: Afghanistan*, 2001, p. 27.

示支持美英在阿富汗采取的行动。美英开始打击阿富汗后，德国表示无条件支持美国，并且全面参与美国军事行动，这是德国在二战后首次向国外派出武装力量。此外，法国、意大利、挪威、西班牙、葡萄牙、波兰、瑞典、丹麦、捷克、斯洛伐克、乌克兰等欧洲国家也纷纷响应美国的军事行动。日本则宣布了援助美国的"七点方案"，并派遣3艘自卫舰前往印度洋，为美英军事打击提供后方支援。日本开辟了二战后向海外派遣自卫队的先例。

塔利班政权在一系列军事行动的打击下迅速垮台。随后，欧盟各国不仅与阿富汗建立了直接和正式的外交关系，而且通过多种方式参与阿富汗重建。2005年，欧盟与阿富汗发表致力于建设伙伴关系的联合声明，支持阿富汗重建和重返国际社会。除美国外，欧盟国家和日本是援助阿富汗规模最大的国家。在2002年和2004年阿富汗问题国际会议上，欧盟对阿富汗的捐助额占款项总额的1/3。在国际安全援助部队中，欧盟国家的士兵占2/3。此外，在阿富汗政治选举、禁毒、裁撤军阀、地方政府能力建设、司法改革、经济重建、人道主义援助等方面，欧盟投入了巨额的资源。从2002年到2010年，欧盟国家以各种形式援助阿富汗80亿欧元，是美国之外最大的援助方。

2017年，欧盟通过了《欧盟阿富汗战略》，指出了欧盟在阿富汗的主要政策目标：①推动阿富汗的和平、稳定与地区安全；②强化阿富汗的民主、法制和人权；③支持阿富汗的经济与社会发展；④应对阿富汗移民的挑战等。同年，欧盟以此为基础与阿富汗签署了《合作协定》，相互合作实现上述目标。为此，欧盟继续向阿富汗提供援助，协助阿富汗进行公共部门和司法部门的改革等。欧盟与阿富汗的经贸联系并不紧密。目前，欧盟是阿富汗的第十大贸易伙伴，是阿富汗第六大出口对象。欧盟给予阿富汗以普遍优惠制度（GSP）中的最优惠的贸易制度，即除武器装备外，阿富汗所有商品都可以免税和不限配额进入欧盟市场。除此之外，欧盟在阿富汗重建的其他领域都有涉及。

在欧盟中，德国在阿富汗重建中扮演着重要角色。2001年的阿富汗重建会议就是在德国波恩举行的，通过了《波恩协议》，框定了阿富汗重建的路线图。德国积极参与国际安全援助部队，其人员驻扎在阿富汗北部的马扎里沙里夫。同时，德国也负责向阿富汗安全部队、警察提供训练、指导和支持，援建大学、消除贫困、提升妇女地位等。2015 年，德国和阿富汗举办了两国建交 100 周年纪念活动。德国是除美国外，在阿富汗重建中投入最多的国家。德国在阿富汗的援建活动主要集中在北部地区。2013 年，德国对阿富汗的净双边援助达到约 5.5 亿美元，2018 年为 4.38 亿美元。①

法国作为北约和欧盟的主要国家，也积极参与阿富汗重建。法国一方面参与国际安全援助部队的活动，另一方面则主要在阿富汗的医疗卫生、农村电力系统、教育、饮用水、农业、文化等领域进行援助。2012 年，法国撤出了在阿富汗的半数以上驻军。2012 年，法国与阿富汗签署了《友好合作条约》，标志着法国对阿富汗问题介入的重点由军事干预转变为推进阿富汗的社会和文化发展。法国与阿富汗的经济联系不强。2012 年，法国对阿富汗的净双边援助约为 7000 万美元。2018 年，这一数值约为 984 万美元。②

2002 年，日本重新开放了在阿富汗的大使馆，并且积极帮助阿富汗重建。日本在 2002 年、2003 年、2006 年和 2012 年承担阿富汗问题国际会议，设立了阿富汗巴基斯坦问题特使。一是日本为阿富汗安全重建提供资金，特别是在阿富汗警察的薪金和能力强化方面进行援助。日本提供了阿富汗警察薪金总额的近一半。③ 二是援助阿富汗对复员军人的安置，帮助其重新融入社会，提高这些人的就业率，在这方面日本发挥着主导作用。三是日本对阿富汗的可持续发展，特别是农业方面提供援助，并且援建喀布尔机场等基础设施建设，重建和修缮了 800 多所学校。从 2001 年到 2013 年，日本向阿富汗提供了 40 亿美元的援助。2012 年，日本对阿

---

① "Afghanistan—Net Bilateral Aid Flows from DAC Donors, Germany," https：//tradingeconomics. com/afghanistan/net – bilateral – aid – flows – from – dac – donors – germany – us – dollar – wb – data. html.

② "Afghanistan—Net Bilateral Aid Flows from DAC Donors, France," https：//tradingeconomics. com/afghanistan/net – bilateral – aid – flows – from – dac – donors – france – us – dollar – wb – data. html.

③ https：//www. nato. int/cps/en/natolive/news_ 72931. htm? selectedLocale = en.

富汗的净双边援助达到近 9 亿美元，2018 年为 1.88 亿美元。①

塔利班上台后，欧盟成员国与塔利班政权中断了联系。但是，随着阿富汗局势的稳定，欧洲国家在未正式承认塔利班的情况下，也开始逐步与之建立联系。2022 年 1 月，挪威外交部邀请塔利班前往奥斯陆，与国际社会和阿富汗民间代表进行会谈。1 月 21 日，欧盟在喀布尔开始设立代表机构。此外，2022 年 1 月，欧盟向阿富汗提供了 2.683 亿美元的人道主义援助，共计 14 个项目。2022 年 1 月，欧盟与美国曾就阿富汗问题发布共同声明，要求塔利班政权在人权、女性地位、禁毒、包容性政府等方面进行改善。塔利班上台后，日本关闭了驻阿富汗大使馆，中断了两国的外交关系。日本一方面与西方国家协调，并未承认塔利班政权，但在妇女地位和人权等领域表示关切；另一方面，与塔利班政权保持联系，并为之提供人道主义援助。日本的非政府组织也活跃在阿富汗。2021 年 11 月，日本驻阿富汗大使冈田隆访问阿富汗，与阿临时政府代理副总理巴拉达尔会谈。同年 11 月，日本承诺向阿富汗提供 6500 万美元的人道主义援助。2022 年 5 月，冈田隆再度访问阿富汗。

第四节　与俄罗斯（苏联）、东欧和中亚的关系

一　同苏联和东欧的关系②

（一）20 世纪 50 年代中期之前

19 世纪，俄国一直将阿富汗视为向南亚和中东扩张的踏脚石。因此，多次试图扩大在阿富汗的影响。俄国因此与英国围绕阿富汗进行了近一个世纪的大博弈。1880 年，第二次英阿战争之后，英国控制了阿富汗外交。

---

① "Afghanistan—Net Bilateral Aid Flows from DAC Donors，Japan," https：//tradingeconomics. com/afghanistan/net‐bilateral‐aid‐flows‐from‐dac‐donors‐japan‐us‐dollar‐wb‐ data. html.

② 参见彭树智主编《阿富汗史》。

此后，英国和俄国划定了阿富汗北部和东部的部分边界，使阿富汗成为将英俄两大帝国相互隔离的"缓冲国"。1907 的《英俄协定》再次确认了英国在阿富汗的特权。

1919 年阿富汗独立之后，开始加强与苏俄的联系，以制衡英印当局。苏俄也同样希望与阿富汗这样的新兴独立国家发展友好关系，以打破帝国主义的封锁和武装干涉。在这种背景下，阿富汗与苏俄相互靠近，建立了正式外交关系。

1919 年 3 月 27 日，苏俄宣布承认阿富汗的独立和主权，它是世界上第一个承认阿富汗独立的国家。同年 4 月，阿曼努拉汗两次致函苏俄政府，提出建立友好关系。5 月，苏俄宣布准备立即同阿富汗互派大使。5 月底，阿富汗派以瓦里汗为首的代表团访问苏俄，并且与苏方代表布拉文举行会谈。9 月，布拉文作为首任驻阿大使到达喀布尔。10 月，瓦里汗抵达莫斯科，受到列宁接见。1921 年，阿富汗与苏俄在莫斯科正式签署友好条约。双方相互承认和尊重彼此的独立。苏俄将几块有争议的地区归还阿富汗，并给予阿富汗财政援助和包括资金、武器和通信设施等在内的援助。双方还同意互设领事馆。

但阿富汗与苏俄也存在矛盾。阿富汗希望乘苏俄立足未稳收复中亚地区一些失地。1920 年，阿富汗军队开入中亚的梅尔夫 - 库什卡一带活动，[①] 援助中亚地区反对苏俄的"巴斯马奇"运动。苏俄则在 1920 年 9 月推翻了布哈拉君主统治，取而代之以苏维埃政权。

阿苏双方签署友好条约后，两国关系也并非一帆风顺。1921 年，阿富汗与在布哈拉的恩维尔取得联系，并向阿北部边境地区派兵。后者为青年土耳其党领袖，支持"巴斯马奇"运动。1922 年 8 月，恩维尔被苏俄军队打死，"巴斯马奇"被击溃，苏俄要求阿富汗从边境地区撤军，阿富汗收复中亚失地的行动以失败告终。1925 年，苏联占领了阿姆河有争议的小岛——乌尔塔·塔盖勒（扬吉·卡拉），阿富汗就此提出抗议。此后，阿苏双方同意成立一个联合委员会对这一争端进行仲裁，最终将这个

---

① 这一地区原为阿富汗控制，19 世纪 80 年代被俄国吞并。

小岛判给了阿富汗。

乌尔塔·塔盖勒岛争端的和平解决，促使阿苏双方于1926年签署了互不侵犯条约。此后，双方关系未出现较大起伏，经济和贸易关系也随之发展。1924～1925年，苏联帮助阿富汗在从坎大哈到赫拉特和从喀布尔到马扎里沙里夫之间架设了两段电话线，并在赫拉特修建了一座轧棉厂。1927年，两国签署建立从塔什干到喀布尔航线的协定。1922年年底，阿苏两国恢复了直接贸易，1923～1929年，双边贸易额从500万卢布增至6160万卢布。

纳第尔沙统治时期与苏联的关系较为冷淡，苏联对于阿富汗亲英的政策也十分不满，但两国仍维持正常关系。1931年6月24日，双方续订了为期5年的《中立和互不侵犯条约》，承诺不允许反对另一方的组织和个人在本国领土活动。1932年，两国签署了邮政协定。1933年2月，阿富汗在苏联发起的互不侵犯公约上签字。1935年，两国签订在边境地区合作灭蝗的协议。1936年，双方签署有关阿富汗进口商品经苏联过境的协定。同年，两国同意将1931年《中立和互不侵犯条约》延长至1946年，阿富汗禁止境内的反苏势力向苏联发动袭击。

两国的贸易关系也有所发展。1933年，两国贸易额占阿富汗对外贸易总额的17%。1938年，苏联在阿富汗对外贸易中的比例已上升到24%。苏联还帮助阿富汗在北部7个城市修建了轧棉厂及其附属车间。

20世纪中期，苏阿关系进一步发展。印度和巴基斯坦分治后，阿富汗与巴基斯坦在"普什图尼斯坦问题"上的争端日趋激烈，并导致巴基斯坦对阿富汗实行贸易禁运，促使阿富汗寻求新的贸易过境线路。在这种背景下，阿苏经济贸易关系开始复苏。1950年7月，双方签署战后第一个贸易和换货协定。此外，苏联还给予阿富汗商品过境权，帮助阿富汗修建汽油储藏罐以及架设电报电话线，并在阿富汗北部开始进行石油勘探。50年代初，苏联在阿富汗对外贸易额中所占的比例已恢复到战前水平。

（二）20世纪50年代中期到70年代中后期

20世纪50到70年代，阿富汗与苏联关系迅速发展。从阿富汗方面看，它坚持独立自主和中立主义的外交政策，但阿富汗和巴基斯坦在"普什图尼斯坦问题"上的争端所导致的贸易过境问题，以及最初美国对于阿富汗援助要求的漠视，促使阿富汗积极向苏联寻求援助。与此同时，在冷战形势下，苏联为打破美国和西方的遏制，并确保其南部中亚地区的安全，需要增强其在阿富汗的影响。特别是，阿富汗是苏联南部唯一没有加入巴格达条约组织的国家。苏联力图使阿富汗保持中立地位，或处于自己的影响之下。这是苏联向阿富汗全面渗透的一个主要原因。

这个时期，阿富汗与苏联的政治经济关系得到长足发展。阿富汗成为苏联在第三世界重点援助的对象，苏联则是阿富汗第一大援助国。1955 年巴基斯坦对阿富汗实行边境封锁后，苏联同意延长 1950 年苏阿过境协定。同年 12 月，苏联领导人赫鲁晓夫和布尔加宁访问阿富汗，两国延长了 1931 年苏阿《中立和互不侵犯条约》，苏联还向阿富汗的第一个五年计划提供 1 亿美元贷款，并公开支持阿富汗在"普什图尼斯坦问题"上的立场。1960 年 3 月，赫鲁晓夫再访阿富汗。1961 年 9 月巴基斯坦对阿富汗实施长达两年多的边境封锁后，阿富汗再次要求苏联给予帮助。

同年 9 月，阿富汗外交大臣纳依姆访问苏联，苏联同意建立一条水果空运线，并为阿富汗"二五"计划提供 4.5 亿美元贷款。10 月，苏联军事代表团访问阿富汗，双方商讨大批培训阿富汗军官和大批派遣苏军教官事宜。11 月，阿苏签订补充过境协定。1963 年 10 月，苏联领导人勃列日涅夫访问阿富汗，表示理解阿富汗在"普什图尼斯坦问题"上的立场。1965 年 8 月，阿富汗国王查希尔沙访问苏联，两国再次宣布将阿苏《中立和互不侵犯条约》延长 10 年。1973 年 7 月达乌德第二次执政后，苏联第一个对该政权予以承认。1974 年 6 月，达乌德访问苏联，苏联同意为阿富汗七年发展规划提供巨额贷款。达乌德公开支持苏联倡导的"亚安体系"，苏联则支持阿富汗在"普什图尼斯坦问题"上的立场。1975 年12 月，阿苏双方再次同意延长 1931 年《中立和互不侵犯条约》。

这个时期，苏联除了与阿富汗发展官方政治关系外，还积极以援助的方式培植阿富汗亲苏势力。20世纪50年代中期，苏联派遣大批军事顾问到阿富汗，负责阿富汗军队的训练工作，同时每年接受一批阿富汗青年军官到苏联训练。自1960年起，苏联开始接受阿富汗留学生。1957年，苏联对外广播开始设立普什图语节目。1967年，苏联为喀布尔大学建成综合技术学院。阿富汗人民民主党深受苏联的意识形态的影响，20世纪60～70年代在阿富汗逐渐产生了一批亲苏势力。20世纪70年代初期，苏联支持人民民主党旗帜派与达乌德亲王联手发动1973年政变，推翻了查希尔沙的统治。70年代中后期，随着达乌德政权对苏联离心倾向的日益增强，苏联推动阿富汗人民民主党人民派和旗帜派于1977年联合，为推翻达乌德政权做准备。

苏联也积极向阿富汗提供军事援助。1956年7月，苏联提供了价值2500万美元的军事援助，用于购买苏联和东欧国家的军事装备。截至1972年，苏联对阿富汗的军援总额已达4.55亿美元。1973～1974年，苏联和东欧国家总共向阿富汗交付价值1.37亿美元的军火。1977年，苏联向阿富汗交付的军事装备的价值已有1.27亿美元。截至1978年，阿富汗军队已配备许多新型苏式武器，苏联为阿富汗培养的军官至少有4000人。此外，苏联还在马扎里沙里夫、信丹德和巴格拉姆修建了3个空军基地。

阿富汗与其他社会主义国家的关系也迅速发展。20世纪60年代后期，除民主德国、朝鲜和越南之外，阿富汗与其他社会主义阵营国家均建立了外交关系。不过，当时只有阿尔巴尼亚、保加利亚、捷克斯洛伐克、波兰和南斯拉夫在阿富汗设有使领馆。匈牙利通过驻伊拉克的使节与阿富汗保持外交关系，蒙古国和罗马尼亚分别通过其驻印度的使节与阿富汗保持外交关系。许多社会主义国家像苏联一样与阿富汗进行换货贸易，并且向阿富汗提供了一定数量的经济援助和军事装备。比如，阿富汗与捷克斯洛伐克进行了比较密切的贸易、科技和技术合作，后者还向阿富汗提供了一定数量的军事援助，阿捷两国也建立了定期航线。阿富汗与南斯拉夫的关系也很友好，20世纪60年代，阿南两国高层互有访问。阿富汗与波兰的关系基本限于文化领域，不过20世纪六七十年代阿波两国高层也互有来访，并签署了文化合作协定，阿富汗还向波兰派遣了一些留学生。①

（三） 苏联占领阿富汗时期

1978 年 4 月，人民民主党上台后倒向苏联。苏联是第一个承认该政权的国家。1979 年，苏联出兵阿富汗，人民民主党政权事实上成为苏联的傀儡。一方面，苏联占领阿富汗之后加大对人民民主党政权的扶植力度，给予巨额的援助，不断增兵打击反政府的抵抗运动，1990 年人民民主党政权 75% 的财政收入来自苏联的援助；另一方面，苏联加强对阿富汗北部地区开发和勘探，苏联和阿富汗的贸易额迅速增长。此外，苏联为了赢得阿富汗人的好感，派往阿富汗的军队大多数来自其中亚加盟共和国。这些士兵与阿富汗北部的乌兹别克族、塔吉克族和土库曼族等属于同一民族。阿富汗因此成为美苏冷战的热战场。

在阿富汗的征战极大地消耗了苏联的国力。1985 年，戈尔巴乔夫上台后，苏联开始考虑从阿富汗撤军。1988 年 4 月 14 日，在联合国主持下，阿富汗、巴基斯坦、美国和苏联四方最终签署《日内瓦协议》。据此，从 1988 年 5 月 15 日到 1989 年 2 月 15 日，苏联在规定期限内完成了全部撤军工作。

苏联之所以撤出阿富汗，首先在于入侵阿富汗遭到了阿富汗人民的坚决抵抗以及国际社会的广泛反对。在一定意义上，苏军不仅是与单独的阿富汗抵抗力量作战，而且是与支持阿富汗抵抗力量的西方国家、阿富汗周边一些国家以及其他国际社会成员作战。其次，苏联入侵阿富汗成为旷日持久的消耗战，苏联没有达到预期目的，反而背上沉重的包袱。苏联决策者最初估计，军事行动可以在数星期内结束，但是战争却延续了将近 10 年，而且看不到尽头。近 10 年中，苏联派出大约 70 万军人，在阿富汗共阵亡 13833 人，负伤 49985 人，致残 6669 人，失踪 330 人。② 苏联国内经

---

① Harvey H. Smith et al. , *Afghanistan*, *A Country Study*, Fourth Edition, Washington: United States Government Printing Office, 1980, p. 229.

② 金重远：《出兵阿富汗——错误决定作出的前前后后》，《浙江师范大学学报》（社会科学版）2000 年第 4 期。

济也日益恶化，战场失利和沉重的负担，进一步引起苏联国内民众的强烈不满。最后，从军事角度看，苏联在阿富汗受挫还包括以下原因。一是苏联在阿富汗进行的是一场特殊的局部战争，也是一场反游击战，但是苏军的作战思想和部队训练不适应这种特殊战争的需求。二是自古以来阿富汗的独立意识很强，并受到伊斯兰教"圣战"思想的影响，阿富汗人民不会轻易屈服。三是阿富汗地形复杂、道路崎岖、交通困难，限制了苏军机械化部队的优势。四是普什图族跨境而居，再加上受到巴基斯坦和以美国、沙特为首的国际社会的有力支援，巴基斯坦成为苏联无法割断的阿富汗抵抗力量的大后方。

1989年2月15日苏联撤出阿富汗后，仍大力援助纳吉布拉政权，以迫使阿富汗抵抗力量接受其政治解决方案，即与纳吉布拉政权一起组成联合政府。除战场上遗留的大规模武器装备和军事设施外，苏联每年向纳吉布拉政权提供价值30亿~50亿美元的军事援助和经济援助，还留下一批军事顾问帮助纳吉布拉政权的军队。与此同时，苏联和纳吉布拉政权在阿富汗国内展开了一系列政治、外交的和解攻势。这些努力虽然延长了纳吉布拉政权的寿命，但是未能从根本上挽救该政权。

1991年8月，苏联发生剧变后，决心摆脱阿富汗这个负担。当年9月13日，苏美两国在莫斯科签署协议，宣布自1992年1月1日起停止向阿富汗交战双方提供武器。1992年年初，继承苏联衣钵的俄罗斯，大幅度减少了对纳吉布拉政权的援助，并撤回大批军事顾问。失去支持的纳吉布拉政权，最终在当年4月垮台。随后，俄罗斯停止了武器供应。

二 与俄罗斯的关系

20世纪90年代初，俄罗斯自顾不暇，无心关注阿富汗问题。90年代中后期，阿富汗塔利班的崛起对俄罗斯国内安全造成了一定的威胁，美国等域外势力也试图借阿富汗将势力延伸到新独立的中亚国家。例如，美国等西方国家试图修建从中亚国家经由阿富汗到达南亚和印度洋的石油管道。因此，俄罗斯开始积极支持伊斯兰促进会等阿国内政治和军事派别。

俄罗斯对于阿富汗的总体外交政策是严守中立，不干涉阿富汗内政，但俄罗斯开始积极支持拉巴尼政府。俄罗斯在塔吉克斯坦与阿富汗边境地区驻扎约 2 万人的军队。俄罗斯技术人员在阿富汗巴格拉姆机场帮助拉巴尼政府更新设施，向拉巴尼政府运送武器弹药、燃料和在莫斯科印制的阿富汗货币。此外，俄罗斯在阿姆河上修建桥梁，在阿富汗北部塔卢坎修建机场等。

1996 年 9 月塔利班攻克喀布尔后，俄罗斯开始公开反对塔利班。俄罗斯外交部部长宣布，俄不打算与刚上台的塔利班政权进行接触。俄国家杜马发表声明，呼吁对塔利班政权实行无条件的武器禁运，冻结其在外国银行的资产，并进行空中封锁。俄罗斯和塔吉克斯坦两国还表示，要保卫塔阿边界。俄罗斯与中亚五国首脑还召开紧急会议，警告塔利班不要把战火引向独联体国家的南部边界，否则将采取相应行动。

1998 年起，俄罗斯开始秘密或公开地支持北方联盟，加大反对塔利班的力度。俄罗斯虽然没有派一兵一卒，但是向北方联盟提供重型武器，帮助后者进行军事训练，并提供后勤支持。此外，俄罗斯与伊朗开始在帮助北方联盟上结成松散的联盟。俄罗斯还与乌兹别克斯坦一起，向阿富汗北部军阀杜斯塔姆派提供支持。2000 年 5 月，俄罗斯官方进一步声称，有可能对分布在阿富汗的"基地"组织营地实施预防性打击。2000 年 10 月，俄罗斯政府官员、电视台公开声称，塔利班"扩散恐怖主义、毒品和伊斯兰宗教激进主义"。2001 年 3 月 10 日，俄罗斯总统普京签署总统令，决定执行联合国安理会于 2000 年 12 月 19 日通过的加强对塔利班执行制裁的决议。

"9·11"事件发生后，俄罗斯在一定程度上支持英美等西方国家打击塔利班的军事行动。2001 年 9 月 24 日，俄罗斯总统普京声明，俄罗斯主张加强国际组织尤其是联合国在反恐怖问题上的作用，将配合美国的反恐行动，其中包括加强国际社会的情报合作，向提供人道主义物资援助的飞机开放领空，愿意参与国际搜寻和救援行动，继续向拉巴尼政府提供更多的武器和技术援助。但俄罗斯并未参与这次军事行动。

卡尔扎伊政府成立前，俄罗斯主张在阿富汗建立一个为各派所接受的、基础广泛的联合政府，但是决不能将塔利班吸收进未来政府当中。

阿富汗

2001 年年底阿富汗临时政府建立后，阿富汗与俄罗斯的双边关系有了初步发展。就卡尔扎伊政府而言，致力于加强与国际社会，包括俄罗斯和中亚的双边和多边合作，有利于巩固新生政权，加快各个方面的重建步伐。就俄罗斯而言，与阿富汗加强全方位合作，不仅有利于恢复它对中亚、南亚一带的影响，防范阿富汗境内国际恐怖主义势力的蔓延，确保俄南部缓冲地带的安全和稳定，而且有利于与美国争夺在阿富汗和中亚的主导权。

俄罗斯对于阿富汗的政策独立于西方国家，并成为阿富汗外交中除美国之外最重要的外部国家。俄罗斯主要在阿富汗的政治和解、军事和安全重建等领域介入阿富汗问题。总体来看，在 2014 年之前，俄罗斯和阿富汗的外交关系迅速发展。在俄罗斯兼并克里米亚问题上，阿富汗甚至顶住西方国家的压力，支持俄罗斯的行动。加尼政府上台后，阿富汗与俄罗斯的关系出现了波折。2016 年以来，俄罗斯加大了政治介入阿富汗问题的力度，每年都召开阿富汗和平峰会。这在一定程度上使阿富汗政府在该问题上边缘化，进而引发了俄罗斯与阿富汗政府的矛盾。

俄罗斯的阿富汗政策独立于西方国家，一直要求西方从阿富汗撤军，同时试图加大对于阿富汗政治和解的影响力。而在对待塔利班的问题上，俄罗斯也发生了重大的转变，由之前反对塔利班进入阿富汗政治进程转变为积极支持阿富汗政府与塔利班的和解。2016 年俄罗斯组织召开阿富汗问题的国际会议，与会的阿富汗代表为前总统卡尔扎伊。加尼对于绕开阿富汗政府非常不满，警告俄罗斯不要干预阿富汗内政。尽管在 2016 年之后，俄罗斯也邀请阿富汗政府代表参加会议，但是，双方仍然存在很大的矛盾。俄罗斯逐渐与塔利班走近，引起了阿富汗政府的强烈不满。这反映了在西方国家撤军阿富汗的背景下，阿富汗局势具有很大的不确定性，俄罗斯开始在阿富汗布局，防止其威胁俄罗斯的安全。俄罗斯加强与塔利班的联系，以抑制"伊斯兰国"呼罗珊分支等其他更加极端的组织对俄罗斯和中亚的威胁。塔利班上台后，俄罗斯虽并未承认塔利班政权，但是与之广泛接触，并推动阿富汗建立包容性的政府。俄罗斯参加了中国、印度等国主持召开的阿富汗问题会议，保持俄罗斯驻阿富汗大使馆的运行，任命了驻阿富汗代办等。这使俄罗斯在阿富汗问题上具有了很大的影响力，并一直要求西方国家解除对阿富汗的制裁。与此同时，俄罗斯利用地缘优势，加强了与阿富汗的贸易关系，将之视为加强地区合作的重要契机。2021 年 8 月以来，俄罗斯与阿富汗的贸易猛增，俄罗斯月均向阿富汗的出口额达到 1030 万美元，进口额达到 58.4 万美元，较之前分别增长 500% 和 120%。

三 与中亚国家的关系

苏联解体后，阿富汗北方出现了四个新的邻国，这些国家当时在政治和经济方面存在问题。当时的阿富汗陷入内战当中，阿富汗北部的乌兹别克族、土库曼族、塔吉克族、吉尔吉斯族等属于跨境民族，历史上与中亚具有紧密的联系。因此，阿富汗成为影响中亚国家稳定的重要因素。在20 世纪 90 年代的阿富汗内战中，中亚国家积极支持阿富汗的少数民族武装力量。塔利班兴起之后，中亚国家又给予北方联盟以大力支持，抵制塔利班的影响。尽管阿富汗北部的少数民族与中亚国家具有亲缘性，但前者仍然认同于阿富汗，并不存在分裂主义的诉求。中亚国家也对阿富汗这些地区没有领土要求。

2001 年，塔利班政权垮台后，中亚国家支持的北方联盟一度成为阿富汗最重要的政治和军事力量，中亚国家与阿富汗的关系进入了新阶段。特别是，随着阿富汗重建的启动，中南亚的地区合作前景巨大。阿富汗与中亚国家具有了更加紧密的联系。

1. 与塔吉克斯坦的关系

苏联入侵阿富汗后，作为加盟共和国的塔吉克斯坦不仅提供了大量兵源，而且也是苏军的后勤保障基地。但是，也有一些塔吉克人到达阿富汗，参加反对苏联的"圣战"。塔吉克斯坦独立后，一直被内部矛盾以及它与乌兹别克斯坦之间的紧张关系所困扰。一些曾在阿富汗参加"圣战"的塔吉克人回到塔吉克斯坦，导致阿富汗国内冲突升级。1992 ~ 1997 年的塔吉克斯坦内战，促使约 10 万名塔吉克斯坦反政府人员和难民逃往阿富汗北部寻找庇护。当时，一些逃亡阿富汗的塔吉克人频频在塔吉克斯坦策划袭击事件。其中的一些塔吉克斯坦反政府武装还受到阿富汗国内的一些圣战者支持。因此，尽管在 1992 年塔吉克斯坦与以塔吉克人为主体的阿富汗拉巴尼政府建立外交关系，但当时两者的矛盾十分尖锐。

塔利班兴起后，塔吉克斯坦和阿富汗拉巴尼政权关系开始好转。塔吉克斯坦积极支持该政权，特别是与其军事领导人马苏德保持密切联系。1998 年，马苏德在塔吉克斯坦的空军基地拥有一个很大的供应中心。在许多塔吉克斯坦人眼里，马苏德是塔吉克斯坦的民族英雄，因为他与塔利班进行斗争。对许多塔吉克斯坦人而言，塔利班代表伊斯兰激进势力，与中亚地区温和的伊斯兰势力不和。塔利班同时还代表普什图民族的扩张性，与塔吉克斯坦的民族愿望直接相悖。

塔吉克斯坦反政府派别既支持拉巴尼政府，也在军事上支持塔利班。20 世纪 90 年代末，塔利班庇护着塔吉克斯坦反政府势力，让后者在阿富汗土地上建立基地。

阿富汗境内的宗教极端主义、毒品走私问题是影响塔吉克斯坦国家安全的重要因素。2001 年，塔吉克斯坦支持美国等西方国家在阿富汗的军事行动，同意美国使用部分机场设施。2009 年，塔吉克斯坦同意美国等西方国家的非军事物资经由塔吉克斯坦中转进入阿富汗，缓解了美国在阿富汗物资投放上的困境。

随着阿富汗重建进程的推进，塔吉克斯坦开始关注与阿富汗的经济合作。2002 年，塔吉克斯坦在阿富汗的大使馆重新开放，同年塔吉克斯坦在马扎里沙里夫设立领事馆。美国援建了跨越阿富汗和塔吉克斯坦界河喷赤河的大桥，使两国的陆上货物运输能力极大地提升。此外，塔吉克斯坦与阿富汗在电力合作方面也有突破。塔吉克斯坦向阿富汗提供部分电力，并通过阿富汗向巴基斯坦供电。2008 年，塔吉克斯坦、伊朗和阿富汗成立波斯语国家联盟经济委员会，以加强三国的合作。

2. 与乌兹别克斯坦的关系

20 世纪 80 年代，在苏联从阿富汗撤军之前，乌兹别克斯坦地方政府就与苏联一起在阿富汗北部培植当地的阿富汗乌兹别克人，建立一条由乌兹别克人控制的世俗 "防疫线"，防止任何阿富汗抵抗势力控制这个地区。阿富汗政府军中的杜斯塔姆将军因此受到前两者的军事援助。

20 世纪 90 年代，阿富汗内战也波及刚刚独立的乌兹别克斯坦，致使这里的伊斯兰激进势力对乌兹别克斯坦政府构成严重挑战。乌兹别克斯坦的费尔干纳谷地，是中亚最富庶的农业区，但是在 90 年代，这里成为乌兹别克斯坦反政府势力的聚集区。在这些反政府势力中，许多激进分子曾于 80 年代在阿富汗、沙特阿拉伯以及巴基斯坦的抵抗组织中秘密接受培训。因此，阿富汗塔利班崛起后，这些反政府势力很快与塔利班取得联系，并在军事上支持塔利班，塔利班则在阿富汗塔利班控制区内为他们提供庇护。

乌兹别克斯坦一直试图抵御塔利班及其所庇护的乌兹别克斯坦反政府势力，以维护国家安全和稳定。一方面，乌兹别克斯坦仍旧沿用了 20 世纪 80 年代的战略，与俄罗斯一起，继续向阿富汗乌兹别克族军阀杜斯塔姆提供军事援助，试图将阿富汗北部乌兹别克人占优势的 6 个半省变成防止塔利班扩散的缓冲区。另一方面，乌兹别克斯坦也鼓励拉巴尼政府与杜斯塔姆建立良好关系，以共同抵御塔利班向北方推进。乌兹别克斯坦还试图在中亚与俄罗斯之间构筑反对塔利班的联盟。1998 年后，它推行的这些政策显然失败了，因为塔利班已经打到了乌兹别克斯坦边境。

"9·11"事件发生后，乌兹别克斯坦支持美国等西方国家打击塔利班的军事行动。随后，乌兹别克斯坦与阿富汗临时政府建立外交关系。2001 年以来，乌兹别克斯坦对阿富汗的关注方面与日俱增，双方不断加强经贸和能源合作。2016 年，乌兹别克斯坦总统米尔济约耶夫与阿富汗总统加尼共会晤了 5 次。如今，从阿富汗马扎里沙里夫到乌阿两国边境城市海拉顿的铁路已经修通。乌兹别克斯坦还向阿富汗提供急需的电力。此外，乌兹别克斯坦还向阿富汗出口天然气、石油、小麦、药品、建筑材料和肥料等。2018 年，乌兹别克斯坦是阿富汗的第四大进口国，进口额达到约 11 亿美元。

3. 与土库曼斯坦的关系

土库曼斯坦与阿富汗、乌兹别克斯坦等国家一样，在外交政策上均选择中立。独立后，土库曼斯坦面临最大的问题是如何为其油气资源寻找更广阔的外部市场，它希望选择除原苏联管线之外的其他替代管线，其中包括阿富汗管线、伊朗管线以及中国管线。因此，土库曼斯坦在与俄罗斯拉开距离的同时，也避免卷进该地区新兴的经济和军事集团。在阿富汗问题上，土库曼斯坦选择中立，不站在阿富汗冲突的任何一方。

从 20 世纪 90 年代初到 1995 年，土库曼斯坦一直向控制阿富汗西部的伊斯梅尔汗提供石油等能源。后来，土库曼斯坦还向塔利班提供燃料。另外，在土库曼斯坦驻赫拉特的领事馆与塔利班保持良好关系的同时，其驻马扎里沙里夫的领事馆也与反塔利班的北方联盟保持友好关系。土库曼斯坦是中亚地区中唯一未明确反对塔利班的国家，两者保持着一定的联系。

2001 年，土库曼斯坦支持美国为首的多国部队对塔利班的军事行动。尼亚佐夫担任总统期间，土库曼斯坦与阿富汗的经贸和能源联系有所发展。2007 年，别尔德穆哈梅多夫担任总统后，土库曼斯坦与阿富汗的关系迅速发展。2019 年，两国签署了《战略伙伴关系》，进一步扩大和加强两国在政治、经济和安全等领域的合作。

两国主要在能源、电力、贸易等方面具有较为深入的合作。其中 TAPI 天然气管线的建设是合作的重点，土库曼斯坦、阿富汗和巴基斯坦将共同修建天然气管道，将土库曼斯坦的天然气出口到阿富汗和巴基斯坦，解决两国天然气的缺口。2020 年，土库曼斯坦段的工程基本完成，从阿富汗北部城市图古迪到达土库曼斯坦的铁路也修建完成。此外，土库曼斯坦还以优惠价格向阿富汗出口电力和液态天然气，帮助阿富汗培养青年后备人才。2023 年，土阿两国贸易额达 4.81 亿美元，其中阿主要自土进口电力、天然气、石油、大理石、干果等。①

4. 与吉尔吉斯斯坦的关系

吉尔吉斯斯坦不与阿富汗接壤。1996 年 9 月塔利班攻克喀布尔后，吉尔吉斯斯坦对此表示不安。它既担心数百万阿富汗难民涌向中亚，也担心战火烧至独联体边界，尤其是塔吉克斯坦边界。因此，吉尔吉斯斯坦表

---

① 《阿富汗与土库曼斯坦就扩大经济合作举行会谈》，新浪网，2024 年 2 月 29 日，https：//finance. sina. com. cn/money/future/nyzx/2024 - 02 - 29/doc - inakskpp1563456. shtml。

示要加强塔吉克斯坦与吉尔吉斯斯坦边界的防御，并向阿富汗难民提供人道主义援助。但是，它反对独联体国家介入阿富汗内部冲突，主张不应向阿富汗任何一派提供军事和物资支持。

"9·11"事件发生后，吉尔吉斯斯坦曾同意美国在其境内建立军事基地。吉尔吉斯斯坦与阿富汗并非邻国，两个国家的政治关系长期较为冷淡，在经贸领域的合作也不多。2019年，吉尔吉斯斯坦才向阿富汗派驻了大使，两国建立了全面的外交关系。2021年，塔利班再次掌权后，两国关系一度受到影响，近两年有所恢复。2024年上半年，两国贸易额为877.5万美元，较2023年上半年的1321.2万美元下降33.6%。其中，吉尔吉斯斯坦对阿富汗出口583.6万美元，从阿富汗进口293.8万美元。①

5. 与哈萨克斯坦的关系

哈萨克斯坦与阿富汗并不接壤，阿富汗国内也没有哈萨克族。但是，阿富汗内战威胁到了哈萨克斯坦的国家安全。1992年哈萨克斯坦与阿富汗的拉巴尼政府建立外交关系，1993年哈萨克斯坦驻阿富汗大使馆投入运行。1996年，阿富汗国内局势恶化后，哈萨克斯坦曾在联合国呼吁介入阿富汗问题。2001年，"9·11"事件发生后，哈萨克斯坦支持对塔利班的军事打击。2002~2003年，哈萨克斯坦为阿富汗提供了3000吨小麦和192吨食品的援助。但总体来看，从1992年建交到2003年，两国的关系较为冷淡。

2003年，哈萨克斯坦驻阿富汗大使馆重新开放，两国关系尤其是经贸联系迅速发展。两国政府层面签署了一系列合作协定，涉及教育合作、禁毒合作和经贸合作等，双方在经贸领域建立政府间委员会（IGC）以推动双边贸易的发展。同时，哈萨克斯坦向阿富汗提供了大量的人道主义援助；接纳阿富汗留学生，为之提供奖学金；在阿富汗援建公路、学校和医院等。截至2015年，哈萨克斯坦为阿富汗援助了价值2000万美元的食品，并投入5000万美元援助阿富汗教育。2013年，伊斯坦布尔进程第三

---

① 《吉尔吉斯斯坦热衷于加强与阿富汗的贸易和经济关系》，每日经济，2024年9月7日，https://cn.dailyeconomic.com/2024/09/07/108359.html。

次部长级会议在阿拉木图召开。

2018 年，哈萨克斯坦对阿富汗出口额达到 15.8 亿美元，是阿富汗第三大进口国。截至 2019 年，哈萨克斯坦向阿富汗提供了 7500 万美元的人道主义援助，两国签署了 20 多项合作协议。

2021 年 8 月，塔利班再度执政后，阿富汗与中亚国家关系出现了新的变化。中亚五国对于塔利班上台后，阿富汗的极端主义、人道主义和少数族群问题十分关注，并与中俄和欧盟等在这些问题上协调立场，积极参与相关国际会议，但是对塔利班政权的政策也存在一定的分化。

总体来看，土库曼斯坦和乌兹别克斯坦与塔利班政权有一定的接触，并继续向阿富汗供给电力和天然气。乌兹别克斯坦拒绝对阿富汗前政府的军人和官员提供庇护，并试图通过与塔利班的联系继续拓展与南亚国家的经贸合作。乌兹别克斯坦总统沙夫卡特·米尔济约耶夫指出，乌兹别克斯坦将塔利班政权视为"必须接受的事实"，将之形容为中亚不可分割的一部分。2022 年 2 月 22 日，乌兹别克斯坦副总理乌穆尔扎科夫访问阿富汗，并与塔利班政权领导人进行会谈。乌兹别克斯坦是国际社会为阿富汗提供人道主义援助的重要通道。塔利班再度掌权以来，土库曼斯坦一直试图加强与塔利班的联系，尤其是经济合作。土库曼斯坦经济依赖天然气出口。阿富汗前政府与巴基斯坦、印度等启动的 TAPI 项目，正是将土库曼斯坦的天然气向南输送，对其具有重要价值。两国具有一定的外交联系，土库曼斯坦驻阿富汗大使馆依然运作。2022 年 1 月 16 日，阿富汗临时政府代理外长穆塔基访问土库曼斯坦，就重启 TAPI 项目以及阿富汗的国境贸易问题进行磋商。哈萨克斯坦明确表示关注阿富汗的局势发展，不承认塔利班政权，但与之有接触。2021 年 12 月 25 日，哈萨克斯坦高级官员两次访问阿富汗，就双方的贸易尤其是食品贸易进行洽谈。阿富汗主要从哈萨克斯坦进口面粉。哈萨克斯坦向阿富汗提供人道主义援助。吉尔吉斯斯坦与塔利班政权有一定的接触。2021 年 9 月 23 日，吉尔吉斯斯坦安全委员会副主席塔拉特别克·马萨迪科夫率团前往阿富汗访问，会见了巴拉达尔和穆塔基，就双边的贸易进行谈判。

塔吉克斯坦与阿富汗塔利班政权的矛盾很大。塔吉克人是阿富汗第二大民族，塔利班上台后直接影响塔吉克人的地位。同时，塔吉克斯坦也是受阿富汗局势变动影响最大的中亚国家，大量难民涌入塔吉克斯坦，极端势力也借此向塔吉克斯坦渗透。故此，塔吉克斯坦接受了大量阿富汗前政府的官员和军人，以及为阿富汗的一些反塔利班力量提供庇护。塔吉克斯坦总统拉赫蒙表示，塔吉克斯坦不会承认阿富汗政府。塔利班则称，不能容忍塔吉克斯坦干涉阿富汗内政，并向塔吉克斯坦派遣武装人员。塔吉克斯坦的数十万军队处于战备状态。拉赫蒙视察南部与阿富汗接壤的边境地区。塔吉克斯坦还授予阿富汗的抗苏名将马苏德、拉巴尼最高勋章等。尽管塔阿两国的外交关系恶化，但贸易联系尤其是电力合作仍然存在。2021年12月以来，两国的关系也有所缓和。2021年12月28日，塔吉克斯坦与阿富汗的国家电力公司签订了供电合同，塔吉克斯坦2022年5～9月每天向阿富汗输送400兆瓦的电力。

第五节　同巴基斯坦的关系

一　边界冲突及其演进①

在阿富汗的邻国中，阿富汗与巴基斯坦的关系居于特殊而突出的地位，两国存在严重的领土争端，即"普什图尼斯坦问题"。1747年阿富汗建国后，今巴基斯坦西北部地区被纳入阿富汗杜兰尼王朝的统治。这一地区有大量的普什图人，被称为"普什图尼斯坦"。然而，随着杜兰尼王朝的衰落、锡克人的崛起，以及英国殖民者的到来，阿富汗逐渐丧失了对这一地区的控制。1893年11月，英国胁迫阿富汗政府与英印政府签署了《杜兰协定》，将阿富汗与当时的英属印度边界划分开，将世代生活在高山中的普什图人人为地划入两个不同的地区，从而埋下长期民族冲突的隐患。

---

① 参见胡仕胜《巴基斯坦与阿富汗关系轨迹》，《国际资料信息》2002第3期；彭树智主编《阿富汗史》。

1947 年 6 月，英国在印度和巴基斯坦分治前在英印西北部地区举行公民投票。最后，普什图人通过"公决"，同意并入巴基斯坦的西北边境省。对此，阿富汗政府拒不承认，它要求该地区加入阿富汗或独立。同年，印度和巴基斯坦实现分治，英国势力退出南亚。

1949 年 7 月，阿富汗大国民会议宣布废除 1893 年《杜兰协定》和1905 年、1919 年、1921 年签订的英阿条约及其他任何涉及普什图族地位的条约。从 1947 年巴基斯坦独立到 20 世纪 60 年代初，阿富汗与巴基斯坦之间因后者境内的普什图人归属问题经常发生冲突。

第一次冲突发生在 1949 年 9 月。当时，巴基斯坦境内的普什图人宣布建立独立的国家——"普什图尼斯坦"。阿富汗积极支持，巴基斯坦则出兵镇压。阿富汗与巴基斯坦的关系迅速恶化，两国召回各自大使。后来，由于阿富汗与苏联关系迅速升温，巴基斯坦在谋求与美国靠近的同时，于 1952 年主动与阿富汗交换大使，两国遂恢复正常关系。

第二次冲突发生在 1955 年。当年 3 月，巴基斯坦宣布将包括普什图人部落聚居区在内的西巴基斯坦各省①合并为一个省，阿富汗对此提出抗议，再度引发冲突，两国断绝外交关系，巴基斯坦对阿富汗过境贸易实行封锁。美国为阻止阿富汗过分靠近苏联，也极力协调阿巴关系。9 月 30日，阿富汗与巴基斯坦恢复外交关系。1958 年 5 月，阿富汗和巴基斯坦在喀布尔签署航空协定以及贸易和过境协定，规定了有利于阿富汗方面的贸易进出口货物过境的办法，阿巴两国贸易关系趋于正常化。

达乌德第一次执政期间，一直在"普什图尼斯坦问题"上持强硬立场。从 1960 年下半年到 1961 年上半年，阿富汗与巴基斯坦两国边境屡有冲突。1961 年 8 月，巴基斯坦因此关闭驻阿富汗领事馆，9 月，阿富汗断绝与巴基斯坦的外交关系。此后，巴基斯坦封锁巴阿边境长达 2 年多。

1963 年 3 月达乌德下台后，阿富汗和巴基斯坦获得改善关系的契机。同年 5 月，在伊朗斡旋下，阿巴两国举行谈判。由于双方均搁置了"普

---

① 1971 年孟加拉国独立前，巴基斯坦分为东巴基斯坦和西巴基斯坦。东巴基斯坦指现在的孟加拉国，西巴基斯坦指现在的巴基斯坦。

什图尼斯坦问题"，两国达成恢复邦交、过境贸易和开放边境的协议。此后到 1973 年，阿巴两国关系平稳。同时，巴基斯坦也充分认识到稳定巴阿关系的重要性。1970 年，巴基斯坦颁布新宪法，宣布解散单一的西巴基斯坦省，赋予各省以自治地位，在普什图人部落聚居区建立高度自治的"联邦管理部落区"。新宪法保证，"联邦管理部落区"的独立性不受政府的任何干扰。新宪法得到巴基斯坦国内普什图人和俾路支人的认可，普什图人因此放弃了争取独立的立场，转而谋求在巴基斯坦内实现真正的自治。

1973 年达乌德第二次执政后，继续在领土问题上持强硬立场。阿富汗公开鼓励巴基斯坦境内的普什图人实现民族自决，多次在国际会议上重提"普什图尼斯坦问题"，公开指责巴基斯坦。巴基斯坦则指责阿富汗训练普什图族和俾路支族游击战士，并把他们派到巴基斯坦作战。阿巴双方关系因此趋冷，双方矛盾还逐步演化为边境冲突。

达乌德执政后期，开始主张通过和平方式解决阿巴两国分歧。在伊朗的斡旋下，阿巴两国关系明显改善，并首次实现首脑互访。1976 年 6 月，巴基斯坦阿里·布托总理访问阿富汗。巴基斯坦首次公开表示阿富汗有权关心"杜兰线"以东和以南普什图人的命运，阿富汗则同意本着五项原则解决有关分歧。齐亚·哈克担任巴基斯坦总统后，阿巴再度实现首脑互访，阿富汗同意遣返境内的普什图族和俾路支族难民。

1978 年塔拉基执政后，重提"普什图尼斯坦问题"，公开支持巴基斯坦境内普什图人的自决要求，并支持流亡在阿富汗的巴基斯坦反对派领袖，阿巴关系日趋冷淡。1979 年 9 月阿明执政后，表示要改善与巴基斯坦等国家的关系。但是，同年 12 月 25 日苏联开始入侵阿富汗。从那时起，"普什图尼斯坦问题"始终没有在阿富汗和巴基斯坦之间得到正式解决。不过，由于阿富汗长年战乱，这个问题一直被淡化。

二 苏联入侵与巴基斯坦的对阿政策

苏联占领阿富汗期间，阿富汗与巴基斯坦之间不存在正常的国家关系。巴基斯坦拒不承认苏联支持的阿富汗政权，并拒绝与之直接会谈，阿巴两国边境冲突更是频繁发生。巴基斯坦积极通过各种方式支持阿富汗反苏抵抗力量，成为外部力量支持阿富汗抵抗力量最重要的后方基地。

首先，巴基斯坦利用伊斯兰教的旗帜，把本国变成反苏抵抗战士的培训基地。20 世纪 80 年代中期以来，齐亚·哈克军政权在巴基斯坦推行"社会伊斯兰化运动"，在沙特阿拉伯等国的资助下开始创建一大批教授伊斯兰教的学校。在巴基斯坦以及美国和西方政府的鼓励下，这些学校演变成为反苏"圣战者"的培训中心。大批阿富汗青年在这些学校毕业后，源源不断地投入到抗苏战场上去。

其次，在支持阿富汗抗苏斗争中，巴基斯坦的三军情报局发挥了重要作用。20 世纪 80 年代，美国、西方以及阿拉伯国家对阿富汗抵抗力量的援助达数十亿美元，巴基斯坦三军情报局是这些援助的接受者、管理者、使用者和控制者。上述国家和巴基斯坦三军情报局利用这些援助对阿富汗抵抗力量提供武器装备、资金支持和后勤保障，同时还提供游击战术指导。巴基斯坦三军情报局常常能够决定把这些援助给予阿富汗哪一派抵抗力量。其中，希克马蒂亚尔领导的伊斯兰党由于得到巴基斯坦三军情报局的鼎力推荐，得到的援助最多。

不仅如此，自 1982 年起，在齐亚·哈克军政权的支持下，巴基斯坦三军情报局还开始推行一项宏伟计划。那就是，把全世界伊斯兰激进势力聚集在巴基斯坦，然后派往阿富汗战场，与阿富汗"圣战者"一同作战。巴基斯坦三军情报局和伊斯兰激进组织为这些伊斯兰志愿者提供住宿、训练以及前往战场的便利，沙特阿拉伯则提供活动经费。与上述"社会伊斯兰化运动"相配合，1982～1992 年，共有大约 3500 名来自中东、中亚等 43 个国家的伊斯兰"圣战者"被派往阿富汗战场。[①] 这些人也被称为"阿拉伯阿富汗人"。

此外，巴基斯坦三军情报局还向阿富汗以及巴基斯坦所有驻外情报机构，派遣数百名军官以监督当地局势的发展。由于美国中央情报局提供了当时最先进的技术装备，包括电信方面的装备，巴基斯坦三军情报局能够

---

① 胡仕胜：《巴基斯坦与阿富汗关系轨迹》，《国际资料信息》2002 年第 3 期，第 15～16 页。

监督国内每一个打出的电话。截至 1989 年，巴基斯坦三军情报局一直是
巴基斯坦军政府的耳目，是巴基斯坦最重要的内外政策决策机构。

再次，巴基斯坦还积极参与政治解决阿富汗问题的国际努力，并且发
挥着日益重要的作用。1980 年 1 月，巴基斯坦首都伊斯兰堡召开了由 34
个伊斯兰国家外长参加的紧急会议。会议一致通过决议，谴责苏联入侵粗
暴地违反了国际法，要求从阿富汗撤走所有苏联军队。会议决定中止阿富
汗的伊斯兰会议组织会籍，呼吁所有成员国拒绝承认阿富汗非法政权，并
同它断绝外交关系。巴基斯坦还是联合国大会历年关于苏联从阿富汗撤军
的提案国。此外，1982 ~ 1988 年，在联合国斡旋和主持下，巴阿外长在
日内瓦共举行了 11 轮间接谈判。1988 年 4 月 14 日，在联合国秘书长德奎
利亚尔主持下，巴基斯坦、阿富汗（纳吉布拉政权）、美国和苏联四国外
长在日内瓦签署了有关政治解决阿富汗问题的历史性决议。

三　阿富汗内战与巴基斯坦的对阿政策

在阿富汗内战期间，巴基斯坦在阿富汗积极寻找代理人，扶植亲巴政
府，以增加对于印度的战略纵深。起初，巴基斯坦支持以白沙瓦为基地的
七党联盟夺取喀布尔，推翻纳吉布拉政权。1989 年 6 月，巴基斯坦和美
国开始支持政治解决阿富汗问题，但仍拒绝与纳吉布拉政权谈判。1991
年，巴基斯坦还与伊朗一起推动了两轮由巴基斯坦、伊朗、阿富汗原抵抗
力量（包括巴基斯坦支持的"七党联盟"和伊朗支持的"八党联盟"）
参加的三方会谈。1992 年 4 月 16 日，纳吉布拉政权垮台。同年 4 月，阿
富汗原各派抵抗力量，包括境内战场主要游击队，在联合国斡旋下，宣布
成立了阿富汗新政权。对于这个新政权，巴基斯坦很快予以承认。

阿富汗内战爆发后，巴基斯坦积极斡旋，促使阿富汗各派力量参与政
权，特别是同意希克马蒂亚尔领导的伊斯兰党参与政权。在巴基斯坦以及
其他国家的调解下，1993 年 3 月，阿富汗各派到伊斯兰堡聚会，签署
《伊斯兰堡和平协议》。该协议规定各派均有权力参与政权，拉巴尼政府
也同意希克马蒂亚尔分享权力。6 月中旬，希克马蒂亚尔就任阿富汗总
理，阿富汗内战暂告平息。阿富汗与巴基斯坦的关系迅速发展，巴基斯坦

高层领导人相继访问阿富汗,巴基斯坦还向阿富汗提供了大量人道主义援助。但是,由于阿富汗局势仍然不稳,巴基斯坦逐渐对希克马蒂亚尔以及拉巴尼政府感到失望。

20 世纪 90 年代中期,随着塔利班的崛起,巴基斯坦将目光转向塔利班。① 巴基斯坦前内政部部长纳西鲁拉·巴巴尔创建了阿富汗贸易发展局。巴基斯坦借此为塔利班提供电力、通信等方面的支持。此外,1995年前后,巴基斯坦三军情报局也积极支持塔利班。

1996 年后国际社会日趋增加的压力,没有改变巴基斯坦支持塔利班的立场。1997 年 5 月 24 日,塔利班攻陷马扎里沙里夫。次日,巴基斯坦承认塔利班为唯一合法政府。马扎里沙里夫被北方联盟夺回后,巴基斯坦一度在阿富汗交战各方之间斡旋,试图建立一个各方都能够接受的联合政府,但收效甚微。巴基斯坦决定再次全力支持塔利班。1998 年下半年,塔利班再次夺取马扎里沙里夫。2000 年 9 月,塔利班夺取北方联盟战略要地塔卢坎并控制阿富汗约 95% 的国土,进一步发展了与巴基斯坦的关系。塔利班除在伊斯兰堡设有大使馆外,还在卡拉奇、白沙瓦和奎达设有领事馆。

四 2001 年之后与巴基斯坦的关系

阿富汗与巴基斯坦的矛盾,其逻辑起点是"普什图尼斯坦问题"。阿富汗是普什图人占主导的国家,不可能公开放弃对于"普什图尼斯坦"的领土主张。巴基斯坦则希望在阿富汗扶植亲巴政权,进而在领土问题上冷处理,避免巴基斯坦在地缘政治上陷入两面受敌的困境。

随着塔利班政权的垮台,巴基斯坦的阿富汗政策陷入两难。一方面,巴基斯坦与阿富汗政府建立外交关系。2002 年 1 月,巴基斯坦首先恢复了在喀布尔和贾拉拉巴德的使领馆工作。从那时起到 2004 年年底,阿富汗与巴基斯坦两国最高层进行了 4 次访问。2002 年 2 月 8 日和 9 日,卡尔

---

① 见 Ahmed Rashid, *Taliban*: *Militant Islam*, *Oil and Fundamentalism in Central Asia*, New Haven/London: Yale University Press, 2000。

扎伊访问巴基斯坦。同年 4 月 2 日，巴基斯坦总统穆沙拉夫回访阿富汗。但另一方面，由于卡尔扎伊政府在"普什图尼斯坦问题"和塔利班问题上的强硬立场，巴基斯坦还必须妥善处理与塔利班的关系，在一定程度上支持塔利班，制衡阿富汗卡尔扎伊政府。

在美国等国的压力下，巴基斯坦被迫加入美国的反恐战争，与塔利班的关系因此急转直下。同年 11 月 8 日，巴基斯坦要求塔利班关闭其驻卡拉奇的领事馆，其他两处驻阿领事馆也相继关闭。当月 13 日，塔利班驻巴基斯坦外交人员全部撤离巴境。12 月，巴基斯坦关闭驻阿使馆。巴基斯坦与塔利班之间非同寻常的关系就此结束。

阿富汗重建之后，阿巴两国的关系开始恶化。卡尔扎伊政府仍然坚持对于"普什图尼斯坦"的领土诉求，抨击巴基斯坦支持塔利班等极端主义势力，影响阿富汗重建。卡尔扎伊称"杜兰线"是仇恨之线，在两兄弟之间竖起了高墙。巴基斯坦也通过不同方式与阿富汗塔利班保持一定联系，来制衡卡尔扎伊政府。阿富汗塔利班的中心就位于奎达。阿富汗和巴基斯坦多次爆发边界冲突。2011 年之后，阿巴两国几乎每年都爆发边界冲突。仅 2011 年就发生了 8 次武装冲突。

此外，"杜兰线"涉及驻阿美军及其他外国军队补给线的安全。但各种武装组织和极端组织盘踞在此地，对于物资的运送造成了严重影响。因此，美国也一直抨击巴基斯坦对于阿富汗塔利班的支持，甚至越境打击塔利班，影响了巴基斯坦和美国的关系。

2014 年，加尼当选后，开始缓和与巴基斯坦的关系。加尼就任总统之后便访问巴基斯坦，缓和了两国关系。2019 年，加尼再次当选总统后第三次访问巴基斯坦，试图借此进一步发展与巴基斯坦的关系，强化双方在多个领域的合作。近年来，阿富汗和巴基斯坦尽管仍然缺乏互信，并频繁发生边界冲突，但两国也在阿富汗问题上有一定的共识。特别是，2010 年以来，阿富汗政府与塔利班进行和解和谈判，使阿巴两国在塔利班问题上存在一定的合作空间。加尼政府就曾与巴基斯坦签署和解备忘录，其中就包括巴基斯坦支持阿富汗的政治和解进程。2019 年，在加尼访问巴基斯坦之时，巴外交部部长表示将采取一些手段支持阿富汗的和解进程和国内对话。

　　阿富汗重建以来，巴基斯坦也向阿富汗提供了大量的援助。截至2019年，巴基斯坦为阿富汗提供了10亿美元的发展援助，主要集中在基础设施建设、教育、医疗卫生、农业发展等方面。巴基斯坦还在阿富汗援建了3家医院，总床位近400个；向4000名阿富汗学生提供奖学金等。

　　尽管阿富汗与巴基斯坦关系存在一些冲突，但两国的贸易联系十分紧密。阿富汗长期以来依赖巴基斯坦的市场和港口。2010年，阿富汗与巴基斯坦签署了过境贸易协定，进一步强化贸易关系，给予阿富汗以稳定的出口线路。巴基斯坦是阿富汗最大的贸易对象，2018年，巴基斯坦与阿富汗的贸易额为14.37亿美元，为两国贸易额的最高值。巴基斯坦和阿富汗还计划修建连通两国的铁路，并延伸到塔吉克斯坦，形成连接中亚和南亚的陆上交通、贸易通道。此外，在2001～2021年，阿富汗、巴基斯坦以及塔吉克斯坦和土库曼斯坦等中亚国家曾合作修建由中亚经由阿富汗到达巴基斯坦、印度的输电、输气网络，并取得了一定的合作成效。

　　巴基斯坦长期支持阿富汗塔利班。2021年8月，塔利班上台后，巴基斯坦与阿富汗的关系迅速改善。巴基斯坦前总理伊姆兰·汗将塔利班上台称作打破了"奴隶的枷锁"。尽管巴基斯坦并未正式承认塔利班政权，但两国的政治联系十分紧密，巴基斯坦也一直为阿富汗寻求人道主义援助和国际社会的承认。2021年11月，阿富汗临时政府代理外长穆塔基得到时任巴基斯坦总理伊姆兰·汗的接见。但是，塔利班上台后，两国的矛盾也开始出现。一是两国的边界问题再次凸显。塔利班具有很强的民族主义色彩，受到普什图文化的影响，因此并不承认"杜兰线"为两国的边界。二是阿富汗塔利班的一些派别支持巴基斯坦塔利班，并为之在阿富汗提供庇护和训练营。巴基斯坦塔利班又与俾路支民族分离主义具有一定的联系。这导致阿富汗塔利班上台后，巴基斯坦国内安全形势恶化。2022年4月，巴基斯坦越境打击阿富汗境内的极端分子，导致47名平民死亡。这显示出巴基斯坦对于阿富汗塔利班影响力的下降，后者并不愿意切断与巴基斯坦塔利班的联系。三是阿富汗局势的不稳导致出现难民问题，大量难民迁往巴基斯坦，加重了巴基斯坦的负担。这些问题将继续影响两国的关系。

第六节 与周边其他国家的关系

一 同伊朗的关系

阿富汗在古代曾属于波斯文化圈，北部的巴尔赫和西部的赫拉特都曾是波斯文化的重镇。20 世纪之前，阿富汗的官方语言长期是波斯语的分支达里语。1919 年阿富汗独立后，积极发展与伊朗的关系。1922 年 6 月，阿富汗与伊朗正式建立了大使级外交关系。1926 年，两国订立条约，规定互不侵犯，在一国受到第三国侵犯时保持中立。1937 年 7 月，阿富汗与伊朗、土耳其、伊拉克在德黑兰签订《萨阿达巴德条约》，以求互助联合、维护和平。

冷战时期，尤其是苏联入侵前，阿富汗与伊朗关系发展平稳。20 世纪 60 年代初期，阿富汗与伊朗签署贸易协定，伊朗为阿富汗过境贸易提供方便。另外，在伊朗调解下，1963 年 5 月，阿富汗与巴基斯坦双方搁置了"普什图尼斯坦问题"，恢复邦交并实现贸易正常化。冷战时期，伊朗是美国和西方在中东的战略支柱之一，因此阿富汗与伊朗的关系受到伊朗与美国关系的影响。20 世纪 40 年代后期，在美国斡旋下，阿富汗与伊朗曾就赫尔曼德河的河水分配问题进行谈判。1972 年 6 月，阿伊两国重新就该问题进行谈判。1973 年 3 月，双方正式签署《赫尔曼德河水条约》，缓解了两国之间长达上百年的河水之争。1973 年达乌德第二次执政后，阿伊关系一度冷淡。不过，随着双方最高层领导人的互访，两国关系不断改善，伊朗还决定向阿富汗提供数十亿美元贷款，用于工业、公路和铁路建设项目。1977 年 6 月，达乌德政权正式批准《赫尔曼德河水条约》，扫除了妨碍两国关系发展的一个主要障碍。

20 世纪 80 年代，苏联侵略阿富汗的同时，两伊战争打响了。伊朗在阿富汗抗苏战争中，主要支持阿富汗什叶派抵抗力量。不过，伊朗一直没有与阿富汗人民民主党政权断绝外交关系。伊朗最初对阿富汗抵抗力量的支持仅限于阿富汗中部哈扎拉族抵抗力量，后来，以伊朗为基地的 8 个阿富汗伊斯兰什叶派组织被伊朗正式认可。但是由于两伊战争以及伊朗与美国交恶，受伊朗支持的这些什叶派力量没有得到国际社会的有力援助，逃往伊朗的将近 200 万阿富汗难民也没有像在巴基斯坦的数百万难民那样幸运，得到同样的国际人道主义援助。这些伊斯兰什叶派抵抗力量在阿富汗抗苏战争中逐渐被边缘化，其内部纷争远胜于他们的抗苏斗争。

当苏联撤军迫在眉睫时，伊朗感到有必要加强阿富汗这些什叶派抵抗组织的团结。在伊朗的帮助下，1987 年这些哈扎拉族什叶派抵抗组织合并为"阿富汗伊斯兰革命联盟"，即"八党联盟"。此后伊朗的主要目标，就是试图使"八党联盟"参与到组建阿富汗抵抗力量新政府的谈判中。虽然哈扎拉族是阿富汗的少数民族，而且人数较少，但伊朗最初要求在任何未来由阿富汗抵抗力量组成的新政府中，哈扎拉族应占 50% 的份额，后来其要求降到 25%。1989 年苏联撤军后，伊朗与阿富汗纳吉布拉政权拉近了关系。伊朗认为，该政权可能是唯一能够阻止伊斯兰逊尼派普什图族抵抗力量接管阿富汗政权的力量。

1992 年纳吉布拉政权垮台后，伊朗开始重新武装"八党联盟"。此时，该组织不仅控制了阿富汗哈扎拉人的聚居区，而且控制了阿富汗西部一些重要地区。1992 年后，在试图促使阿富汗抵抗力量各派别停止内战、分享权力、组成新政府的各种努力中，由于巴基斯坦和沙特阿拉伯的反对，伊朗及其支持的阿富汗哈扎拉族伊斯兰什叶派力量不断遭到排挤，这促使伊朗在阿富汗内战中不断采取更加务实的立场。它不仅继续支持阿富汗什叶派力量，而且开始支持一切讲波斯语的阿富汗民族，尤其是阿富汗塔吉克族，希望借此与阿富汗普什图族进行较量。1993 年，马苏德攻打驻喀布尔的哈扎拉族力量，这使伊朗意识到，除非支持阿富汗整个非普什图族力量，否则普什图族仍将支配阿富汗的政治前途。因此，从 1993 年起，伊朗首次向拉巴尼政府以及乌兹别克族杜斯塔姆将军派别提供军事援助，并且呼吁阿富汗所有非普什图民族派别力量加入拉巴尼政府。

20 世纪 90 年代中期，塔利班崛起并迅速拿下喀布尔后，打压什叶派。伊朗加大了对反塔利班北方联盟的军事支持力度。由于与北方联盟势力范围不直接接壤，伊朗的军事物资一般通过空运或中亚国家的铁路转运，有时也运至北方联盟驻中亚国家的基地。伊朗之所以采取这种政策，首先在于，伊朗担心阿富汗内战有可能通过在伊朗的数百万阿富汗难民破坏伊朗国内的安定。其次，阿富汗战乱局势所导致的贸易走私，使伊朗收入减少。最后，塔利班崛起后，特别是自 1996 年开始，秘密支持伊朗的反政府力量。其中一个组织以阿富汗坎大哈为基地，从伊朗的呼罗珊和锡斯坦省份中招募伊斯兰逊尼派激进成员，目标是推翻伊朗的什叶派政权，并建立一个类似塔利班的逊尼派政权。

对于伊朗的这种政策，塔利班极为不满。1997 年 6 月，塔利班关闭伊朗驻喀布尔大使馆。1998 年攻占马扎里沙里夫后，塔利班杀害了数名伊朗外交官。这些事件几乎导致阿伊两国走向战争，同时影响到伊朗与其他国家的关系。

"9·11"事件后，伊朗支持英美等国针对塔利班的军事行动，同时也支持拉巴尼政府以及北方联盟，还出于人道主义考虑向阿富汗人民提供救助。塔利班政权的垮台为伊朗剪除了宿敌，伊朗与阿富汗的关系也迅速发展起来。2002 年 2 月 24～26 日，卡尔扎伊对伊朗进行访问。2002 年，伊朗表示向阿富汗提供 1.2 亿美元援助。

伊朗阿富汗政策的主要目标就是拓展战略空间。2001 年之前，塔利班成为制约伊朗的重要因素。塔利班政权垮台后，尽管美国和伊朗在阿富汗具有一定的共同利益，如打击极端主义、毒品走私等方面，但美国等西方国家军队进驻阿富汗同样对伊朗的国家安全造成了严重威胁。因此，伊朗对阿富汗的政策主要表现在两个方面：一是借助宗教与语言纽带，以哈扎拉人和塔吉克人为基础，扩大在阿富汗的影响力，拓展与阿富汗政府的合作关系；二是借助塔利班的力量制衡美国等西方国家。

因此，伊朗加大对阿富汗的援助力度，发展与阿富汗的贸易关系。伊朗援建了阿富汗西部的部分公路，并提供了大量的人道主义援助。当然，这些援助的主要对象是哈扎拉人等阿富汗什叶派。2002～2014 年，伊朗向阿富汗提供了 5 亿美元的援助，主要集中在基础设施建设、学校和能源部门等。同时，伊朗与阿富汗、印度合作，试图绕过巴基斯坦，打通中亚经由阿富汗和伊朗进入波斯湾，进而到达印度的贸易通道。由于阿富汗与巴基斯坦的紧张关系，伊朗日益成为阿富汗所依赖的贸易对象和出口路线。2018 年，伊朗超过巴基斯坦成为阿富汗最大的贸易对象。2017 年 3 月到 2018 年 3 月，伊朗向阿富汗出口了近 20 亿美元的商品。阿富汗西部的赫拉特是重要的货物中转站，伊朗东南部的恰赫巴哈尔港口获得了印度的大量投资，这也使印度对伊朗的出口和内陆的阿富汗能够绕过巴基斯坦的陆路。

因此，伊朗在阿富汗的政治、经济和文化领域具有重要的影响力。但是，伊朗与阿富汗也存在一定的矛盾。上百万的阿富汗难民滞留伊朗，给伊朗经济和社会造成严重的影响。此外，阿富汗计划在赫尔曼德河建造水坝。该河流经伊朗，并且使伊朗东部一些地区的重要水源受到影响，两国在河水分配上也存在矛盾。此外，阿富汗毒品问题治理不善，导致走私进入伊朗的毒品剧增，成为伊朗严重的社会问题。

近年来，伊朗与塔利班的某些派别具有一定的联系。塔利班夺取政权之后，阿富汗境内的塔吉克人和什叶派等受到影响，伊朗与塔利班政权的关系有所下降。伊朗希望塔利班建立包容性的政府，保护少数族群和什叶派的权益。2021 年 10 月 28 日，伊朗主持召开第二次阿富汗邻国外长会议。2021 年 12 月，两国爆发边界冲突，造成多人伤亡。尽管伊朗并未承认塔利班政权，但两国也存在一定的联系。2022 年 1 月，阿富汗临时政府代理外长穆塔基访问伊朗，希望获得伊朗的承认，并表示塔利班政权对伊朗不构成威胁，伊朗则希望塔利班进一步实现包容。伊朗借塔利班官员访问之机，斡旋塔利班与阿富汗抵抗运动的领导人马苏德和伊斯梅尔汗之间的关系。伊朗以人道主义为名，呼吁西方解除对阿富汗的经济制裁。两国在水资源、地区贸易等方面存在广阔的合作前景，但也在难民问题、毒品问题、极端主义问题，以及阿富汗少数族群和什叶派的地位上存在矛盾。

二 同沙特阿拉伯的关系

1919 年阿富汗独立后，开始与沙特等阿拉伯国家就签订友好条约事宜进行谈判。1932 年，阿富汗与沙特签订友好条约。第二次世界大战后，阿富汗与沙特关系平稳发展。20 世纪六七十年代，沙特等阿拉伯国家向阿富汗提供了一定数量的援助。

1978～1989 年，沙特积极支持阿富汗抵抗力量，同时积极加入国际社会孤立苏联和阿富汗人民民主党政权的努力。这个时期，沙特采取与美国和巴基斯坦一致的战略，其大多数资金和武器都提供给阿富汗的伊斯兰逊尼派抵抗力量，如伊斯兰党、伊斯兰促进会等。此外，沙特还单独资助阿富汗瓦哈比派，在巴基斯坦西北部地区资助建立了大量宗教学校，收容阿富汗难民。这使瓦哈比主义在阿富汗难民中迅速传播，后来兴起的塔利班运动正是受益于此。

1980～1990 年，沙特向阿富汗抵抗力量提供近 40 亿美元的官方援助。这并不包括沙特的伊斯兰慈善团体以及各种伊斯兰基金会提供的非官方援助，也不包括王室的个人援助和清真寺的募捐。另外，沙特还向巴基斯坦三军情报局直接提供资金支持。1990 年 3 月，沙特向希克马蒂亚尔领导的阿富汗伊斯兰党提供大约 1 亿美元，以支持当时推翻纳吉布拉政府的一次未遂政变。[1] 1992 年后，沙特继续向阿富汗抵抗力量组成的临时政府提供资金和其他物资援助。

希克马蒂亚尔领导的阿富汗伊斯兰党和萨亚夫领导的阿富汗伊斯兰联盟是沙特支持的主要对象。苏联撤出阿富汗后，沙特的阿富汗政策遭挫，因为上述两个派别开始分道扬镳，并且都在竞争阿富汗中央权力中失利。1990 年伊拉克入侵科威特后，沙特的这种政策再次受到打击。当时，在沙特邀请阿富汗各抵抗力量支持其反对伊拉克的政策时，包括阿富汗伊斯兰党在内的大多数阿富汗抵抗力量派别却支持伊拉克。

20 世纪 90 年代中期塔利班崛起后，沙特借助塔利班重新发挥在阿富汗的作用，因此开始与塔利班接触。此后，沙特情报局长图尔基（Turki）亲王经常访问坎大哈。1996 年 7 月，图尔基在访问伊斯兰堡和坎大哈后，沙特阿拉伯即向塔利班提供了大量资金、汽车和燃料。在促使沙特王室采

---

① Ahmed Rashid, *Taliban: Militant Islam, Oil and Fundamentalism in Central Asia*, New Haven/London: Yale University Press, 2000, pp. 197 - 198.

取支持塔利班的政策中，沙特的瓦哈比派乌里玛也发挥了重要作用。作为回报，塔利班对沙特王室及其瓦哈比派乌里玛表示尊敬。1997年，沙特阿拉伯与塔利班建交。1997年4月，塔利班一名领导人访问沙特阿拉伯时，拜访了法赫德国王。5个月后，塔利班声称沙特决定向塔利班提供尽可能多的援助。[①]

1997年美国与塔利班交恶后，沙特开始调整政策，降低了与塔利班的外交关系级别。1999年，沙特阿拉伯进一步冻结了与塔利班的外交关系。"9·11"事件后，沙特断绝与塔利班的一切外交关系。2001年末，卡尔扎伊政府成立后，沙特试图在阿富汗重建中发挥重要作用。在东京会议召开之前，卡尔扎伊主席访问了沙特。沙特在阿富汗重建之初加大对阿富汗政府的援助力度，以扩大在阿富汗的影响力。在东京会议上，沙特阿拉伯表示此后三年向阿富汗捐款2.2亿美元。2008年、2009年，沙特应卡尔扎伊的要求，斡旋阿富汗政府与塔利班的冲突。

但是，2010年之后，沙特在阿富汗的政策发生了重要的转变，将限制伊朗和卡塔尔、支持其盟友巴基斯坦作为外交政策的出发点。2008年，沙特还主动调解阿富汗政府与塔利班的矛盾，扩大在阿富汗的影响力，通过将塔利班纳入阿富汗政治进程，进一步打压伊朗。近年来，随着伊朗与塔利班关系的好转，沙特又开始积极反对塔利班运动，以孤立伊朗和卡塔尔。

沙特为阿富汗重建提供了大量的援助，援建了喀布尔—坎大哈—赫拉特的高速公路，以及多所学校和多家医院等，并为阿富汗难民提供人道主义援助。2001~2010年，沙特政府向阿富汗提供了4.29亿美元的援助。2020年，沙特承诺为阿富汗35个建设项目提供资金，援建100所学校，投资3000万美元在喀布尔建设一家医院，在楠格哈尔省援建一所伊斯兰大学，以及为阿富汗卫生部援助了2亿美元等。

20世纪90年代，塔利班第一次执政时，沙特是少数对其承认并与其建立外交关系的国家之一。2001年的"9·11"事件发生后，沙特断绝了

---

① Ahmed Rashid, *Taliban： Militant Islam, Oil and Fundamentalism in Central Asia*, New Haven/London： Yale University Press, 2000, p. 202.

与塔利班的关系，在此后的 20 年间两者的联系并不强。塔利班再度夺取政权后，引发了地区国家的地缘政治"大博弈"。阿富汗成为影响中东地缘政治平衡的重要国家。伊朗、卡塔尔、土耳其等中东国家不断加强对塔利班政权的影响。2022 年，沙特也通过人道主义援助，借助巴基斯坦的力量等多种方式扩大在阿富汗的影响。

三 同土耳其的关系

1919 年独立后，阿富汗积极与土耳其发展友好关系，以便推进现代化改革和建设，并巩固国家独立，扩大对外关系。1921 年 3 月，两国签署《土耳其－阿富汗联盟协定》。1922 年，双方建立外交关系。阿富汗也成为继苏联之后第二个承认土耳其的国家。1928 年，两国又签订了友好条约。阿曼努拉汗国王曾访问土耳其，借鉴土耳其的现代化改革。20 世纪二三十年代，土耳其还帮助阿富汗培训军官，派专家参与阿富汗 1931 年宪法起草工作。第二次世界大战前夕，阿富汗与土耳其等四国签订《萨阿达巴德条约》。20 世纪 50～70 年代，阿富汗与土耳其保持着友好关系。1972 年查希尔沙访问土耳其，双方决定进一步加强贸易合作和文化交流。随后，阿富汗重新向土耳其派遣留学生学习军事。20 世纪 80 年代，土耳其一直支持阿富汗抵抗力量，但是作用有限。

冷战结束后，土耳其政府一直试图使通过土耳其的里海油气管线成为主要油气路线，并竭力排斥经过阿富汗的油气线路。冷战结束初期，土耳其还积极支持阿富汗境内的少数民族，比如乌兹别克人，以扩大土耳其在中亚地区的影响。土耳其积极向杜斯塔姆将军提供资金支持，并且数次向他提供避难所。

"9·11"事件后，土耳其积极支持美国的军事行动。土耳其将因吉尔利克空军基地向美军开放，并且向美国派出一个高层小组，以便进行军事协作。土耳其向阿富汗派遣国际安全援助部队，并负责训练阿富汗的安全人员。土耳其也积极斡旋阿富汗与巴基斯坦的关系，借助其与阿富汗、巴基斯坦和中亚国家的良好关系，积极斡旋阿富汗问题。2007 年，在土耳其的倡议下，三国建立了"土耳其—阿富汗—巴基斯坦"三边首脑会谈机制，增进三个国家的合作。土耳其还是伊斯坦布尔进程的重要参与方，允许塔利班在其境内建立办公室，以便与阿富汗政府进行非正式谈判。土耳其在阿富汗的和平进程中扮演着重要角色。

2004年起，土耳其为阿富汗提供发展援助，总额达11亿美元，这是土耳其规模最大的对外援助计划之一。2018～2020年，土耳其为阿富汗提供1.5亿美元的发展援助。

塔利班上台后，土耳其利用与阿富汗的传统友好关系，积极为塔利班争取人道主义援助和拓展外交空间。土耳其也成为迄今与塔利班政权合作最紧密的国家。2021年10月，土耳其外长恰武什奥卢邀请塔利班代表团访问土耳其，双方就人道主义援助、难民问题、航空问题、贸易、双边关系和难民问题等进行磋商。2022年3月4日土耳其召开安塔利亚外交论坛，土耳其外长恰武什奥卢指出，人道主义援助并不能解决阿富汗问题，还需要在外交上承认塔利班政权。他也是首位明确呼吁承认塔利班政权的外国高官。在此次会议上，土耳其总统埃尔多安会见了阿富汗临时政府代理外长穆塔基，这是第二位接见塔利班官员的外国领导人。此外，土耳其还利用其非政府组织，为阿富汗各地提供了大量的援助。土耳其与卡塔尔一道，为喀布尔国际机场的运营提供支持。

四 同印度的关系

1947年印巴分治后，阿富汗与印度一直比较友好。其中的重要原因在于，双方在制约巴基斯坦方面有共同的战略需求。印度支持阿富汗在"普什图尼斯坦问题"上的立场。另外，阿印两国在外交上均主张中立，经济贸易上进行互补。1950年，印度与阿富汗签订了友好条约。20世纪60年代后，苏联在阿富汗的影响日益增强，印度与阿富汗签订了多项条约以增强其在阿富汗的影响。20世纪70年代，阿富汗还向印度派遣军官学习军事技术，并聘请印度技术专家来阿富汗。

冷战结束后，尤其是20世纪90年代中期塔利班崛起后，为削弱巴基斯坦在阿富汗的影响，印度一直支持反塔利班势力，包括支持反塔利班的北方联盟，北方联盟中不少领导人与印度关系密切。印度于1996年关闭了其驻阿富汗大使馆。

"9·11"事件后，印度对美英军事打击阿富汗表示支持。塔利班政权垮台后，印度与阿富汗临时政府建立了外交关系，印度与阿富汗的双边关系迅速升温和发展。2011年，印度与阿富汗建立战略伙伴关系，进一步加强双方在政治、安全和经济方面的合作。2020年，阿富汗甚至希望在西方撤军后，印度向阿富汗派遣维和部队。印度支持阿富汗融入地区经贸和政治合作。2005年，在印度的提议下，阿富汗加入南亚区域合作联盟。同时，印度积极与阿富汗、伊朗协商，建立由中亚到阿富汗、伊朗，经印度洋到达印度的贸易路线。印度与阿富汗关系的发展，给巴基斯坦带来了很大的地缘政治压力。

此外，印度给予阿富汗巨额的重建援助。在阿富汗周边国家中，印度的援助力度最大。仅2015~2016年，印度的援助就达13.6亿美元，而且主要是以赠款和贷款的形式。印度还援建阿富汗的国会大厦，投资达1.78亿美元；援建从扎兰季到德拉兰的高速公路，总额达1.5亿美元；还包括阿富汗的一些水利工程、输电线路等。印度援建伊朗的恰赫巴哈尔港，与阿富汗和伊朗签署了三边优惠贸易协定。2018年，印度是阿富汗第二大出口国，两国的贸易额约为14.3亿美元。

印度长期支持阿富汗前政府，反对阿富汗塔利班，随着塔利班的上台，印度与阿富汗的关系出现了逆转。印度关闭驻阿富汗大使馆，撤离了在阿富汗的所有外交人员，中断了与阿富汗的外交关系，在阿富汗投资的大量项目处于搁浅状态。此外，印度通过伊朗、阿富汗连接中亚的计划也受到重挫。但阿富汗塔利班政权并非完全倒向巴基斯坦，而是具有其独立性。因此，印度也在积极扭转不利的局面。2021年11月10日，印度主持召开阿富汗安全问题对话会议，俄罗斯、中亚国家和伊朗与会。2022年以来，印度也开始加强与塔利班政权的联系。2022年6月2日，印度的高级官员J.P.辛格访问阿富汗，并与阿富汗临时政府代理外长穆塔基举行首次直接会谈。双方就双边关系、贸易和人道主义援助等进行磋商。除此之外，印度也积极向阿富汗提供援助。截至2022年6月，印度为阿富汗提供了2万吨小麦、13吨药品、50万剂新冠疫苗等。

第七节 与中国的关系①

阿富汗是中国的邻国。阿富汗是古代丝绸之路的要冲，中阿两国历史上存在密切的经济、文化交往。唐朝时，玄奘法师到过阿富汗，《大唐西域记》对阿富汗有明确的记载。15 世纪初，明朝与阿富汗有了直接的联系，当时的哈烈国多次向明朝遣使。1747 年杜兰尼王朝建立后，中国清政府与阿富汗政府曾互派使者。1949 年，中华人民共和国成立后，两国的关系迅速发展。在阿富汗重建与国内和解中，中国也发挥着积极的作用。在"一带一路"倡议推进的背景下，中国与阿富汗的关系具有广阔的发展前景。

一 中国与阿富汗外交关系的建立与发展

中华人民共和国成立后，阿富汗政府于 1950 年 1 月 12 日承认新中国，随即台湾当局关闭了驻阿富汗的所谓"公使馆"。在 1955 年的万隆会议上，阿富汗与中国两国政府首脑有了直接交往。1955 年 1 月 20 日，阿富汗和中国宣布正式建立外交关系，并在两国首都互设大使馆。同年，中国向阿富汗派出首任大使丁国钰。次年，阿富汗向中国派遣第一任驻华大使萨马德。中阿关系发展由此进入新阶段。

1957 年 1 月 19～23 日，周恩来总理、贺龙副总理率中国政府代表团对阿富汗进行友好访问，这是中国领导人第一次访问阿富汗。这次访问增进了两国间的相互了解，为两国友好关系的发展奠定了基础。访问结束后，中阿两国发表了联合公报。联合公报称，两国领导人赞同在睦邻关系基础上进一步加强两国现有的友好联系，并且考虑发展经济和文化关系。访问期间，两国总理重申支持万隆会议的原则。同年 10 月，达乌德首相率阿富汗政府代表团访问中国。两国政府再次发表联合公报，表示要进一

---

① http：//www. fmprc. gov. cn/chn/wjb/zzjg/yzs/gjlb/1206/1206x0/default. htm；http：//af. mofcom. gov. cn/aarticle/ztdy/200511/20051100712696. html.

步发展友好关系。

中阿两国高层互访，大大促进了双方经济文化交往。1956 年 8 月，中国首次派出中国文化艺术代表团赴喀布尔参加阿富汗庆祝独立日 37 周年活动，同时参加了阿富汗第一届国际工业博览会。同年 11 月，中国伊斯兰教朝觐团在归国途中顺访阿富汗，开始了两国宗教界之间的首次交往。1957 年 8 月，中国足球队访问阿富汗，参加阿富汗独立 38 周年庆典比赛。同年 7 月，阿富汗与中国签署贸易换货和支付协定，12 月中国派出水利工程考察团赴阿富汗访问，中阿两国因此建立了经济贸易联系。自1957 年起，中国开始向喀布尔大学派留学生，学习波斯语、普什图语和阿富汗文学。1958 年 8 月，中国两名地毯专家赴阿富汗，帮助阿富汗改进地毯工艺；同月，中国派出歌舞团参加阿富汗独立 39 周年庆典，同时参加阿富汗第二届国际工业博览会。1959 年 6 月和 8 月，中国文化代表团和杂技团先后访问阿富汗。

阿富汗也陆续派出代表团访问中国。1956 年 6 月派出文化代表团，12 月派出经济代表团。1957 年达乌德首相访问中国，随同访问的还有阿富汗新闻工作代表团、阿富汗奥林匹克委员会主席。1958 年 9 月，阿富汗足球队访问中国。1959 年 9 月，阿富汗副首相兼外交大臣纳伊姆访问中国。自 1962 年起，阿富汗开始向中国派留学生，学习中文、医学、美术和农业等。1963 年 8 月和 1964 年 8 月，中阿友好协会和阿中友好协会分别在北京和喀布尔成立。

1960 年 8 月和 1965 年 3 月，陈毅副总理兼外长两度访问阿富汗，1964 年 10～11 月阿富汗国王查希尔沙和王后访问中国，1966 年 4 月刘少奇主席访问阿富汗，把中阿友好关系推向高潮。陈毅副总理第一次访问阿富汗时，两国签订了《中阿友好互不侵犯条约》。1963 年 6～8 月，中阿两国在喀布尔举行边界条约谈判，同年 11 月两国签署边界条约，最终确立了中阿边界。陈毅副总理第二次访问时，两国签署了中阿经济技术合作协定、中阿边境议定书和中阿文化合作协定。根据中阿经济技术合作协定，中国向阿富汗提供了一笔长期无息贷款，并为阿富汗援建了一些工程项目。这些项目建成后都收到了较好的经济效益，并在阿富汗人民心中留下了良好印象。特别是帕尔万水利工程，至今仍继续发挥着良好作用。巴格拉密纺织厂也一度被阿富汗前国王查希尔沙誉为"模范厂"。1950～1966 年，中国向阿富汗提供了 7300 万美元的援助。[①]

20 世纪 60 年代后半期，阿富汗与中国的关系一度冷却下来，人员往来几乎停滞。但是从 1970 年开始，由于中国采取积极主动的态度，努力改善两国关系，中阿两国关系开始复苏。这个时期，特别是在 1972 年，中阿两国交往频繁。主要活动有：1972 年 4 月 1～6 日，以外贸部副部长陈洁为团长的中国政府贸易代表团访问阿富汗，双方签署换货议定书。4 月 16～25 日，阿富汗外交大臣沙菲克访问中国。7 月 19～27 日，以民航总局副局长马仁辉为团长的中国政府民航代表团访问阿富汗，双方签署中阿民用航空运输协定。7 月 25 日，中阿就中国无偿援助阿富汗在坎大哈建立一座容纳 200～250 张病床的医院，在喀布尔签署换文。10 月 15 日，以阿中友协主席苏尔坦亲王为团长的代表团访问中国。

1973 年 7 月，阿富汗共和国成立后，中国给予承认，中阿继续保持友好关系。这时，两国间除继续进行体育、新闻、友好协会等正常的民间交往外，高级领导人之间也进行了接触。1974 年 12 月 6 日，达乌德总统派其胞弟纳伊姆以总统特使的身份访问中国，探索加强两国关系的途径。周总理会见了纳伊姆，李先念副总理和乔冠华外长同纳伊姆举行了两次会谈，双方就国际形势和加强中阿关系等问题进行了探讨。纳伊姆的访问，增进了中阿之间的相互了解，加强了两国之间的友好合作关系。访问期间，中国同意向阿富汗提供一笔新的无息贷款。在这个时期，中国继续向阿富汗提供经济援助，并基本上建成了坎大哈医院。

二 1978～2001 年的两国关系

1978 年 4 月阿富汗民主共和国成立后，中国给予承认。但随后不久，阿富汗新政府即奉行亲苏反华政策，开始反华活动，中阿友好关系因此受

---

① M. Williams, *Retrospective Review of US Assistance to Afghanistan: 1950 - 1979*, Bethesda, MD: Devres, Inc., 1988, p. 36.

到严重损害，但是中国对阿富汗的援建工程继续进行。截至 1979 年年底苏联入侵阿富汗前夕，中国援阿工程全部竣工，援阿工程全部人员撤回中国。

1979 年 12 月 25 日，苏联入侵阿富汗。12 月 30 日，中国发表政府声明，强烈谴责苏联对阿富汗的武装入侵。中国对苏联扶植起来的卡尔迈勒政权不予承认。同年 12 月，中国驻阿富汗大使因故回国。从那以后，在中国驻阿富汗大使馆里一直保留着一位临时代办。中国不与苏联扶植起来的阿富汗政权建立正式官方关系，但仍保持着事务性和领事签证关系。与此同时，中国一直反对苏联侵略，支持阿富汗人民的抗苏战争，并且一直向流亡在巴基斯坦的 300 多万阿富汗难民提供人道主义援助。

1989 年 2 月 15 日，苏军全部撤出阿富汗。1992 年 4 月，苏联扶植的阿富汗纳吉布拉政权垮台，阿富汗抵抗力量接管政权，中阿关系随即实现正常化。但不久，阿富汗抵抗力量各派发生冲突，阿富汗内战加剧。出于安全考虑，1993 年 2 月，中国撤离驻阿富汗使馆工作人员，两国间正常往来中断。不过，阿富汗内战期间，中国继续向阿富汗难民提供人道主义援助。

三 阿富汗重建以来的双边关系

"9·11"事件后，美英联合国际社会发动了阿富汗战争，摧毁了塔利班政权，成立了以哈米德·卡尔扎伊为主席的阿富汗临时政府。卡尔扎伊政府成立后，中国积极发展同阿富汗的政治关系、经贸关系和安全合作。中阿政治交往频繁。中国还积极参与了阿富汗重建进程，积极参与了推动阿富汗重建的主要国际机制。正如 2010 年时任中国外交部部长的杨洁篪所指出，"中国是阿富汗战后和平重建的积极支持者、参与者和推动者，并发挥了积极作用"[1]。

第一，中国同阿富汗建立密切的外交和政治关系，为推动两国关系发

---

[1] 《外交部长杨洁篪出席阿富汗问题地区峰会并讲话》，中国政府网，2010 年 1 月 26 日，http://www.gov.cn/govweb/jrzg/2010－01/26/content_ 1520150. htm。

展奠定了基础。2001 年阿富汗临时政府成立后，中阿迅速恢复外交关系，两国之间的政治关系日益密切。2001 年，中国向阿富汗派遣了工作组。2002 年 2 月，中国驻阿富汗大使馆复馆。2002～2010 年，阿富汗总统卡尔扎伊 4 次访华。2002 年 5 月，中国外交部部长唐家璇访问阿富汗，会见了阿富汗临时政府主席卡尔扎伊和前国王查希尔沙。2002 年 12 月，中国还与阿富汗周边国家签署了《睦邻友好宣言》，表示尊重阿富汗领土和主权完整，支持阿富汗重建和开展转口贸易。

2006 年，卡尔扎伊总统访华并与中国签署了 14 项协议。中阿签署《睦邻友好合作条约》，发表《联合声明》，宣布建立全面合作伙伴关系，在打击跨国犯罪和恐怖主义、经贸、农业、文化、旅游等领域展开合作。中方帮助阿富汗培训警察和军队，接待阿富汗留学生。这也成为中国与阿富汗关系的基础。《睦邻友好合作条约》指出，中国和阿富汗相互尊重主权和领土完整，遵守 1963 年签署的《中华人民共和国和阿富汗王国边境条约》，不进行损害另一方主权的活动等。

第二，中国坚持合作共赢的原则，加强同阿富汗在经济、能源、技术、贸易等领域的合作，促进阿富汗经济繁荣。中阿合作的领域主要包括：农业、基础设施建设等。一方面，2001～2009 年，中国向阿富汗提供了 2.053 亿美元的援助，并向阿富汗提供了 1950 万美元的贷款。另一方面，中方积极鼓励中国企业赴阿投资，加强对阿贸易。2008 年，中国冶金科工集团有限公司（MCC）和江西铜业股份有限公司（JCCL）获得了世界最大铜矿之一的阿富汗艾娜克铜矿的开采权。两家公司将投资超过 100 亿美元。该项目是阿富汗最大的外国投资项目，总投资将超过 100 亿美元。但由于阿富汗安全形势恶化，以及其他一些因素，该项目处于停滞状态。

此外，中国企业还投资了其他项目，以增强阿富汗的经济发展能力。中国还开始投资阿富汗的能源行业。中国石油天然气集团公司（CNPC）是第一家投资阿富汗能源领域的外国石油天然气公司，与阿富汗瓦坦石油天然气公司（Watan Oil & Gas）合作勘探阿富汗北部油田。2010 年，中国企业在阿富汗西北部和北部阿姆达里亚盆地的油田投资 4

亿美元，该项目每年将为阿富汗政府提供 3.0435 亿美元。中国的华为（Huawei）和中兴（ZTE）将阿富汗 20 万条模拟电话线升级为数字电话线。

中国与阿富汗贸易发展迅速。中国对部分阿富汗商品免税，以促进阿富汗商品出口。2006 年，中国允许阿富汗 287 种商品零关税出口中国。中国已成为阿富汗最重要的贸易伙伴之一。2002～2010 年，两国贸易额从 1734 万美元增长到 1.7 亿美元，增长了近 9 倍。

近年来，中国与阿富汗关系迅速发展，特别是"一带一路"倡议的提出也为阿富汗融入地区经济合作带来了契机。2014 年，加尼就任阿富汗总统后，中国是他首次出访国。2016 年，中国与阿富汗签署了《"一带一路"政府间谅解备忘录》等。

2013 年，卡尔扎伊总统来华进行国事访问并出席在西安举行的第五届欧亚经济论坛开幕式。双方发表了《中阿关于深化战略合作伙伴关系的联合声明》，并签署了《中阿引渡条约》和《中阿经济技术合作协定》等合作文件。中国也积极促进阿富汗的国内和解以及阿富汗问题的解决。2014 年，阿富汗问题伊斯坦布尔进程第四次外长会在北京召开，通过了《北京宣言》。此外，中国利用和阿富汗与巴基斯坦的友好关系，斡旋阿巴关系。2015 年，中国、阿富汗、巴基斯坦建立三方外长对话机制。截至 2019 年，已召开了三轮对话会，对于推进中国、阿富汗、巴基斯坦三国的合作具有重要意义。

此外，中国也积极支持阿富汗重建，加强与阿富汗的贸易联系。中国向阿富汗援建医院、道路等基础设施，帮助培训阿富汗的警察，接受阿富汗留学生等。2012 年，中国给予阿富汗 95% 的商品零关税。2018 年，中国是阿富汗的第三大出国和第二大进口国，两国贸易额约 24 亿美元。

中国主张"阿人主导，阿人所有"，通过政治手段解决阿富汗问题。中国在阿富汗问题上秉持"三个尊重"和"三个从不"。即中国尊重阿富汗独立、主权和领土完整，尊重阿富汗人民做出的自主选择，尊重阿富汗的宗教信仰和民族习惯。我们从不干涉阿内政，从不在阿谋求任何私利，从不寻求所谓势力范围。近年来，中国一直着力推动阿富汗各派的和解。阿富汗变局发生后，中国政府积极与阿富汗临时政府联系，推动阿富汗政局走向稳定，引导阿富汗走上开放和包容道路，加强与周边国家的协调、合作。

在大国层面上，积极参与阿富汗问题"中美俄＋"磋商机制，协调大国在阿富汗问题上的立场。在地区层面，中国加强与地区国家在阿富汗问题上的协调，推动阿富汗局面由乱到治。2021年9月16日，中国国务委员兼外长王毅与俄罗斯外长拉夫罗夫、巴基斯坦外长库雷希和伊朗外长高级代表穆萨维会晤，讨论阿富汗局势。中国多次召开地区国家参与的阿富汗问题国际会议。2022年3月30～31日，中国在安徽屯溪主持召开第三次阿富汗邻国外长会，除印度之外，阿富汗临时政府代理外长穆塔基、阿富汗所有邻国都派代表参会。会议发表了《第三次阿富汗邻国外长会联合声明》和《阿富汗邻国关于支持阿富汗经济重建及务实合作的屯溪倡议》。从双边层面来看，中国驻阿富汗大使馆一直处于开放状态，中国政府也与阿富汗临时政府保持联系。中国国务委员兼外长王毅多次与阿富汗临时政府代理副总理巴拉达尔会谈，商讨双边关系，以及斡旋阿富汗问题。2022年3月24日，中国国务委员兼外长王毅访问阿富汗，并与阿富汗临时政府代理副总理巴拉达尔和代理外长穆塔基分别进行会谈，重申了中国在阿富汗问题上的"三个尊重"和"三个从不"。此外，中国也向阿富汗提供了大量人道主义援助。2021年9月，中国向阿富汗援助价值2亿元人民币的粮食、越冬物资和疫苗、药品等。2021年12月，中国向阿富汗提供80万剂新冠疫苗及配套接种设备，援建水井等。截至2022年3月底，中国已通过双边渠道，向阿富汗援助2.5亿元人民币的物资。中国还将向阿富汗提供价值200万美元的粮食，并承诺向阿富汗提供10亿元人民币的双边发展援助。中国对阿富汗的援助得到了阿富汗各界的赞赏。

大事纪年

约 20 万年前到 1 万年前　　　　　　旧石器时代。

约 1 万年前到公元前 2000 年　　　　新石器时代。

公元前 6000 年至公元前 2000 年前后　青铜器时代。

公元前后　　　　　　　　　　　　　游牧民族的铁器时代。

公元前 550 年或前 558 年至前 330 年　阿契美尼德王朝统治阿富汗。

公元前 330 年 ~ 前 135 年　　　　　希腊人进入阿富汗，阿富汗自此
　　　　　　　　　　　　　　　　　开启希腊化进程。

公元前 130 年 ~ 3 世纪中期前后　　贵霜王国统治阿富汗。

5 世纪初 ~ 6 世纪后期　　　　　　　嚈哒汗国统治阿富汗。

7 世纪中期 ~ 9 世纪上半期　　　　　阿拉伯人征服与统治阿富汗。

9 世纪上半期 ~ 13 世纪前后　　　　波斯和突厥地方王朝统治阿富汗，
　　　　　　　　　　　　　　　　　包括塔希尔王朝（820 ~ 872 年）、
　　　　　　　　　　　　　　　　　萨法尔王朝（867 ~ 903 年）、萨
　　　　　　　　　　　　　　　　　曼王朝（874 ~ 999 年）、加兹尼
　　　　　　　　　　　　　　　　　王朝（962 ~ 1186 年）、古里王朝
　　　　　　　　　　　　　　　　　（1152 ~ 1206 年）。

1220 ~ 1353 年　　　　　　　　　　蒙古人入侵并统治阿富汗。

1370 ~ 1507 年前后　　　　　　　　突厥帖木儿王朝统治阿富汗，
　　　　　　　　　　　　　　　　　"帖木儿文艺复兴"局面出现。

16 世纪初 ~ 18 世纪中期　　　　　　阿富汗处于印度莫卧儿王朝、波
　　　　　　　　　　　　　　　　　斯萨法维王朝和乌兹别克汗国的

	争夺当中，陷于混乱与倒退。
1560～1638 年	罗沙尼特运动。
1672～1683 年	哈塔克部落起义。
1709～1715 年	阿富汗霍塔克王朝。
1716 年至 18 世纪 20、30 年代	赫拉特政权。
1747 年	阿赫马德沙成为阿富汗第一位国王，标志着阿富汗国家的形成，杜兰尼王朝建立。
1842 年	杜兰尼王朝覆灭。
1837 年	道斯特·穆罕默德建立巴拉克扎伊王朝。
1838～1842 年	第一次英阿战争。
1863 年	道斯特·穆罕默德去世，阿富汗陷入内乱。
1869 年	希尔·阿里汗重登王位，阿富汗现代化进程开启。
1873 年	英俄签署协定确定阿富汗北部边界。
1878～1881 年	第二次抗英战争。
1880 年	英国正式承认阿布杜尔·拉赫曼为喀布尔的埃米尔。
1880～1901 年	阿布杜尔·拉赫曼缔造现代阿富汗。
1885 年	阿富汗正规军正式建立。
1893 年	确立"杜兰线"。
1901～1919 年	哈比布拉汗统治时期。
1903 年	阿富汗第一所现代世俗中学——哈比比亚中学创办，阿富汗现代教育开始。

1914 ~ 1918 年	第一次世界大战爆发，阿富汗保持中立。
1919 年	阿曼努拉汗接管权力，第三次英阿战争爆发，英阿签署《拉瓦尔品第和约》。
1921 年	英阿签订《喀布尔条约》，阿富汗独立。
1923 年	阿曼努拉汗政府颁布阿富汗历史上第一部宪法。
1928 年	实行君主立宪，建立两院制议会。
1929 年	巴恰·沙考建立短暂政权。
1930 ~ 1933 年	穆沙希班王朝统治时期。
1931 年	纳第尔沙颁布"1931 年宪法"。
1932 年	全国第一所高等学府喀布尔医学院成立。
1933 ~ 1953 年	阿富汗的"王叔时代"。
1934 年	查布里创立阿富汗第一家银行"国民银行"。
1939 年	国家银行成立。
1946 年	喀布尔大学成立。
1951 年	阿富汗红新月会建立。
1953 ~ 1963 年	达乌德首次执政。
1955 年	阿富汗和中国正式建立外交关系。
1963 ~ 1973 年	查希尔沙亲政，开启"十年宪政"时期。
1964 年	颁布 1964 年宪法。
1967 年	布尔汉努丁·拉巴尼创立"乌斯塔兹"。
1972 年	"乌斯塔兹"更名为伊斯兰促

	进会。
1973 年	达乌德发动政变，推翻穆沙希班王朝，建立阿富汗共和国。
1974 年	古尔布丁·希克马蒂亚尔创建阿富汗伊斯兰党。
1977 年	阿富汗颁布新宪法，规定"民族革命党"为唯一合法政党，达乌德组阁。
1978 年	"二月革命"爆发，人民民主党发动军事政变，建立"阿富汗民主共和国"。阿富汗伊斯兰民族救国阵线成立。阿富汗伊斯兰革命运动创建。
1979 年	阿明发动军事政变，夺取政权。苏联出兵阿富汗，扶植卡尔迈勒执政。
1978～1979 年	阿富汗伊斯兰民族阵线创建。
1980 年	卡尔迈勒政权颁布《阿富汗民主共和国基本原则》作为临时宪法。
1985 年	"七党联盟"与"八党联盟"成立。
1986 年	阿富汗国名更名为"阿富汗共和国"。纳吉布拉出任总统。
1987 年	纳吉布拉政权召开大国民会议，通过 1987 年宪法。
1988 年	苏美巴阿四方签署《日内瓦协议》。
1989 年	苏联从阿富汗撤军，"七党联盟"

	成立临时政府，拉巴尼出任临时政府外交部长。
1990 年	纳吉布拉将人民民主党易名为"祖国党"，修订宪法。
1992 年	纳吉布拉辞职，阿富汗抵抗力量各派签订《白沙瓦协议》，布尔汉努丁·拉巴尼任阿富汗临时总统。杜斯塔姆创立阿富汗伊斯兰民族运动。
1992～1994 年	阿富汗的抵抗运动之间陷入内战。
1994 年	塔利班建立。
1996 年	"北方联盟"成立。
1997 年	塔利班改国名为阿富汗伊斯兰酋长国。北方联盟成立"拯救阿富汗伊斯兰联合阵线政府"，拉巴尼出任总统。
1999 年	美国制裁阿富汗。
2000 年	塔利班控制阿富汗 95% 以上的领土。
2001 年	"9·11"事件。阿富汗战争爆发。《波恩协议》签署。
2002 年	阿富汗过渡政府就职，与临时政府顺利交接。组建国民军。
2004 年	2004 年宪法颁布，卡尔扎伊当选总统。
2005 年	阿富汗进行议会选举。阿富汗形式上完成政治重建。
2014 年	阿富汗举行大选，阿什拉夫·加尼当选。

2016 年	阿赫塔尔·曼苏尔被美国无人机杀死，阿洪扎达继任。
2019 年	阿什拉夫·加尼连任总统。
2020 年	阿卜杜拉建立平行政府，出现政治危机。美国与塔利班签署和平协议。奥马尔之子穆罕默德·雅库布担任塔利班军事委员会领导人。塔利班与美国达成《多哈协议》。
2021 年	美国从阿富汗撤军。塔利班攻占阿富汗主要城市，塔利班全面接管阿富汗政权。

主要参考文献

一 中文文献

《阿富汗诗歌选》，宋兆霖、王然译，人民文学出版社，1957。

《大美百科全书》，（台北）中华书局，1990。

《世界百科全书》第 12 卷，（台北）"光复"书局，1989。

《世界地名录》（上、下），中国大百科全书出版社，1984。

《世界经济年鉴》（1981），中国社会科学出版社，1982。

《世界军事年鉴：2002》，解放军出版社，2002。

《世界知识年鉴》（2001/2002），世界知识出版社，2002。

〔法〕A. H. 丹尼主编《中亚文明史》（第 1 卷），芮传明译，中译出版社，2017。

〔美〕路易斯·杜普雷：《阿富汗现代史纲要》，黄民兴译，西北大学中东研究所，2002。

〔美〕沙伊斯塔·瓦哈卜、巴里·扬格曼：《阿富汗史》，杨军等译，中国大百科全书出版社，2010。

〔美〕希提：《阿拉伯通史》（上册），马坚译，商务印书馆，1955。

〔苏〕科·列别捷夫编《阿富汗民间故事》，周彤、曾宪溥译，百花文艺出版社，1959。

〔英〕珀西·塞克斯：《阿富汗史》第 2 卷（上册），张家麟译，商务印书馆，1972。

黄民兴等主编《阿富汗问题的历史嬗变》，中国社会科学出版社，2013。

李琼：《苏联、阿富汗、美国：1979—1989年三国四方在阿富汗的博弈研究》，中国社会科学出版社，2016。

马金祥等编《阿富汗/巴基斯坦地图》，中国地图出版社，2002。

马晋强编著《阿富汗今昔》，云南大学出版社，1993。

彭树智、黄杨文：《中东国家通史——阿富汗卷》，商务印书馆，2000。

彭树智主编《阿富汗史》，陕西旅游出版社，1993。

钱雪梅：《阿富汗的大国政治》，中国社会科学出版社，2017。

钱雪梅：《普什图社会的政治生活》，中国社会科学出版社，2019。

四川大学南亚研究所课题组编《阿富汗：后冲突时期的稳定与重建》，时事出版社，2015。

王冲：《战后美国对阿富汗政策的演变研究》，世界图书出版公司，2017。

杨恕、宛程：《阿富汗毒品与地区安全》，时事出版社，2015。

张敏：《阿富汗文化和社会》，昆仑出版社，2007。

张树明、李子芬：《均衡中的困境——美国对阿富汗政策研究（1947—1961）》，中国社会科学出版社，2015。

赵国忠主编《简明西亚北非百科全书》（中东卷），中国社会科学出版社，2000。

中国百科大辞典编委会编《中国百科大辞典》，华夏出版社，1990。

中国大百科全书出版社编辑部编《中国大百科全书》（民族卷），中国大百科全书出版社，1986。

中国伊斯兰百科全书编委会编《中国伊斯兰百科全书》，四川辞书出版社，1994。

周敏主编《世界分国地图——阿富汗/巴基斯坦》，中国地图出版社，2002。

朱克：《阿富汗》，世界知识出版社，1959。

朱永彪：《"9·11"之后的阿富汗》，新华出版社，2009。

〔阿富汗〕赛义夫·R. 萨马迪：《趋向与现状——当代阿富汗教育》，杨红译，《教育展望》2002 年第 4 期。

车洪才：《普什图语及在国外的研究情况》，《西南亚资料》1983 年第 4 期。

陈辉：《阿富汗出土的古代艺术一瞥》，《西亚非洲》1983 第 4 期。

郭子鹰：《阿富汗文化遗产几多烽火劫》，《旅行家》2002 年第 2 期。

金重远：《出兵阿富汗——错误决定作出的前前后后》，《浙江师范大学学报》（社会科学版）2000 年第 4 期。

乐姣、曲春红、李辉尚：《阿富汗农业发展现状及中阿农业合作策略》，《农业展望》2019 年第 5 期。

桑吉：《阿富汗佛教与巴米扬大佛——访北京大学考古系晁华山教授》，《法音》2001 年第 4 期。

田聿：《塔利班防御反击武器大观》，《科技与国力》2001 第 10 期。

二　英文文献

Allchin, F. R. and Hammond, Norman eds., *The Archaeology of Afghanistan: From Earliest Times to the Timurid Period*, London/New York/San Francisco：Academic Press, 1978.

Amin, Hamidullah, *A Geography of Afghanistan*, Omaba：The Center for Afghanistan Studies, 1976.

Bajpai, P. and Ram, S. eds., *Encyclopaedia of Afghanistan*, New Delhi：Anmol Publications, 2002.

Barfield, Thomas, *Afghanistan: A Culture and Political History*, Priceton：Princeton University Press, 2010.

Dupree, Ann, Dupree, Louis and Motamedi, A. A., *A Guilde to the Kabul Museum*, Kabul：Afghan Tourist Organization, 1968.

Dupree, Louis and Albert, Linette eds., *Afghanistan in the 1970s*, New York：Praeger Publishers, 1974.

Dupree, Louis, *Afghanistan*, Princeton：Princeton University Press, 1980.

Dupree, Nancy Hatch, *An Historical Guide to Afghanistan*, Kabul: Afghan Air Authority, Afghan Tourist Organization, 1971.

EIU, *Country Profile: Afghanistan*, 2003, 2004, 2005.

EIU, *Country Profile: Pakistan/Afghanistan*, 1982/83, 1986/87, 1988/89, 1990/91, 1992/93, 1993/94, 1997/98, 2000/01, 2001/02.

EIU, *Country Report: Afghanistan*, 2001.

EIU, *Quarterly Economic Review of Pakistan/Bangladesh/Afghanistan*, Annual Supplement, 1976, 1977, 1978, 1979, 1980.

Fry, Maxwell J. , *The Afghan Economy: Money, Finance and the Critical Constraints to Economic Development*, Leiden: E. J. Brill, 1974.

Gopal, D. and Qureshi, M. A. , *Science, Technology and Development in Afghanistan*, New Delhi: Navrang, 1987.

Hopkins, B. D. , *The Making of Modern Afghanistan*, New York: Palgrave Macmillan, 2008.

Kakar, M. Hassan, *A Political and Diplomatic History of Afghanistan, 1863 – 1901*, Leiden: Brill, 2006.

Kamali, Mohammad Hashim, *Law in Afghanistan: A Study of the Gonstitutions, Martrimonial Law and the Judiciary*, Leiden: E. J. Brill, 1985.

Klass, Posanne ed. , *Afghanistan: The Great Game Revisited*, Revised Edition, New York: Freedom House, 1990.

Newell, Richard S. , *The Politics of Afghanistan*, London: Cornell University Press, 1972.

Olesen, Asta, *Islam and Politics in Afghanistan*, London: Routledge, 1995.

Rashid, Ahmed, *Taliban: Militant Islam, Oil and Fundamentalism in Central Asia*, New Haven/London: Yale University Press, 2000.

Smith, Harvey H. et al. , *Afghanistan, A Country Study*, Fourth Edition, Washington: United States Government Printing Office, 1980.

The New Encyclopaedia Britannica, Vol. 1, 15th Edition, Chicago/London/Toronton: Encyclopaedia Britannica Inc. , 1990

Wilber, Donald N. , *Afghanistan:It's Peiole*, *It's Society*, *It's Culture*, New Haven: HRAF Press, 1962.

三 主要网站

中国商务部网站，http：//af. mofcom. gov. cn/。

中国外交部网站，http：//www. fmprc. gov. cn/。

华盛顿美国国家安全数字档案所（馆）网站，http：//nsarchive. chadwyck. com/。

美国中央情报局网站，http：//www. cia. gov/。

阿富汗政府网站，http：//www. afghangovernment. com/。

国际发展法组织（IDLO）网站，http；//www. idli. org/。

阿富汗研究所网站，http：//www. institute – for – afghan – studies. org/。

索 引

新版《列国志》总书目

非洲

阿尔及利亚

埃及

埃塞俄比亚

安哥拉

贝宁

博茨瓦纳

布基纳法索

布隆迪

赤道几内亚

多哥

厄立特里亚

佛得角

冈比亚

刚果共和国

刚果民主共和国

吉布提

几内亚

几内亚比绍

加纳

加蓬

津巴布韦

喀麦隆

科摩罗

科特迪瓦

肯尼亚

莱索托

利比里亚

利比亚

卢旺达

马达加斯加

马拉维

马里

毛里求斯

毛里塔尼亚

摩洛哥

莫桑比克

纳米比亚

南非

南苏丹

尼日尔

尼日利亚

塞拉利昂

塞内加尔

塞舌尔

圣多美和普林西比

斯威士兰

苏丹

索马里

坦桑尼亚

突尼斯

乌干达

赞比亚

乍得

中非

欧洲

阿尔巴尼亚

爱尔兰

爱沙尼亚

安道尔

奥地利

白俄罗斯

保加利亚

北马其顿

比利时

冰岛

波兰

波斯尼亚和黑塞哥维那

丹麦

德国

俄罗斯

法国

梵蒂冈

芬兰

荷兰

黑山

捷克

克罗地亚

拉脱维亚

立陶宛

列支敦士登

卢森堡

罗马尼亚

马耳他

摩尔多瓦

摩纳哥

挪威

葡萄牙

瑞典

瑞士

塞尔维亚

塞浦路斯

圣马力诺

斯洛伐克

斯洛文尼亚

乌克兰

西班牙

希腊

匈牙利

意大利

英国

美洲

阿根廷

安提瓜和巴布达

巴巴多斯

巴哈马

巴拉圭

巴拿马

巴西

秘鲁

玻利维亚

伯利兹

多米尼加

多米尼克

厄瓜多尔

哥伦比亚

哥斯达黎加

格林纳达

古巴

圭亚那

海地

洪都拉斯

加拿大

美国

墨西哥

阿富汗

尼加拉瓜

萨尔瓦多

圣基茨和尼维斯

圣卢西亚

圣文森特和格林纳丁斯

苏里南

特立尼达和多巴哥

危地马拉

委内瑞拉

乌拉圭

牙买加

智利

大洋洲

澳大利亚

巴布亚新几内亚

斐济

基里巴斯

库克群岛

马绍尔群岛

密克罗尼西亚

瑙鲁

纽埃

帕劳

萨摩亚

所罗门群岛

汤加

图瓦卢

瓦努阿图

新西兰

国别区域与全球治理数据平台

www.crggcn.com

"国别区域与全球治理数据平台"（Countries，Regions and Global Governance，CRGG）是社会科学文献出版社重点打造的学术型数字产品，对接国别区域这一重点新兴学科，围绕国别研究、区域研究、国际组织、全球智库等领域，全方位整合基础信息、一手资料、科研成果，文献量达30余万篇。该产品已建设成为国别区域与全球治理数据资源与研究成果整合发布平台，可提供包括资源获取、科研技术服务、成果发布与传播等在内的多层次、全方位的学术服务。

从国别区域和全球治理研究角度出发，"国别区域与全球治理数据平台"下设国别研究数据库、区域研究数据库、国际组织数据库、全球智库数据库、学术专题数据库和学术资讯数据库6大数据库。在资源类型方面，除专题图书、智库报告和学术论文外，平台还包括数据图表、档案文件和学术资讯。在文献检索方面，平台支持全文检索、高级检索，并可按照相关度和出版时间进行排序。

"国别区域与全球治理数据平台"应用广泛。针对高校及国别区域科研机构，平台可提供专业的知识服务，通过丰富的研究参考资料和学术服务推动国别区域研究的学科建设与发展，提升智库学术科研及政策建言能力；针对政府及外事机构，平台可提供资政参考，为相关国际事务决策提供理论依据与资讯支持，切实服务国家对外战略。

数据库体验卡服务指南

※100元数据库体验卡，可在"国别区域与全球治理数据平台"充值和使用

充值卡使用说明：
第1步 刮开附赠充值卡的涂层；
第2步 登录国别区域与全球治理数据平台（www.crggcn.com），注册账号；
第3步 登录并进入"会员中心"→"在线充值"→"充值卡充值"，充值成功后即可使用。

声明

最终解释权归社会科学文献出版社所有

客服QQ：671079496
客服邮箱：crgg@ssap.cn

欢迎登录社会科学文献出版社官网（www.ssap.com.cn）和国别区域与全球治理数据平台（www.crggcn.com）了解更多信息

图书在版编目（CIP）数据

阿富汗/王凤，闫伟编著．--2版．--北京：社
会科学文献出版社，2024.9
（列国志：新版）
ISBN 978-7-5228-3220-3

Ⅰ.①阿…　Ⅱ.①王…②闫…　Ⅲ.①阿富汗-概况
Ⅳ.①K937.2

中国国家版本馆 CIP 数据核字（2024）第 026360 号

·列国志（新版）·
阿富汗（Afghanistan）

编　著/王　凤　闫　伟

出 版 人/冀祥德
责任编辑/郭白歌
文稿编辑/王亚楠
责任印制/王京美

出　　版/社会科学文献出版社·区域国别学分社（010）59367078
　　　　　地址：北京市北三环中路甲29号院华龙大厦　邮编：100029
　　　　　网址：www.ssap.com.cn
发　　行/社会科学文献出版社（010）59367028
印　　装/三河市尚艺印装有限公司

规　　格/开　本：787mm×1092mm　1/16
　　　　　印　张：27.25　插　页：0.75　字　数：413千字
版　　次/2024年9月第2版　2024年9月第1次印刷
书　　号/ISBN 978-7-5228-3220-3
定　　价/98.00元

读者服务电话：4008918866